『十三五』國家重點圖書出版規劃項目

國家古籍整理出版專項經費資助項目

江蘇省地方志編纂委員會辦公室組編
主編 程
執行主編 張

江南通志

第一册

首卷
輿地志（一）

鳳凰出版社

圖書在版編目（CIP）數據

江南通志 / 江蘇省地方志編纂委員會辦公室組織整理 ; 程章燦主編. -- 南京 : 鳳凰出版社, 2019.11
ISBN 978-7-5506-3044-4

Ⅰ. ①江… Ⅱ. ①江… ②程… Ⅲ. ①江南(歷史地名)－地方志－清代 Ⅳ. ①K928.649

中國版本圖書館CIP數據核字(2019)第276702號

書　　名　江南通志
組織整理　江蘇省地方志編纂委員會辦公室
主　　編　程章燦
責任編輯　崔廣洲　孫　州　顧　娟　常寧文
　　　　　尤丹丹　王　劍
裝幀設計　姜　嵩
出版發行　鳳凰出版社(原江蘇古籍出版社)
　　　　　發行部電話025-83223462
出版社地址　南京市中央路165號,郵編:210009
出版社網址　http://www.fhcbs.com
照　　排　南京凱建圖文有限公司
印　　刷　蘇州市越洋印刷有限公司
　　　　　蘇州市吴中區南官渡路20號,郵編:215104
開　　本　890×1230毫米　1/32
印　　張　304.5
字　　數　6548千字
版　　次　2019年11月第1版　2019年11月第1次印刷
標準書號　ISBN 978-7-5506-3044-4
定　　價　1680.00圓(全12册)

《江南通志》整理工作委員會

（一）二〇一四年九月至二〇一六年元月

主　任　方未艾

委　員　蔡金良　牟國義　程章燦　張乃格

（二）二〇一六年元月至二〇一八年十二月

主　任　漆冠山

委　員　蔡金良　牟國義　方亞光　程章燦　張乃格

（三）二〇一八年十二月起

主　任　左健偉

副主任　許善軍

委　員　牟國義　方亞光　陳　華　程章燦　張乃格

《江南通志》點校人員

主　編　程章燦

執行主編　張乃格

副主編　林艾甫　周　慧　紀　瑛

分　校（以姓氏筆畫爲序）

王開揚　林艾甫　周　慧　周曉捷　馬　燕　紀　瑛　紀燕秋　陳姝穎

黄亞玲　楊世清　劉建華

江南通志總目録

第一册目録

前言

一

「江南」一詞不但有廣義、狹義之分，而且不同的時代指稱的地域範圍區别也很大。作爲古代的行政區劃，江南特指今江蘇、安徽、上海二省一市的廣大地區。這裏東瀕大海，長江、淮河自西向東流經全境，將境域分割爲江南、江淮、淮北三個板塊。這種獨特的自然地理格局，使得江南在政區設置以「量地以制邑，度地以居民」（《禮記・王制》）爲原則的古代，長期分屬不同的行政實體或政權。

西周到春秋戰國期間，江南地區先後分屬吴、徐、宋、蔡、齊、越、楚等國。秦屬會稽、東海、泗水、琅邪、故鄣、九江、碭、陳等郡。西漢先後屬臨淮、琅邪、東海、會稽、丹陽、沛、九江、廬江、汝南、陳留、山陽等郡，楚、吴（荆）、廣陵、泗水、淮南、廬江、衡山、六安等國。東漢後期，原爲監察區的州逐漸演變爲行政實體，域内分屬徐、揚、豫、兖等州。三國時期，大致以淮河流域一帶爲界，以南屬吴，以北屬魏。西晋全國短暫統一，域内仍分屬揚、徐、豫、兖州。東晋和南朝時期，我國長期處於南北割據狀態，江南除一度爲南方政權全境占有外，大部分時間先後以淮河與長江爲界，以南屬南朝，以北屬北朝。

隋開皇九年(五八九)統一中國後，地方行政區劃實行州、縣二級制。唐貞觀元年(六二七)，唐太宗依照山川形勢創立道制，分全國爲十道，玄宗開元二十一年(七三三)增爲十五道。按開元二十九年行政建制，江南分屬河南道、淮南道、江南東道、江南西道。五代時期，境内淮北一帶先後屬梁、唐、晋、漢、周，江南的蘇州隸屬於吴越錢氏，其他地區則先後屬楊吴和南唐。宋初分全國爲十三道，不久併爲十道，後又改道爲路，路名與區劃變動頻繁。以政和元年(一一一一)爲準，江南分屬江南東路、兩浙路、淮南東路、淮南西路、京東東路和京東西路。宋室南渡，宋金對峙，金人據有淮北，南宋據有江南和淮南。元代實行行省制，江南先後分屬江浙、河南江北等幾個行省。

元至正十六年(一三五六)，朱元璋占領集慶路(治今南京市)，改集慶路爲應天府。同年以應天府爲治所置江南行中書省，境域大致包括現在的江蘇省、上海市、安徽省以及江西省的婺源縣、湖北省的英山縣。這是江南地區江南江北、淮南淮北隸屬於同一行政區域之始。洪武元年(一三六八)正月，朱元璋在應天即帝位，國號明，改元洪武，史稱明太祖。明初以應天爲京師，永樂遷都北平(今北京)後，升北平爲京師，改原京師爲南京。明南京一稱南直隸，俗稱南畿，轄有以應天府(今南京市)爲中心的今蘇、滬、皖等廣大地區。

清順治二年(一六四五)，清軍攻占南京後，改南京爲江南省，治江寧府(今南京市)。順治四年，設江南江西河南總督，總督署駐江寧府。順治六年，江南江西河南總督專轄江南、江西，改稱兩江總督。順治十八年，以江南省地域過大，分置左、右二布政使司。左布政使司駐江寧，領有今安徽省全部和江蘇省長江以北的廣大地區；右布政使司駐蘇州，領有今蘇南地區及上海市。康熙五年（一六六六），析左布政使司今蘇北地區改屬右布政使司。次年，改左布政使司爲安徽布政使司，仍駐江寧府；右布政使司爲江蘇布政使司，仍駐蘇州府。布政使司簡稱省，此爲江蘇、安徽建省之始。江蘇取江寧、蘇州二府首字得名，安徽取安慶、徽州二府首字得名。當時，兩江總督署駐江寧府，江蘇巡撫衙門駐蘇州府，江寧、蘇州同爲江蘇省省會。乾隆二十五年（一七六〇），安徽布政使司移駐安慶，安慶遂爲安徽省省會。此後境域相對穩定，江蘇轄有江寧、蘇州、松江、常州、鎮江、淮安、揚州、徐州八府和通州、海州、太倉三個直隸州，以及海門直隸廳；安徽轄有安慶、徽州、寧國、池州、太平、廬州、鳳陽、潁州八府，滁、和、廣德、六安、泗五個直隸州。

中華民國建立之初，江蘇省都督府及民政長行政公署駐吴縣（今蘇州市區），一九一四年移駐江寧縣（今南京市區）。一九二七年，國民政府定都南京。同年置南京和上海兩個特别市，均直隸國民政府。一九二九年，江蘇省會移治鎮江。一九四九年四月，中共於今江蘇境内分設蘇北、蘇南兩個行政公署區和南京市。蘇北行署區初駐泰州，不久移駐揚州，轄今江蘇長江以北廣大地區（今泗洪、盱眙、江浦屬安徽省，徐州市、連雲港市屬山東省）。蘇南行署區駐無錫市，轄今江蘇長江以南大部分地區和上海市。南京市初爲中央直轄市，後爲華東區直轄市。

國民政府時期安徽省省會仍駐安慶，轄縣六十個：懷寧、桐城、太湖、潛山、宿松、望江、合肥、廬江、舒城、巢縣、無爲、和縣、含山、六安、霍山、英山（今屬湖北省）、蕪湖、繁昌、當涂、宣城、南陵、涇縣、太平、旌德、寧國、歙縣、休寧、祁門、績溪、貴池、銅陵、石埭、東流、至德、青陽、廣德、郎溪、黟縣、婺源（今屬江西省）、鳳陽、定遠、鳳臺、懷遠、靈璧、壽縣、宿縣、阜陽、潁上、太和、霍邱、蒙城、渦陽、亳縣、泗縣、五河、盱眙（今屬江蘇省）、天長、滁縣、全椒、來安。

中華人民共和國建立後，一九五二年十一月十五日，中央人民政府委員會批准恢復江蘇省建制，同時撤銷蘇北、蘇南兩個行署區，改南京市爲省轄市，爲江蘇省省會。全省先後轄徐州、淮陰、鹽城、揚州、南通、鎮江、蘇州、松江、六合等專區，以及南京、無錫、蘇州、常州、徐州、南通等省轄市。一九五八年，松江劃歸上海市。安徽最初分屬皖北行署區、皖南行署區。皖北行署駐合肥市，下轄阜陽、宿縣、滁縣、巢湖、六安、安慶等地，合肥、蚌埠、安慶三市和淮南煤礦。皖南行署駐蕪湖市，下轄蕪湖、宣城、池州、徽州四個專區及屯溪市。一九五二年，恢復安徽省建制，省會設在合肥。不久，安徽省的盱眙縣、泗洪縣劃歸江蘇省，江蘇省的碭山縣、蕭縣劃歸安徽省。

二

在清前期的「江南」地區内，今江蘇省具有特別重要的地位。首先，清江南省係沿襲明南直隸而來，明南直隸治應天府（今南京市），其不僅是區域政治中心，也是明初國都、後來的陪都，一度是全國的政治中心。其次，清江寧府(今南京市)既是兩江總督署所在地、江蘇省省會，同時也是安徽布政使司所在地，即安徽省的省會。後來安徽省省會雖然遷往安慶，但那已是乾隆《江南通志》刊行二十多年以後的事。再次，與安徽相比，江蘇經濟更加發達、文化更加繁榮，「水鄉江南」「江南園林」「上有天堂，下有蘇杭」主要也是指這一帶而言的。

但也毋庸諱言，歷史上江蘇省級志書并不發達，總共也不過明《南畿志》、清康熙《江南通志》、乾隆《江南通志》、民國《江蘇備志稿》《江蘇通志稿》等四五種。其中倒有一半或者只是稿本，或者成於汪僞政權。

《南畿志》由明聞人詮修，陳沂等纂。記述範圍包括今江蘇、安徽二省和上海市，尤詳於南京。全書六十四卷，分總志與分志兩大板塊，其中卷一到卷三爲總志，以下爲分志。總志分設都城圖、南都紀、南畿地理圖、畿土世代表、命官、户口田賦、水利、戎備八目。分志依次爲應天、鳳陽、蘇州、松江、常州、鎮江、揚州、淮安、廬州、安慶、太平、寧國、池州、徽州諸府，及廣德、滁、徐、和諸州，各府州之内再分沿革、區域、城社、建牧、學校、祠墓、古迹、宦迹、人物、列女、方外、藝文諸目。下限大多到嘉靖初，學校科名最晚，記至嘉靖十四年(一五三五)。此書是今江南地區第一部通志，資料價值自不待言。但該書以「視一統志爲詳，視郡縣志爲略」爲編纂原則，且書中涉及地域範圍遼闊，故有些部分采掇過於簡疏，遺漏之處尚多。況且其書初刻於明嘉靖前期，距今已近五百年。因其成書最早，歷時最久，所以成書以後數百年中的資料無從收録，美中不足的遺憾最多。

康熙《江南通志》共七十六卷，分設圖考、建置沿革、星野、祥異、疆域、山川、風俗、城池、兵制、河防、江防海防、水利、封建、户口、田賦、漕運、鹽政、驛傳、蠲恤、物産、職官、公署、學校、選舉、祠祀、陵墓、古迹、帝王、名宦、人物、孝義、列女、隱逸、流寓、仙釋、方伎、藝文共三十餘門。篇目設置采用平列體，體例嚴密，資料亦頗爲豐富。記事一般上自各類事物起始發端，下迄康熙二十三年（一六八四）。收録範圍也相應包括今江蘇、安徽、上海等地。考康熙二十二年，清廷禮部奉旨檄催天下各省纂修通志，限三個月内成書。兩江總督于成龍遂會同江蘇巡撫余國柱、安徽巡撫徐國相等設江南通志館於江寧，聘張九徵、陳焯主其事，歷時半年而成稿，隨即付刻。次年于成龍病逝，刻印遂由繼任兩江總督王新命完成。但因成書倉促，尚未盡脱草率偏側之病。

民國《江蘇備志稿》是曾任袁世凱大總統府秘書的吴廷燮應大漢奸梁平（鴻志）之邀編纂的，成於民國三十一年（一九四二）。共六十三卷，分設職官、選舉二表，方域、大事、民政、度支、文教、武備、郵傳、邦交八記，記事最晚者迄於民國十七年。因當時抗日戰争方殷，不僅宫抄官簿難得，即使府州縣志這些纂修通志必備的志書也大多告缺，故疏漏之處頗多。其中部分内容如《職官表》中的《武職表》《職官考》，也以編者未幾病卒，編纂未果，故此書最終只是一個不完整的稿本。

在歷代江蘇省志中，民國《江蘇通志稿》最爲宏富，但編纂過程最爲曲折，先後經歷過繆荃孫、馮煦、莊藴寬、吴廷燮四任主編。先是，宣統元年（一九〇九），兩江總督張人駿在南京龍蟠里江南圖書館奏置江蘇通志局，聘繆荃孫爲總纂編纂通志。不久辛亥革命爆發，通志局隨之解散，單獨成書刊行者只有繆荃孫《江蘇金石志》、陳作霖《江蘇兵事紀略》分志二種。民國七年（一九一八），江蘇省長齊耀林復於南京設通志局，延請馮煦爲總纂，繼修省志。民國十一年，江浙戰争爆發，通志局被迫遷往上海，不久因經費困難，志局再度被撤銷，只留下草稿二百二十册三百餘卷與部分零星資料。民國十八年，江蘇省政府在鎮江焦山設通志局，聘莊藴寬爲總編纂，張相文、陳去病、柳詒徵爲常務編纂，柳亞子等十餘人爲編纂，以前稿爲基礎，三度纂修通志。不久，《書院志》《禮俗志》《錢幣志》《藝文志》等分志陸續成書出版，其餘各志「又以事逾再期而輟」（吴廷燮《序》）。民國三十三年，汪僞江蘇省政府在蘇州設通志編纂委員會，聘吴廷燮爲主編，第四次纂修通志。次年八月，抗日戰争勝利，汪僞江蘇省政府宣告解散，通志編修同時終止。經後人整理，此書共三百九十二卷，分設方域、禮俗、度支、貨殖、職官、選舉、文化、武備、邦交、宗教、人物等二十二個分志。但除了經籍、金石、大事、建置、民政、都水、司法、郵傳、古迹、烈女、灾異等分志外，其餘仍爲稿本。而且歷時既久，屢修屢輟，遍經群手，其中最爲完善的吴廷燮之本是在日僞政權風雨飄摇環境下編纂的，未及總纂，因此志稿中粗疏、草率之處，往往而是，各分志、各卷目體例懸殊，内容繁簡不一、濫缺各異，引文魯亥衍奪、斷章取義，隨文可見。如《人物志》有《方外》，而又於《宗教志》設《高僧傳》《比丘尼傳》《羽士傳》《居士傳》《善女傳》，有蛇足之嫌；而《選舉志》清代舉人有一科全省只收一縣數人者，挾陋漏之譏，不一而足。

除了以上幾種志書，《支那省别全志·江蘇省卷》也帶有江蘇省志的某些元素。此書成於一九二〇年代，共六册，分設江蘇省總説、開市場、貿易、都會、交通運輸及郵電、主要物産及商業慣習、工業、輸入品、商業機關、金融貨幣及度量衡十編。書中有關清末民初系統而翔實的江蘇經濟資料，具有重要歷史價值。但該書是在日本政府的巨額資助下，由日本東亞同文會主持，以上海東亞同文書院日本畢業生清末民初深入中國各地「大旅行」調查報告爲基礎形成，用漢字印行的。而日本東亞同文會和日本軍方具有密切聯繫，上海東亞同文書院院長荒尾精、根津一都是老牌日本間諜，該院歷届畢業生的「大旅行」其實是日本青年間諜深入中國各地進行的系統情報搜集活動。各種迹象表明，《支那省别全志・江蘇省卷》實爲日本軍方爲發動對華侵略，處心積慮、精心打造的間諜文獻。

三

與以上各志不同，乾隆《江南通志》（以下簡稱《乾隆志》）的纂修歷時五年多，全書二〇五卷，六百餘萬字，内容宏富，記述嚴謹。和明《南畿志》、清康熙《江南通志》相比，它成書較晚，資料積累更加豐實，文化積澱更加深厚。和民國《江蘇備志稿》《江蘇通志稿》相比，它是在「康乾盛世」黄金時代形成的，社會安定，文化繁榮，樸學盛行，體例更加科學，考訂更加嚴謹，記述更加合理。可以説，乾隆《江南通志》是中華人民共和國建立以前江蘇歷史上規模最大、質量最好、價值最高的地方文獻，在方志史上具有獨特的地位。

《乾隆志》由清尹繼善等修，黄之雋等纂。繼善字元長，號望山，清滿洲鑲黄旗人。雍正進士，歷翰林院編修、内閣侍讀學士，雍正六年（一七二八）署江蘇巡撫，次年實授。歷任雲貴、川陝總督，先後於雍正九年、乾隆八年（一七四三）、十六年、十九年四督兩江。累官至文華殿大學士兼軍機大臣，卒謚文端。著有《尹文端公詩集》。之雋（一六六八——一七四八）初名兆森，字若木，因庠友與其同字，改字石牧，改名之雋，號唐堂，晚號石翁，又自稱老牧。原籍安徽休寧，清江蘇華亭（今屬上海市）人。自幼聰穎，過目成誦，十五歲即入府庠，屢試高等。可惜「爲諸生垂四十年，凡鄉試甲子、丁卯、癸酉、壬午、乙酉、戊子、辛卯、癸巳、甲午共九科」（黄之雋《唐堂集·冬録》二十一），屢試不售。康熙六十年（一七二一），總算考中進士，這一年黄氏已經五十三歲。選庶吉士，雍正元年（一七二三）授翰林院編修，充日講起居注官，命提督福建學政。二年，遷中允。四年，以劾降編修，遂革職。乾隆元年（一七三六），刑部尚書徐本薦其試博學鴻詞，時年近七十，目眵而不就。乾隆十三年正月卒，年八十一。喜藏書，尤工詩，著有《唐堂集》《香屑集》等。擅戲曲，撰有雜劇《鬱輪袍》《夢揚州》《飲中仙》《藍橋驛》，當時傳唱甚廣。曾與修《明史》及《浙江通志》。《清史列傳》卷七一、《國朝先正事略》卷四〇、《國朝耆獻類徵初編》卷一二五、嘉慶《松江府志》卷五十八等有傳，《唐堂集》所附《冬録》有自傳。

先是雍正間，清世宗重設一統志館，并頒發上諭，通令全國各省編修通志，以備一統志采摘。雍正九年，尹繼善來督兩江，遂奉檄「於九年冬十月，徵集在籍儒臣之博洽工文、通達治體者，開局於江寧，搜討排纂」，聘黄之雋主持其事。其間雖然人事屢更，而后任督撫後先相繼，「考訂惟詳」，「六易寒暑」（趙弘恩《江南通志序》），終於在乾隆元年（一七三六）付梓行世。

全書序目一卷：序、原序、目録、原修姓氏、纂修職名、凡例，前有《上江南通志表》。卷首清世祖（順治）、清聖祖（康熙）、清世宗（雍正）、乾隆帝詔諭及御製四卷。正文二百卷：卷一至四八輿地志：圖説、建置沿革總表、建置沿革表、星野、疆域、山川、風俗、城池、公署、關津、古都邑、古迹、壇廟、寺觀。卷四九至六六河渠志：黄河、淮、江、海、運河、水利、水利治績。卷六七至八六食貨志：田賦、户口、徭役、漕運、關税、蘆課、鹽法、錢法、蠲賑、積貯、物産。卷八七至九一學校志：學宫、書院、試院。卷九二至九八武備志：兵制、江防、海防、驛傳。卷九九至一一八職官志：文職、武職、名宦。卷一一九至一三七選舉志：進士、舉人、薦辟。卷一三八至一八九人物志：名賢、宦績、武功、忠節、孝義、儒林、文苑、隱逸、藝術、流寓、方外、賢淑、義烈、完節、貞孝。卷一九〇至一九四藝文志：經部、史部、子部、集部。卷一九五至二〇〇雜類志：紀聞、機祥、摭史紀事、辨訛。記事遠溯周秦，下限最晚者斷於乾隆元年。堪稱貫穿今古、上括天文、下及地理、横陳百業的江蘇地情「通史」。

與康熙《江南通志》相比，《乾隆志》采用平列體，全書分設三十九門。此書則采用綱目體，目以綱聚，以志爲綱，以綱統目，共設十志六十八門。各門目之下，或者以行政區劃，或者以時代先後，或者以事件性質，或者以人物類型爲標準，再進一步細分爲若干小類。内容涉及自然、經濟、文化、政治、人物等各個方面，分類科學，歸屬得當，結構合理，有綱舉目張之效。各基礎記述單元以行政區劃爲標準，先江蘇，後安徽，次相關府與直隸州，又次所轄州縣，依次記述相關史事。眉目清楚，層次井然，不但增强了志書的整體性，而且便於檢索與閲讀。

此書體例仿歷代正史，恰如編纂者所云：「《天文》猶《天官》也，《溝洫》猶《河渠》也，《郊祀》猶《封禪》也，《食貨》猶《平準》也，《州郡》《郡國》猶《地理》也，《司天》《職方》猶《天文》《地理》也，非創也。」（黄之雋《唐堂集》卷十九《雜著》三《答〈江南志〉議》）

康熙《江南通志》人物板塊分設九門，首帝王，次名宦、人物、孝義、列女等。其中《帝王》門共收録漢高祖、魏文帝、吴大帝等帝王四十四人，漢高后吕氏、孝文太后薄氏等后妃四十一人，附收項羽、楊行密、李煜等「僭竊」八人。黄之雋以爲，「省志者，必專繫之省者」，而「五帝三王以來，一統之君，固非一省所得專。即偏安割據，亦必連跨州郡，非今上下兩江可獨有。雖生其地，而人物常有，帝王豈常有哉？故凡志列《帝王》一門者大非也。况周秦而後，王亦人臣，不宜與帝連稱」。故《乾隆志》不再專門設立帝王傳。但劉邦、朱元璋等帝王畢竟生於斯、長於斯，有的還建都於斯，如果因爲其帝王身份而擯棄不録，似亦未能盡當。編者遂辟《都邑》門，略記相關帝王的史事：

今立《都邑》一門，而後可以該帝王。如漢高爲沛公、項羽爲楚王，六朝諸帝之建康，明祖之南京，以及泰伯之無錫，闔閭之吴，漢之江都、廣陵、淮南、廬江諸王，唐之楊行密、李昪等，皆確然宜繫於江南之都邑者。則紀其姓氏、世代年號之大略，原無庸備載其事若史鈔也。不然，歷朝帝王多矣，何擇而取之？誠取諸其都邑，而非取諸其帝王也。（俱同上）

手法頗爲巧妙。而江南籍歷代賢后賢妃，則仿劉向《列女傳》，載入《人物》門。

十志之中，《雜類志》爲《康熙志》所無，用以收録「九志外有無所附麗可資考證者」。其下分爲四類：「名言軼行爲紀聞，地方經歷大事爲摭史紀事，五行變異爲機祥，各門紀載之傳聞互異者爲辨訛。」（《江南通志凡例》）其中的《摭史紀事》以時爲經，以事件爲緯，以春秋「吴楚構兵」、秦「漢楚并起」、漢「平吴楚七國」、南朝「齊魏交兵」等爲題，系統記述自唐虞到清順治三千餘年間境内的重大歷史事件，實開新方志編纂中「大事紀要」的先河，在我國方志史上具有創例意義。

四

《乾隆志》纂修於康乾盛世巔峰期、乾嘉學術興盛期，具有鮮明的地方特色與時代特色。

江南瀕江臨海，古稱水鄉，書中不但在《輿地志》中設置《山川》門，洋洋灑灑八卷文字，系統收録境内各府州縣大大小小的江、河、湖、溪、洲、浦、澗、瀆、溝、泉、涇、港、泖、潭；而且在《武備志》中設置《江防》《海防》二門（各一卷），收録沿江、沿海要地及駐防各汛資料。此外又專門設置《河渠志》，記述黄河、淮河、長江、海河、運河，以及各府州縣水利設施（《水利》）與水利治理活動（《水利治績》）的歷史，篇幅多達十八卷。經過三國吴到隋唐數百年的持續開發，唐五代以後，江南逐漸成爲全國經濟重鎮、天下著名「糧倉」。《新唐書・權德輿傳》所謂「江淮田一善熟，則旁資數道，故天下大計，仰於東南」，韓愈《送陸歙州詩序》所謂「當今賦出天下，江南居十九」。到南宋時，「蘇常熟，天下足」

已成爲天南海北婦孺皆知的謡諺。編者遂專立《食貨志》二十卷，其中《田賦》門就有七卷，用以載録這方面的史料。漢魏以降，江南文化發達，人才輩出，歷代政治家、軍事家、文學家、藝術家、科學家、實業家、著名學者與能工巧匠，不啻恒河沙數。書中《人物志》共有五十二卷，卷數超過全書總卷數的四分之一，篇幅更超過全書的百分之三十，充分體現了江南人文薈萃的地位。

康熙《江南通志》「藝文志」以文體爲標準，分門别類地選收賦、詩、奏疏、墓志等作品原文。如果是文化相對落後的地區，這種處理方式未嘗不可。但江南文人偉盛甲於他省，作者如林，歌咏如潮。即使是客籍作者，以江南爲題材的作品也汗牛充棟。故該書《藝文志》篇幅超過全書的四分之一，難免臃腫之譏。黄之雋則主張：「若盡名家詩賦而載之，何啻插架充棟，則何不購選樓、開石倉，網羅遺失，裒緝風雅，以爲江南風雲月露之大觀，而必載之志書以傳耶？況以《藝文》載書目，則一書奚啻詩文數十百篇，著書奚啻數千百家，較之載詩文者之邑不數人、人不數篇者，孰多孰少？將名勝之區不愈生色，而人文之盛不愈章明耶？」（黄之雋《唐堂集》卷十九《雜著》三《答〈江南志〉議》）故《乾隆志》雖然也設有《藝文志》，但和《康熙志》選編名家名作原文的做法完全不同，只按經、史、子、集四類分别著録本籍作者的著作，著録要素只有書名、卷數、作者等幾項，不但更加符合省志特别是江南省志的實際，而且文約事豐，大大增加了志書的容量。而將「詔諭、奏議、記載、辨證之文，關繫人地之詩，皆附入各類之下，一山、一水、一事、一物，閲者了然心目，不待另翻後半部之《藝文》，於叢雜千百紙中而後見之也」。至於那些「緣情之詩、體物之賦無關有無者」（同上），則一概删省。難怪《四庫全書總目提要》譽其爲「發凡起例，較舊志頗有體裁」。《乾隆志》雖然遠溯三代，統合古今，但始終以詳今略古爲原則，愈遠愈略，愈近愈詳。《田賦》門就非常典型。書中《田賦》門共有七卷，其中唐虞、漢、後漢、晋、南北朝齊、唐、五代楊吴、宋、元、明凡十朝，只有一卷；「國朝」只有一朝，却有六卷篇幅。而且「國朝」并非完整的清代，以其下限斷在乾隆元年計算，只相當於清王朝二百六十八年中的三分之一左右。

早在清代初年，昆山顧炎武所開創的樸學，在理學上反對空談心性，主張經世致用；史學上提倡實事求是，注重史實的考證。雍正、乾隆期間，隨着政權的鞏固、天下的安定，清代統治者對待漢族文人的政策由清初的籠絡、利用一變而爲殘酷鎮壓，屢屢禁書毁書，大興「文字獄」。爲了避免「禍從口出」，文人被迫逃離現實，埋頭「故紙堆」，將樸學發展成爲以考據爲主要治學方式的乾嘉學派。乾嘉學派不以主觀想象輕下判斷，主張在充分占有客觀資料的基礎上，力求通過細致、嚴密的歸納研究，得出科學的結論。主要有以惠棟爲代表的「吴學」、以戴震爲代表的「皖學」和以段玉裁與王念孫父子等爲代表的「揚學」三個分支，全部分布在江南地區。

受乾嘉學風的影響，《乾隆志》的編纂頗爲嚴謹。誠然，厚古薄今、硬拉名人壯聲色是地方志的通病，并常常因此飽受非議。但《乾隆志》并不一味崇尚虚美、迷信古遠，編纂者力求實事求是，存真得實。根據歷代史志的記載，亳州有湯陵，相傳是商湯王的陵墓，此書引《括地志》「洛陽偃師縣東有湯冢」，謹慎提出：「未敢信其必在亳也。」（卷四十二）溧水縣有左伯桃、羊角哀墓，書中通過二人籍貫與活動軌迹的分析，得出了否定的結論：「二人俱戰國時燕人，同入楚，糧少，伯桃并糧與哀，入空樹中餓死。……按戰國時楚自郢遷陳，又自陳遷壽春，二人自燕往楚，不應渡江而南。此處有墓，誤也。」江浦縣烏江有項羽墓，此則以《史記》爲據，以爲「漢高祖以魯公禮葬羽於穀城」，則「此（江浦縣烏江）不當有墓」。（俱卷三十七）都頗爲中肯。

書中還糾正了不少前志的錯誤，試以老子李耳的籍貫和徐州爲例：

按《史記》：李耳，楚苦縣人。漢陳國苦縣，晋改爲谷陽，隋改谷陽爲仙源，唐改仙源爲真源，屬亳州譙郡。宋省真源入鹿邑，置衛真縣，元初復省衛真入鹿邑。則李耳，歸德之鹿邑人，非今之江南地。唐、宋之亳州領六縣，惟譙、城父二縣今江南境，餘俱屬河南。舊志載李耳鳳陽人物中，誤矣。（卷二百《雜類志·辨訛》）

《史記》：齊威王語魏王曰：「吾臣有黔夫者，使守徐州，則燕人祭北門，趙人祭西門。」按：此徐州乃齊之西北境，與燕、趙接壤，與淮北之徐州了不相涉。蓋燕、趙皆在大河以北，去今之徐州絶遠。明《一統志》列黔夫於徐州名宦，而舊志承之，俱失考也。（同上）

堪稱不刊之論。

其他諸如力主金山周公墩非周康王遺迹、米芾未知山陽縣、宗澤墓不在鎮江等等，不勝枚舉。唯因舊志厚古薄今、硬拉名人壯聲色的現象較爲普遍，編者遂將相關内容集爲一卷，題爲「辨訛」。

一人一條、一事一議，或考名人籍貫與生平，或辨古方國、古城址、古州郡、古墓葬，或辨歷史事件，凡一百二十三則。對史事的考訂無不精審嚴密，顯示出纂修者秉筆直書的史學思想和科學嚴謹的治學態度，被《續修四庫全書提要》譽爲「名作」。

五

資料是地方志的生命。唐劉知幾《史通・采撰》在談到資料的重要作用時説：「蓋珍裘以衆腋成温，廣厦以群材合構。」梁啓超《中國歷史研究法》以超過一半的篇幅論史料，并在第四章《説史料》中鄭重提出：「史料爲史之組織細胞，史料不具或不確，則無復史之可言。」胡喬木在全國地方志第一次工作會議閉幕會上的講話中指出，「地方志是嚴肅的、科學的資料書」，「是一部樸實的、嚴謹的、科學的資料彙集」。資料是志書的基礎，更是志書的生命。離開了資料性，地方志就失去了其存在的價值。我國數量衆多的地方志之所以能够流傳到今天，仍然受到人們的重視，并被當作一份珍貴的歷史遺産，就在於它保存了可供人們研究的豐富資料。而正是在資料性上，《乾隆志》具有更加突出的重要地位。

《乾隆志》的資料性首先體現在其資料的系統性。如該書卷七十四《户口》門所收録的歷代江南户口、人丁統計數據，始自漢，此後歷經三國吴，晋，南北朝宋、陳，隋，唐貞觀、天寶、元和，宋開寶、元豐、嘉定，元至元十三、二十七年，明洪武、弘治、萬曆，及清順治初及十一、十二、十四、十五、十八年，康熙元年及三、五、六、九、十一、十五、十六、二十、二十一、二十二、二十五、二十九、三十、三十五、四十、四十五、五十、五十五、六十年，直至雍正四、九、十三年等年份，總計四十餘份。其中清初至雍正十三年不到九十年，共有二十九個年份的數據，平均約三年一個統計數據。正是憑藉這種系統性，地方志才能在各種類型的地方文獻中脱穎而出。

與國史相比，「史舉要，志舉其詳」（明姚淶《任丘志序》）。地方志的優勢就在於其內容全面，資料系統，記述詳備，可以詳國史之略，補國史之缺，糾國史之誤。特別是一些重要歷史人物、重大歷史事件，當其重要地位尚未被人們所認識因而一度淡出歷史甚至行將「湮没」時，地方志的記載往往可以提供重要的綫索。文學巨匠曹雪芹是中國古代文學的一面旗幟，但早年人們對他的家世不甚了了，以致影響到對於《紅樓夢》的深入研究。民國十年（一九二一），胡適撰《紅樓夢考證》，在顧頡剛的幫助下，開啓了曹雪芹家世的系統研究。其中大量運用嘉慶《揚州府志》、嘉慶《江寧府志》、同治《上江兩縣志》及《儀真縣志》等地方文獻史料，梳理出曹雪芹的家世脉絡：曾祖曹璽於康熙二年到康熙二十三年任江寧織造，祖父曹寅、伯父曹顒、父親曹頫（曹寅繼子）繼任江寧織造，曹氏執掌江寧織造府累計達五十九年，另任蘇州織造和兩淮巡鹽御史多年。其實，《乾隆志》成書更早，其卷一○五《職官志·國朝統部》對此有更系統、更完整的記載：

江寧織造：曹璽，滿洲人，康熙二年任。桑格，滿洲人，康熙二十三年任。曹寅，滿洲人，康熙三十一年任。曹顒，滿洲人，康熙五十二年任。曹頫，滿洲人，康熙五十四年任。

蘇州織造：曹寅，滿洲人，康熙二十九年任。
巡鹽御史：曹寅，滿洲人，康熙四十三年、四十五年、四十七年、四十九年任。

清代江寧織造、蘇州織造是負責織造或采買宮廷所需絲織品的衙門，多由皇帝親信擔任，常常充當皇帝的耳目。其中江寧織造被稱爲「江寧織造部院」，其地位僅次於兩江總督，更受皇帝的寵信。淮鹽在我國經濟生活中具有重有地位，自古就有「兩淮鹽，天下咸」的民諺。清順治元年（一六四四），兩淮鹽税收入將近全國鹽税總額的三分之二。兩淮巡鹽御史既是重要的「皇差」，更是肥得流油的「美差」。值得注意的是，《乾隆志》的資料顯示，自康熙二年至雍正六年，六十多年中江寧織造僅桑格一人非曹氏。蘇州織造在康熙三十二年曹寅卸任後由李煦繼任，李氏在任時間長達三十年，而李煦爲曹寅的妹夫。而根據清代兩淮巡鹽御史的任用慣例，康熙四十五年以前任期俱爲一年，一年一輪換，自曹氏起始首開再任、回任紀録。這些無不凸顯出曹氏與清聖祖的特殊關繫與顯赫的家世背景。了解了這一點，可以幫助我們透過王、史、賈、薛四大家族的榮枯史，深刻認識封建王朝的興衰規律。

清初爲防漢制夷，切斷沿海民衆與海上抗清勢力的聯繫，一度實行海禁。順治十二年（一六五五）六月，下令沿海省份「無許片帆入海，違者立置重典」。順治十八年，進一步將江、浙、閩、粤、魯等省沿海居民分别内遷三十至五十里，設界防守，嚴禁逾越。直到康熙中期，方才重開海禁。清政府的海禁政策造成惡劣影響，後來進一步發展爲閉關自守的「國策」，最終導致中國的急劇衰落。但不少普通的讀者對清初的海禁詳情却缺乏感性的認識。難能可貴的是，志書也留下不少這方面的史料。如：

康熙六年，嚴出海之禁，其沙船俱收泊崇明内港，將八營官兵分派沿海各汛。（卷九六《武備志・海防》）

金懷玉：順治戊戌進士。授泉州推官，時海氛未靖，沿海州邑數十里外築墻爲界，有逾墻出者以通海論。懷玉至，録釋繫獄千餘人，白上官曰：「此不過小民資漁利爲活者也。」（卷一四四《人物志・宦績六》）

由於時代的局限，古人自然生態的觀念較爲淡薄，舊史志中有關自然生態的史料十分罕見，而《乾隆志》於此記述綦詳。江蘇位於長江入海口，江寬流緩，上游泥沙常年在這一帶沉澱、堆積，緩慢而持續地改變着瀕江地區的地形地貌。自宋光宗紹熙五年（一一九四）黄河奪淮入海後，直到清咸豐五年（一八五五）復又北徙，六七百年間，自古就以「河水一石，其泥六斗」聞名天下的黄河泥沙在蘇北地區反復淤積，破壞了原有的水系和自然條件。對於這些生態環境的變化，書中有多方面的反映。諸如：

孤山，在靖江縣東北二十里。初峙江中，距山百步有石碇，明成化八年潮沙壅積，山與石碇連爲平陸矣。旁有仙人臺及洞。（卷十三《輿地志・山川・常州府》）

穿山，在州東北五十里，中有石洞，通南北行。《臨海記》云：昔有浮海揚帆於其中者。明正統間，居民鑿地得桅，其末徑尺有二寸，蓋海中小島也。今山在平陸，去海二十餘里。（卷十四《輿地志·山川·太倉州》）

古岡身，……南屬於海，北抵松江，長百里。入土數尺，皆螺蚌殼，世傳海中涌三浪而成，其地高阜宜菽麥。（卷三十一《輿地志·古迹·松江府》）

其瀲山湖中有山寺，宋時在水中心……今山寺在田中。（卷六十四《河渠志·水利治績二·松江府》）

廣教寺：在州治南十八里，當狼山之陽……山前後乃江海相接處，舟出三山間，水湍礙石，率多覆溺者……近年江水南徙，山之前後皆爲陸田。（卷四十六《輿地志·寺觀·通州》）

有些則由於人爲的因素，造成了對自然環境的破壞。卷十三《輿地志·山川·常州府》「金匱山」條就寫道：「産石玲瓏，采取傷耗，今爲土阜矣。」資料都彌足珍貴。

纂修者并不滿足於按照一般志書的編撰要求，按部就班地收録常規資料，有時還帶有明顯的功利性，特地選擇那些具有資政作用的資料入志。姑舉二例：

（廣德）山高而溪峻，水無停潴……守土者興陂塘，以時蓄匯，蓋要務也。（卷二《輿地志·圖説·廣德州》）

掘港舊制南援石港、狼山，北救(拼)〔栟〕茶、角斜、李家堡。但石港岸高潮小，船不可泊，間於七八月風急潮高，或乘勢可入。若(拼)〔栟〕茶等三寨，雖地居肘腋，實出掘港之背，均非安營善地。惟有方前舊址，水草兩便，宜置砦於此。循港而前，陳家丫、川腰等處，亦應設兵防汛。若舉其最險者，又有東凌港、埃沙横，南坎、北坎，此尤獨古大洋之兩頰。至於(拼)〔栟〕茶三寨，止堪後應，難委前鋒，是在當局勝算云。（卷九六《武備志·海防》）

分别根據廣德的自然條件、如皋的地理形勢，有針對性地提出治水方略和用兵設防措施。因爲具有明顯的資政功利性傾向，故書中滲透着濃厚的儒家德治思想。如：

保民以德，不以城池，聖世所以臻敉寧之效歟！（卷二十《輿地志·城池一》）

王瑜，羅田人，萬曆間知六安州。每朔望向神誓曰：「愛民不及愛子，殃及我子；治郡不及治家，殃及我家！」（卷一〇八《職官志·文職》）

（王孫熙）入爲大理評事，有大璫坐重辟，行萬金求免，孫熙曰：「爾金如山，我案如山。」論如律。（卷一四一《人物志·宦績三》）

編纂者將崇尚德治、愛民如子、執法如山的價值觀展現得淋漓盡致。

書中還對勞動人民的深重苦難進行了生動的描述。卷六十八《食貨志·田賦·國朝》曾經將其歸納爲摘比、差擾、秤封等社會性弊病，而「差擾」既有坐圖差擾之害，又有承票拘拿之擾，尤以「承票拘拿」爲害最烈：

承票拘拿之虎役，更有甚焉。摘一户名，先索見面錢。臨比時，完者亦云代候比較，勒索酒錢。若未完者，則害不可名狀矣。帶比受杖，則有手輕錢、照料錢。正身詟脱，則有買囑錢、代杖錢。身經痛苦，復要知會該房。一票未銷，再發籤差，催皂層見叠出。而摘欠一兩，有費至二兩。

無異於對虎狼惡吏的血泪控訴，與儒家德治觀恰好可以從正反兩個方面構成完整的資政價值體系。書中有些資料還體現了纂修者敏鋭的超前意識。試舉二例：

嘉祐八年上元主簿（程顥）……見人持竿黏飛鳥，取其竿折之，自是鄉民子弟不敢畜禽鳥。（卷一一三《職官志·名宦·江寧府》）

莫濛字子濛，歸安人。乾道二年知揚州。城圮，命濛增築，分授諸將，各刻姓名甃堞間，懸賞激勸，閲月告成。（卷一一五《職官志·名宦·揚州府》）

程顥和莫濛都是宋代人。程顥事迹所體現的生態意識、環保意識，莫濛事迹所體現的質量保證機制，在當時都頗爲「前衛」。

六

但《乾隆志》畢竟有二百多卷、六百餘萬字，是江南方志史上「前無古人」的鴻篇巨製，存在這樣那樣的問題是很自然的。

重人文輕經濟、重人文輕自然，這是志書存在的一個突出問題。全書卷首四卷序目一卷，基本上屬於人文範疇。正文二百卷，除《雜類志》「無所附麗」外，其餘一百九十四卷分屬自然、經濟、人文三大板塊。其中自然板塊包括《輿地志》《河渠志》，計六十六卷；經濟板塊即《食貨志》，計二十卷；人文板塊包括《學校志》《武備志》《職官志》《選舉志》《人物志》《藝文志》，計一百零八卷。如果加上卷首的部分，人文板塊共有一百一十三卷。三個板塊的篇幅比例，大體表現爲一比三比七，畸輕畸重的現象十分明顯。而人文部類之内，《人物志》共五十二卷，相當於其他五志的總和，約占人文板塊的一半，超過全書總篇幅的百分之三十。

在志書具體内容的記述中，也反映了同樣的價值取向。如固城湖在明末時「縱二十五里，横三十里」，丹陽湖在清代也有「周一百九十五里」的規模。由於歷代圍湖造田，石臼湖湖面不斷萎縮，但今天其總面積仍超過二百平方公里。與它們相比，玄武湖、莫愁湖的水域面積根本不值一提。但在志書中，固城湖、石臼湖都只有寥寥數十字，丹陽湖也只有一百字，而玄武湖、莫愁湖却各有一千數百字。與之相類的蘇州府鄧尉山更多達一千七百多字。主要的原因就在於，玄武湖、莫愁湖、鄧尉山歷代名人名迹較多，因而收録的相關内容較多。

由此又帶來志書存在的第二個突出問題，即篇幅上的不平衡。《水利治績》門蘇州府二萬餘字，淮安府一萬五千餘字，徐州府一萬餘字，松江府近一萬字。而卷六十五海州僅宋天禧四年一條，「淮南勸農使王貫之導海州石闥水入漣水以溉田」，全文二十字。卷六十六潁州府僅五代周顯德初一條，全文三十六字。《人物志》「文苑」蘇州府共收二百四十多人，「名賢」范仲淹一人傳記就有八九百字，而卷一六六海州「文苑」僅唐宋各一人，合計只有一百零六字。

第三個較爲突出的問題是同一資料的重復收録。康熙四十四年閏四月，清聖祖南巡途中視察惠濟寺石砌水利工程，曾對陪同視察的大臣們説：「（康熙）三十八年閲河，爾等所跪之處，皆黄水也。今清水暢流，朕心甚爲快然。睹此形勢，朕之河工大成矣。」對此卷五十三《河渠志·黄河五》進行了詳細記述。而卷六十《河渠志·運河三》再次加以收録，唯一的區别是將「爾等所跪之處」改爲「爾等所立之處」。明馮敏功的《開復邳河記》凡一千二百字，卷四十九《河渠志·黄河一》全文收録，卷五十九《河渠志·運河二》再次收録，且并無一字不同。盛時泰是明上元（今南京）人，知名詩文家、史學家、畫家。早年久困場屋，鬱鬱不得志，其妻沈氏勸慰他説：「君見里中得意人乎？不過治第舍、買膏腴、榮耀閭里耳。有三殆焉：屈志徇人，一也；逾憲黷貨，二也；生子不肖之心，三也。孰與君家居著書之爲高乎？隱處山中，以免三殆，奈何長嘆？」盛時泰聽了感到十分欣慰，不禁笑道：「爾能是，吾今可爲大城山樵矣。」遂以大城山樵爲號。此事卷一九五《雜類志》一卷之中前後二見，中間僅隔十餘則其他遺聞佚事。卷一五一《人物志・武功・常州府》有堵允錫傳，卷一五八《人物志・孝義・常州府》有堵印錫傳。堵允錫、堵印錫實爲一人，本名堵胤錫，因避清雍正帝胤禛諱，改「胤」爲「允」、爲「印」。其他再如卷一三八《人物志・名賢》有范仲淹傳，卷一一五《職官志・名宦・揚州府》、卷一一八《職官志・名宦・廣德州》又有其傳；卷一一三《職官志・名宦》、卷一四三《人物志・宦績》俱有蘇頌傳，《人物志・忠節》和《人物志・儒林》俱有吴鍾巒傳，卷一五六《人物志・忠節・廬州府》、同卷《泗州》俱有李紹賢傳。不一而足。

之所以會産生以上這些問題，主要是由以下三大原因造成的。

首先，地方志的特點是縱貫古今、横跨百科，客觀上需要聚集各方面的人才，群策群力，分工協作，以聚沙成塔、集腋成裘，方志史上謂之「衆手成志」。但「衆手」之中須有「國手」，形成衆星攢月之勢，方能衆心如城，産生衆人拾柴火焰高的效果。如果修志的「衆手」之中缺乏權威性人物，或者雖有這樣的人物但其威權却被人爲削弱，將會出現衆口囂囂、衆口難調的尷尬局面。此時，即使規模再大的「衆手」，也不過是一群烏合之衆，由他們編纂出來的志書輕則文風不一，重則相互抵牾。

根據書前的《纂修職名》，《乾隆志》共列總裁十二人、協裁十一人、提調六人、監理六人、協理二十四人、采輯二十四人、纂修十二人、分修二十人、參校七人、繕校三十一人，其他還有監局、督催、司局等「編務」人員若干人。即使不考慮編務人員，總計也有一百五十餘人。其中「采輯」由各府知府、直隸州知州擔任。而知府（直隸州知州）是府（直隸州）的最高行政長官，掌一府（直隸州）政令，總領各屬縣，凡宣布國家政令、徵收賦税、治理百姓、審决訟案、考核屬吏、稽察奸宄、維護地方治安等一切政務，皆爲其職責，地位大略相當於現在的省轄市市長。而且古代知府（直隸州知州）的屬官極少，簿書期會、迎來送往，政務十分繁忙。以今方古，要想讓知府和直隸州知州走出大堂、深入民間，去搜訪志書的資料是不現實的。唯一的辦法只能是，他們組織以自己爲首的資料采輯班子，具體承擔資料搜集工作。顯而易見，「采輯」人員不可能只有現在署名的二十四人。亦即，參與《乾隆志》編修工作的實際上遠遠不止一百五六十人。

在具體承擔編纂工作的「纂修」人員中，除黄之雋外，尚有翰林院編修邵泰、原翰林院檢討汪應銓、原福建興化府知府沈起元、原商城知縣黎東昂，著名學者儲郁文、顧棟高，以及華亭縣儒學教諭周大璋、懷寧縣儒學教諭謝有煇，舉人徐孝常、張尹、章士鳳。而署名位於「纂修」之前、地位更加顯赫的「總裁」由兩江總督、江蘇巡撫、安徽巡撫充任，「協裁」由漕運總督、南河河道總督、江蘇學政、安徽學政、兩淮鹽政充任，「提調」由江蘇、安徽布政使充任，「協理」由各糧道、各驛鹽道、各兵備道、分巡道等充任。簡單統計就可以發現，編纂人員頭上的「婆婆」居然多達五十九個！而在志書自采輯到刊刻成書的幾年中，僅兩江總督就换了四任，江蘇巡撫、安徽巡撫也分别换了四任。人事的變遷也容易影響到志書的編纂。或許由於這樣的原因，黄之雋的主編似乎當得并不順心。後來他在回憶起這一段經歷時，曾經鬱悶地寫道：「雍正九年秋，兩江總督高文良公，江蘇尹撫軍繼善、安徽程撫軍元章公聘之雋及邵編修泰總裁《江南通志》。十月，開局秦淮，尹已遷制府，相聚商榷。是歲在

辛亥。歷壬子、癸丑，當事屢易，迫欲告竣，遂以草稿已成辭歸。」（《㞐堂集》附《冬録》十七）

另一方面，清代是我國歷史上文字獄最爲慘烈的時期，而乾隆朝尤爲登峰造極。據統計，順治朝文字獄七起，康熙朝文字獄十二起，雍正朝文字獄十七起，乾隆朝文字獄一百三十多起。在這樣的文化生態下，各級官吏無不戰戰兢兢，唯恐「失職」「失察」。《乾隆志》「纂修」者頭上的「婆婆」既多，各級大員對志書的内容又不敢掉以輕心，自然免不了根據朝廷的好惡對志書進行把關和修改，以免觸碰「政治不正確」的「紅綫」。正因爲如此，黄之雋對初刻本就滿腹牢騷，忍不住批評當局在他定稿後的無妄之改：「《江南通志》訂訛辨正頗勞，今借閲刻本，與原稿多舛。……漢武帝登禮潛之天柱山，謂之南岳，在今六安州之霍山，《漢書》注甚明，而仍謂即元時所置之潛山縣。吾始祖諱積，爲新安太守，程元譚繼之，俱東晋時，今俱列西晋，而置程於前。至吾松，錯誤尤夥。……凡此皆予親閲定，而紊亂至此，豈有意爲之耶？予辭歸日，謂當事勿列予名。今忝載纂輯之首，而官銜亦倒。後晤長洲邵峙東、無錫華豫原，亦言蘇、常多竄改原稿，可怪也。」（《㞐言》下篇，《㞐堂集》卷二十一《雜著》五）黄氏辭歸日即已不願署名，想必對此早有領教。

第三，這是由舊方志的結構模式與記述模式造成的。横排門類和以時爲經、以地爲緯是古代地方志編纂的兩條基本原則。在這些原則影響下，志書在按照事物性質分立不同的門類之後，各門類之内通常以地域爲標準，以時間先後爲順序，依次收録相關資料。這種結構模式與記述模式實際上等同於各個地域資料的「拼盤」。以府志而言，某一門類之下，往往按照當時的行政區劃與行政序列，先首縣，後其他縣。省志也在門類之下，按當時行政區劃與行政序列，先相關府，再各府所轄縣。即使是全國性質的一統志，亦復如是。在這種縣拼府、府拼省、省拼天下的「拼盤」模式下，當某人曾在不同的地區任職或活動時，其生平事迹很可能就會在不同地區的記述單元裏重復出現。而浩浩蕩蕩的長江，在志書中當然就會以「江」爲題，出現在多個府州縣板塊中；綿延不絕的黄山，自然也會出現在多個相關的府州縣板塊中。

七

《乾隆志》共有三種版本。一爲乾隆元年尊經閣原刻本，二爲乾隆二年鋟修本，三爲乾隆間《四庫全書》本。

據書前各序之末所署作序時間，作於乾隆元年者十四篇，其中「孟夏（四月）」「仲夏（五月）」「孟秋（七月）」各一篇，「秋八月」「仲秋（八月）」各一篇，「孟冬」「冬十月」（農曆十月）六篇，「仲冬（十一月）」三篇；乾隆二年「春正月」二篇。準此，此書至遲刻於乾隆元年初，刊成於次年春正月。

考黄之雋是在六十四歲（虚歲）時受聘主編《乾隆志》的，其時爲雍正九年（一七三一）。至六十六歲成稿，辭志館歸里，時在雍正十二年。（參見張斌《黄之雋詩詞研究》，黑龍江大學二〇一一年碩士論文）其後大約經由官方御用文人審查修改，才付諸剞劂。志書刻成後，最初可能只印了少量樣書（可稱爲原刻本），先在一個較小的範圍内徵求意見，以致黄之雋通過特殊渠道，才得以「借閲刻本」。可是當他準備對書中御用文人們妄改之處「訂訛辨正」時，刻本又被「遽索去」。（黄之雋《㕑言》下篇，《㕑堂集》卷二十一《雜著》五）種種迹象顯示，初刻本在徵求意見過程中，當局又發現重大問題，於是匆忙將初刻本收回，迅速組織力量進行突擊修改，并最終形成乾隆二年的「鋟修本」。乾隆中期，朝廷組織文人編纂《四庫全書》，《乾隆志》亦收入其中，是謂《四庫全書》本。四庫館臣在收入此書時，又對志書進行了再次修改。

經初步統計，鋟修本、四庫本對原刻本的删改多達一兩百處。這些删改，有修改部分字句的，有删削部分内容的，有原文全删的。删改的内容主要包括兩個方面。一是與降清的明代漢臣有關，二是與入清後仍然堅持抗清鬥争的前朝遺民有關。

在經歷了清初的動蕩之後，到了乾隆時期，清政權將近百年，統治基礎已經非常牢固。乾隆皇帝爲瓦解民族意識，培養忠君思想，鞏固家天下，以忠君爲標準，把明末清初降清的明朝官員一律稱爲「貳臣」。即使爲清軍入關、消滅明王朝殘餘勢力、統一全國立下汗馬功勞的洪承疇，也不能例外。「貳」者，兩屬也，變節、背叛之謂也。乾隆四十一年（一七七六），清高宗詔令國史館編纂《欽定國史貳臣表傳》，即《貳臣傳》，後編入《清史列傳》，共收録清初投降清朝的明臣一百二十人。此舉雖然發生在乾隆中期，但乾隆皇帝貶斥「貳臣」的念頭早就滲進他的骨子里了，而且早有端倪，四庫本《乾隆志》的删改就透露了其中的奥秘。

如卷一一二《職官志·名宦》原刻本、鋟修本有周亮工傳，而四庫本删除。考周亮工爲明末清初文學家、篆刻家、收藏家，崇禎十三年（一六四〇）進士，官至浙江道監察御史，入清後歷仕山東濰縣令、鹽法道、兵備道、布政使、左副都御史、户部右侍郎等職。《清史列傳》入《貳臣傳》。同卷原刻本收有楊捷傳，《四庫》本亦删。按楊捷初爲明末裨將，順治元年降清，歷任游擊、參將、副將、九江總兵、江南提督等。

更爲典型的是錢謙益。錢氏係明末清初著名文學家，本爲東林黨人，明末曾被尊爲文壇祭酒、東林黨魁，官至明禮部侍郎，清軍入關後擁立南明福王政權。豫親王多鐸入南京，錢謙益迎降，清廷命以禮部侍郎管秘書院事。乾隆對錢謙益的行爲極爲反感，曾經評價他是「有才無行之人」。在編纂《四庫全書》之前，錢謙益的兩部代表性著作《初學集》《有學集》就遭到乾隆帝的指摘，迅即禁毁，進而涉及到錢氏的所有著作以及曾請錢謙益寫過序言的他人詩文集。於是我們在《乾隆志》中看到，凡是涉及錢謙益的内容，只要有辦法修改的一律加以修改，實在不能修改的地方干脆删除核心文字，甚至全文删除，即使在書頁上留下一大片空白也在所不惜。今天書中多處留有整行整行、整段整段、整頁整頁的空白，便大多與錢謙益有關，是當年「任性」删削的痕迹。如卷十五《輿地志・山川・徽州府》黄山條，原刻本收有「國朝」錢謙益《游黄山記略》，凡三面又二行。鋟修本只存「國朝」二字，作者署名「錢謙益」、文章標題「游黄山記略」及原文正文俱已被删，但書中原先載有此文的空白頁面尚存。而乾隆四十四年編纂《四庫全書》時，因錢謙益的所有著作被列爲「悖妄著書人詩文」，收入其中的《江南通志》連「國朝」二字亦被删，也没有空白頁，删得毫無踪迹可尋。如果不檢閲原刻本，根本不知道原先曾經收録過錢氏的《游黄山記略》。

再如卷一六五《人物志·文苑一·蘇州府》「國朝」部分開篇伊始第一篇傳記，録修本前半部分作：

□□□□□□□□□父世揚，字景行，著《古史談苑》行世。□□萬曆庚戌殿試第三人，官禮部尚書，立朝不滿五載，先忤魏忠賢，後忤温體仁，削籍者再。入國朝授秘書院學士。□□早掇巍科，學博才雄，名重海内，遠近乞其文志碑碣者絡繹門外，一時咸以燕許手筆推之。

檢原刻本，三處缺文分别作「錢謙益，字受之，常熟人」「謙益」「謙益」。而《四庫》本則全篇傳記凡一百二十八字俱删。根據我們的初步統計，書中删改與錢謙益相關的文字起碼有數十處。

有些雖然進行了删改，却删改得并不徹底。如卷一六六《人物志·文苑》石沆傳，末句原刻本作：「其詩蕭疏閑放，錢謙益選《列朝詩》取冠近代名士之首。」録修本删改作：「其詩蕭疏閑放，錢□□□□□□□冠近代名士之首。」殘留的「錢」字成爲讀者尋找答案的些許痕迹。而到了《四庫》本中，相關的文字被直接改成「其詩蕭疏閑放，爲一時名士之冠」。

比叛明降清的「貳臣」數量更多的是抗清義士或入清後仍然企圖抗淸復明的前朝遺民，志書中對此也多所回避。如貴池吴應箕是抗清義士，明亡後舉兵抗清，兵敗被俘，在順治二年（一六四五）十月不屈而死，死後私謚文烈先生。卷一九四《藝文志·詩文集》原刻本收有他的《盛事集》三十卷、

《樓山集》二十卷，但到了録修本中，已了無踪迹可尋。卷一六七《人物志·文苑》方以智傳之末，原刻本作：「所著有《周易圖》《烹雪録》《浮山全集》等書，凡數十種。」録修本「浮山全集」四字作空，《四庫》本則改作「所著有《周易圖》《烹雪録》等書」。考方氏爲明末進士，入清後積極從事抗清斗争，被捕後堅貞不屈，獲釋後披緇爲僧，改名弘智，字無可，别號愚者大師等。其思想集中體現在詩文集《浮山全集》中，以此被删。在反清復明的遺民中，昆山顧炎武的成就與影響顯然要大得多，因而他的《亭林遺書》等著作，也被録修本從原刻本中無情删除。

又興化李清爲明崇禎四年（一六三一）辛未科進士，歷寧波府推官，刑科、吏科左給事中等，清軍入關後入南明政權，積極從事反清復明斗争，失敗後隱於鄉，屢薦不起。所著《三垣筆記》和《南渡録》是記載明季特别是南明史事的重要文獻，價值極高。但成書後即遭到禁錮，未能付梓傳世。《四庫》本卷一二三《選舉志》删李清科名，卷一六三《人物志·儒林》删李清傳；卷一九一《藝文志·正史》删李清所著《南北史南唐書合注》《正史摘奇》《二十一史同異》；同卷《史評》改李清的《史論》《史略正誤》爲丹徒錢邦寅的《歷代徵信編》、江都宗元豫的《識小録》，而錢氏、宗氏二書俱與原刻本前文重出；卷一九二《藝文志·雜説》删李清的《女世説》。

即使在政治上與清政府合作過的「順民」，只要心繫前朝，仍然要從原刻本中剔除。安徽桐城戴名世是清代文學家、桐城派奠基人，康熙四十八年（一七〇九）進士第二人（榜眼），授翰林院編修。後因在他早年出版的《南山集》中發現載有南明桂王時史事，文中居然使用南明年號而未用清代年號，并主張史家記載清史應以康熙紀元爲起點，因爲順治朝雖已入關，但三藩之亂并未平息，况且承祀明朝的南明尚在。由此犯了康熙大忌，不僅戴名世本人被以「大逆」處死，而且牽連到戴名世的好友、弟子等數百人。對此原刻本尚能實事求是，在卷一二四《選舉志》己丑科趙熊詔榜收有戴名世的名字。但查遍《四庫》本該卷全文，已没有戴氏其人。

有關録修本、《四庫》本對涉及「貳臣」與前明遺民等内容的删改，乾隆皇帝的一段話頗值得深思：

夫居本朝而妄思前明者，亂民也，有國法在！至身爲明朝達官，而甘心復事本朝者，雖一時權宜，草昧締構所不廢，要知其人則非人類也。（《十二朝東華録·乾隆朝》卷二十一）

可謂一語道破其政治動機。

八

仔細比勘，原刻本、録修本和《四庫》本互有短長。如卷二十六《輿地志·關津二》延陵橋條，原刻本作：「一縣南三十五里，即故延陵縣也。唐熙寧五年，省縣爲鎮。」《四庫》本改「唐」爲「宋」。按熙寧爲北宋神宗趙頊年號，時當一〇六八至一〇七七年，期間以宋神宗任用王安石變法而聞名，史稱「熙寧變法」。而唐代并無熙寧年號。又卷三十三《輿地志·古迹五》平山堂條所附「國朝」金鎮《平山堂記》云：「感平山堂之毀爲寺，與任舍人蛟門暨同游諸君將謀復之。」「任舍人蛟門」，《四庫》本作「汪舍人蛟門」。檢嘉慶《重修揚州府志》卷三十一，此處正作「汪舍人蛟門」。考汪蛟門即汪懋麟。汪懋麟號蛟門，明末清初揚州府江都縣人，清康熙六年（一六六七）進士，授内閣中書。舍人本爲周代宫内官吏，《周禮・地官》：「舍人掌平宫中之政。」後世泛指帝王親近左右之人。明清内閣中書掌書寫誥敕，雅稱舍人，故金鎮《平山堂記》稱汪懋麟爲「汪舍人蛟門」。此爲《四庫》本優於原刻的例子。

卷一三五《選舉志・薦辟》原刻本有歐陽股。四庫館臣也許以爲「股」字本指人的大腿，用於人名不雅，遂在《四庫》本中徑改「歐陽股」爲「歐陽殷」。按歐陽股爲「蕭縣人，官主事」（《乾隆志》原雙行小字夾注）。檢嘉慶《蕭縣志》卷九《選舉志》、卷十二《人物志》，該人俱作「歐陽股」，與《乾隆志》原刻本完全相同。另據《蕭縣志》，歐陽股弟名歐陽耳，由賢良方正薦授貴池丞。按我國古人命名帶有鮮明的血緣傳承功能。爲了明世次，分經緯，永保同一血脉的長存貫通，北宋以後按輩字取名的現象很常見。所謂輩字，就是同一個家族里同一輩分的人，其名字中含有相同的偏旁，用以區分不同的行輩。這些輩字所代表的輩分，秩序井然，世次整肅，絶不允許出現絲毫的差錯。如北宋大政治家、大文學家王安石父親名王益，王益諸弟依次爲王盛、王盟、王盈，兄弟名字中都帶「皿」旁。普通士庶如此，皇家也不例外。出身滿族的清王室自康熙開始按輩分字取名，其規律是皇子第一字用「胤」，第二字用「礻（示）」旁之字（如清世宗胤禛）；皇孫第一字用「弘」，第二字用「日」旁之字（如清高宗弘曆）等。就連文學作品也不能違背這樣的規則。《紅樓夢》中賈家第二代名字中都有「亻」旁（如賈代善），第三代名字中都有「攵」旁（如賈敬），第四代名字中都有「王」旁（如賈珍），第五代名字中都有「艹」旁（如賈蓉），即是明證。《乾隆志》原刻本作「歐陽股」，「股」「耳」都是人體重要部位，正與其弟「歐陽耳」相應。其實，「股肱」之詞古已有之，非但没有不雅之處，反倒是大大的褒義詞，一般人根本没有資格用到。至於以「耳」做人名，相傳大名鼎鼎的老子就叫李耳。考歐陽股、歐陽耳的命名可能典出《尚書》。該書《夏書》云：「帝曰：臣作朕股肱耳目。」股、肱、耳、目在這里都指得力助手。而改爲「歐陽殷」之后，不但看不出「股」與「耳」之間語義上的關繫，也抹殺了歐陽兄弟命名中寄寓深厚的文化意蕴。

龔鼎孳爲明崇禎七年（一六三四）進士，歷任湖廣蘄水（今湖北浠水）知縣、兵科給事中，與吴偉業、錢謙益并稱明末江左三大家。明亡後降清，被譏「闖來則降闖，滿來則降滿」，累官清刑部尚書、兵部尚書、禮部尚書，康熙十二年（一六七三）卒，謚端毅。乾隆間被列爲貳臣，詔奪其謚。原刻本卷一六七《人物志・文苑》爲龔鼎孳立有專傳。《四庫》本全删，并誤删龔鼎孳傳後所附其弟龔鼎孚傳首字「弟」，而古人家傳凡附見者例不書姓，以至附傳傳主龔鼎孚失姓，徑作「鼎孚」。這些都是《四庫》本改正爲誤、誤删原文、劣於原刻本的例子。

也有因爲乾隆初年文網較密，删改頗嚴，乾隆中期一度「作勢」寬慈，重又回改的。如沛縣閻爾梅是明末詩文家，明崇禎三年舉人，爲復社巨子。甲申、乙酉間曾爲史可法畫策，可惜史可法不能用。明亡後，繼續堅持抗清活動，手刃愛妾，平毁先人墳墓後，散盡萬貫家財，用以結交豪杰之士，立志復明。曾兩次被清軍抓獲，意志不屈，尋機逃脱後流亡他鄉。十多年間，遍游楚、秦、晋、蜀等九省。晚年眼見復明無望，才回到故鄉。其詩有奇氣，聲調沉雄。著有《白耷山人集》。《乾隆志》卷一百六十六《人物志・文苑》原刻本收有閻爾梅傳，鋟修本全删，《四庫》本又全文恢復。當是鋟修本以其反清復明，不得不從原刻本中删去；《四庫》本則鑒於朝廷對待前朝遺民政策稍寬，故而恢復原狀。

但總體而言，原刻本優於鋟修本，鋟修本優於《四庫》本。以卷一九七《雜類志・機祥》爲例，《四庫》本脱標題「梁」字，遂使天監、普通、大同、中大同、太清、承聖、太平諸年十五事俱混入南朝宋；又脱標題「陳」字、「隋」字，使南朝陳永定、太建、禎明諸年凡六事，隋代七事亦俱混入南朝宋。

《藝文志》的情况更加嚴重。因爲「貳臣」和前明遺民、抗清義士都屬於政治上的敏感話題，他們的著作通常要删除，而删除後不但原書頁面開了「天窗」，而且書目的總規模也與原本出現較大缺口。可能出於保持總量「平衡」的目的，鋟修本便自作聰明，在删除的地方進行挖補，替换上其他書目。爲了填滿「天窗」，便將舒城、無爲、巢縣、鳳陽、臨淮、定遠、潁州、亳州、滁州、全椒、和州凡二十四位作者的三十二種著作抽出，打散插入各删削處。這樣又出現了一系列新的問題。其一，按照志書《藝文志》的著録體例，書中以地域爲標準，同一時代同一地域的作家就近羅列，自然形成一個地域板塊。可是，由於被「挪作」他用，以致按照行政序列應當收録舒城、無爲等十多個州縣書目的地方，《四庫》本却空空如也，成爲藝文類的「拋荒」地帶。其二，插入處已是其他州縣的「地盤」，而其他州縣板塊却莫名其妙地冒出「第三者」的著作，自亂全書體例。其三，有些移入他處的書目，著録時又未署作者籍貫，遂使讀者誤以爲「插足者」也是板塊地域内的一員。第四，部分「移植」其他州縣的書目，「斬草」未「除根」，造成一書二見。如卷一九四《藝文志·集部·詩文集》，原刻本江都作者著録有鄭元勛的《文娱集》，《四庫》本改爲戚繼光的《横槊集》，而戚繼光祖籍安徽定遠，其著作江都板塊遂與定遠板塊重復收録。第五，因爲删改極爲草率，「躺槍」者比比皆是。卷一九一《藝文志·史部》收録對象是正史類著作，《四庫》本删梅元豐《十七史删補》至陳維岱《二十一史約編》史學著作十三種，但同時删去了標題「國朝」二字，以致清宜興陳維岱、荆溪任賢、金壇史逸裘、江都費密、桐城姚士堅等七位作者的八種著作俱混入明代。諸如此類，有時甚至難以卒讀。

九

如果説文化是民族的血脉，地方文獻是區域文化的主根，那麽地方志就是地方文獻與區域文化的「筋」。在各種地方文獻中，地方志以其内容的傳承性、系統性獨樹一幟。志書創修以後，往往繼之以續修、重修、補修、增修、新修，續修之後又繼之以再續、三續，一脉相承，綿延不絶，由此地方志成爲區域文化生生不息、薪火相傳的重要載體。可以毫不夸張地説，地方志是弘揚傳統美德、傳承人文歷史、延續地方文脉的獨特資源。

江南地區具有光輝燦爛的歷史文化，早在二百多萬年前，古人類就在繁昌人字洞一帶活動。距今數十萬年前，南京湯山猿人、和縣人也在大江南北留下足迹。距今約四五萬年的泗洪縣雙溝下草灣人，介於北京猿人和現代人之間，古人類學家又稱之爲泗洪新人。進入文明社會以後，兵家學派、道家學派、法家學派先後在江南與淮河流域創立或發展。吴國青銅器制造技術空前絶後，「吴鈎」因此被譽爲舉世無雙的鋭利武器。吴王闔閭築邗溝北上争霸，使吴國成爲「春秋五霸」之一。

西漢吴王劉濞利用「東有海鹽之饒，章山之銅，三江五湖之利」（《史記·貨殖列傳》）的條件，大規模鑄錢，「煮海爲鹽」，富可敵國。隋唐時，揚州已有「揚一益二」之譽。所謂「揚一益二」，就是以城市商業經濟繁華程度而言，揚州第一，益州（今成都）第二。到南宋時，「蘇常熟，天下足」的民諺廣爲傳誦。至此江南經濟大大超過中原，成爲全國的經濟重鎮。元代又進一步口語化爲「上有天堂，下有蘇杭」。明清時期，徽商、洞庭商幫、揚州鹽商和晋商等并駕齊驅，馳騁天下。歷代精心打造的江南園林，叠石爲山，鑿地爲池，水取其清流縈回，路取其曲徑通幽，石取其瘦、皺、露、透，山因水而活，水因山而轉，古樹繁茂，假山巍然，雖由人作，宛若天成。是流動的詩、立體的畫、無聲的歌，散發着多種藝術的神韵，有「江南園林甲天下」之譽。

在長期的歷史進程中，江南人才輩出，在文化、藝術、科技各個領域都取得輝煌的成就。管仲是古代著名哲學家、政治家、軍事家，被譽爲「華夏第一相」。孫武有「兵聖」之稱，其《孫子兵法》被後世尊爲「兵經」。范蠡在輔佐越王勾踐成就霸業後，急流勇退，泛舟五湖，屢成巨富，民間尊爲「商聖」。

淮陰枚乘是漢大賦的開山祖師，後人尊爲「文章領袖」。東漢末年華陀以麻沸散首創世界外科史上全身麻醉後手術的方法，後人奉爲「外科聖手」。東晉葛洪精通煉丹術，後世尊爲化學製藥鼻祖。祖冲之求得的圓周率，直到一千年後才被國外數學家趕上和超過。陸探微有「畫聖」之稱，王羲之有「書聖」之譽。盛行於梁、陳間的宫體詩，追求聲律上的和諧美與韵律上的回旋美，對唐代律詩的形成有重要影響。唐張旭運筆縱横捭闔，世人尊爲「草聖」。楊惠之創「塑壁」新技法，被稱爲「塑聖」。南唐後主李煜詞作極富感染力，後人尊爲「詞聖」。程顥、程頤和朱熹所創立的新安理學是中國思想史上的一座豐碑，因三人祖籍均位於歙縣篁墩，故其地有「程朱闕里」之譽。其中朱熹是唯一非孔子親傳弟子而享祀孔廟的哲學家。包拯廉潔公正，立朝剛毅，世稱「包青天」。范仲淹《岳陽樓記》中的「先天下之憂而憂，後天下之樂而樂」，顧憲成爲無錫東林書院擬定的楹聯「風聲雨聲讀書聲，聲聲入耳；家事國事天下事，事事關心」，顧炎武的「天下興亡，匹夫有責」，都充滿家國情懷，激勵了一代又一代仁人志士。元明期間的昆山腔，經過不斷革新，形成昆曲，被譽爲「百戲之祖」。長篇小説《水滸傳》《西游記》《紅樓夢》《儒林外史》等享譽世界。

强勢經濟造就强勢文化，强勢文化造就强勢教育。即以江南東部的下江地區（約當今江蘇）爲例，明清兩代取中的進士都超過全國的十分之一；明代全國共取中狀元八十九人，其中下江地區十七人，將近全國的五分之一；清代全國取中狀元一百一十二人，其中下江四十九人，更超過全國四成。

這些無不顯示，江南文脉悠遠浩蕩，文化積澱深厚，文化資源豐富，在中華民族發展史、中國文化史上具有極其重要的地位。標點校勘乾隆《江南通志》，既能用活歷史資源，弘揚優秀文化，傳承精神基因，又可以使傳統經典活起來，留住鄉愁，「鏈接」記憶，穿越歷史長廊，通過「探源」「尋根」，激發鄉邦情結，開啓「追夢」之旅，爲建設更加美好的家園提供精神動力與歷史借鑒。

限於水平，錯誤在所難免，歡迎廣大讀者批評指正。

張乃格

點校凡例

一、乾隆《江南通志》有乾隆元年刻本、乾隆二年錢修本和乾隆間《四庫全書》本三種版本，其中前者爲《四庫全書》本的祖本，錢修本只是對原刻本中涉及「貳臣」等极少量文字進行了删改。本書以乾隆元年刻本爲工作底本，以《四庫全書》本、錢修本通校，必要時參校相關的府州縣志與經史、文集。凡《四庫全書》本、錢修本與原刻本比較重要的異文，出校記。但音義皆同，只是字形略有不同的異體字，則不出校記。凡《四庫全書》本、錢修本對原刻本進行較大的修改，如史料的改動、整段文字的删除等，一律出校。

二、凡底本不誤，他本誤者，不出校記。

三、古人引書，常有省改。凡本書節引他書而不失原意者，一般保持原貌，不據他書改動本書。

四、凡訛、脱、衍、倒，確有實據，必須改、補、删、正的，一律出校。凡疑有訛、脱、衍、倒，但并無堅實理據者，一般不予改、補、删、正，必要時出校存疑。志書纂修人和書中所引各書原作者見解上的錯誤，不出校糾駁。

五、凡避聖賢諱和清帝名諱的，缺筆避諱如「弘」作「弘」、「泓」作「泓」的，直接補足筆畫；改字避諱如「玄」改「元」、「丘」改「邱」、「禎」改「正」等，在避諱字前後加圓括號，其後加六角括號補出本字。均不出校記。較爲少見的避諱如「胤」改「印」、「元」改「懸」之類，首次出現時，除以圓括號表示避諱字、六角括號表示本字外，另出校記。凡「日」與「曰」、「己」與「已」等因形近誤刻的字，徑改正確的字，不出校記。凡「冠(冦)」「兖(充)」等較爲少見的异體字或俗字，一般改爲通行寫法。

六、爲方便讀者，本書采用新式標點。但爲避免繁瑣，不用省略(……)等符號。區域地理、職官、科舉、人物等是方志記述重點，以地名而論即有山名、水名、關隘名、州縣名、城鎮里巷名、祠廟名、津梁名等等，觸目皆是，爲避免繁冗，也不用表示人名、地名、國名、族名的專名綫。古人涉及書名、篇名常用簡稱，如稱《漢書・地理志》爲「漢地理志」「漢書志」「漢志」等。本書標點時，於較爲完整的書名、篇名之間用間隔號(《漢・地理志》《漢書・志》)。但爲避免過於割裂原文，「漢志」之間不再加用間隔號。

七、校改之處使用的符號，(　)括住的字詞，表示删除；〔　〕括住的字詞，表示改正或增補；□則表示相關文字的空缺。

八、整理者根據内容，對原書長篇文字進行適當的分段，以便讀者閱讀。原書因表示尊崇而出現的抬頭格式，無論是空抬、平抬、單抬、雙抬、三抬等，一律廢除，以保存文章的完整性和連貫性。

上江南通志表①

兵部尚書兼都察院右都御史總督江南江西等處地方軍務兼理糧餉操江臣趙弘恩謹題。爲欽奉上諭，纂修省志成稿，謹奉表上進者。

臣等誠惶誠恐，稽首頓首上言。伏以帝德覃敷，頌同風於八表；皇圖式廓，慶寧宇於萬年。焕日月之照臨，普光華而暉增星紀；協河海之清晏，大恩膏而澤洽江邦。維兹經野之良規，用善容民之大道。是資圖志，永著藩垣。敬輯成編，仰祈睿鑒。

竊惟斗、牛分野，旁連婁、火之躔；淮海、惟揚，北帶豫、徐之域。敷篠簜而包橘柚，稽則壤於《夏書》；川三江而浸五湖，考職方於《周禮》。經文攸叙，爲九州第五州，爲②九州第一州。史册所書，

① 此表原位於乾隆《江南通志》各序、康熙《江南通志》各原序、修志職名及凡例之後，現據《四庫》本冠於全書之首。標題爲點校者所擬。

② 「爲」，《四庫》本作「而」。

曰江南東、西道，曰淮南東、西道。水泉通利，有流壓鄭、白之渠；田賦上腴，再熟美琅邪之稻。

粤若句吴開國，秉至德以垂風；緬維洙泗傳人，悟聖功爲有本。良相之先憂後樂，崛興於胥臺、甫里之間；大儒之誠意正心，實生於龍尾、梅源之麓。蓋江山清淑，鍾孕物華，教澤淵源，紹衣文獻。惟是唐虞五服，尚遠於侯甸綏要；厥後晋宋六朝，或流於風雲月露。昄章土宇，巽隅之景氣彌芳；疊見珍符，泰運之方輿獨盛。

欽惟我皇上道貫三才，恩周六合。建厥中而咸遵道路，若華、戴勝之區，梯航修貢；統無外而壹禀車書，烏弋、黄支之國，版籍稱臣。矧居江國之首藩，尤渥天心之仁愛。示以儉，示以禮，念此民風；一民寒，一民飢，引爲己責。重蠲疊貸，愈軫東作之勤劬；十雨五風，尚念西成之豐歉。障紫瀾而迴濁浪，隄防倍厪宸衷；決渠雨而舉鍤雲，疏濬無煩民力。垂竿牽網，江上下共沐恩波；煮海煎鹺，淮南北群需化雨。惠風吹絳帳，軺車駟馬慶三鱣；暖日麗寒氈，西序東膠歌五緎。但期賢良孝秀，同升玉陛之前；何煩桐磬瑤琨，争列金門之内。開恩科以廣攬，建試院以分闈。千人俊而萬人英，咸歸羅網；吴之頭而楚之尾，均荷甄陶。凡此懿典鴻謨，曷既休光美實。在愷悌旁流之内，需浩蕩以靡涯；際純熙累洽之餘，蔚文明而有象。

兹當通志告成之日，欣值龍飛御宇之初，彤管蒼毫，莫罄欽明之雅化；金題玉躞，都涵雨露之新恩。聿自辛亥之冬，載始編摩之役。歲月屢易，剞劂方新。文異《三都》，類左思之遲鈍；才疏《七步》，謝子建之從容。覈實副名，恐遺譏於闕濫；發凡起例，爰預定其規程。禮聘英才，群相排纂。

臣等互加讎檢，參酌見聞。於是恭録天章，炳昭國憲。然後地理與人倫殽列，文章與政事相宣，㮚括十門，縷分各類。權輿經傳，或委或原；涉獵史家，職詳職要。敢云考摭咸當？謹已次第成書。劉道規《先賢》之傳，祇及徐州；范致能辨證之篇，獨言吴郡。思挂一而漏萬，寧辭鉛槧之勞？快稽古而驗今，倍感遭逢之幸。伏願益調玉燭，常固金甌。配資生資始之元，寒煖剛柔旁孚交鬯；徵時雨時暘之序，寄象鞮譯蹈德詠仁。山出器車、河出馬圖，豈但地泉流醴；東南一尉、西北一候，長將天柱爲標。有截神州，合八埏而永奠；無疆景祚，與兩大而長新。

臣等無任瞻天仰聖，激切屏營之至，謹奉表隨進以聞。

江南通志序[1]（孔傳焕）

粤昔《周官》職方氏掌天下圖籍，而辨其邦國都鄙與其財用穀畜之數，以周知天下之利害。蓋志之意肇於此。迨班固作《漢書》，著《地里》《溝洫》等志，而志之名始立。故後世有一統志，列省有通志，下而郡縣亦各有志。

聖祖仁皇帝御宇之二十二年，武功底定，海内乂安，於是乎有修《一統志》之舉。詔天下各修通志，蓋將登諸天府，用昭一王之鉅典也。

上、下兩江，爲吴、楚名區，幅員廣闊[2]，實甲天下。霸業皇圖，沿革不一。而我世宗憲皇帝睿慮周詳，因革盡善。江省之州陞而爲府者二，爲直隸者五，縣之析而爲二者十有七。諸如墾荒田，免浮糧，指難悉數。即鹽筴、郵傳，亦皆弊絶風清。兹復恭逢我皇上紹承大統，繼述前徽。念江省爲東南

① 此序與以下乾隆《江南通志》各序，《四庫》本俱位於康熙《江南通志》各原序之後。
② 「闊」，《四庫》本作「大」。

財賦重地，寬恤之典，優於他省。當此仁風翔洽，萬善備臻之會，通志一書脱不及時修輯，吾恐久而不免於掛漏矣。

雍正七年，敕在廷儒臣續修《一統志》，直省督撫各修通志。誠以通志爲《一統志》之權輿，而不容率略也。今上、下兩江督撫諸大臣，悉經術通儒，而司藩、臬者又多文學之彦，雖纂輯有人，而討論修飾，公餘不廢。爰彙三朝之典故，成此不刊之瑤編。綱舉目張，部分類别，彬彬郁郁，質有其文，殆將與《周官》《漢志》並垂天壤。

臣之來江省也晚，未獲與於斯役。適逢告成之期，得載一言於簡末，因不揣固陋而爲之序。

時乾隆元年歲次丙辰孟夏穀旦，整飭江南通省驛傳鹽法兼巡江寧道按察使司副使加二級紀録二次臣孔傳焕謹撰

江南通志序（王恕）

今上龍飛之元年丙辰，《江南通志》書成。凡二百卷。距開局時爲雍正之辛亥，首尾凡六年矣。
而臣恕承乏江安糧運，實與終始其事，庸敢拜手以紀其成曰：
志書之設，非徒以矜淹博、備見聞而已，將以考生民之利病，究政事之得失。國家因事更張，隨
時變通之道於是乎在，不可不察也。

我國家定鼎燕京，歲漕東南四百萬石，以實天庾，而江南實居其半。臣自備員以來，間歲一押運
過臨，熟悉其利弊，知漕運之制斟酌盡善，未有如今日者也。何則？明初例用民運，與軍對船交兑。
末年僉解白糧至京，大户每至破産，前人蓋嘗言之。國朝於行月糧外，定爲五米五銀之制，俾民交兑
與官，官自雇船起運。一切赴通交納，及遇淺過溜、盤剥牽挽之費，悉運丁支辦。而民自交納後，晏
然無復事事。法至便，恩至厚。

顧欲恤民，必先恤丁。倘運丁困苦不支，漕法遲滯廢壞，於此而更求變通，則民運有不可知者
矣。每見州縣官以恤民爲事，動致刻削運丁。而武弁亦疾視吾民。官弁各分左右袒，而軍與民遂成

隔膜之勢。不知民運之苦，運丁當之，則所以恤運丁者，義當與民等視。故欲戢其咆哮之勢，須先資其衣食之謀；欲禁其騷擾之害，須先軫其道途之苦。

我世宗憲皇帝洞察幽隱，無微不燭，所以優恤運丁者恩意備至，於舊例携帶土宜六十石之外，加增至一百石。而江淮、興武二衛，豁免應追鑽夫底料銀十萬八千有奇，以後仍給付。又令起運白糧殷實丁掣運，五年更替。務使稍有贏餘，踴躍從事，舳艫安行，市肆不驚。鞏神倉於不匱，垂樂利於可久。蓋恤丁即所以恤民。而臣奉職於兹六年之久，得免曠廢遲滯之咎，實禀成謨，以倖免於罪戾。敬因志書之成，而詳述本朝漕制之善，超軼前代有如此云。

時乾隆元年歲次丙辰仲夏月穀旦，江南江安等處糧道按察使司副使臣王恕謹撰

江南通志序（范璨）

國家重熙累洽，德育仁涵，休養生息百年之久，海内乂安，民人樂業，彬彬乎禮讓相先，道德一而風俗同也。雍正七年，世宗憲皇帝敕諭直省重修通志，上之史館，將以彙纂成編，大一統之宏謨，昭承平之盛事。迄今六閲寒燠，爲我皇上御極之元年，而《江南通志》于是乎告成。蓋志書之作，所以彰往察來，鏡制度之得失，人才①之盛衰，風俗之污隆，運會之升降，固非徒侈稱疆域之廣，户口之繁已也。

江南東環滄海，西茹長江，北倚河、淮，南俯震澤。其名山奥區，奇峰秀巘，往往而是。靈異所鍾，碩德殊材，出而黼黻王猷，羽翼至道，垂三不朽於天壤間者，不可勝數。即下而販夫匹婦、弱女幼童，咸禀秀於湖山。而孝弟、節烈之概，其動也天。是其甲於天下者，豈僅財賦繁豐，物産滋殖，而充庭之貢纍纍若若，升玉階而入金門哉？若夫建學明倫、設官取士之制，城郭宫室、置郵營汛之規，與夫江、河、淮、海之防，賦役、倉儲之法，鑄山煮海，充天庾而實神倉之模畫，監於成憲，因地制宜，變通

① 「才」，《四庫》本作「材」。

趨時者，一一仰煩睿慮，上稟廟謨，煌煌乎一代之章程，邁先而軼後。而累朝以來，德隆恩溥，至優且渥，又惟江南霑被爲獨多且數也。蓋此邦遭逢之幸，爲諸省所不得而絜衡者，有由來也。

聖祖仁皇帝省方問俗，六幸江南。鑾旗所指，山川草木，頓改六代之舊觀。膏雨所濡，土俗民情，咸沐一時之雅化。而且天文炳燿，星紀增輝，宸翰淋漓，斗、牛焕采。猗歟盛哉，誠曠代之休風也！世宗升府州，析縣邑，則體國經野之制隆。築海塘，濬水道，則畎畝灌溉之利滋。豁免四府浮糧，遞貸通省額賦，恩施不倦，蠲賑時行，斯又大江南北，白叟黄童，歡呼祝頌於無既者矣。

兹恭逢我聖天子學本醇儒，治隆古帝。移風易俗，則軫念吴會之奢靡；修河濬渠，則概免里閭之科派。自歷年逋賦，蘇、松耗羨，漕項、蘆課、學租、落地税等，及河灘淤地之征，江夫河篷之費，長江魚租、場竈折價錢糧，悉蠲悉除，無少靳惜。又因江南人才衆多，文風鼎盛，特命上下兩江，分闈鄉試，廣增解額，加意作人。誥諭頻頒，恩波疊沛。是際今運會方隆，亦惟此方人士倍厪淵衷之眷顧也。抑何幸哉！抑何幸哉！

臣叨任監司，觀風所至，熙熙皞皞，既欣逢我朝德化之成；伏讀志書，秩秩班班，又快睹一方紀載之盛。既部分而類居，亦詳稽而博考。於以備史氏之采擇，增輿地之奇涵，垂之萬禩，久而不刊，殆非《太平寰宇》《元豐九域》諸書可得而媲美者已。用敢敬述見聞，以當拜颺之萬一云爾。

時乾隆元年歲次丙辰孟秋月穀旦，江南分巡鳳廬潁道按察使司副使臣范璨謹撰

江南通志序（劉柏）

直省之有通志，與古列國之有史同，而輿地廣大則倍之。古者列國或百里，或數十里，各自爲境。今車書一統，一省連跨數十國之舊封。而江南尤屬東南大省。舊志修於康熙二十二年，刻期告竣，頗多缺略。今將綜府、州、縣志及歷年卷册所載，詳稽核考，訂故增新，合爲通志，役亦重且繁也。

雍正七年，欽奉世宗憲皇帝諭旨，彙萃成編，上之職方，備《一統志》之采擇。蓋其述之往者，采自史傳，增諸後者，據事直書，爲他年史氏之徵信。故凡子、史、百家之書，購求必備。州郡志乘、印册，檄取必詳。隸上江者，安徽藩司主之。隸下江者，江蘇藩司主之。督撫大吏，延聘纂修，鑒定董成，殆六年於兹矣。

臣於雍正十年，督漕蘇、松。十有三年，移臬安徽。適當修志之時，上、下兩江，咸得協理其事，與觀厥成。見二百卷之中，恭紀誥諭宸章，如讀帝典大訓。敬述河渠方略，如睹地平天成。若賜復蠲租，豁減浮糧，以及漕運、積貯諸大政，紀載詳備。而人文之盛，節烈之奇，户丁之繁，物産之豐，雖江南山川靈秀，風土清淑，異於他省，而實可想見我朝重熙累洽之休，漸涵樂育之久，以馴至於斯也。

今者伏遇我皇上文武聖神之資，仁義中正之學，紹承聖祖、世宗之所已行、所欲行者，而誥誡誕布之，海内莫不欣欣仰化。而江南臣庶，霑被尤隆。厚澤深仁，良法善教，大書特書，其足爲志乘光者，何可勝數？

臣於兹志之成，竊爲江南之士民幸。而更以見四海同風，中外寧謐，直省通志之成，類復如斯。由是彙爲《一統志》，以垂之不朽，誠千百年來未睹之盛典也已。是用不揣譾陋，識之末簡。

時乾隆元年歲次丙辰仲秋穀旦，江南安徽等處提刑按察使司按察使加四級紀録五次臣劉柏謹撰

江南通志序（張渠）

皇上以聖神文武，纘承大統。臨御之初，聲教誕敷，湛恩汪濊，六服内外，罔不漸被暨訖。尤念江南爲財賦重地，加意拊循，蠲免積逋，減除耗羡，罷落地之税，寬徵輸之期。射陽湖濱墾復之田，涸溢靡常，概與除額。開濬運河，繕完隄岸，纖悉出度支正供，無累商民。所以惠綏南服者，德至優且渥也。而江南重修《通志》一書，於時適成。

江南在唐虞時爲揚州之域。其分野則上應乎牛女星紀，其疆域則旁接乎齊、魯、楚、越、中州、豫章。其地襟江帶河，土風清嘉，山水衍秀。蓋自泰伯以禮教開基，言游以文學播化。嗣後人文之盛，甲於天下，匪獨金錫竹箭擅名東南而已。顧嘗考之《禹貢》，厥田下下，厥賦下上上錯。而後世財賦，大半仰給一隅。韓昌黎有言：「賦出天下，而江南居十九。」蓋自唐代已然。宋、元、勝國，因事倍增，論者每有積重難返之歎。而不知發政施仁，困極獲甦，固有待於興朝神聖之繼起也。

謹按：前志作於康熙癸丑，距今六十餘載。其中山川形勢、疆宇阨塞，非必有殊舊觀。獨念此六十餘載中，恭遇聖祖仁皇帝厚澤深仁，有加無已。以河工未就，自甲子至戊子，屢勤南巡之駕，指示方略，永慶安瀾。省方所至，膏澤隨之，蠲租發賑，江左殆無虛歲。世宗憲皇帝繼志述事，允執厥中，免蘇、松四十五萬之浮糧，除前明二百餘年之弊政。黄童白叟，擊壤歌衢。時降德音，訪求民隱，山陬海澨之遥，不啻家至而人見之。凡此皆前志所未逮，而載筆者所當大書特書者也。他如郡縣之增改以十計，秩祀之修舉以百計。版籍登矣，而賦惟其舊；山澤廣矣，而利與民同。選舉徵辟，立賢無方内外，戍防星羅棊置。築瀕海土、石二塘，浚入海婁、淞諸水，特命卿寺發帑興建，費甚鉅而利則溥。神化變通之道，因時措置之宜，蓋不可以數計矣。不有紀載，將何以導揚盛美，而昭示來兹？則此通志一書，豈徒備南省之掌故，實乃徵文考獻，以仰佐《方輿》《一統》之參稽者也。

臣承乏江藩甫及一載，前此開局編摩，未獲預聞末議。特以工成剞劂，循例得颺言于末簡，有榮施焉。

夫藩司一職，固會計之所從出也。司會計則言會計，蓋未嘗不深幸兹土之民，獲生此輕徭薄賦之時，爲三代而後所不可多得也。今試觀志中所載，户口蕃息，賦役均平，人民康阜樂業，疆隅封守，申畫鞏固，有非唐、宋以下所得而及者。斯豈一朝一夕之故哉？

遭逢盛世，聖天子重熙累洽，建極於上；開府重臣，宣德達情，敷政於外。穆明交贊，時和年豐。故雖謭陋如臣，亦得恪遵成憲，竭蹷駑鈍，以圖報稱恩遇于萬一，又詎非吏兹土者之厚幸歟！

繼自今上諸册府，播諸通邑大都，蒞仕者以宦績爲必可師，力學者以賢達爲必可法，兵農錢穀之事皆有所據，以爲章程。則是書誠考鏡得失之林也，奚必讀《九（邱）〔丘〕》《八索》，始稱瓌寶乎？

時乾隆元年歲次丙辰秋八月穀旦，江南江蘇等處承宣布政使司布政使臣張渠謹撰

江南通志序（趙弘恩）

世宗憲皇帝御極之七年，敕下督撫諸臣，各修省志，上之史館，以備採擇。江南總督臣繼善，巡撫臣國棟、臣元章，欽遵於九年冬十月，徵集在籍儒臣之博洽工文、通達治體者，開局於江寧，蒐討排纂。草創未定，督臣廷珍、臣其倬，撫臣世臣、臣國璽、臣本繼之，臣弘恩與撫臣紘、臣琮、臣國麟復繼之。考訂增損，惟慎惟詳，迄今始克成書，繕表恭進。蓋自經始以來，六易寒暑矣。直省各志皆已次第進呈，而江南獨居其後。江南爲東南大省，掌故事實，浩如煙海，纂集綜核，未敢猝成。

臣嘗舉其概而論之。輿地則五省犬牙相錯，經六代僑置紛更，千餘年沿革，分合棊繁。我國家升析郡縣，規制尤爲盡善。必此疆彼域，廣袤詳明，然後山水、關津，城池、都邑，區別隸轄，各有攸歸，而宫室、壇壝，梵刹、仙宫，往蹟新觀，瞭如螺指。此其形勝之宜詳者也。

河渠則大海環其東，河、淮繞其北，長江、具區縈涵境内。而運河蜿蜒，自南而北，爲四省漕艘要津，上關國政，下利民生。此其原委之宜詳者也。

食貨則田賦當天下六之一，關税當天下十之七，鹽課當天下五之三。生聚之繁，物産之富，甲於海内。而積貯、蠲卹諸大政，制既詳於歷代，恩尤渥於天朝。使采摭有未當，奚以資於治理哉？

至於陶淑以禮樂，捍衛以兵戎，設官分職以臨蒞之，分營列汛以鎮撫之，既育之於庠序，爰拔之以選舉，周、秦而後，經制始繁。六朝以來，更張爲甚。由唐、宋而元、明，武功文德，夏造商因。至昭代而規模宏遠，條理細密。政使慎重出之，猶懼弗備。矧夫泰伯之至德，言子之文學，季札之節概，流風餘韻，興起百世，風會日開。山川鍾毓，而江左人物，遂爲天下先。雖前後殊揆，隱見異轍，然立德、立言、立功，以厚人倫、裨治化、厲風俗，其致一也。若匹夫販婦，弱女黄童，其貞孝節烈，亦皆錚錚佼佼，可以廉頑而立懦。稽之往牒，采之近今，遺濫兼譏，是非易舛，尤不可不詳且慎也。

舊志創於康熙癸亥，刻期告竣，遂多闕漏。聖祖仁皇帝六十餘年中，厚德深仁，如天如地，所以軫恤江南民力者，至優極渥。世宗憲皇帝整飭綱紀，通變宜民，惟富惟教，江南尤荷格外殊恩。是皆舊志所未及載，而今當裒而益之，期觀美備，垂於無窮者也。

至我皇上即位以來，惠顧東南，恩施稠疊。諸凡振興禮教、廣攬英才、減賦蠲租、拯災恤患，均邀曠典，非他省所可絜比。志書之成雖後，而沐浴德化，歌詠太平，詳之紀載者獨先。光昭簡册，照耀方隅，不尤隆哉！

臣何人斯，幸董斯役，折衷商搉，不憚再三。文已屬而復删，稿將成而更易。分門别類，按部就班，參稽考正，期無譌盩，然後繕校成帙，付之剞劂。

夫作志之難，與史略同。彼或癉而或彰，此去誣而徵實。彙訂之詳，稱述之當，鮮學與識莫能擅長也。乃若立言有體，落筆成章，則又非才莫與。兹志之成，敢云三長之有歸，庶幾言質而事核。其於盛朝政教之詳明，制度之美備，風俗之醇厚，賢才之衆多，堂哉皇哉，彪炳宇宙，軼後而超前者，罔不披卷洞然。而宣猷布化，奔走後先，思因乎土俗民情，而善厥敷施、勉樹功績者，亦皆可一覽而得其概也。

時乾隆元年歲次丙辰冬十月穀旦，兵部尚書兼都察院右都御史總督江南江西等處地方軍務兼理糧餉操江加二級紀録十次臣趙弘恩謹撰

江南通志序（顧琮）

粤稽江南之地，於《禹貢》職方爲揚州之域，而半入於徐。其在古也，厥土塗泥，厥田下下。自漢以後，財賦漸廣，幾爲九州之上腴矣。其土俗民風，在周以前號曰句吴。迄春秋之世，始通上國，見於經傳者，猶譏其樸陋。而自孫吴開業，至於東晋，江表益號名勝，人文蔚起。歷六朝、唐、宋、元、明，以逮本朝，賢才輩出，事業文章，甲於海内。又自大河南徙，會淮、泗以入海。元、明定鼎燕京，楚、越漕艘，皆由江、淮以入於河。故江南爲襟帶河海、聯綰南北之要地。而其山川、土田、城郭、户口、物産、民風，載在方輿者，視諸省恒倍之。

雍正三年，世宗憲皇帝以《一統志》歷久未成，慎簡重臣，敦率就功。七年，詔各省重修通志，録上史館。乾隆元年，臣由總督漕運，蒙皇上恩命，署理江蘇巡撫印務。會《江南通志》告成，例宜颺言簡端。

竊意江南志書，開局金陵，招延名俊，鳩工庀材，皆督臣爲之董其成。而臣自承乏畿輔，始領營田，繼管河道，皆在北地。洎總漕政，駐節淮陰，始得循河而南，按視工築，差別堅瑕，時則登高望遠，相度地勢。及署江蘇撫篆，乃按臨吴會，得悉其版籍之繁庶，文物之華縟，風氣之韶美。以至徵調漕輓，鹽筴關榷，市集估舶，無一不極天下之盛。實爲東南之名都巨藪，楚、越、甌、閩，皆無以尚之。

間嘗概覽江南之全境：大河在北，區分形勢；大海在東，吐納潮汐。而大江之委控，引上下具區之浸，資藉蓄泄，號爲澤國，詎不信然？

我聖祖仁皇帝深仁煦嫗，六十餘年，屢次南巡，指授治河方略、江海防汛之宜，采風拔茹，登之藝苑，所以惠兹南國者，恩至渥也。逮世宗憲皇帝勤求民隱，軫恤有加，平成之功，洵足參贊天地。而又減歷代之浮糧，賑連年之饑饉，修治川梁，廣開水利，增博士弟子員，廣鄉試解額，蓋江南之被澤獨深云。我皇上龍飛御宇，百度維新，悉蠲直省逋賦，而江南爲尤多。察孝秀，舉鴻博，加科廣額。又以兩江人文特盛，自元年恩科爲始，分榜取士，上江居其四，下江居其六。他凡所以休養生息，鼓舞作興之者，靡所不至。

臣謬膺巡撫之職，適當繁劇之邦，敢不仰體聖心，兢兢以養欲給求，移風易俗爲務？因序通志而備宣之，俾南國士民知幸生重熙累洽之世，敬承教澤，士勤正學，農服先疇，商賈百工各安其業。務黜浮華以滋根本，砥忠孝而奮功名。親民之吏，拊循訓飭，布昭德化，惇大成裕，蒸蒸日隆。使閲志書者，咸謂江南重地不獨山川瑰麗，城郭崇閎，衣冠俊偉，田賦物産爲天下最，而禮教風俗，節義文章之盛，亦實足當各省之弁冕也，豈不休哉？

至於纂修是書，妙選僚佐，旁搜博證，由經始以迄竣事，則督臣之序具詳焉，無庸復贅也。

時乾隆元年歲次丙辰冬十月穀旦，巡撫江寧蘇松等處地方都察院右副都御史兵部侍郎加二級

臣顧琮謹撰

江南通志序（趙國麟）

江南纂修通志告竣，計二百卷，視舊志七十七卷[1]幾再倍焉。其爲志分括十門，若輿地、食貨、學校、武備、職官、選舉、人物、藝文，此與舊志同者也。若十門之前，恭紀詔諭於卷首，添《河渠志》於次二，並《雜類志》於末，以足十門之數，此與舊志未同者也。而兩志之卷帙、繁簡、詳略，相去懸殊。

先是，署兩江總督臣繼善、臣廷珍，總督臣其倬、臣弘恩，署江蘇巡撫臣國棟、臣世臣、臣國璽、臣琮，安徽巡撫臣元章、臣本、臣紘，經始綜理，卜延纂修，疊加審慎。臣國麟欽承簡命，調撫上江。從諸臣後，兼董厥成，獲觀全志。乃知非舊志之略，而此志之詳也，亦非此志之失繁，而舊志之能簡也。

我國家膺天祐命，聖聖繼承，仁育義正，事事上超前古。若夫屢蠲疊賑，江南霑被尤厚。蓋自修志後五十餘年，聖祖臨御之久，恩澤及人之深。世宗纘緒之隆，敬勤爲民之大：不惜數百萬金錢，以固河海之隄防；預截數百萬漕米，以裕州縣之積貯；歲減四十五萬浮糧，以紓蘇、松之民力。學宫、

---

① 今本康熙《江南通志》實七十六卷。

書院，時沛特恩，孝友鴻博之士得以升，積學勵行之才有所養。以致風俗歸淳厚，雲物呈嘉祥。江南士庶之歌頌，咸謂放勳、重華之再見也。兹蓋伏遇我皇上聰明天亶，睿孝性成。四海之大，兆民之衆，誦皇謨而知聖學之貫徹於唐虞、洙泗，接恩詔而知聖誥之兼美於文、武、成、康。正人心，厚風俗，蠲逋宥罪，使民荷安全，吏無詿誤，財賦重地，視他省有加焉。凡兹重熙累洽之徵應，實心實政之措施，固屈、宋、班、揚，鋪張揚厲所不能盡，詠歌紀載所不敢遺。而況山川、土田、人文之美，江南獨擅，可勿縷述，以備《一統志》之采擇哉？其爲繁而不能簡，詳而不容略，固其宜矣。

惟是直省奉命纂修以來，臣國麟在八閩，時舉行而未觀成。今來江南，適值將竣之會，並預鑒裁之末，竊自欣幸。爰用表其所以視舊志繁而詳者，爲之序。

時乾隆元年歲次丙辰冬十月穀旦，巡撫安徽等處地方提督軍務都察院右副都御史紀録十八次臣趙國麟謹撰

江南通志序（鄭江）

《周禮》：小史掌邦國之志，外史掌四方之志，職方氏掌天下之圖，邍師掌四方之地名，辨其（邱）〔丘〕陵、墳衍、原隰之名。蓋王者以天下爲一家，中國爲一人，必使薄海之大，按圖考籍，瞭如指掌，而周知其故。斯有以辨土性而物土之宜，因俗尚以施八政七教，而不易其俗。且山川阨塞，險阻周防，詳悉委折，設險守國之道，亦得所依據以爲固。唐、宋以來，圖經、郡志，實本此意，所係綦重矣哉！而抑有進焉者。古今賢喆，前史不能備載。邑乘、家牒，故老相傳，若《襄陽耆舊傳》《零陵先賢傳》，亦足以補國史之闕遺，而興起斯人敦行砥節之思，是其權尤與史官埒。

我國家重熙累洽，聖聖相繼，德洋恩溥，遍於寰區。幅員之廣，超軼前古。雍正七年，詔各省督撫修通志。江南實九州之上腴，神皋奥區，甲於天下。是時封疆大吏，咸敬謹不怠，以奉聖天子之德意。開置館舍，禮聘耆碩，厚其廩餼，嚴其課程。薈萃史集暨諸志乘，廣蒐博采，剔抉幽隱，踰數年而成書。上叶星躔，下稽歷代，建置、形勢、風俗、户口、田賦、山川、關隘、水利、津梁、郵傳、祠宇、陵墓，以逮名宦、人物、列女、仙釋之魁奇特出，物産之利用厚生，碑版載籍，藝文炳著，靡弗考核精審，紀述詳明，覼縷貫串，以備乙夜之覽。

乾隆元年，書成，將獻諸朝，臣江典學是邦，獲附名簡末，以揄揚盛美。蓋於星躔、建置，見憲天稽古之道焉。於形勢、風俗，見化俗宜民之方焉。於户口、田賦，見休養生息之隆焉。於山川、關隘、水利、津梁、郵傳，見體國經野之規焉。於祠宇、陵墓，見崇德尚功之意焉。於名宦、人物、列女、仙釋，見微顯闡幽之旨焉。於物産，見對時育物之功焉。於藝文，見黼黻休明之盛焉。《周官》所職①，具見是書。爰敢拜手稽首而爲之序。

時乾隆元年歲次丙辰冬十月穀旦，提督安徽等處學政左春坊左贊善兼翰林院檢討加一級臣鄭江謹撰

① 「職」，《四庫》本作「載」。

江南通志序（晏斯盛）

乾隆元年丙辰夏四月，臣斯盛蒙恩任安徽布政使司事。時《江南通志》將次成書，臣因得與編校之役。搜遺補闕，督趣集事，又逾半載而告成。凡二百卷。其間輿圖、田賦、職官、民物，古今因革沿潤之宜，略已大備，焕然維新矣。

臣伏惟江南幅員廣遠，安徽與江蘇，分闔而治。其地北薄虹、靈，南抵黟、歙，西界皖口，控扼千有餘里。財賦差半江蘇，而江山阨塞、形勢險固，實爲過之。自春秋吴、楚之世爭鍾離、居巢、州來，爲今鳳陽、壽州、廬州、巢縣之地。降及三國、六朝，孫氏之濡須，祖逖之譙城，韋叡之合肥，世稱南北重鎮。而元、明之季，潁、亳、英、霍，界連楚、豫，長江左右，獨爲隩區。蓋山川隔閡，疆界糾紛，居東南轇轕之會。而鈐轄阻深，不盡如江蘇所隸廣谷大川、平疇曠野，彌望千里也。地險民聚，而富之教之，又一道也。

我世祖章皇帝掃平區夏，式用九圍。聖祖仁皇帝六十一年深仁厚澤，淪肌浹髓。世宗憲皇帝益加整飭，析縣置郡，慎固封守，黎庶乂安。我皇上統三聖而纘承之。即位之初，廑懷民瘼，豁免蕪湖縣江夫河篷租稅，蠲除泗州安河兩岸陞科淤地錢糧，斯民鼓舞相慶久矣。夫醇氣漸濡，太和翔洽，本深而末茂，質勝而文生。確犖者畊桑，遊閒者勤動，雄傑者高明，深鷙者沉潛。

諦觀志中所載，凡職官之嚴密，疆里之周詳，賦役、户口之輕重多寡，墩防戍守之聯絡環衛，皪乎若星羅而棋布，秩然如絲櫛而髮理。有動静相調之勢，無勞逸不均之慮；有詰奸禁暴之實，無糜餉冗兵之煩。蓋本國家治益求治，安益求安，籌疆域如户庭，運神州於掌上。

而臣幸得備藩斯地，因通省全志之成，列兩江地勢之殊，詳本朝規畫之盡善。遠邁前古，以昭列聖神謨遠略，用固億萬年不拔之基。匪直列掌故，備史氏之見聞而已。

時乾隆元年歲次丙辰冬十月穀旦，江南安徽等處承宣布政使司布政使臣晏斯盛謹撰

江南通志序（姚孔鈵）

夫志即史也。自班孟堅易龍門八書爲十志，後之人謂修史之難，無過於志。而臣以爲修志難，修江南志尤難，修江南五十餘年未修之志，則難之又難。何則？謹溯前志，創自康熙二①十有二年，由癸亥以迄於今，列聖心傳，若合符節，無日不以理財用人、寬大②愛民爲急務。故建中立極，涵育薰陶，子惠元元，有加無已。雖六合内外，無一非被澤之地、被澤之人。而大江南北，地廣人稠，生聚幾百年，供賦甲天下。

其或旱澇之不時，利弊有未盡，在九重注念，尤切民依，故數十年來，江南之霑恩戴德，視他省獨多。而臣江南人，知之更悉。今試就大概者論之：增祀典以崇先聖，建書院而教人才。兩江數千里，豆籩廩餼，無一不周，則學校之難志也。干旌下及夫衡茅，鴻博遍羅之朝野，開科廣額，光照南

---

① 「二」，《四庫》本作「五」。
② 「大」，《四庫》作「若」。

天，則選舉、科第之難志也。修河堰，謹海防，歲爲民計，不惜金錢，而江南無水患，則河渠、水利之難志也。浮糧之供額皆蠲，十載之積逋全豁，阜財明詔，無歲不頒，而江南無困民，則田賦、税課之難志也。他如良臣之骨鯁，循吏之端方，孝友聞人、義行節烈，蹌蹌濟濟，正正堂堂，何莫非聖朝之風化攸關，教育所致。苟非執①簡者有倫有則，不蔓不支，何從協十六郡之輿論而示大公，摭六十年之掌故而昭法守哉？臣故曰修之者難也。

爾乃動、華繼序，委任皋、夔，遴聘博物諸君子，分例校讎。掇拾近聞，參稽典故，務以史才抒史筆，事事有徵，言言可信。是以大綱具舉，節目全張。覺城郭封疆，依然如舊，而山川風土，靡不改觀。有不斂手欽服，默識神怡，以頌大章大典之無遺憾者哉？

是志告竣，臣欣睹成書，恭逢盛事，仰巍巍之聖德，親皞皞之淳風，砥名勵行，固足以取鏡於文獻。而以江南人讀江南志，桑梓之地，父母之鄉，日習夫所見所聞，更不勝綣戀徘徊，而恭敬捧持之莫釋也已。爰頓首拜言，附諸簡末，並以見向所爲難者正不難也。

時乾隆元年歲次丙辰孟冬月穀旦，江南蘇松常鎮太督理糧儲兼巡視漕河副使道臣姚孔鈵謹撰

① 「執」，《四庫》本作「折」。

江南通志序（補熙）

志之所載，皆爲治之資也。凡封域、山川、徭賦、人才、吏治、食貨、兵衛之屬，罔不臚列，以備稽考。故省之需志甚重。

江南爲古揚州地，土沃人殷，財賦甲海内。英才蔚起，文章政事之盛，彬彬郁郁，復爲天下先。舟車商賈之輳集，魚鹽米穀之充實，錦文織綺、瑤琨篠簜之繁富，幾爲宇内稱首，皆非志無以備載之。則江南之有志，較他省爲尤重。

雍正七年，世宗憲皇帝詔天下重修通志，録上史館。今乾隆元年，《江南通志》告成。適臣自松江提督，蒙恩擢用漕運總督，例得偕督撫諸臣颺言於簡端。

伏思我朝德洋恩普，窮髮之地，無不沾濡。而江南士民之被澤，尤爲至深且渥。恭惟聖祖仁皇帝巡視江、淮，指授方略，導流建閘，易昏墊爲安瀾。復全省錢糧，湛恩汪濊，普被無窮。世宗憲皇帝豁免蘇、松浮糧數十萬兩，以紓民力。開濬河道，興水利，以益農功。特發帑金百萬，築高堰，浚三渠，爲淮、揚保障，利及萬世。暨我皇上繼統承乾，恩免雍正十二年以前民欠丁漕銀米至數千萬兩，輕減蘇、松各府耗羨，豁除歷來相沿雜賦，及田畝應出公捐銀錢。增廣上、下江解額數十名，振興文教，懷保黎民，爲亘古所罕有。是江南之飲和食德，實有淪肌浹髓，非他省所得同日而語者矣。

今當通志詮次成編，則文武臣工之官斯土者，當敬體列聖眷注南省之殷，仰承皇上恩施南省之博，非徒於志供流覽已也。必將因所載爲治之具，以求盡乎致治之功：城池何以修浚，足資捍禦；水利何以疏通，足備旱澇；兵防何以簡閱蒐討，使戎行悉成勁旅；田賦何以輕徭役，闢蕪萊，使享阜足而樂輸將；學校爲人文萃集之地，何以鼓舞振作，崇實行而黜浮華；風俗爲人心世道所關，何以儆遊惰，去澆漓，一歸於蕩平正直；忠臣孝子、悌弟節婦，均兩間正氣所鍾，何以闡幽光，發潛德，扶人紀而植綱常。他如天文之分野，地利之險夷，橋梁、驛路之經由，倉庫、官廨之建置，設官分職、鄉舉里選之沿革，凡志之所有者，無不融貫於胸中。即以載之方册者，見之設施，庶足仰副列祖神宗教養涵育之深仁，黼黻聖治而鼓吹休明，豈不於志有重賴乎哉！

臣職司七省漕運，駐節淮安，於江南最爲切近。因得賡重熙累洽之盛，寓循名責實之思，與大小諸臣，交相砥礪云爾。

時乾隆元年歲次丙辰仲冬穀旦，總督淮揚等處地方提督漕運海防軍務兼理糧餉兵部右侍郎兼都察院右副都御史世襲騎都尉加一雲騎尉臣補熙謹撰

江南通志序（張廷璐）

粤稽《周禮》，大司徒掌建邦之土地之圖，以知九州之地域廣輪之數。職方氏掌天下之圖，以掌天下之地。邦國之志，小史掌之。四方之志，外史掌之。班固《漢書》作十志，次八曰《地理》，志之所由來舊矣。

我國家誕膺天命，統一區宇，東漸西被，暨乎朔南；聲教所敷，遠逾海表。幅員之廣，伊古所未有。

江南夙號名都，北連齊、豫，南接楚、越。航海則通榼甌閩，泛江則泝流章貢。襟帶河、淮，振納澤藪，實爲東南要區。提封數千里，財賦甲於天下。其間山川之包絡，郡邑之羅布，城郭之經緯，户口之繁，人文之盛，以及物産、民風之各因其地，建置沿革之數易其規，職方所掌，輿圖所紀，畿輔而外，他省固莫與埒也。

聖祖仁皇帝六十餘年涵濡漸漬，翠華屢幸，渥澤頻加。世宗憲皇帝軫念河防，不惜百萬帑金，以爲萬世永賴。廣修水利，特減浮糧，造士育才，振興學校，其加惠於江南者備至。我皇上紹纘丕基，孝隆繼述，蠲逋免税，江南之被澤尤深。復念人文繁盛，分江取士，加增解額。讀書士子，莫不鼓舞振興，仰承盛典。

臣於雍正七年冬，奉命視學江蘇。重荷皇上天恩，再留兹任。八年之間，輶軒所至，每延接諸生，奉揚綸音，宣布德化。俾争自濯磨，敦行力學，以共奮於文明之世。而閭閻黎庶，蒸蒸然被祖宗之休養，沐聖主之生成。民物滋豐，風俗淳厚，熙恬和樂，以安享太平之福者，既飫聞而習見之。況臣又隸籍皖桐，世承恩澤，睹勳華之繼治，慶桑梓之蒙庥。兹當《江南通志》告成，督撫諸臣既慎擇纂修，復詳加裁定，臚爲十志，犂然備舉。

臣以生長之邦，又爲奉使之地，濫叨采風之任，適值是書之成，臣於此尤竊有厚幸焉。謹拜手稽首，而序於簡端。

時乾隆元年歲次丙辰仲冬月穀旦，禮部左侍郎提督江蘇等處學政臣張廷璐謹撰

江南通志序（王之錡）

皇上御極之元年，大業日新，百度具舉，而《江南通志》於時告成。臣叨從藩、臬之後，例得贅言於簡末。

竊惟江南襟帶江、海，連跨揚、徐，自昔爲國爲郡，開赤縣，建行臺，代更沿革。故論形勝，則舊作陪京；論富饒，則賦半天下，聲名文物，出他省上遠甚。

臣承乏斯土，聿有十年。分藩常、鎮，視榷維揚，濱海而東，大河之北，間因公周歷，江左右之情勢，約略知之。繼署江蘇藩篆，蒙恩督理糧儲，册籍户口之繁，府庫倉儲之裕，遂得瞭然在目。壬子秋闈，以監試備員。今兹恭逢恩科，復充提調，備見士類之振興，文風之丕茂，愈信人材炳蔚，於斯爲盛。

夫山川壯麗，形勢之雄也。財賦繁興，地利之廣也。人文蔚起，運會之所鍾也。而培養調燮，轉移變化，以增其盛而美其備，則非仰賴神聖之經綸，弗能爲功也。我世祖章皇帝，以仁厚開基，滋培元氣。聖祖仁皇帝，休養生息六十餘年，省方所歷，六幸江蘇，所以保乂南邦者固已，民登衽席，士慶遭逢。而世宗憲皇帝，子惠元元，財賦重地，彌切勤求，遞減逋賦，豁免浮糧。且升舉孝秀，自鄉、會及童子試額，無不特沛殊恩。兹伏遇我皇上龍飛御宇，澤徧遐陬，蠲免江南積年逋賦以千萬計。他自關稅、鹽課、浮羨，暨一隅一邑田賦、雜稅，稍有不便於民者，咸予豁除。特開恩科，廣增解額，分闈校士，加意作人。皇仁洊至，有加無已。若陽春布澤，率土同滋。而雨露之濡潤南國者，爲倍渥焉。此又臣親覩其光，而樂揚其烈者也。鴻猷廣被，成憲光昭，垂之簡策，猗歟休哉！矧聖聖相傳，殷勤南顧，其加意於此一方者，固大書特書，不一書而足也。

軫念乎風俗之浮靡，則詔諭頻頒，時切返淳歸樸之儆也。洞悉乎郡縣之繁劇，則陞析周詳，具見體國經野之宜也。河防之整理，則泛漲無虞，而徐、泗、淮、揚，俱享平成之慶也。海塘之修築，則洚洞安瀾，而蘇、松、常、鎮，各蒙清晏之休也。溝渠之疏濬，則蓄泄咸資，而千里膏腴，旱潦有備。武備之規畫，則塵氛永靖，而大江南北，雞犬無驚也。而碩輔名卿，景從雲集，忠孝節烈，德化風行。以及才士名流，詠歌贈答，鼓吹休明，無不以江南爲最。要皆沐浴於仁漸義摩之久，而振興爲有自也。則此志之信今傳後者，皆臣備官斯土以來，所目擊心識，而知紀載之不可不詳也。寧僅星野輿圖之博考，土宜物産之鋪陳，機祥瑞應之臚列，而謂志之爲用在是哉？

時乾隆元年歲次丙辰仲冬月穀旦，江南江安等處糧道布政使司參議臣王之錡謹撰

江南通志序（高斌）

國家久道化成，車書一統，聲教訖于四海，篤祐基于萬年。世宗憲皇帝詔直省修通志，以昭道一風同，甚盛典也。昔大禹奠高山大川，爰作《禹貢》，畫天下爲九州，其間山水、田賦、貢篚，以次遞及。而江南一省，統轄揚、徐，獨居九州之二。土宇遼闊，財賦殷繁，控江海之要區，萃人文之淵藪，則修志於江省，所關尤鉅。

臣斌織造江蘇，旬宣吴會，典榷視鹺，忝司水土，歷任江南。故通志之修，自遍①纂以迄開雕，皆幸得與聞其概。

欽惟我朝底定中原，聖聖相承，重熙累洽，治媲唐虞。念江南重地，富之教之，培育尤深，恩綸寶訓，賁若球圖。我皇上善繼善述，大澤頻頒。修志諸臣，纂輯天章，開函恭紀，仿古《尚書》先典于謨，允符體要。次臚十志，例準史裁。而臣斌所嘗莅官，恭承德化。若賦役，則六府孔修，閭閻藏富。若

① 「遍」，疑爲「編」之誤。

關梁，則庶士交正，物産豐盈。若鹽法，則底慎財賦，國用滋殖。若水利，則河、淮既道，川澮攸同。凡此或師前事，或相今宜，詳列志中，非供掌故已也。至若皈章之日啓，沿革之惟時，揆文奮武之加隆，育材官人之盡制，維兹大省，尤廑宸衷，罔不分門別類，綱舉目張。而《禹貢》所載揚、徐二州山水、田賦、貢篚，皆可考而知焉。

臣斌職任宣防，欣逢清晏。思曩時之官守，歷在目前。睹文獻之章明，彌勤夙夜。故於志之成也，敬書諸簡，以當颺言。

時乾隆二年歲次丁巳春正月穀旦，總督江南河道提督軍務兵部右侍郎兼都察院右副都御史加一級紀録一次臣高斌謹撰

江南通志序（尹會一）

國有史，直省、郡、縣皆有志，由來尚矣。臣會一自移守維揚，恭逢世宗憲皇帝命儒臣修《一統志》，詔省會各修通志上之。而臺省大臣檄徵郡縣志，以供采輯。臣率郡之紳士，編纂成書，報充省局。於今五載，復睹通志之成。臣疊膺簡命，歷運使，視鹺政，治所胥隸江南，例得颺言於簡。

欽惟我國家自世祖章皇帝定鼎中原，四方和會。列聖相承，重熙累洽，幅員孔長。尤以江左人文淵藪，財賦要區，恩綸疊沛，聖訓頻頒，富之教之，淪肌浹髓。編纂諸臣，開函恭紀煌煌御製，燦若球圖，允惟典要。次分十志，例仿班書，綱舉目張，有條不紊。自輿地、河渠，即及食貨，八政所先，義不容後。而臣職司鹽政，爲食貨之一。伏念兩淮鹽筴，自昔甲於天下，國用以饒，民生攸賴。立綱積引，法久易弛。我朝監於前代，去其煩苛，權其利病，軫恤深仁，度越千古。維皇建極，載沛殊恩，鹽法澄清，商情豫順。臣敬奉施行，犁然志册，誠歡誠忭，竊有榮焉。以至吏績民依，文教武衛，因時制宜，具徵文獻。

臣歷官兹土，嘗所與聞。循覽是書，上參[1]史乘，下肅官常。蓋聖天子之聲靈赫濯，實式憑之，非供掌故云爾也。

時乾隆二年歲次丁巳春正月穀旦，都察院僉都御史管理兩淮鹽政加七級紀録四次臣尹會一謹撰

① 「參」，《四庫》本作「徵」。

江南通志原序[①]（王新命）

臣以庸鈍，備員楚北。今年春，恭荷恩綸，調撫吴會，星言束裝，順流趨事。抵姑蘇方匝月，復蒙皇恩，授臣兩江總督。臣正慮才不勝任，會所司以《江南通志》一書，具詳進呈御覽。臣於簿書繁冗之會，分陰校閲，拜手而頌曰：皇哉焕哉！我聖天子同文之治，誠曠古而一觀者也。臣生逢唐虞、三代之時，獲事堯、舜、湯、文之主，竊睹威德文章車書玉帛之盛。去歲准禮部咨，奉旨催修《湖廣通志》，隨檄督所司刻期告成，臣颺言於簡端。因剞劂未竣，先以抄寫本帙咨部。今祇命來吴，更見江南勝概。臣何幸也！

臣固陋不文。曩昔辦事中祕，出入郎署，仰窺經筵鉅典，聖學天行。兹於吴、楚之間，益藉志乘全書，廣見博聞，私心彌切踴躍。惟是江南爲財賦重地。其江山之挺秀，河海之扼要，人物之英多，

① 此爲康熙《江南通志》序，連同以下各序凡六篇，《四庫》本在乾隆《江南通志》序、凡例、《上江南通志表》、《纂修職名》、目録之後。

典章制度之紛繁，郡邑稱名之沿革，以及幽光潛德、風俗土産，傳聞異詞，記載各别。搜羅考核，較之他省，實爲最難。斯編薈萃周詳，類序嚴慎，以備《一統》之采擇，以揚抎聖代化成之萬一，不尤爲黼黻太平之盛事也哉！

至董厲討論者，則臣成龍、臣國柱、臣國相之力也。臣涓埃未效，樂觀厥成。謹稽首爲序以獻。

時康熙二十三年歲在甲子夏六月穀旦，總督江南江西等處地方軍務兼理糧餉操江兵部右侍郎兼都察院右副都御史臣王新命謹序

江南通志原序(于成龍)

我皇上御極二十有二年癸亥,禮部奉旨檄催天下各省通志,限三月成書。臣成龍承乏兩江總督,應董其事。江西去臣駐劄江寧千有餘里,乃檄署江西巡撫、布政使臣張所志,草創送臣審定送部。其江南省通志,則臣成龍與江蘇撫臣余國柱、安徽撫臣徐國相,徵屬府、州、縣新舊各志,及先儒先賢著述論建之有關地方應備采拾者,開局江寧,延聘在籍儒臣,及文人宿學通達治體、諳悉典故者,編纂稽考,甲乙次第。而臣成龍、臣國柱、臣國相,且相與親爲討論焉。並董厲在局諸臣,就明繼晷,敏皇將事,計六閲月而書成。共七十六卷。而臣成龍以職掌所及,當有以序其簡端。

竊見九州之土宜貢賦,載於《禹貢》中,古文尚簡質,不事詳贍。其後《周官》職方氏所掌,與《禹貢》所載,體制不同。而秦、漢所收列國圖籍,時久世遠,莫可較訂。嗣後或有所述,出自一隅一事,不足傳信。即陳沂、楊慎所撰山東、四川通志,亦稱善本,又皆私自屬草,體例未純。皇上乃涣大號,申巽命,先取各省之志,以成一統之志,正欲於衆中求其詳,於繁中舉其要。

夫修志之役，必始於縣。縣志成，乃上之府，府薈集之爲府志。府志成，上之督撫，督撫薈集之爲通志。通志歸之禮部，然後輯爲《一統志》。於是無所不該，山川、貢賦、土産、人物之類，無所不備；上下數千載，使之瞭如目前。

然則通志之舉，其事不綦重，而爲之不綦難歟？且江南之視各省，纂集雖均，而難易懸絶。何也？各省通志，原有成書。而江南絶無所本，事屬創始，未易周匝，雖窮搜博采，豈無絓漏？其難一也。孫吴、六代，以逮明初，其經國大猷，代各異制。披尋史乘，浩如煙海。旁考别紀，又多舛誤。稽辨雖勞，詎協至當。其難二也。江左人物，甲於四方，偉人駿烈，尚疑①遺佚。至於節孝、隱逸，悉存姓氏，既恐淆雜，欲裁訛濫，慮没幽潛。其難三也。所見異辭，所聞異辭，紀載歲月，遠於春秋。《虞初》雜志，任情好惡。志家之體，無容疑誤竝存，裁量之能，豈盡銖黍不爽？其難四也。大江左右，僑立州郡，分隸不常，命名變易，考往已多無徵，準今何由參覈？其難五也。而臣等又以迂疏不學之才，兼以簿書塵冗之苦，短綆汲深，曷能勝任？唯是祗承詔旨，與同事諸臣，其詳其慎，纂集成書。或止足以備《一統》之采輯，而未敢自信爲良史也。

顧臣成龍自策名入仕，仰見聖治右文，皇上單詞隻字，皆足與《詩》《書》《典》《誥》争光。逮及備官畿輔，聞見益親。近又與江蘇撫臣國柱共事，撫臣國柱久在禁庭，身依紫極，常語臣成龍：皇上以

① 「疑」，《四庫》本作「多」。

天縱之姿，好學稽古，講筵詰難，燕間辨問，多發先儒之未發；宵旰之暇，考核異同，披覽得失，未嘗旦夕釋卷。頻命詞臣，有所纂著，皆足昭垂千載。山至於高，則拳石出雲；水歸於深，而淵泉不竭。臣等幸託唐虞之盛世，依附皋益之末光，使樸僿鄙陋之所纂輯，得備崇文内庫之目，以垂不朽。臣等實有榮幸焉。

是爲序。

時康熙二十三年三月望日，總督江南江西等處地方軍務兼理糧餉操江兵部尚書兼都察院右副都御史臣于成龍謹序

江南通志原序（靳輔）

我皇上以英睿天縱之姿，契精一危微之旨，而稽古好學，盛治右文。木天禁近，既夙備馬、班、燕、許之才。復舉博學宏詞之科，拔其尤者並居秘府，俾與侍從諸臣纂修《會典》、《明史》諸書，以成一代之鴻文典册。且於二十有二年，詔取各省通志，剋期進呈，以備《統志》之采輯。此誠古來采風問俗之遺徽，而國家政乎化洽之實效也。

臣輔竊惟國之有史，所以紀事而昭信。自馬遷創爲紀、傳、表、志之例，分列成書，號稱「良史」，後代因之。而輿圖、地志，於是備載，天下之山川、星野、貢賦、人物、典章、制度之類，遂爲紀乘所必需。今聖天子特涣綸音，亟命蒐輯，宣付史館，蓋有以也。

江南爲各省之首區。疆域開廣，形勢蟠踞，負山海而控楚、豫，襟長江而帶大河。其聲名文物，財賦物産，皆甲天下。以數千里内、數千年間之建置沿革、山川風土、事物人文之屬，咸欲於志乎是備，纖悉勿遺，此其事誠重，而爲之也誠難。幸督臣于成龍，撫臣余國柱、徐國相，暨藩、臬諸臣，董率其事，聘諸儒臣、文士，編纂考校，不數月而志以成。

臣輔名列監修，例得颺言以附簡末。但臣以不敏，待罪河干，頻年以來，拮据奔走，躬親畚鍤，奉職弗①遑。當兹盛典，未獲操觚從事。惟是臣職司河務，今觀於志，即以水利言之：江南境內，如黄、淮二河，則自高、寶以迄蕭、碭；如大江，則自東流以至靖江，延袤數千里間，按圖而索，其中形勢之曲折，郡邑之牙交，地名之詳審，與夫沿海之墩汛，瀕湖之港瀆，莫不條分縷晰，瞭若指螺。志之於水也，其詳如此，則其他之所載，稱是可知。

此雖督、撫、藩、臬諸臣董率之功，與儒臣、文士編摩之力，然而非我皇上殷殷圖治，宵旰靡寧，致使薄海内外，車書渾一，崇文敷德，留意千秋，則又安能立成大一統之規模，蔚然備美，以垂不朽之盛事哉？臣輔既獲身與共球之際會，且幸名依皋益之末光，謹沐浴拜手而爲之序。

時康熙二十三年七月朔日，總督河道提督軍務兵部尚書兼都察院右副都御史臣靳輔謹序

① 「弗」，《四庫》本作「不」。

江南通志原序（余國柱）

古者諸侯之國有史，以紀時事，《墨子》所謂百國《春秋》是也。然皆紀言紀動而已。自史遷創爲紀、傳、表、志之法，歷代因之。而《括地志》之類，即遷史志例别爲專本，於是人物、山川、典章、制度，纖悉靡遺焉。

皇上御極二十有二年，臣國柱准禮部咨，奉旨催修江南通省志。臣與督臣于成龍、安徽撫臣徐國相，及時趨事，務求詳確。志成，臣成龍既記其歲月及纂修諸姓名，書之簡端矣。臣國柱有共事編摩之役，安得不一言，以表昭代崇文之盛？

竊見國家鼎建兩京之外，分省一十有四，而江南最爲重地，通志一書，視各省纂述爲難。蓋國之大計，以財用爲根本。而江南田賦之供，當天下十之三，漕糈當天下十之五。又益以江淮之鹽筴、關河之征榷，是以一省當九州之半未已也。神京東北運道，數千里一綫，長河、淮、泗交下，黄流澎湃，遷決泛濫，亦時間有。而聖朝聲教，遠被扶桑、槃木。江南所統，安東以南，三河以北，浩瀚汪涵，黏天浴日，帆檣出没，不可紀極。上下兩江，旅舟商舶，絡繹奔湊，菁華所萃，風氣鬱發。文章政績、抱瑾懷瑜之士，蜚聲騰實，肩隨踵接；仕宦科名，皆爲諸省之冠。且鍾阜石頭，六朝遺蹟，建置沿革，紀乘淆譌。而臣等操數寸之管，勾稽薈綴，部次爬梳，欲其絓漏無譏，有當良史，足稱我皇上乙夜之披覽，不其難乎？

臣國柱自備官郎署，改授掖垣，洊歷卿貳。旋副中臺，奏對彤扉，趨蹡丹陛，親見我皇上以天縱英姿，勤學好問，圖書典籍，不離左右。聽覽餘閒，考訂翻繹，未嘗旦夕少輟。蓋以睿智喆謀之聖性，遥契危微精一之聖心，推行之爲政治，而昭垂之爲文章，以上接堯、舜、禹、湯、文、武道統，有非臣下所能蠡測管窺者。故於郡國方輿，亦所留意。因命修《一統志》，先之以各省通志，是將以考山川阨塞、歷朝興廢之所繇焉，紀士風民俗之貞淫焉，稽秸穗絲枲徭征之繁重、墳壤之腴瘠、閭閻貧富、民生之疾苦焉。臣等所爲，黽皇詳慎，宵旦不遑，以底成書，冀無負此盛事也。

往明初修《一統志》，出自宋濂諸人，皆一代名儒。然紀山川，則詳於名勝，而略於形勢；叙建置，則但存名號，而不及廢興。詞賦之資有餘，而間於大指未備。其後陳沂、楊慎、陳善、郭子章之流，號稱博綜，究皆私家紀述，非奉詔纂修，故體未純備。至若江南前代所傳，如《南部煙花》《吴地廣記》《金陵瑣事》之類，益復細碎，無當紀乘。

臣等仰奉綸音，博收肆采，詳覈約存。雖才識寡陋，聞見淺隘，然而紀載辨考，不敢稍忽。删繁搴要，類聚部居，爲圖表以著星野、輿地之形，爲分志以見天文、禮樂、車服之度，爲備考以悉職官、選舉、田賦、匠作之詳，爲列傳以録名臣、鉅儒、忠孝、節義之大，爲藝文以載古今著述體尚之全，爲雜著以補聞見流傳之失。統計共若干卷。數千里之内，數千年之間，舉凡隆替盛衰、險易得失、貞淫休戚諸大故，一開卷而瞭若指掌。鑑古可以知今，觀風因而設教，具在是矣。

惟是江南省志從無定本，今則合各郡志之繁雜，成於三月之定限，擇焉不精，語焉不詳，所謂腹儉者難爲華，質固者難爲通，此又臣國柱與督臣成龍守此戰戰也。

謹薰沐拜手稽首，而附陳志事之始末有如此云。是爲序。

時康熙二十三年正月望日，總理糧儲提督軍務巡撫江寧等處地方都察院右副都御史臣余國柱謹序

江南通志原序（徐國相）

粤稽禹蹟之在天下也，南紀居三條之一。而聖人所以經理南條者，曰「九江孔殷」，曰「震澤底定」。蓋由海門達吳會，皆其殫力注措之地。江有上下，治同一源。意當日功參造化，教被方隅，文物度數之整齊，土田兵農之區畫，必有一正俱正、一定俱定者。故吳頭楚尾，吳根越角，悉隸揚州，則壤既同，其所率由無不同也。然則應瑗所云「千里不同風」者，豈三代以前之論乎？興朝德邁九皇，治超隆古。而經理南條，仍按禹蹟之舊，於海門、震澤設兩撫臣以鎮之。

臣國相備員上游，毖飭嚴疆，已經七載。初至則猶楚氛震鄰，時嚴斥堠；鳳、泗瘠壤，多不逢年。既而皇威遐播，四境寧謐，吠犬無驚，恩卹屢霑，磽確之區，均歌含哺。臣於是登皖峰，望三吳，不禁欣然曰：美哉，鬱葱佳氣！東南之化域，而財賦之樞機也。陳詩納賈，以觀民風，此其時矣。

歲癸亥，適逢皇上俞禮部之請，催取各直省通志。臣同督臣成龍、撫臣國柱，廣延宿學，揚搉紀乘，删繁補闕，裒舊益新，閱六月而《江南通志》告成。

竊念臣所轄者七郡三州也，宜乎見聞親切，莫先於是。顧金陵處吳會之中，臣昔職掌承宣，於錢轂出入外，凡吴地造化之所鍾靈，方隅之所扼要，暨土田兵農之位置、文物度數之敷施，蓋居省會時已習知其大同。矧復叨鎮撫，諮詢閱歷，不啻加詳。今從兩臣後，殫力編摩，鋪陳典制，目張綱舉，有脊有倫，信乎海門、震澤，江分上下，治同一原也。

抑臣嘗考禹會諸侯於塗山，執玉帛者萬國。山經、海志，皆益、稷諸人載筆以成。迄西漢盛時，天子登灊山，封爲南嶽，紀功頌德，作《盛唐》《樅陽》之歌。二者在皖、濠間，皆臣部内事也。臣乏通經作頌之才，而身與萬國共球之會，則①已榮踰益、稷，其於漢臣歌《盛唐》者何有哉？是編進呈，得蒙御覽，固東南之幸，而尤私賀微臣之克逢盛典也。爰沐浴拜手而爲之序。

時康熙二十三年三月望日，巡撫安徽寧池太廬鳳滁和廣等處地方提督軍務兵部尚書兼都察院右副都御史加十三級臣徐國相謹序

---

① 《四庫》本「則」下有「亦」字。

江南通志原序（薛柱斗）

粤稽《周官》，小史掌邦國之志，外史掌四方之志，用以周知天下山川、風土、職貢、官師、謡俗之宜，此志所由昉也。逮其後，郡國有圖經，風土有記，方輿有考，良爲知古知今、識大識小之藉。然大都出於學士之記載、草野之傳述，雖淹洽舊聞，弗足鋪揚鉅典。洪惟我皇上治定功成，登三咸五，而尤體國經野爲兢兢。爰敕纂修《會典》，彙爲一代章程。並修《一統志》，以徵四方文獻，各省通志，同時竝輯。而江南雄長諸省，地亘江、淮，扼荆、楚而接中州，環瀛海而引閩、越，洵寰宇之要區，國家之外府。聲名文物之淵藪，其摭拾固不可不詳，考核尤不可不謹。

先是，總督臣于成龍，巡撫臣余國柱、徐國相，廣稽慎覈，業已編輯成書。臣柱斗於甲子仲春，謬承寵命，弭節上江。涖事之初，適當剞劂告竣，合繕疏恭呈。

臣敬捧閱，側見疆域之分合，而知綢繆之圖貴豫也；户口之多寡，而知休養之計宜先也；風化之或淳或漓，而知張弛調劑之弗可緩也；賦役之爲盈爲絀，而知催科撫字之當加意也。至於求故實而悉製作之由，稽懿徽而深仰止之慕，一編之中，罔弗備焉。

臣往者司臬皖城，稍習知其山川、風土、職貢、官師、謡俗之概。未遑搜遺舉墜，比於小史、外史，勒爲一編，以彰聖世典章之極盛。兹幸《通志》成日，猶獲厠名其間。因曉然古今沿革之故，禮樂教化之原，國計民生之大。竊冀因時補捄，移易風俗，以毋負皇上簡畀至意。臣將奉斯志爲繩尺，而莫或遑息矣，敢稽首颺言於簡端。是爲序。

時康熙甲子孟夏吉旦，巡撫安徽寧池太廬鳳滁和廣等處地方提督軍務都察院右副都御史臣薛柱斗謹序

江南通志目録①

① 目録，《四庫》本位於全書之首。

河渠志

食貨志

選舉志

人物志

江南通志原修姓氏①

職官

總督　王新命　滿洲籍　潼川人

總督　于成龍　永寧人

總漕　邵甘　滿洲人

總河　靳輔　遼東人

江蘇巡撫　余國柱②　大冶籍　南昌人

安徽巡撫　徐國相　廣寧人

安徽巡撫　薛柱斗　延安人

督學　趙崙　萊陽人

巡鹽御史　張志棟　濰縣人

巡鹽御史　戴通　滿洲人

巡鹽御史　巴錫　滿洲人

江蘇布政使　丁思孔　廣寧人

江蘇布政使　章欽文　宛平人

安徽布政使　柯永昇　遼東人

① 《四庫》本《原修姓氏》位於《江南通志纂修職名》之後。

② 「柱」，《四庫》本作「治」。

江蘇按察使　金鎮　宛平人
安徽按察使　盧崇興　廣寧人
江安道　張永茂　錦縣人
蘇松道　劉鼎　遼東人
鳳廬道　孫蘭　遼東人
淮揚道　多弘安　永寧人
兩淮鹽運使　龔其①裕　閩縣人
蘇州府知府　趙禄星　義州人
常州府知府　盧崇義　廣寧人
淮安府知府　高成美　遼東人
安慶府知府　劉標　安邑人
寧國府知府　王國柱　遼陽人
太平府知府　吴延壽　開元人
鳳陽府知府　耿繼志　遼東人

安徽按察使　王定國　遼陽人
安徽按察使　王國泰　廣寧人
驛鹽道　黄桂　遼東人
江常道　孔興洪　曲阜人
鳳廬道　張瑨　永寧人
淮徐道　劉元勳　咸陽人
江寧府知府　于成龍　奉天人
松江府知府　魯超　順天人
鎮江府知府　高龍光　長樂人
揚州府知府　崔華　平山人
徽州府知府　林國柱　大興人
池州府知府　喻成龍　金州人
廬州府知府　杜立本　寶坻人
徐州知州　臧興祖　遼東人

① 「其」，《四庫》本作「具」。

滁州知州　王賜①魁　遼東人
廣德州知州　門可榮　海州人
寧國府同知　鄭載颺　縉雲人
歙縣教諭　許維楫
廬江縣教諭　王琳徵
潛山縣教諭　程式琦
六安州訓導　光宏賁
鳳陽縣訓導　張昊

和州知州　王瑄　三原人
江寧府同知　朱雯　石門人
無爲州學正　史逸孫
南陵縣教諭　顧芳菁
全椒縣教諭　施鼎會
合肥縣教諭　劉銘
貴池縣訓導　宗觀

① 「賜」，《四庫》本作「錫」。

紳士

原任御史　王廣心　華亭人
翰林院檢討　倪粲　上元人
原任提學道　朱之翰　上元人
原任右江道　劉思敬　上元人
薦舉中書　鄧漢儀　泰州人
進士　史秉直　高淳人
庚子科舉人　董俞　松江人
貢生　林子卿　松江人
貢生　金夢先　潛山人

原任按察使　許纘會①　華亭人
原任提學道　張九徵　丹徒人
原任提學道　謝覲　上元人
原任知州　阮士鵬　宣城人
原任中書　陳焯　桐城人
甲午科舉人　梅清　寧國人
博學宏詞　黃始　蘇州人
貢生　冒丹書　如皋人
貢生　吴聖修　歙縣人

① 「會」，《四庫》本作「曾」。

貢生　邵允彞　全椒人
貢生　唐廷伯　含山人
生員　錢德震　松江人
生員　黄雲　泰州人
生員　白夢鼎　江寧人
生員　陳臺略　安慶人
生員　金蘭　休寧人
生員　胡光璉　合肥人
生員　孫麟定　當塗人
生員　端肇震　太平人
生員　王翹　建平人
生員　胡璉　休寧人
生員　洪宫諧　歙縣人
布衣　戴移孝　和州人①

貢生　金輝鼎　全椒人
貢生　戈標　廣德人
生員　何絜　鎮江人
生員　宋恭貽　鹽城人
生員　歸聖脈　蘇州人
生員　方學生　望江人
生員　嚴熊　常熟人
生員　許用世　合肥人
生員　徐肇伊　寧國人
生員　姚録　建平人
生員　葉其荃　黟縣人
生員　陳希昌　祁門人
薦舉布衣　蔡方炳　蘇州人
布衣　薛熙　常熟人

① 《四庫》本无戴移孝。

布衣　王概　江寧人

布衣　吴非　貴池人①

布衣　江桐　建德人

①《四庫》本位于薛熙前。

江南通志纂修職名①

總　裁

署理江南江西總督印務蘇州巡撫今陞兵部尚書總督雲貴等處加二級　臣尹繼善
兵部尚書署理江南江西總督印務　臣魏廷珍
太子太保兵部尚書總督江南江西等處地方今署理湖南巡撫印務加一級　臣高其倬
兵部尚書兼都察院右都御史總督江南江西等處地方軍務兼理糧餉操江加二級紀録十次　臣趙弘恩
署理江蘇巡撫印務刑部右侍郎紀録二次　臣王國棟
署理江蘇巡撫印務通政使司右通政加二級紀録二次　臣喬世臣
署理江蘇巡撫印務今陞都察院左副都御史加一級　臣孫國璽
署理江蘇巡撫印務兵部右侍郎兼都察院右副都御史紀録六次　臣顧琮

① 《纂修職名》，《四庫》本位於《原修姓氏》（康熙《江南通志》）之前。

巡撫安徽等處地方都察院右副都御史今署理禮部侍郎事加一級　臣程元章
巡撫安徽等處地方都察院右副都御史今協辦内閣大學士刑部尚書加一級　臣徐本
巡撫安徽等處地方都察院右副都御史今管禮部侍郎事加一級　臣王紘
巡撫安徽等處地方提督軍務都察院右副都御史紀録十八次　臣趙國麟

協　裁

兵部右侍郎都察院右副都御史總督淮揚等處漕運海防軍務今陞吏部尚書加一級　臣性桂
兵部右侍郎總督淮揚等處漕運海防軍務世襲騎都尉加一雲騎尉　臣補熙
太子太保文華殿大學士兼吏部尚書仍管理江南河道總督事務今總督浙江等處地方加十級　臣(稽)〔嵇〕①曾筠
南河副總河都察院僉都御史今總督河南山東河道加二級　臣白鍾山

① 據《四庫》本改。

總督江南河道提督軍務兵部右侍郎兼都察院副都御史紀録一次　臣高斌
南河副總河都察院右僉都御史加二級紀録二次　臣劉永澄
提督江蘇等處學政禮部左侍郎加一級　臣張廷璐
提督安徽等處學政翰林院侍讀學士今陞内閣學士兼禮部侍郎加二級　臣王蘭生
提督安徽等處學政詹事府少詹事今陞兵部左侍郎加一級　臣姚三辰
提督安徽等處學政左春坊左贊善兼翰林院編修加一級　臣鄭江
都察院僉都御史管理兩淮鹽政加七級紀録四次　臣尹會一

提調

江南江蘇等處承宣布政使司布政使　臣劉藩長
江南江蘇等處承宣布政使司布政使　臣張渠
署江南安徽等處承宣布政使司布政使　臣陳弘謀
江南安徽等處承宣布政使司布政使　臣馮景夏

江南安徽等處承宣布政使司布政使　臣李蘭

江南安徽等處承宣布政使司布政使　臣晏斯盛

監理

江南江蘇等處提刑按察使司按察使　臣刁承祖

江南江蘇等處提刑按察使司按察使　臣徐士林

江南江蘇等處提刑按察使司按察使　臣郭朝鼎

江南安徽等處提刑按察使司按察使　臣孫詔

江南安徽等處提刑按察使司按察使　臣劉吴龍

江南安徽等處提刑按察使司按察使　臣劉柏

協　理

江安[1]糧道按察使司副使　臣王恕
江安糧道布政使司參議　臣王之錡
蘇松糧道按察使司副使　臣甘汝來
蘇松糧道按察使司副使　臣姚孔鈉
整飭通省驛鹽兼巡江寧道按察使司副使　臣包括
整飭通省驛鹽兼巡江寧道按察使司副使　臣孔傳焕
蘇松兵備道按察使司副使　臣王澄慧
蘇松兵備道布政使司參議　臣崔琳
常鎮道按察使司副使　臣翁藻

① 「安」，《四庫》作「南」。

太通兵備道按察使司副使　臣張鳴鈞
太通兵備道布政使司參議　臣禮山
河庫道按察使司副使　臣張師載
安徽道按察使司副使　臣梁需杞
廬鳳道按察使司僉事　臣何宗韓
廬鳳道按察使司副使　臣李如蘭
鳳廬潁道①按察使司副使　臣范璨
淮揚道按察使司僉事　臣夏建德
淮揚道按察使司僉事　臣朱定元
淮徐道按察使司副使　臣呂維炳
署分巡兩淮鹽務道按察使司僉事　臣曾弘緒
署分巡兩淮鹽務道按察使司僉事　臣高士鑰
兩淮鹽務道按察使司副使　臣徐大枚
兩淮都轉鹽運使司鹽運使　臣范廷謀

① 「鳳廬潁道」，《四庫》本作「廬鳳潁道」。

兩淮都轉鹽運使司鹽運使　臣李根雲

采輯

江寧府知府　臣張崋①年
蘇州府知府　臣白嶸
松江府知府　臣汪德馨
常州府知府　臣徐宗奭
鎮江府知府　臣黄鶴鳴
淮安府知府　臣楊應瑤
揚州府知府　臣高士鑰
徐州府知府　臣曾弘緒

① 「崋」，《四庫》本作「崒」。

安慶府知府　臣郭朝端

徽州府知府　臣楊雲服

寧國府同知署知府事　臣祝宣

池州府知府　臣李暐

太平府知府　臣熊同仁

廬州府知府　臣高越

署鳳陽府試用知府　臣魏化麟

潁州府知府　臣孫光祀

太倉州知州　臣江之煒

海州知州　臣鄭謙

通州知州　臣張桐

滁州知州　臣楊大勳

署和州知州　臣汪文膽①

廣德州知州　臣李國相

① 「膽」，《四庫》本作「呾」

六安州知州　臣高淑曾
署泗州知州　臣周璠

纂修

原任左春坊左中允日講官起居注兼翰林院編修加一級　臣黄之雋
翰林院編修加一級　臣邵泰
原任左春坊左贊善兼翰林院檢討　臣汪應銓
原任福建興化府知府　臣沈起元
松江府華亭縣儒學教諭　臣周大璋
徽州府儒學教授①　臣儲郁文
辛丑科進士　臣顧楝高

① 「教授」，《四庫》本作「教諭」。

原任河南商城縣知縣　臣黎東①昂
安慶府懷寧縣儒學教諭　臣謝有煇
揀選知縣丙午科舉人　臣徐孝常
揀選知縣己酉科舉人　臣張尹
揀選知縣己酉科舉人　臣章士鳳

分　修

原任河南新安縣知縣　臣王元蘅
池州府儒學教授　臣陳以剛
癸卯科會試中式舉人　臣陳祖范
宣城縣儒學教諭　臣周偉

①「東」，《四庫》本作「高」。

甲午科舉人　臣孫暾
庚子科舉人　臣華希閔
癸卯科舉人　臣程之銘
癸卯科舉人　臣任啓運
興化縣儒學教諭　臣姚焜
丙午科舉人　臣戴炳
蘇州府吴縣歲貢生　臣王杙
通州歲貢生　臣李堂
蘇州府吴江縣監生　臣陳景雲
常州府金匱縣監生　臣秦蕙田
鎮江府金壇縣監生　臣史樂泮
江寧府上元縣學生員　臣程廷祚
蘇州府學生員　臣顧翔
蘇州府吴江縣學生員　臣顧我錡
松江府奉賢縣學生員　臣楊日徵
松江府奉賢縣學生員　臣吴經

參　校

江寧府上元縣監生　臣程鼎儒
江寧府上元縣監生　臣徐重光
江寧府上元縣學生員　臣劉國鑑
江寧府上元縣學生員　臣徐重暉
江寧府江寧縣學生員　臣徐廷獻
江寧府江寧縣童生　臣梁振樂
蘇州府常熟縣童生　臣程燿

繕校

江寧府學生員　臣張若魯
江寧府上元縣學生員　臣姚宋
江寧府上元縣童生　臣梁文瀚
江寧府上元縣童生　臣王金甌
江寧府江寧縣監生　臣張夢桂
江寧府江寧縣監生　臣梁文捷
江寧府江寧縣學生員　臣汪在中
江寧府江寧縣學生員　臣張士登
江寧府江寧縣童生　臣李成章
江寧府江寧縣童生　臣馬有光
蘇州府學生員　臣陳萬選

蘇州府吴縣學生員　臣陸筠
蘇州府吴縣學生員　臣陳黄中
蘇州府長洲縣童生　臣葉嵩陽
蘇州府震澤縣童生　臣顧啓增
蘇州府昭文縣童生　臣陳玉柱
松江府華亭縣貢生　臣陳基
松江府華亭縣學生員　臣徐翊欽
松江府奉賢縣學生員　臣張忠發
松江府金山衛學生員　臣范毓士
常州府無錫縣監生　臣諸曰敬
常州府無錫縣監生　臣華綵
常州府荆溪縣學生員　臣任文炳
鎮江府學生員　臣史天德
揚州府興化縣學廪生　臣李培源
安慶府桐城縣監生　臣周源
安慶府桐城縣學生員　臣周芬斗

寧國府宣城縣學生員　臣李希稷
池州府貴池縣拔貢生　臣紀肅
泗州天長縣童生　臣陳維戊
浙江杭州府錢塘縣童生　臣汪①師濂

監　局

池州府江防同知　臣蘇士俊

① 「汪」，《四庫》本作「江」。

督催

江寧府理事同知　臣巴都善

司局

江寧府江東驛驛丞　臣戴國瑞

江寧府都稅司大使　臣朱從嘉

江南通志凡例[1]

一、志與史相表裏。兹志倣史例，列十志：一輿地，二河渠，三食貨，四學校，五武備，六職官，七選舉，八人物，九藝文，十雜類。每志中依門分類，以便省覽。而十志之前，各撮其大指爲小序云。

一、江南舊志，上諭、御製詩文，並列藝文，撰次非體。今編年系月，恭紀首卷。其詳見本事中者，紀恩遇、重興建也。

一、天文分野，舊説糾紛，率多異同。今約叙數言於圖説之首，而地之形勝亦及焉。

一、沿革一遵《皇輿表》。近年升府州、分縣亦詳系之，故山川、疆域、城池之屬，較舊加備。山川則先府後縣，以方向、道里次第之。疆域則四隅八至，以山水市鎮標識之。

一、宫室、官署、祠廟、寺觀等類，麗於地者皆入《輿地志》中。唯文廟、學宫、書院、試院，盛治攸關，則别爲《學校志》。

① 凡例，《四庫》本位於《上江南通志表》《修志職名》《原修姓氏》之前。

一、古蹟非僅供博覽，實爲論世考地之資。古都邑外，如廢郡縣舊治所在，即名存實亡者，皆係焉。至先民里居別墅遺跡，流風餘韻，亦並有裨於搜訪，故詳著之。

一、江南古稱澤國。河、淮、大江，由之入海，運河自南而北，蜿蜒其中，各次第之，較舊志加詳。

一、東南水利，蘇、松、常、鎮四府脈絡流通，而太湖爲之吐納，故合敘之。他府州則分紀之。

一、江南財賦重地，國家治平之久，休養生息，户口日增，給復蠲租超邁前代，爰於田賦、户口、徭役、蠲賑，紀載惟詳。而漕運、鹽法、錢法諸大政，與夫税課之佐邦計、物産之爲民利者，概附入焉。

一、舊志兵制祇列官名，古今守禦之要，概未之及。今遠稽史册，近據《會典》及全省見行規制，犁然燦列。若江防、海防，則各按南北險要，備序次之，而驛傳、船政附焉。

一、舊志職官，載自督撫，以下至郡守而止。今州守、縣令皆登焉，無論賢否，概存姓名。其名宦，則古今之著有治績而崇祀之，以風勵後人者也，即列《職官志》中。

一、選舉祇列姓名、邑里，其有稱者已入《人物志》。

一、舊志前代鄉舉多闕略，今本《南國賢書》及各郡縣志，臚列綦詳。

一、舊志《凡例》謂宦績、武功、忠節、儒林，應分標名目，其説良是。今於《人物志》中分十二類。名賢居首，其人少矣，故以世次。至於名臣碩德，部别區分。而偏長一藝，亦悉論著之不遺。

一、人物本之舊志、各郡縣志及印册。其志乘所未載，印册所未詳者姑闕之，以俟增補。

一、郡邑名號，歷代不同，不得概以今之地名繫古人也。若實係本省而失載，或迴非本省而誤入，或各郡各邑彼此錯互者，今皆詳考前史以正之。

一、列女爲《人物志》之一，舊例統載節婦。今倣劉向《列女傳》例，分爲五類。

一、藝文志例，起班固《漢書》，備載書名、卷帙及著作姓氏。歷代史書及三通藝文、經籍考略，率循此體。後來志書，博采詩文，既非體例，亦不精詳。今遵史例，分經、史、子、集四體彙之。若有關地方利弊，及考訂古今興廢者，則附入各門。至題詠之作，概闕而不録。

一、九志外，有無所附麗、可資考証者，則爲《雜類志》括之。名言軼行爲《紀聞》，地方經歷大事爲《摭史紀事》，五行變異爲《禨祥》，各門紀載之傳聞互異者爲《辨訛》。

首卷[1]　一　世祖章皇帝詔誥御製

順治元年，奉天承運，皇帝詔曰：

我國家受天眷祐，肇造東土。烈祖邁圖鴻緒，皇考彌廓前猷，遂舉舊邦，誕膺新命。迨朕嗣服，雖在沖齡，締念紹庭，永綏厥位。頃緣賊氛洊熾，極禍明朝，是用托重親賢，救民塗炭。乃方馳金鼓，旋奏澄清，既解倒懸，非富天下。而王公列辟、文武群臣，暨軍民耆老，合詞勸進，懇切再三。乃於今年十月初一日，祗告天地、宗廟、社稷，即皇帝位。仍建有天下之號曰大清，定鼎燕京，紀元順治。

緬惟峻命不易，創業尤艱。況當改革之初，更屬變通之會，爰乃酌今準古，揆天時、人事之宜，庶幾吏習民安，彰祖功宗德之大。所有合行條例，臚列如左。

① 「首卷」，《四庫》本作「卷首」。

順治二年，江南臣附，天下蕩平。詔曰：

光岳合而泰階平，南北一而兵争息。越稽往古，靡不同符。本朝立國有年，幅員既廣，醇朴爲治，無意並兼。向來疆埸構兵，本欲言歸於好。不期寇凶極禍，明運永終。於是整旅入關，代爲雪恥。猶以賊渠未殄，不遑起居，隨命二王，誓師西討。而南中乘釁立君，妄僭尊號，罔聞國卹，亟行亂政，重困民氓，負四海不義之名，阻東南向化之路。朕用是夙夜祇懼，思救煢黎。故西賊既摧，旋行南伐。上託祖宗之休烈，定國大將軍豫王扶義而東，兵無頓刃，河南、江北，次第歸誠。甫克維揚，隨①平江左，金陵士女，昭我天休。既獲福藩，南土略定。從此輕徭薄賦，可漸進於昇平；將來制度考文，冀徐興於禮樂。朕念峻命之不易，悼斯民之孔艱，深切痌瘝，宜矜詿誤，特弘大賚，嘉與維新。

順治十二年，上諭禮部：

朕惟帝王敷治，文教是先；臣子致君，經術爲本。自明末擾亂，日尋干戈，學問之道，闕焉

① 「随」，《四庫》本作「遂」。

未講。今天下漸定，朕將興文教，崇經術，以開太平。爾部即傳諭直省學臣，訓督士子，凡理學、道德、經濟、典故諸書，務要研求淹貫，博古通今。明體則爲真儒，達用則爲良吏。果有此等實學，朕必不次簡拔，重加任用。又念先賢之訓，仕優則學，仍傳諭内外大小各官，政事之暇，亦須留心學問。俾德業日修，識見益廣，佐朕右文之治。

特諭。

欽頒賦役全書序

順治十四年。

朕惟古帝王臨御天下，必以國計民生爲首務。故《禹貢》則壤定賦，《周官》體國經野，法至備也。當明之初，取民有制，休養生息。至萬(歷)〔曆〕年間，海内殷富，家給人足。及乎天啓、崇禎之世，因兵增餉，加派繁興，貪吏緣以爲奸，民不堪命。國祚隨之，良足深鑒。

朕荷上天付託之重，爲生民主，一夫不獲，亦疚朕懷。凡服御饍羞，深自約損。然而祖宗、百神

〔之祀〕①，軍旅燕饗犒錫之繁，以及百官庶役餼廩之給，罔不取之民間。誠恐有司額外加派，豪蠹侵漁中飽。民生先困，國計何資？兹特命户部右侍郎王弘祚，將各直省每年額定徵收起存總撒實數，編撰成帙，計稽往牘，參酌時宜。凡有參差遺漏，悉行駁正。

錢糧則例，俱照萬曆年間。其天啓、崇禎時加增，盡行蠲免。地丁則開原額若干，除荒若干。原額以萬曆刊書爲準，除荒以覆奉御旨爲憑。地丁清核，次開實徵，又次開起存起運者、部寺倉口種種分晰存留者，款項細數，事事條明。至若九釐銀，舊書未載者，今已增入。宗禄銀昔爲存留者，今爲起運。漕、白二糧，確依舊額。運丁行月，必令均平。胖襖盔甲，昔解本色，今俱改折。南糧本折，昔留南用，今抵軍需。官員經費，定有新規，會議裁冗，改歸正項。本色絹布、顔料、銀硃、銅錫、茶蠟等項，已改折者，照督撫題價值開列；解本色者，照刊書價值造入。每年督撫確察時值題明，填入易知單内，照數辦解。更有昔未解而今宜增者，有昔太冗而今宜裁者，俱細加清核，條貫井然。後有續增地畝錢糧，督、撫、按彙題造册報部，以憑稽核。綱舉目張，勒成一編，名曰《賦役全書》。頒布天下，庶使小民遵兹令式，便於輸將；官吏奉此章程，罔敢苛斂。爲一代之良法，垂萬世之成規。

雖然，此其大略也。若夫催科之中，寓以撫字，廣招徠之法，杜欺隱之奸，則守令之責也。正

① 據《大清世祖章皇帝實録》卷一一二補。

己率屬，承流宣化，覈出納之數，慎那移之防，則布政司之責也。舉廉懲貪，興利除害，課殿最於荒墾，昭激揚於完欠，恪遵成法，以無負朕足國裕民之意，則督撫之責，有特重焉，其敬承之毋忽！

首卷 二之一 聖祖仁皇帝詔諭

順治十八年，奉天承運，皇帝詔曰：

惟我國家，受天眷命，祖功宗德，肇造丕基。我皇考大行皇帝，盛德至仁，英資大度，纘承〔歷〕〔曆〕數，統一寰區，恩澤洽於多方，政教臻於上理。方期邦國永底雍熙，不幸奄棄臣民，遽升龍馭。顧兹大寶，屬以藐躬。朕煢煢在疚，本不忍聞。而諸王、貝勒、大臣，文武官員人等，僉謂神器既已攸歸，天位不宜久曠，堅請再三。朕是以俯徇輿志，勉抑哀衷，於是月初九日，祇告天地、宗廟、社稷，即皇帝位。仰惟上天眷祐之篤，祖宗付託之隆，涼德沖齡，膺兹重寄，敬圖覲光揚烈，用紹無疆之休。其以明年爲康熙元年，與天下更始。式衍舊恩，聿弘新化，所有合行事宜，開列於後。

康熙十七年正月二十三日，諭吏部：

自古一代之興，必有博學鴻儒，振起文運，闡發經史，潤色詞章，以備顧問著作之選。朕萬幾時暇，遊心文翰，思得博洽之士，用資典學。我朝定鼎以來，崇儒重道，培養人材。四海之廣，豈無奇材碩彦，學問淵通、文藻瑰麗、可以追踪前喆者？凡有學行兼優，文詞卓越之人，不論已未出仕，著在京三品以上及科道官員，在外督、撫、布、按，各舉所知，朕將親試録用。其餘内外各官，果有真知灼見，在内開送吏部，在外開報於該督撫，代爲題薦。務令虚公延訪，期得真才，以副朕求賢右文之意。

爾部即通行傳諭遵行。

特諭。

康熙二十三年十月二十五日，諭大學士明珠、王熙：

明太祖一代開創令主，功德並隆。朕巡省方域，將及江寧鍾山之麓，陵寢斯在。朕優遇前代，況於其君實賢，可祀之如禮。内閣、禮部、太常寺會議具奏。

康熙二十三年十一月初二日，諭大學士明珠、總督王新命：

明太祖陵寢，歷經年世，幸本朝加意護守，鬱然無恙。朕躬詣奠祭，典數優崇。今車駕將旋，圖善其後。爾等可傳諭守陵太監及陵户：朝夕敬慎，巡視罔輟，灑掃維勤。毋令附近民人、旗丁，恣行蹂踐。其在陵守視人等，特加賞賚，以示恩恤，彰勸厲焉。

特諭。

康熙二十三年十一月初三日，諭江南江西總督、江蘇巡撫：

明太祖天資英武，敷政仁明，芟刈群雄，混一區宇，肇造基業，功德並隆。其陵寢在鍾山之麓，係江寧所屬地方。向已有旨，令有司各官春秋致祭，嚴禁樵采。並設有守陵人户，朝夕巡視。但爲日已久，不無廢弛。今朕省方江寧，親詣拜奠。見牆垣傾圮，林木凋殘，皆係無知民人不遵約束，恣肆作踐，往來行走，殊違法紀。嗣後爾等督令地方各官，不時巡察，務俾守陵人役，用心防護；勿致附近旗丁、居民仍前踐蹋。所有春、秋二祭，亦必虔潔舉行。以副朕崇重古帝王陵寢至意。

特諭。

康熙二十三年十一月初四日，諭吏部尚書伊桑阿。恭紀《河渠志》。

康熙二十三年十一月初四日，諭江南大小諸臣：

朕向聞江南財賦之地。今觀市鎮通衢，似覺充盈。其鄉邨之饒，人情之樸，不及北方，皆因粉飾奢華所致。爾等身爲大小有司，當潔己愛民，奉公守法，激濁揚清，體恤民隱，以副朕望老安少懷之至意。

康熙二十四年二月初四日，諭按察使于成龍。恭紀《河渠志》。

康熙二十四年十一月初四日，諭户部：

朕惟自古帝王統一寰區，懋先德化，必子惠黎元，勤求民瘼，俾幹止寧成，家給人足。而後世躋雍熙，治登上理。

朕御極以來，宵旰圖治，未敢即安。念切民依，思培邦本，雖編氓漸得遂生，而閭閻正資惠養。欲使群生樂利，比户豐盈，惟頻行減賦蠲租，庶萬姓得沾實惠。前此用兵以來，河南、湖北兩省民人，轉輸供億，勞費繁多。特沛仁恩，以昭軫恤。所有康熙二十五年應徵地丁各項錢糧，著與蠲免一半；其康熙二十四年未完地丁錢糧，亦著盡與豁除。

又直隸獻縣、河間縣、河間衛，江南宿遷縣、興化縣、邳州、高郵州、鹽城縣，山東郯城縣、魚臺縣地方，今年重罹水災，小民艱苦。亦應加恩軫恤。所有康熙二十四年下半年、二十五年上半年地丁各項錢糧，俱與豁免。

爾部速行該地方官，通行曉諭，務使人人均被恩膏，以副朕愛育蒼生至意。如有不肖有司官役，借端朦混，及私行重征者，該督撫指名題參，從重治罪。如該督撫徇隱，不行糾舉，或經參奏，或被告發，定行一併從重治罪。爾部即遵諭行。

特諭。

康熙二十五年閏四月二十二日，諭大學士勒德洪、明珠、王熙、吴正治、宋德宜，學士麻爾圖、牛鈕、禪布、蔡必漢、噶思泰：

朕聞鳳陽、徐州等處地方亢旱，人民困苦。學士麻爾圖率户部賢能司官一人，馳驛速往，詳明據實踏看。果民食維艱，窘於生計，速發鳳陽倉銀米，一面賑濟，一面奏聞。其賑給事宜，麻爾圖會同户部議以聞。

康熙二十五年七月初四日，諭工部右侍郎孫在豐。恭紀《河渠志》。

康熙二十六年十一月二十六日，諭户部：

朕惟自古帝王，統御萬方，乂安九有，單心懷保，節愛攸先。期於物力充裕，爰以振業黎元，俾膏澤旁流，咸蒙美利。朕自御極以來，軫恤民依，力圖休養。惟理財爲裕國之大經，蠲貸爲愛民之實政。歷年敦崇節儉，嚴核浮冒，蓋欲爲布德行惠之資。頻年以來，各省錢糧雖已次第蠲免，但江蘇所屬各郡縣，爲財賦重地，額徵錢糧，甲於他省。且累歲輸將供億，效力維勤。茲用大沛恩膏，除漕項錢糧外，所有康熙二十七年應徵地丁各項錢糧，俱著蠲免；二十六年未完錢糧，亦悉與豁除。又陝西省錢糧，前雖已行蠲免，但念該省人民用兵之際，轉輸餽餉，效力可念，再宜加恩，以弘樂利。其康熙二十七年應徵地丁各項錢糧，及二十六年未完錢糧，亦著俱與蠲免。爾部速行該地方官，通行曉諭，務使小民均霑實惠，以副朕愛育蒼生至意。如有不肖官吏，借端朦混，及私行重徵者，該督撫指名題參，從重治罪。如該督撫徇隱，不行糾舉，或經參奏，或被告發，定行一併從重治罪。爾部即遵諭行。

特諭。

康熙二十八年正月初二日，諭吏、户、兵、工四部：

朕統莅寰宇，二十八年於茲，早作夜思，勤求治理，務恤黎庶，永圖乂安。如黄、運兩河運道，民生攸係，朕日切心勞。比年工役雖漸有緒，而應修、應塞，議論紛紜。曩歲巡幸，曾允淮揚士民所請，疏濬下河。前已興工，尚稽底績。屢經廷議，請朕親行閱視。今特諏吉南巡，躬歷河道，兼欲觀覽民情，周知吏治。所至沿途供億，皆令在京所司，儲偫一切，不取之民間。即有日用應需，該衙門於所在地方照市估平買，不許錙銖抑勒小民。猶恐地方官吏不能悉體朕懷，借名苛派供應，今特頒諭嚴飭，如有悖旨借端私征者，察實即以軍法從事。地方文武大小官員，不許與扈從官員指稱交戚，輒通餽遺。違者，餽送、收受人員，並以軍法從事。其扈從大小官員，及隨往僕役，如有横行生事擾民者，一並從重治罪。

朕兹巡省，原以軫恤編氓、咨諏風俗，凡經過地方，百姓各安生業，務令廛無廢市，隴不輟耕，毋得倉皇驚避，輒滋煩擾。其軍民人等，懷奸挾詐，希逞私憤，擅於駐蹕處所瀆行告訐者，一概嚴禁。儻有妄控，除所告事不與准理外，仍嚴加治罪。

爾部即傳諭扈從大小官員人等，並行令各該督撫，於府州縣城市、村莊、窮鄉僻壤，遍懸告示，備行曉諭。務令通知，以副朕惠愛元元至意。

特諭。

康熙二十八年二月，諭總督傅臘塔、王騭，巡撫洪之傑、金鋐：

朕因省察黎庶疾苦，兼閱河工，巡幸江南，便道至浙，觀問風俗，簡約儀衛，鹵簿不設，扈從者僅三百餘人。頃經維揚，民間結采歡迎，盈衢溢巷。雖出其恭敬愛戴之誠，恐致稍損物力，甚爲惜之。朕視寓内編氓，皆吾赤子，惟使比户豐饒，即不張結采幔，朕心亦所嘉悦。前途經歷諸郡邑，宜體朕意，悉爲停止。

又見百姓老幼男婦，奔走雜遝，瞻望恐後，未免喧嘩擁塞。念此行原以爲民，不嚴警蹕。但人衆無所區别，高崖水次，或有傾跌之虞，一夫不獲其所，足軫朕懷。此後止於夾道跪迎，勿得紊亂追趨，致有諸患。

著即詳加曉諭，使知朕愛民切實，咸爲遵行。

特諭。

康熙二十八年二月十一日，諭扈從部院諸臣：

朕稽古省方，咨求治理，閱視河道，期底平成。凡有利於民生，必令霑夫實惠。兹行次浙省，禹陵在望。念大禹功德隆盛，萬世永賴，應行親詣，以展企慕之忱。其致祭典禮，所司即察例舉行。

政治所先，在崇文教。江南、浙江，爲人文萃集之地，入學額數，應酌量加增，永昭弘獎，著該督撫詳議奏請。江寧、鎮江、杭州駐防滿洲、漢軍兵丁，鎮守要地，久歷歲時，深用軫念。應作何恩賚，以彰優恤，著該部議奏。自南巡以來，所經過地方，官員除八法處分及列款糾劾外，凡因公註誤降級留任者，俱准與開復；降級調用者，著帶所降之級留任。其經過地方，見在監禁人犯，除十惡及詔款所不赦等罪，並官員犯贓不宥外，其餘自康熙二十八年二月十一日以前，死罪及軍流徒罪以下，已結、未結，俱著寬釋，以示朕赦罪宥過之意。備辦船隻地方，各官效力勤勞，著該督撫會同奉差官員，確查具題，各加一級。縴夫供役勞苦，亦著該督撫察明人數，量給恩賞。

朕屢念民依，特蠲租賦，總期實德，潤澤蒼生。近見民間有建立碑亭，稱頌德意者，雖出群黎感戴之誠，但恐各郡皆然，未免致損民力。誠使閭閻殷阜，則裨益良多，碑亭何與焉？嗣後亦宜停止。江浙錢糧既經蠲豁，猶慮有不肖有司借端詞訟，朘削民生，著該督撫嚴行禁飭。至各處榷關，原有則例。朕舟行所至，諮訪過關商民，每不難於輸納額稅，而以稽留關次，不能速過爲苦。榷關官員，理宜遵奉屢頒諭旨，恤商惠民，豈可反貽商民之累？自今應力除積弊，凡商民抵關，交納正税，即與放行。毋得稽留苛勒，以致苦累，違者定行從重處分。朕早夜孜孜，惟冀官吏、軍民、士農、商賈，無一人不獲其所。故於民生、吏治，圖維區畫，務極周詳。爾等可即傳諭，俾一體奉行，稱朕意焉。

特諭。

康熙二十八年三月二十一日，諭内閣：

朕巡行南省，往視河道。江南淮安諸地方，自民人、船夫，皆稱譽前河道總督靳輔，思念之不忘。且見靳輔濬治河道，上河隄岸修築堅固。其於河務，既克有濟，實心任事，勞績昭然。曩革職太過，其以原官致仕例，復其原品。

康熙二十八年七月二十二日，諭户部：

朕前巡幸江南，凡所經歷，於編氓疾苦，必詳加體察，如傷念切，每沛恩膏。朕過邳州，親見彼處田地，多爲水淹没，耕耘既無所施，賦税如何取辦？其現在被淹田畝，應納地丁及漕項錢糧，俱行蠲免；歷年逋欠，亦盡與豁除。該督撫即行出示，遍曉窮鄉。仍不時廉察，儻有不肖官員仍行私徵者，題參從重治罪，以副朕愛惜民生至意。爾部即遵諭行。

特諭。

康熙三十年十二月初四日，諭户部：

朕撫馭區宇三十年以來，早夜圖維，惟以愛育蒼生，俾咸臻安阜爲念。比歲各省額徵錢糧，業已次第蠲豁。其歲運漕米，向來未經議免。朕時切軫懷，所有京、通各倉米穀，撙節支給，數載於兹。今觀歷年儲積之粟，恰足供用。應將起運漕糧，逐省蠲免，以紓民力。除河南省明歲漕糧已頒諭免徵外，湖廣、江西、浙江、江蘇、安徽、山東應輸漕米，著自康熙三十一年始，以次各蠲免一年。至江寧、京口、杭州、荆州大兵駐防地方，亦應豫行積貯。著將康熙三十一年起運、三十年漕米，各截留十萬石，存貯倉廒。令該地方官，敬慎守視，以備需用。爾部即遵諭行。特諭。

康熙三十二年九月十六日，諭内閣：

江、浙二省今年夏旱，雖不成災，秋收量必有限。若漕糧照常徵收起運，恐民食將至匱乏，朕爲此常切軫念。除浙江漕糧已經改於今年蠲免外，其江南漕糧，今年或三分免一、或免一半，俟至該省應蠲年分，將今年所免米石照數補徵起運，於漕糧既無缺少，官民大有裨益。著滿漢大學士等，會同户部堂官、倉場侍郎等，作速確議具奏。

康熙三十三年閏五月初十日，諭内閣保護中河堤岸之子堤。恭紀《河渠志》。

康熙三十六年正月二十二日，諭大學士伊桑阿等：

揚州、淮安、徐州等處被災錢糧，該總督、巡撫奏請蠲免，疏至即與全蠲。

康熙三十六年六月十五日，諭提督江南學政、學士張榕端，提督浙江學政、侍講張希良：

自古帝王治天下，率以興賢育才爲首務。稽察前制，各省學政皆用詞臣，董率之任至重也。近來士習未變，文事未彰，良由督學各官，不能仰體朕意。

兹特命爾前往江南、浙江等處，提督各府州縣學政。爾尚端軌儀，崇經術，勤勸課，嚴坊刻，振維新之典，革積衰之弊，毋炫華而遺實，毋避怨以市恩，俾士有真材，國收實用。南土人文所萃，尤宜加意作新，多方鼓舞，以稱朝廷培植人材至意。所屬司、道、府、州、縣及提調等官，凡關係學政者，聽爾據實考核。及禮部題准申飭事宜，俱當著實舉行。向有傳諭嚴禁考試情弊，爾當恪奉遵依。至於本處督、撫，各有攸司，不得互相干預。如遇公事交接，暨文移往來，俱照平行。其布、按、都三司接見禮儀、往來文書，有干係學政者，俱照巡撫衙門例行。

爾受兹委任，務嚴絶情面，一秉虛公，振拔孤寒，澄汰污賤。教士有程，取文有法，俾士風丕變，時惟爾功。如或蹈常襲故，違命曠職，亦惟爾罰，爾其慎之！

故敕。

康熙三十六年十月十五日，諭内閣下河地方。恭紀《河渠志》。

康熙三十七年十一月二十五日，諭户部：

淮安、揚州、鳳陽等處，比年水患頻仍，浸漫隄岸，田多淹没，耕護無從，百姓艱於粒食。經朕時加軫恤，屢賑屢蠲，被災地方賴以安堵。但念久歉之餘，恐致資生匱乏，朕厪憫殷切，未嘗稍釋於懷。前此雖頻敷麻澤，至再至三，用裨群黎生計。猶恐開春東作，農事艱難，若不大沛恩施，安能令小民各得其所？著將海州、山陽、安東、鹽城、高郵、泰州、江都、興化、寶應、壽州、泗州、亳州、鳳陽、臨淮、懷遠、五河、虹縣、蒙城、盱眙、靈璧等州縣，並被災各衛所，康熙三十八年一切地丁銀米等項及漕糧，盡行蠲免。務使民間均霑實惠，以副朕體恤元元生息，愛養至意。爾部即遵諭行。

特諭。

康熙三十八年正月二十一日，諭吏、户、兵、工四部：

朕撫馭寰區，乂安中外，孜孜圖治，宵旰勤民，期於天下咸遂生成，物無不得其所。今邊烽永靖，四方無事。獨是黄、淮爲患，衝決時聞，下河地方，田廬漂没。朕軫念民艱，曩曾屢遣大臣，往令督理，不惜數百萬帑金，務期早綏黎庶。乃歷年已久，迄無成功。今水勢仍復横溢，浸漫城間，沉没隴畝，以致民多失業。董其役者，未有上策，可以宜民。時廑朕懷，未嘗少釋。在内諸臣，咸請朕親臨指示，以爲一勞永逸之圖。

方今春時，雨水減少，正宜講求疏濬，以遂安瀾。爰諏吉南巡，親加勘閲。更以吴地乃東南奥壤，襟帶江湖，勵俗省耕，兼行臨視。凡一切往返供億，已皆俾辦於京師。即途次日用所須，亦令各衙門照本地時值采買。總於民間，一無所累。仍恐沿途官吏藉名科派，致累閭閻，故特頒諭，嚴行申飭，如有悖旨假託派索者，察實即以軍法從事。該地方大小文武官員，不許與扈從官員藉稱親舊，擅相餽遺，違者與受①人員並以軍法從事。其扈從大小官員、隨行僕從人等，如有横行生事者，一併從重治罪。凡經過地方，百姓各安生業，皆如常時，務令廛無廢市、隴不輟耕，毋得惶遽引避。其軍民人等，懷挾私怨，受人指使，擅於駐蹕處所輒行告訐者，一概嚴禁不准。仍照衝突儀仗例，嚴加治罪。

爾部即傳諭扈從大小官員人等，併行各該督撫，於各府州縣城市、鄉村遍張告示，備行曉

① 「受」上疑脱「收」字。

諭，務令億兆通知，以副朕體恤惠愛至意。

特諭。

康熙三十八年三月初七日，諭户部：

朕君臨天下，期於黎民樂業，各獲其所。凡興利除害之事，靡不舉行。蠲免、賑濟之恩，靡不下逮。比年以來，因淮、揚所屬地方，疊罹水患，業已歲蠲額賦，賑恤頻施。又動支數百萬帑金，責令在河諸臣，於應挑應築之處，酌量修理。務使氾濫之水，匯歸入海，被淹之廬舍、田畝，盡皆涸出，用底幹寧。

乃錢糧竟爾虛費，卒不能使積淹有歸。田廬未涸，民生未遂，朕聞之惻然軫懷。值兹四方無事之時，欲將一切修舉事宜，詳閱指示。用是躬親臨幸，沿途審視黄河水勢，咨訪地方父老。比至歸仁堤、高家堰，量度地形高下，應挑、應築，一一明示河臣。惟是被淹地方米價騰涌，生計維艱。朕目擊民依，深用廑念。著將漕糧截留十萬石，於高郵、寶應、興化、泰州、鹽城、山陽、江都受災七州縣，各留一萬石，悉較時價減值發糶。餘米三萬石，著於邳州留八千石，宿遷、桃源、清河、安東四縣各留五千五百石，亦較時價減糶。此各州縣發糶之米，著就道①交與漕運總督、河道總督。邳州著遣司官一員，前往監視。再截留米十萬石，於揚州、淮安各收貯五萬石。這應留漕糧，不論何處米石，著就近截留。爾部即遵諭行。

康熙三十八年三月初七日，諭總督于成龍。恭紀《河渠志》。

康熙三十八年三月十三日，諭户部：

東南爲財賦重地，朕時加軫念。頻歲以來，雖在邊塞用兵之際，未嘗不早夜殷殷，睠懷寬恤。兹以中外昇平，特事巡省，並閱河工。比至江南，親察民間饒瘠之狀。見淮南北地方，疊罹水患，深用惻然。已經屢蠲屢賑，仍命截留漕糧，減價平糶。其餘各州縣，固市肆安輯，耕鑿恬熙。而額賦浩繁，民生拮据。歷年逋負，積算日增，合行②江蘇巡撫、安徽巡撫所屬舊欠帶徵錢糧，計③及百萬。念小民方供新稅，復急舊逋，物力維艱，勢難兼辦。里井既多催科之擾，官吏

① 「道」，《四庫》本作「近」。
② 「行」，《四庫》本作「計」。
③ 「計」，《四庫》本作「幾」。

復滋參罰之煩。應沛特恩，概行蠲豁。除康熙三十三年恩詔内已經赦免外，其三十四五六年奏銷未完民欠一應地丁錢糧、米豆麥雜税，爾部行文該督撫，察明俱著免徵。務飭有司，悉心奉行，俾使窮檐蔀屋，均霑實惠。如有已徵在官，詭稱民欠，希圖侵蝕肥己者，一經發覺，定從重治罪。

朕身處宫禁，與巡歷方隅，無非孳孳民事。但使閭閻豐足，則國家裨益良多，以此不惜蠲除，頻敷德澤。凡厥官吏、軍民，宜咸知朕意。爾部即遵諭行。

特諭。

康熙三十八年三月二十二日，諭户部：

朕因淮、揚地方數被水患，躬臨巡省，目擊田廬淹没之苦，深加軫恤。既截留漕糧，以濟民生。仍蠲除積欠，以紓民困。其昨歲淮、揚兩屬被災錢糧，曾經該督撫具題，部議照例減免三分。今念百姓糊口維艱，安能辦賦？應破常格，用沛特恩：淮安府屬海州、山陽、安東、鹽城，揚州府屬高郵、泰州、江都、興化、寶應九州縣，并淮安、大河二衛，康熙三十七年未完地丁漕項等銀一十九萬有奇、米麥十一萬石有奇，著全與蠲免。爾部行文該督撫，即飭各州縣張示曉諭，務體朕憫恻群黎之至意。俾窮鄉僻壤，均霑實惠。

如有不肖官吏私徵侵蝕者，察出定治重罪。

特諭。

康熙三十八年四月初二日，諭户、禮二部：

朕子育黎元，勤求治理，日孜孜以施德澤、厚民生爲急務。而江、浙二省，尤東南要地，朕時切軫念。比歲以來，蠲豁田賦，賑濟凶荒，有請必行，無災不卹。雖漕項錢糧，向未蠲免者，亦曾特旨蠲免，愛養之道備極周詳，庶幾民生日益康阜。用是乘輿時邁，於視河事竣，巡歷江、浙，咨訪民間情形。見淮揚一路，既困潦災，而他所過州縣，察其耕穫之盈虚，市廛之贏絀，視十年以前，實爲不及。此皆由地方有司奉行不善，不能使實惠及民。所以小民雖懷愛戴之誠，而朝廷恩澤，卒未下究。朕目擊廑懷，亟思拯卹，截留漕糧，寬免積欠，另有諭旨。

惟各鹽差、關差，向因軍需繁費，於正額外令在差官員，以所私得贏餘交納充用。今思各官孰肯自捐私橐，勢必仍行苛取。商瘠民困，均坐此弊。著將加增銀兩，一概停罷，以紓商、民之累。其兩淮鹽課，康熙三十六年曾加增四十萬兩。今恐商人辦課維艱，有漸致匱乏者，著減去二十萬兩。

此外有應行應革事宜，朕還都以後，仍加商確，次第舉行。該督、撫、藩、臬，皆地方大吏，亦著悉心體訪，凡有可爲民興利除害者，作速勘實陳奏。嚴革雜派，禁止刁訟，然後胥吏不能作奸，良民得以安業。儻官吏有悖旨妄行者，許商、民首告。該督撫察出，即行參奏。

朕視民如傷，惟恐一夫不獲其所。兹值海寓昇平，兵革不事，正當與民休息之時，故特涣沛德音，減徵寬税，以爲閭閻留有餘之力。萬一嗣後别有急需，或不得已而稍議加增，想在小民亦能共諒朕懷，輸將之恐後也。

至於江南、浙江，人文稱盛，入學名數前已酌定增額。今著於府學、大學、中學、小學，各增五名，舉行一次，以示獎勵人才至意。爾部即遵諭行。

特諭。

康熙三十八年四月十六日，諭户部：

朕巡幸江南，遍察地方疾苦，深知民間生計艱難。故將通省積欠錢糧，盡行蠲免。所過州縣有被災甚重者，俱經拯濟，務俾得所。兹聞鳳陽府屬，去歲潦災甚重，是用破格加恩，以示優卹。康熙三十七年該府屬壽州、泗州、亳州、鳳陽、臨淮、懷遠、五河、虹縣、蒙城、盱眙、靈璧十一州縣，並泗州一衛，未完地丁漕項等銀米，著一概免徵。爾部行文該督撫，即飭該地方有司，張示曉諭，令窮鄉僻壤，咸悉朝廷曲軫災黎之至意。如有不肖官吏，悖旨私徵，使百姓不霑實惠者，察出定治重罪。爾部即遵諭行。

特諭。

康熙三十八年十一月初五日，諭户部：

朕思小民生計，惟農畝是賴，必年穀收成，斯衣食無缺。淮、揚所屬海州等州、縣、衛，接年河流浸漫田廬，編氓艱於粒食，朕心深切軫念，已將康熙三十八年錢糧俱行蠲免。今春南巡，目睹民間疾苦，恐致失所，復將康熙三十七年未完錢糧，盡與豁除。諭令所司，將沿河堤岸堅固修築。乃修防未竣，夏、秋又致沖決，田廬盡没水中。特命該撫往駐被災地方，動支積貯米穀，並將漕糧截留，親行賑給。今念清口河流未通，民田仍遭淹没，耕穫無從，百姓饘粥尚且艱難，來年租賦安能輸辦？著將這被災海州、山陽、安東、鹽城、大河衛、高郵、泰州、江都、興化、寶應等州、縣、衛，康熙三十九年地丁銀米等項，及漕糧漕項銀兩，盡行蠲免。爾部速令該督撫，通行曉諭，務俾均霑實惠，以副朕拯卹災黎至意。如有不肖官役，朦混侵冒，仍行私徵者，該督撫嚴察指參，從重治罪。爾部即遵諭行。

特諭。

康熙三十九年三月初二日，諭户部：

淮、揚等處百姓，頻年罹於水災，未寧幹止。朕心時切軫念，比歲以來，多方優恤，蠲免、賑給，靡不舉行。去年春，朕親履河干，目擊小民田盧皆被淹没，災黎艱於粒食，益爲憫惻於懷。爰命地方官按户賑濟。又將截留漕糧，發賑平糶，俾得贍養。上下兩隄岸，前雖屢發帑金修築，迄無裨益。去年二月，面諭河工諸臣，速行修治，至今尚無成效。復遴選廷臣，同往經理。無非軫懷民瘼，欲令黄、運兩河隄岸速成，斯民早安生業耳。念水患一日不除，則百姓一日不得耕種，用是深以爲慮。著將今年漕糧截留二十萬石，存貯淮、揚地方備用。爾部即遵諭行。特諭。

康熙四十二年二月初七日，諭河道總督張鵬翮。恭紀《河渠志》。

康熙四十二年三月初二日，諭河道總督張鵬翮。王公堤。

康熙四十二年三月初三日，諭河道總督張鵬翮。高堰工程。

康熙四十二年三月初三日，諭河道總督張鵬翮。王家營。

康熙四十二年三月初四日，諭河道總督張鵬翮。清口西壩。

以上恭紀《河渠志》。

康熙四十二年三月十八日，萬壽恩詔：

朕爲天下生民主，宵旰勤勞，勵精圖治。凡國家之休戚，閭閻之樂利，晷刻之間，無不注意於此。天下之大，兆民之衆，朕誰欺？欺天乎？至今四十餘載，親歷饑饉者，不知其幾。南北用兵者，不知其幾。人心向背者，不知其幾。天變地震者，不知其幾。自責涼德不能撫育，履冰臨淵，兢業惟守。仰賴上天眷佑，祖宗厚德，幸生創業未久之際，方免墜失。今海寓昇平，年歲稍和，生民俱已樂業。

邇來，諸王、大小臣工、士庶因朕五旬，輿情肫切，屢請加上尊號。朕堅意固辭，不允所請。蓋朕不以名譽稱揚爲尚，惟以海内富庶爲心。是以屢蠲賦役，頻省刑罰，總欲使老安少懷，風俗淳厚，漸幾於康乂隆平之治。

近因淮、黄告成，乃東南要務，再授方略，望有善後。朕不辭勞瘁，親往閲視。見畿輔、山左、江、浙等省耆老人民，俱中心愛戴，雖童穉亦咸歡欣瞻仰。是知民心皆一，用是益深軫念，視切如傷，所以星夜回鑾。兹特大沛弘恩，普施遐邇，庶幾民生咸登壽域，和協遍滿寰區。所有應行事例，開列於後。

於戲！安民則惠，益弘逮下之恩；御衆以寬，聿溥好生之德。布告天下，咸使聞知。

康熙四十二年十月初八日，諭工部，覽河臣奏一道。恭紀《河渠志》。

康熙四十五年十月二十五日，上諭户部：

朕子育黎元，日求所以休養利濟之道。念惟賜租、減賦，實有裨益於民生，直隸、各省錢糧，次第全蠲一年者，業經數舉。獨是歷年逋負，積累加增。舊稅新徵，勢難兼辦。縱使少寬民力，分年帶輸，而督令續完，仍多拮据。朕睠懷及此，深切軫恤。是用蠲逋己責大沛恩膏，俾閭閻獲免追呼，官吏亦不罹參罰。直隸、山東積欠錢糧，今年俱已蠲免。其山西、陝西、甘肅、江蘇、安徽、浙江、江西、湖北、湖南、福建、廣東各省，自康熙四十三年以前，未完地丁銀二百一十二萬二千七百兩有奇，糧十萬五千七百石有奇，著按數通行豁免。或舊欠已完在官，而現年錢糧未完足者，亦准扣抵。諭旨到日，各該撫立行所屬張示徧諭。有不肖有司，以完作欠，朦混銷算，及開除不清者，該督撫即時題參，嚴加治罪。爾部即遵諭行。

特諭。

康熙四十六年十月初七日，諭户部：

江南地方，頻年雨暘時若，百穀順成，閭井黎氓，咸得遂生樂業。但民間夙鮮蓋藏，禦荒無術，一遇歲歉，即有匱乏之憂。朕屢次南巡，素所洞悉。今年自夏入秋，雨澤愆期，該督撫先後奏至。因念小民久未被災，驟罹荒旱，所關甚鉅。隨命九卿等速同詳議應行事宜，業經敕令停徵，並發倉穀賑濟。顧倉儲數少，未足遍給。惟各州縣截留漕米，可以實惠及民。目下時已屆冬，總漕桑格無事，著會同總督邵穆布、巡撫于準，親歷各州縣被災地方，備加察勘。將今年所徵漕糧，每州縣或留八九萬石，或留十萬石，酌量足支賑給之數，分別多寡，存留支散。及今漕米尚未開兑，截現收之糧，以濟待哺之衆，實於民生，大有裨益。此朕殷殷懷保赤子，軫念如傷之至意。爾部即移文該督等，實心奉行。仍開具賑濟實數奏聞。

特諭。

康熙四十六年十一月初二日，諭户部：

江、浙地方，賦役殷繁，倍於他省。朕屢經巡歷，時切軫懷。比年以來，業已節次敷恩，頻行蠲貸。頃因兩省偶被旱災，隨命按數減徵，豁免漕欠。並分截本年漕糧，令該督撫親往散賑。猶念民間素鮮儲蓄，生計不充，非更加格外滋培，則荒歉之餘，未能驟臻康阜。兹特再施膏澤，用弘休養：康熙四十七年江南、浙江通省人丁，共額徵銀六十九萬七千七百餘兩，著悉與蠲免。其今年被災安徽巡撫屬七州縣三衛，江寧巡撫屬二十五州縣三衛，應徵地畝銀共二百九十七萬五千二百餘兩、糧三十九萬二千餘石，浙江二十州縣一所應徵地畝銀九十六萬一千五百餘兩、糧九萬六千餘石，四十七年亦俱著免徵。所有舊欠帶徵銀米，並暫停追取，俟開徵時一併輸納。務使小民一歲之内，絶跡公庭，安處隴畝。俾得優游作息，經理農桑。庶幾閭閻氣象，可以日加豐豫。

諭旨到日，該督撫體朕孳孳惠愛黎元至意，各飭有司，實心奉行。仍張示通曉，令咸知悉。儻蠲除不實，致有侵冒，察出定治重罪。爾部即遵諭行。

特諭。

康熙四十六年十一月二十三日，諭江、浙在京官員大學士張玉書、尚書王鴻緒等：

朕在宫中，無刻不以民間疾苦爲念，恐遇旱潦，必思豫防。至巡幸各省，於風俗民情，無不諮訪。即物性土宜，皆親加詳考。每至一方，必取一方之土，以驗試其燥濕。

今歲南巡江、浙，見天氣久晴，所經河渠港蕩之水，比舊較淺，即慮夏間或有亢暘之患。是時麥田雖甚豐稔，然南方二麥用爲麯蘖者多，不似北方專資麪食。南方惟賴稻米，北方則兼種黍稷粱粟。有携北方黍稷及蔬菜之類，至南方種植者，多不收獲。此水土異宜，不可强也。且江、浙地勢卑下，不雨則蒸濕，人不能堪。有雨則涼，人皆爽豁。雖地稱水鄉，而水溢易泄，潦歲之爲患尚淺，旱歲則爲患甚劇。北方經月不雨，亦尚無礙。南方夏、秋間，經旬缺雨，則田皆坼裂，禾苗漸槁矣。《喜雨亭記》云：「十日不雨則無禾。」蓋謂此也。

江、浙農功，全資灌溉。今河渠、港蕩，比舊俱淺者，皆由素無瀦蓄所致。雨澤偶愆，濱河低田，猶可戽水濟用，高仰之田，力無所施，往往三農坐困。朕茲爲民生再三籌畫，經久之計，無如興水利、建閘座，蓄水灌田之爲善也。江南省之蘇、松、常、鎮，及浙江省之杭、嘉、湖諸郡，所屬州縣或近太湖，或通潮汐，所有河渠水口，宜酌建閘座，平時閉閘蓄水，遇旱則啓閘放水。其支河、港蕩淤淺者，並宜疏濬，引水四達。仍酌量建閘，多蓄一二尺水，即可灌高一二尺之田。多蓄四五尺水，即可灌高四五尺之田。準此行之，可俾高下田畝，永遠無旱澇矣。

爾等其以朕意曉諭諸臣，詳議以聞。

康熙四十六年十一月二十九日，諭工部：

朕宵旰勤民，視如赤子，無一時一事不思爲閭閻圖經久之計。江南、浙江，生齒殷繁，地不加增，而仰食者日衆。其風土陰晴燥濕，及種植所宜，迥與西北有異。朕屢經巡省，察之甚悉。大抵民恃田畝爲生，田資灌溉爲急。雖東南名稱水鄉，而水溢易泄，旱熯難支。夏、秋之間，經旬不雨，則土坼而苗傷矣。濱河低田，猶可戽水濟用。高仰之地，力無所施，往往三農坐困。

朕兹爲民生再三籌畫，非修治水利，建立閘座，使蓄水以灌輸田疇，無以爲農事緩急之備。江南省蘇州、松江、常州、鎮江，浙江省杭州、嘉興、湖州各府屬州縣，或近太湖，或通潮汐，宜於所有河渠水口，度地建閘，隨時啓閉，水有餘則宣泄之，水不足則豬蓄以備用。其有支河、港蕩淤淺者，宜並加疏濬，使引水四達。仍行建閘。多蓄一二尺之水，即田高一二尺者資以灌溉矣。多蓄四五尺之水，即田高四五尺者資以灌溉矣。行之永久，可俾高下田畝，無憂旱潦。此於運道無涉，而於民生實大有裨益。今漕運總督與江、浙督撫，方料理截漕散賑。爾部速移文該督撫等，令將各州縣河渠應建閘蓄水之處，並應建若干座，通行確察，明晰具奏。爾部即遵諭行。

特諭。

康熙四十七年五月初八日，諭工部：

朕南巡閲河時，見洪澤湖風浪危險，隄岸陡立，商、民船隻觸石損壞，傷人甚多，朕心時切軫念。因特令河臣，沿湖隄創設救生木樁。自設樁以來，數年内竝未損船傷人，於商、民大有裨益。此樁應時加增修，愈多愈善。嗣後著江寧、蘇州、杭州三處織造，每歲於節省銀内，各捐五百兩，解送總河衙門，以備救生樁之用。該督逐歲修理存案，不必入奏銷。如不實行修理，於别項支用者，從重治罪。

康熙四十七年十月十六日，諭户部：

朕屢次南巡，見閭閻殷阜之象，遠不逮於舊時。故於民生風俗，無不一一諮訪。雖不時蠲免額賦，停徵積逋，僅可支吾卒歲，絶無餘蓄。且今承平既久，生齒日蕃，食漸不充，用多不給，亦理勢之所必致。朕每念及此，未嘗不爲惻然。

去年江南、浙江二省，俱被旱荒，多方軫恤，始蘇民困。迨今歲，復報潦傷，旋經照例蠲賑，竝下詔書，留漕資濟。但歲再不登，生計益匱，欲令辦賦，力必難供。朕於國家一切經費，累年撙節，帑藏充裕。以此涣敷膏澤，藏富於民，俾得盡力農桑，衣食滋殖。百姓既足，國用何憂？康熙四十八年除漕糧外，江南通省地丁銀四百七十五萬四百兩有奇，浙江通省地丁銀二百五十七萬七千兩有奇，著全行蠲免。所有舊欠帶徵銀米，仍暫停追取。

此朕因江、浙二省爲東南重地，特於格外施仁，用弘休養之至意。該督撫各飭有司，張示遍諭，務令窮鄉蔀屋，咸共知悉。儻或别借事端，侵冒徵派，事發定從重治罪。爾部即遵諭行。

特諭。

康熙四十八年十月二十五日，諭户部：

今歲入夏以後，朕因南方二麥不登，北地亦被微潦，宵旰軫慮，甚切焦勞。繼而畿輔稔收，三吴秋熟，兼以四方奏報，咸獲有年，朕心始爲稍慰。夫水旱災傷，事所時有。而小民皆如赤子，一以疾苦見告，即不忍恝置於懷。今念江南淮安府、揚州府、徐州三屬，地卑積水，被災獨重，秋禾未播種者甚多。雖本年錢糧業經全免，又曾遣官分賑，而失業之民，宜加格外之恩，以弘愛養。康熙四十九年淮、揚、徐三屬邳州等十九州縣三衛，額徵地丁銀五十九萬三千八百兩有奇，著通行蠲免。

又河南省歸德府屬商（邱）〔丘〕等六縣，山東省兖州府屬濟寧等四州縣，或被夏災，或被秋災，雖已各依分數例免額賦，竝宜更施膏澤，用厚民生。康熙四十九年商（邱）〔丘〕等縣應徵地丁銀二十萬二千四百兩有奇，濟寧等州縣應徵地丁銀一十四萬六千六百兩有奇，俱著通行蠲免。其應蠲免州縣有舊欠未完錢糧，亦著停徵一年。

諭旨到日，各該督撫嚴飭有司，體朕殷殷軫恤災氓至意，張示遍諭，悉心奉行，務俾窮鄉僻壤，均霑實惠。如有不肖官吏，借端私徵者，即行察參。爾部即遵諭行。

特諭。

康熙五十一年，上諭户部：

朕宵旰孜孜，勤求民瘼，永爲惠下實政，無如除賦蠲租。除每歲直省報聞，偶有水旱災傷，照輕重分數，豁免正供，仍加賑卹外。將天下地丁錢糧，自五十年爲始，三年之内，全免一週。使率土黎庶，普被恩膏。除將直隸、奉天、浙江、福建、廣東、廣西、四川、雲南、貴州，及山西、河南、陝西、甘肅、湖北、湖南各直省，康熙五十年、五十一年地丁錢糧，一概蠲免；歷年舊欠錢糧一併免徵外。所有江寧、安徽、山東、江西各撫屬，除漕項外，五十二年應徵地畝銀共八百八十二萬九千六百四十四兩有奇，人丁銀共一百三萬五千三百二十五兩有奇，俱著察明全免。其歷年舊欠銀二百四十八萬三千八百二十八兩有奇，亦並著免徵。

計三年之内，總免過天下地畝人丁新徵、舊欠，共銀三千二百六萬四千六百九十七兩有奇。各該督撫務須實心奉行，體朕軫念民生至意。如有侵欺隱匿，使惠不及民，借端科派者，督撫嚴行察參。督撫失察，事發之日，亦嚴加究治。諭旨到日，立即遍示城郭、鄉村，咸使知悉。

爾部即遵諭行。

特諭。

康熙五十一年，上諭：

朕自沖齡，即好讀書，亦好寫字，一切經史，靡不遍閱成誦。在昔賢哲所著之書，間或字句與中正之理稍有未符，或稍有瑕疵者，後儒即加指摘，以爲理宜更正。惟宋之朱子注明經史，闡發載籍之理，凡所撰釋之文字，皆明確有據，而得中正之理。今五百餘年，其一句一字，莫有論其可更正者。觀此則孔孟之後，朱子可謂有益於斯文，厥功偉矣。朕既深知之而不言，其誰言之？於朱子宜何如表章崇奉，爾等與九卿會同具議以聞。

康熙五十二年，上諭：

海宇承平日久，户口日繁，地畝並未加廣，宜施寬大之恩，共享恬熙之樂。嗣後直隸、各省地方官，遇編審之期，察出增益人丁，止將實數另造清册奏聞。其徵收錢糧，但據康熙五十年丁册，定爲常額。續生人丁，永不加賦。仍不許有司於造册之時，藉端需索，用副朕休養生息之意。

康熙五十六年，上諭户部：

朕撫馭寰宇五十餘年，夜寐夙興，爲小民勤求生遂。凡率土遠近，皆期共享樂利，聿成家給人足之休，未嘗一日不廑諸懷也。數十年以來，各省正賦屢經全免，歷年積欠亦已蠲徵。偶有雨澤愆期，或發倉廩散給，或截漕糧賑救，不惜數萬萬金錢米穀，頻沛恩施。誠念窮檐之艱，慮其至於顛連失所耳。

近者，民力雖已稍紓，然念分年帶徵銀兩，若不格外優寬，則小民一歲所獲，分納二年之賦，以其贏餘養贍室家，斷難充足。朕每懷及此，軫惻良深。宜更加殊恩，通行豁免。今將直隸、安徽、江蘇、浙江、江西、湖廣、西安、甘肅等八處，帶徵地丁屯衛銀二百三十九萬八千三百八十兩有奇，概免徵收。其漕項雖例不准免，亦著破格施恩，將安徽、江蘇所屬，帶徵漕項銀四十九萬五千一百九十餘兩、米麥豆一十四萬六千六百一十餘石內，蠲免各半。

爾部即行文該督撫，嚴飭所屬，實心奉行，遍加曉諭。俾民間無徵催之累，均沾實惠，用稱朕撫卹群黎至意。儻有不肖有司，借端朦混，私行徵收者，該督撫嚴察參處。如該督撫失察，一併從重處分。

爾部即遵諭行。

特諭。

首卷① 二之二 聖祖仁皇帝御製

南巡筆記

康熙甲子春日，有以時值上元，請行封禪及巡狩燔柴諸典禮者。夫朕涼德菲躬，臨御海宇，邇年以來，水旱兵戈，民亦勞止。雖邀天庇佑，四海蕩平，萬姓樂業，實未有豐功偉烈，足以昭示來兹。何敢效法前人，銘功紀德？至於巡狩，古天子所以周省侯國，使諸侯肆覲明堂，考其政績。今天下之權，統一於内，督撫之賢不肖，朕皆得而知之，又無事於巡狩之名也。

惟是近畿郡邑，屢經巡幸，補助時施。而東南黎民風俗，尚未周知。乃於秋九月，陳請兩宫，暫違定省。

二十八日，出京師。經河間，過德州。閲濟南城，觀趵突泉，題曰「激湍」。百姓遮拜馬首，口户繁盛，比屋可封。昔稱臨淄之間，肩相摩轂相擊者，今尚有遺風焉。

① 「首卷」，《四庫》本作「卷首」。

十一日，至泰山。石徑崚嶒，緩步登陟四十里。御障崖瀑水懸流，五大夫枯松猶在巖畔，或亦後人繼植者。入南天門，捫秦時無字碑。至孔子小天下處，真可收羅宇宙，暢豁襟懷，題「普照乾坤」「雲峰」諸字。宿泰山巔，月色清朗，賦詩遣興。

來日登日觀峰，看扶桑日出，下山祀於嶽廟。嶽爲五方之長，發生萬物，故躬祀之，爲蒼生祈福。

十三日，雨雪，駐蒙陰縣。侍臣云：「明日小雪。」喜其應候。詰朝，雪霽，望蒙山峰頂，半入雲霧，或隱或見。其上石衣，土人攀縋取之，名蒙山頂上茶。嘗考四川雅州有蒙山，五峰極高峻，上産甘露茶。世所傳者，或雅州之蒙山也。渡沂水。取魚既多且鮮，因遣使馳進兩宫，以志思戀之懷。

十八日，發宿遷縣，閱黄河北堤岸一百八十里。頻年水患，工役浩繁，民俗罷敝，不若山左之庶饒。渡河舟行，過清江浦。淮安府商賈往來，舟楫如織。寶應縣、高郵州、邵伯鎮，皆以湖水泛濫，未復故道，居人草屋臨流，牀竈半在水中，朕甚憫焉。

登岸步行十餘里，親察水勢。召集耆老、秀才，細訪其故。皆云：自海口壅塞，水無所歸。二十年來，田畝已成巨浸。賦詩紀事，思所以拯濟之。

廿三日，抵維揚，市肆繁華，園亭相望。遊平山堂、天寧寺，百姓持香夾道，意甚誠敬。

平山堂乃宋臣歐陽修所建。修以文學侍從之臣，出知揚州，爲政之暇，優遊談讌，傳爲佳話。故朕詩有「文章太守心偏憶」之句。

廿四日，將由儀真幸江寧府，忽遇順風，可以速達京口。遂乘沙船，順流而下。波恬浪静，瞬息七十里。沙船，江中戰艦也，自岳州、長沙用兵以來，多得其力。今河海清晏，當時戰具，僅供渡江之用。然安不忘危，朕於此時未嘗不念艱難用武之際。

次早，登金山。孤巒隱岫，屹峙大江中，飛閣流丹，金碧照灼。更有一峰離立，曰善才石，郭璞墓在其西。上有妙高臺、留雲亭、朝陽洞，下有中泠水，稱天下第一泉。朕率扈從諸臣，一一探眺，縱目千里，題「江天一覽」四字，並賦二詩。

竹林禪院在鎮江府城南五里，曲徑逶迤，茂林修竹，高者四五丈，大者圍尺。青葉碧枝，陰森崖谷，實北地之所未有。

晚而登舟揚帆，丹陽縣、常州府、無錫縣，俱未及泊。一晝夜行三百六十餘里，達姑蘇。舟人云，從無如此之速者。

廿七日，由楓橋入閶門，登城閲視。士民觀瞻，莫不抃舞，有獻賦頌者。

是日駐蹕城中。念職事人役，辛勤遠來，遍賞白金，聽其各帶方物，以示體恤。

廿八日，回鑾。過虎（邱）〔丘〕，山不甚高，亭榭欄檻，布滿其上。千人石高下可容千人，傳爲生公講經處，故旁有點頭石。劍池在夾崖中，殊可觀。平遠堂俯瞰虎（邱）〔丘〕之背，田疇林木，望若錯錦。蘇民仍列酒坊茶肆，各安生業，管絃競奏，覺有昇平景象。然徒事紛奢，罔知務本，未若東北風俗之樸實耳。

夜坐舟中，與侍臣高士奇探論古今興廢之跡。或讀《尚書》《左傳》及先秦、兩漢文數篇，或談《周易》，或賦一詩。每至漏下三十刻不倦，日以爲常。蓋詩書意味深長，不似耳目之好，易於煩厭也。

舟過無錫縣，遊錫山，觀惠泉。石甃八角池，水色渟泓，味較玉泉遠不相及，不知前人何以稱之爲第二泉。

二十九日，由丹陽縣陸行。初一日，過句容縣，蜿蜒石堤數十里，抵江寧府。雨花臺在城南，登之，則江山城郭，歷歷可見。報恩寺規制弘莊，寶塔九級，金碧琉璃，盡鏤梵相，結構之巧，殆竭人工。非前代内帑所修，不能至此。

城中闤闠充實，煙火萬家，景物太平。昔稱六朝佳麗，今亦不減大都也。

明日，祭明洪武陵。見其頹廢，敕地方官禁護之。過明故宫，僅存遺趾，不禁慨然，作《過金陵論》，並賦一詩。登觀星臺，望後湖，題「曠觀」二字。

又明日，再遣使進兩宫方物。閱鎮將射於教場，頒賜扈從諸臣幣帛、督撫御衣。

初四日，發江寧府，泊燕子磯。峭壁臨江，亦有勝致。

初十日，閱高家堰堤工，望洪澤湖，汪洋千頃。復由河南岸行一百八十里，過桃源縣。

十一日，渡河至宿遷。

次日，駐蹕萁花鋪。自郯城、沂州，取道東兖，渡沂、濟，祊汶、泗諸水。泗水出陪尾山下泉林寺側，石穴吐水，衆泉俱導，古樹成林。有石碑刻「子在川上處」。然《闕里志》載，孔子觀川亭在尼山宣聖廟側，未知孰是。

十六日，長至節，天氣晴暖，無朔風祁寒，扈從諸人，莫不欣喜。

十七日，過少昊陵、顏子林，駐蹕曲阜縣南。

十八日黎明，祀於闕里，齋心穆穆，若有所見。禮畢，坐詩禮堂，命孔氏子孫講《周易》《大學》，遍觀車服禮器，及漢、唐碑版。檜樹在大成門内，古幹蒼然，苔蘚潤澤，真靈蹟也。敬想至聖道冠百王，前代留金銀器具，皆人力可辦，獨以仗前曲柄龍蓋留廟中。並書「萬世師表」四字，《過闕里詩》《古檜賦》。

出北門，釃酒孔子墓下。伯魚墓在孔子墓東十餘步，子思墓在其前，西有子貢廬墓之所，左有宋真宗駐蹕亭。林中奇樹葱鬱，未可計數。

行三十里，駐蹕兖州府，杜甫所謂「浮雲連海岱，平野入青徐」是也。念周公製禮作樂，道接文武。頃過曲阜，未得躬謁廟庭，特製祭文，遣親藩代祀之。

遂由汶上、東阿、高唐至德州。亟欲定省兩宫，兼程而歸。

是行也，往返數旬，所歷山東、江南諸郡縣，日以周諮民隱、體察吏治爲首務。行道之頃，復得覽其山川，憑弔古蹟。至於地方利弊，則將有以斟酌損益焉。率筆記之，示朕之不徒事遊豫也。

恭侍皇太后駕臨金山記

朕臨馭以來，緬維祖宗付託之重，孜孜圖治，宵旰不遑。兹幸中外清平無事，則裕民肅吏，以登上理，端在斯時。顧朕身居九重，慮周蔀屋閭閻疾苦，容或壅於上聞。又淮、黄濬築務繁，非親行相度，亦無由底績。於是載舉南巡之典，以諮求民瘼。然上念皇太后春秋亦高矣，誠恐違離日久，定省有缺，於心歉然，用是敦請同行。謹擇於今年二月之吉，朕率諸子，捧鑾輿，登仙鷁，發自潞河，一路問安視膳，無間宫闈，朕心少慊。

惟皇太后天性仁慈，軫念民隱尤切。每見田家作苦，則指謂諸子曰：「稼穡艱難如此，汝輩生長深宫，可勿念乎？」諸子悉受教惟謹。即朕日祗聆懿訓，所至布德施惠，惟恐一夫不獲。聖慈每聞之，必爲色喜，顧謂諸子曰：「汝父皇愛民如是，太平可永保矣，老身爲加一飯。」蓋盛德之下逮如此。河工既閲畢，朕將南由吴會歷武林，取道建業以歸。乃復奉慈駕南臨，於四月之望，自瓜步渡江。江中有峰聳峙，曰金山，亦名勝也。山椒庭院清幽，齋堂閎邃，爰掖慈幃於斯駐蹕焉。而是日天氣晴和，江光如鏡，帆檣上下，煙樹氤氳。皇太后隨意矚眺，天懷舒暢。朕率諸子，進蔬茗，獻筍芋，即山櫻沼芡，並荷親嘗，曰：「田間味何可棄也？」蓋皇太后秉躬謙抑，雖瞿曇蘭若，亦施恩禮。又聖澤所加，首先煢獨。諸凡村嫗田婦，罔不携持童穉，環繞翟車，仰瞻宫扇。一時懿綸温慰，賞賚駢蕃。而臣僚命婦之嫻於禮者，亦皆環珮霞帔，伏迎道左，親炙鑾輿，遠近傳爲盛事。山陬海澨，婦孺旌倪，稱兕觥而祝慈壽者，且數千里趾相接也。猗與休哉！

朕觀從古陰教，如省繅觀穫，載在《禮經》。即前代宣宗，亦嘗親奉母幃，巡覽畿甸，賦詩紀事，侈爲美談。朕兹幸際昇平，太和豫順，合億兆之歡心，以隆尊養，亦庶幾以孝治光海宇之意。而皇太后之徽音懿行，可臚彤管爲萬世母儀法者，尤亘古罕覯也。朕謹熏沐拜紀，勒諸貞珉，以垂奕禩云。

金山江天寺碑

大江之中有山，岌峨巀嶪，湧波濤而傑出者，無如金山。山之上高閣飛棟，軒然四列。凡夫日月之蔽虧，風煙之噴薄，帆檣、樓堞，鼂魚之出没隱見於其中者，舉可俯而有也。

夫岷山之源，其始濫觴。及乎建瓴而下，近縈巴、蜀，遠跨荆、揚，數千里而歸墟於大壑，滔滔南紀，昔人目之天塹。當六代時，偏安建業，江之左右，遂爲重鎮。

是山以卷石屹乎中流，引淮泗，苞吴會，可不謂天下之雄觀，形勢之極勝者哉？今四海一家，書同軌合，纖塵不揚，斥堠無警，舟車則萬國霧會，筐篚則九域星馳。是山也，信足以爲登臨之美，蓋異夫昔之憑藉江山以爲險者矣。

朕南巡過此，停憩山寺。撫長江之安流，見水天之相接，曠焉興懷，書「江天一覽」四字，留之寺中。爰命葺而新之，不以勞吾民。事竣請額。其瑰壯巨麗，當益足以增江山之奇矣。因憶舊觀，浩淼澄泓，空闊無際，猶可心會，遂名之曰「江天寺」云。

過金陵論

金陵，《禹貢》揚州之域。秦立郡縣爲秣陵，兩漢因之。孫權時稱建業。東晋及宋、齊、梁、陳，地號佳麗。隋、唐之間，六朝舊跡漸致湮没。南唐李氏始更築城，名金陵府。明有天下，建都於此。竊明太祖之意，以爲宅中圖大，控制四方，千百世無有替也。

歲在甲子，冬十一月，朕省方南來，駐蹕江寧。將登鍾山，酹酒於明太祖之陵。道出故宮，荆榛滿目，昔者鳳闕之巍峨，今則頹垣斷壁矣。昔者玉河之灣環，今則荒溝廢岸矣。路旁老民跽而進曰：「若爲建極殿，若爲乾清宫。」階碩陛級，猶得想見其華構焉。

夫明太祖以布衣起淮、泗之間，經營大業，應天順人，奄有區夏。頃過其城市，閭閻巷陌，未改舊觀。而宫闕無一存者，睹此興懷，能不有「吴宫花草」「晋代衣冠」之歎耶？

昔人論形勢之地，首推燕秦，金陵次之。然金陵雖有長江之險爲天塹，而地脈單弱，無所憑倚。六朝偏安，弗克自振，固歷數之不齊，或亦地勢使然也。

明自文皇靖難之後，嘗以燕京爲行在。宣德末年，遂徙而都之。其時金陵臺殿苑囿之觀，聲名文物之盛，南北並峙，遠勝六朝。迨承平既久，忽於治安。萬（歷）〔曆〕以後，政事漸弛，宦寺朋黨，交相構陷，門户日分，而士氣澆漓。賦斂日繁，而民心涣散。闖賊以烏合之衆，唾手燕京，宗社不守。馬、阮以囂僞之徒，託名恢復，僅快私仇。使有明艱難創造之基業，未三百年而爲（邱）〔丘〕墟，良可悲夫！

孟子曰：「天時不如地利，地利不如人和。」有國家者，知天心之可畏，地利之不足恃。兢兢業業，取前代廢興之蹟，日加儆惕焉，則庶幾矣。

南巡詩　一

晚經淮陰

淮水籠煙夜色横，棲鴉不定樹頭鳴。紅燈十里帆檣滿，風送前舟奏樂聲。

平山堂

宛轉平岡路向西，山堂遺構白雲低。簾前冬暖花仍發，簾①外風高鳥亂啼。仙仗何嘗驚野夢，鳴鑣偶爾過幽棲。文章太守心偏憶，歐陽修自題《平山堂》詞有「文章太守」之句。墨灑龍香壁上題。

① 「簾」，《四庫》本作「檐」。

天寧寺

小艇沿流畫槳輕，鹿園鐘磬有餘清。門前一帶邗溝水，脉脉常含萬古情。

由儀真乘巨艦至京口

長江萬里開鴻濛，高檣巨楫乘艨艟。儀真京口路百里，挂帆瞬息淩長風。汀蘆洲樹看歷歷，波恬浪闊光瀜瀜。湍流直下入滄海，遠源上與岷峨通。山川斷續合雲霧，日月照耀浮虛空。舟行迅速疾飛駛，恍聞擊鼓馮夷宫。柂樓高據極觀眺，奇縱豁達舒心胸。年來江漢罷桴鼓，河海清宴絶戰攻。舳艫閑繫沙岸側，水師捲甲懸長弓。羽葆南巡渡揚子，居安更念艱難功。

金山 並序

金山在大江中，南眺潤州，北臨瓜步。登陟其上，縱目千里，泱泱乎大觀也。朕率扈從諸臣，歷覽諸勝，江山之奇，未有逾於此者。

一覽江天勝，東南勢盡收。帆檣來極浦，臺榭起中流。路出丹崖上，煙同碧漢浮。登臨豁心目，浩蕩俯滄洲。

試中泠泉

緩酌中泠水，曾傳第一泉。如能作霖雨，霑灑遍山川。

妙高臺

臺高絶衆鳥，臨眺暢清襟。渺渺沙洲樹，青青遠岸岑。波濤巖下接，洞壑檻邊深。江水明如鏡，彌徵天地心。

鐵甕城

萬里晴江擁舳艫，城高鐵甕接康衢。遺銘欲探華陽蹟，舊宅難尋海岳圖。半面煙嵐雄北固，一方形勢控東吴。龍舟漫道巡行盛，多恐深居政未敷。

竹林禪院在潤州城南竹徑數里

一徑入深竹，數里來上方。叢生巖磴密，枝拂雲煙長。華旗出林際，芝蓋停三陽。颯颯吹霜風，碧葉紛翱翔。山齋頗幽寂，萬籟含虚光。觸物感予懷，歌彼淇澳章。

夜過丹陽

錦纜徐牽夜未停，遥天煙靄淡疏星。居人兩岸明燈火，早是輕帆過驛亭。

錫山

朝遊惠山寺，閒飲惠山泉。漱石流仍潔，分池溜自圓。松間幽徑闢，巖下小亭懸。聊共群工濯，天真本浩然。

吴　閶

鳴鑾獨上高城望，巷陌遥通水寺斜。土俗惟知鬬歌舞，閭閻不解種桑麻。鳥啼茂苑千年樹，霜冷吴宫十月花。聲教四方猶未訖，願將淳樸變繁華。

虎（邱）〔丘〕

小阜回岡落照紅，長廊曲榭構西東。獨憐劍石潺湲水，霸業銷沉在此中。

句容道上

漸入茅山境，來當農暇時。但看初日上，未覺朔風吹。碧斂寒塘水，紅垂野樹枝。江南經幾郡，民俗欲周知。

雨花臺

何地飛花雨，晴空無片雲。江山恣遐矚，草樹出清芬。城郭參差見，樓臺遠近分。人家百萬户，煙火盡氤氲。

幸報恩寺

鳳刹高懸上界燈，珠缸壁帶一層層。平臨下見諸天小，晴日江山萬里澄。

駐蹕金陵以方物寄獻兩宫

深宫違定省，經月戀晨昏。率土方爲養，蒼生共戴尊。題書千里重，託物寸心存。遣使旌門外，踟蹰望九閽。

金陵舊紫禁城懷古

秣陵舊是圖王地，此日鑾旗列隊過。一代規模成往蹟，六朝興廢逐流波。宮牆斷缺述青瑣，野水灣環剩玉河。治理艱勤重殷鑒，斜陽衰草繫情多。

示江南大小諸吏

東南財賦地，江左人文藪。時巡歷此疆，民事日探剖。風俗貴淳龐，紛奢詎能久？澄清屬大吏，表率群僚首。郡縣布慈和，愷悌歌父母。民者國之本，生計在畎畝。六府既孔修，三事安可後？教化①默轉移，各須盡官守。户使敦詩書，人知崇孝友。庶幾遠邇氓，皞皞登仁壽。誥誡申予懷，斯言慎不負。

①「化」，《四庫》本作「民」。

燕子磯夜泊

巍峨一片江頭石，千載人傳燕子磯。疑有黿鼉藏窟宅，時聞鐘磬出山扉。牙檣緩住寒煙净，羽衛周連夜火圍。沙岸聲聲動行漏，蘆花深處雁鶩飛。

高郵湖見居民田廬多在水中因詢其故惻然念之

淮揚罹水災，流波常浩浩。龍艦偶經過，一望類洲島。田畝盡沉淪，舍廬半傾倒。煢煢赤子民，棲棲卧深潦。對之心惕然，無策施繈褓。夾岸羅黔黎，跽陳進耆老。諮諏不厭煩，利弊細探討。饑寒或有由，良慚奉蒼顥。古人念一夫，何況睹枯槁？凛凛夜不寐，憂勤惄如擣。亟圖濬治功，拯濟須及早。會當復故業，咸令樂懷保。

南巡詩序

朕念切民依，咨詢幽隱。於二十八年春，再舉南巡。爰自畿甸，東臨齊魯，沿泝江惟，達於吴越。

曩者甲子之歲，輿衛所經，瞻顧閭閻，觀省謠俗，惘懷澤國，軫恤群黎，未嘗一日忘於朕心，已嘗形諸篇詠，載前集中。

今茲重歷郡邑，見民物漸殷，生業就理，遠勝曩時，中心慰悅，又不禁吟詠及之。途中停警撤蹕，欲以洞悉輿情。數千里間，百姓歡躍載路，星攢雲集，瞻依愛戴，發於至誠。朕自惟化理，何以克洽民情，益用是欿然也。乃於巡歷所至，沛膏澤，飭官方，戒民俗，修典禮，經武備，覽河防，施諸事矣。又發諸言，或御帳殿，或撫船窗，吟詠所及，性情在焉。

古人云：「詩言志。」凡朕篇章所寓，時以民生風化惓惓爲念。即間於眺覽之際，抒寫景物，指顧山河，要其寄託，則自有在也。因裒而集之，爲《南巡詩》一卷云。

南巡詩　二

再過淮南並序

嚮者巡省江左，道出淮南，軫念窮簷，惘懷澤國。今見居民景象，較前稍豐，良慰朕懷。

前來歷兹境，斯民似未遂。今日再經過，風土覺有異。紈褐既充體，廬舍各完置。擁道歡趨迎，扶老與携穉。咸云獲休息，近免徭役累。水患日就平，田疇可耕植。一飲與一食，莫不歌帝賜。素念切民依，時爲勞瘏痳。大造本無私，湛恩欲廣被。聞言聊自寬，庶慰省方意。

淮城曉霜聞雁

天際晨光水月連，帶霜歸雁向前川。盂城曉發寒仍在，談笑春風雜紫煙。

蠲江南逋賦並序

江南屢年逋賦二百二十餘萬，逐歲帶征，聞吏民頗以爲累。朕志存約己，弘滲衣菲食之風；事期裕民，師挹彼注兹之義。特頒詔令，悉與蠲除。

國家財賦東南重，已責蠲租志念殷。膏澤何妨頻見渥，普天願與樂耕耘。

過維揚并序

南巡以來，減撤儀衛，所歷郡邑，垂髫戴白，聽其趨蹌馬首。有以管籥迎者，輒禁止之。頃過維揚，商民比屋連艘，充盈可喜。但結采張燈，闐溢巷陌。雖邗溝爲東南孔道，歡迎亦兆庶至情。猶恐前途相效，敕地方長吏，諭以省費惜財，並賦此詩。

重過邗溝地，春風細草生。帆檣連賈舶，笙吹滿江城。物力須教惜，民情亦見誠。繁華當淑景，氣象喜充盈。

金山江天寺

獨愛江天寺，停橈上碧峰。波瀾聲浩浩，樓閣勢重重。日暖浮雙樹，風微送午鐘。遥看南北岸，春色濬春①容。

① 「春」，《四庫》本作「春」。

焦　山

焦山何岧嶅，遥與金山峙。草木盡蒙茸，幽偏隔城市。放舟下中流，攀蘿上涯涘。隱士不可招，《鶴銘》洵足紀。棲鶻驚人飛，暮雲千萬里。

駐蹕金山

煙霧空濛水國昏，夜移鳳舸泊山門。然犀欲照黿鼉窟，卧聽濤聲自吐吞。

雨過錫山

輕雲冉冉霧彎環，細雨絲絲冪遠山。畫舫青簾開曉坐，平波漫衍白鷗閒。

虎（邱）〔丘〕望山後

試劍空存石，生公尚有臺。愛看山後景，錯落野田開。

鄧尉山

鄧尉知名久，看梅及早春。豈因耽勝賞，本是重時巡。野靄朝來散，山容雨後新。繽紛開萬樹，相對愜佳辰。

鄧尉小軒望太湖

山軒閒坐倚前楹，萬頃澄湖夕照明。夜久天心初月上，笙簧謖謖奏松聲。

登靈巖

霏微靈雨散春煙，按轡逍遥陟翠巔。香水通流明若箭，琴臺列石勢如拳。諸峰盡在青蘿外，萬井全依采仗前。聞是吴宫花草地，空餘鐘磬梵王筵。

晚過吴江

垂虹蜿蜒跨長波，畫戟牙檣薄暮過。燈火千家明似晝，好風好雨祝時和。

入平望并序

平望爲浙、江界，長吏以畫舫五百來迎，恐勞民力，卻之不御。

錦纜無勞列采艭，輕橈自愛倚船窗。勤民不憚周行遠，早又觀風向浙江。

將遊華山以欲雨未往

欲向青山澗壑行，春雲又變曉陰輕。勾陳不遺驚禪定，恐礙林間碧草生。

雨中幸錫山園林

澹冶青山色，幽探傍曉來。煙籠巖下竹，雨洗石邊苔。斷續聽啼鳥，飄摇惜落梅。胸襟原浩蕩，隨意坐亭臺。

惠　泉

寒雲覆樹昔年經，甲子觀惠泉在十月。再品山泉到此亭。春水一犂農事足，喜看膏雨遍郊坰。

無錫小民以羔羊惠酒争獻御舟笑而遣之

自昔君門隔九閽，如何草野得攀援？多因愛此元元切，忘分公然學負暄。

句容雨望

山行逐高低，四望多松樹。雨裏萬人家，遥看隔雲霧。

巡幸江寧

南省封疆惟此區，江流環繞壯觀模。華旗芝蓋重臨幸，二水三山半畫圖。吏事莫先田野治，民情但願閭閻孚。不知比歲恩波洽，止聽黄童白叟呼。

賜江寧文武將士宴於教場

瑞雲捧日曉初晴，麗景天開羽仗明。扈蹕赳桓多絳灌，分行俊譽盡璁珩。三漿滿浥沾須遍，五載南巡澤再傾。自甲子南巡，今已五載。文穆武恬惭化理，萬方無事宴昇平。

再過明故宫

樓臺金粉已沉銷，不獨詩人説六朝。月落宫垣春寂寂，經過惟歎草蕭蕭。

江寧駐蹕 並序

江寧士民，群詣行在，争獻米穀，兼羅果蔬，涕泣請留，屢諭不止。俯徇億兆之願，勉遲信宿之行。

心勤民隱獨諮諏，不爲江山作勝遊。白下回鑾期已近，黔黎擁道欲何求？多憐野老堆盤獻，勉就輿情兩日留。二十八年宵旰意，豈圖遠邇慕懷柔。

後湖

淼淼長湖水，春來發緑波。飛鳴下鳧雁，朝暮集漁蓑。

登報恩寺浮圖

湧地千尋起，摩霄九級懸。琉璃垂法相，翡翠結香煙。締造人功巧，流傳世代遷。曠然彌遠望，萬象拱諸天。

上巳日再登金山

晴和逢上巳，況在大江濱。正是回鑾日，揮毫記此辰。

長江夜月

萬頃淪漣映，平沙一望收。天光起水色，雲影共波流。隔岸姑蘇遠，臨軒夜月浮。民情咸自得，何必泛龍舟。

曉發維揚順風揚帆午餘已過秦郵

傍曉發蕪城，風帆疾如駛。晚照半平湖，舟行百餘里。

自宿遷解纜一日夜達山東境

千里南程幾日回，輕舟直下泝瀠洄。天風更假帆檣便，一夕山東境上來。

南巡詩序

朕三度南巡，咸因視河，親爲籌畫。遂至江、浙，察吏安民。所歷之地，隨其時宜，廣沛膏澤，拯疾苦焉。

兹行兼奉皇太后鑾輿而南，既可無闕定省之儀，且欲見先帝開基，富有四海，而朕守成教育，率土清寧，無慚付託，以博慈顔之懌悦。然往返遄迅，絶無滯留。百司章奏，三日一送行在，即與剖決。舟行多暇，仍覽書史，日操觚翰，偶寄吟篇。莫非記采風俗，時存懷保競業之意。後之人讀朕前後南巡諸詩，知朕心之有在云爾。

南巡詩　三

入江南境①

行盡兖東程，乍入江南路。水潦切痌瘝，深心察其故。

經邳徐界上

泗水通淮澤，坡陀認馬陵。經過懷十載，户口幾新增。

① 「境」，《四庫》本無此字。

雨

雲氣未肯開，綿密清明雨。繫纜古河湄，爲念夫徒苦。

閱河

淮黄疏濬費經營，跋涉三來不憚行。幾處隄防親指畫，佇期耕稼樂功成。

渡揚子江

曉霧風初豁，揚帆縱采舟。危峰真屹立，漩水急洄流。碧轉沿江柳，沙平遠嶼洲。十年巡再至，騁目睇神(邱)〔丘〕。

金山寺月夜

江山春物已雍和，萬里晴光月倍多。重倚高樓觀海闊，浩然心境更如何。

巡歷江南示意

財賦稱兹地，時巡復此經。春膏宜豆麥，煙景遍林亭。靡麗風應换，敦厖訓屢形。施恩頻已責，聊爾翠華停。

虎（邱）〔丘〕

隨風畫檝到山塘，水市陰籠草木香。石不點頭誰説法，惟存澗響雜笙簧。

示江南浙江守土諸臣

宇宙方清寧，吏治尚端廉。農使樂耕鑿，民使適里閭。大寮總其要，小吏毋苛纖。紀綱不可弛，隨時酌寬嚴。爲上能自愛，群屬必畏鉗。訟惟善得情，操守時警砭。勿恃才妄作，勿以媚自恢。務令比户豐，膏澤遠近霑。朱轓與彤騶，萬姓所具瞻。臧否道有碑，防口難可箝。不見廣廈材，聳幹從幽潛。不見沖霄鶴，飲啄本静恬。告誡示勉勖，保護兹庶黔。

花　山

警蹕來初地，青山鳥道深。風生松澗合，雲暗石苔侵。静晝飛閒蝶，餘春噪晚禽。空留支遁跡，物外託宸襟。

支硎山

龍池東北古支硎，石室寒泉句可聽。支遁詩云：石室可蔽身，寒泉濯温手。想得雨餘懸瀑布，飛流界破數峰青。

回鑾復過惠山

是誰妙筆點巒容，蘊藉迎人四五峰。堪挹山泉烹雀蕊，併添新黛入甌濃。

舟行野望

惠風萬頃下芳畦，遠水拖煙曉狀迷。河上草新纔覆地，林間花墮半沾泥。翩翾弱燕穿船入，宛轉芳鶯隔樹啼。若問撫闌端坐意，默思豐裕洽群黎。

駐蹕江寧偶述

雲覆輕陰雨净塵，南巡又隔十經春。山河舊數陪京重，士庶今看沐化淳。古巷烏衣人已换，芳洲白鷺跡成陳。元元億萬咸安樂，教養休和屬大鈞。

修報恩寺塔初畢登之

塔勢摇晨旭，憑陵上九霄。琉璃莊净域，金碧起香寮。地俯三山近，江環匹練遥。隔窗雲霧起，户户瑞煙飄。

過明太祖陵有感

拔起英雄草昧間，煌煌大業豈能删？玉魚金盌雖如故，煙霧低迷獨愴顔。

月夜登燕子磯

石勢疑飛動，江濤足下看。天空來皎月，風定斂奔湍。緑樹燈光亂，蒼厓夏夜寒。經過睹形勝，往往駐鳴鑾。

江　行

風帆來往亂江流，樓艫縱横拍浪浮。只在艄工持柁穩，曾將爲政喻操舟。

金山雨望

煙樹重重兩岸間，流雲著水水漫漫。江煙江樹無窮盡，不讓蓬瀛島上山。

山中晚霽

返照開澄景，餘霞作綺流。夜深明月出，隔岸見蘆洲。

中泠泉

静飲中泠水，清寒味日新。頓令超象外，爽豁有天真。

望焦山念已巳曾登其上

大江日夜波汪洋，金山焦山兩相望。金山樓閣蕩丹碧，焦山竹樹多鬱蒼。境深流廣人罕至，往年曾一登其岡。頃者放舟仍北渡，壯哉滉瀁雲低昂。青巖翠壁幽且蒨，圖經名著傳焦光。何時瘞鶴在山足，遺銘剥蝕存華陽。山下有《瘞鶴銘》，爲華陽真逸撰，止存六十餘字。葭洲白鳥忽飛出，江花冥冥江草芳。是日雨餘氣清淑，夏首晴晝欣舒長。倚艦四顧暢襟抱，好風豁達來天閶。

念淮揚居民特留漕糧二十萬以濟之回鑾之日復諄諭所司使布實惠

廣厦豈不樂，何事駕飛艫？意惟悉民隱，遑問歷道途。淮揚皆巨郡，地本號饒腴。居人百萬家，土狹濱衆湖。禾麥苟不登，老幼日待餔。恩意宜渥沛，拯濟留天儲。實惠布州邑，遠邇均有無。諄諭嚴再三，毋徒飽吏胥。茅屋有起色，比户充黍稌。願兹瘠壤農，皡皡躋唐虞。

泛洪澤湖偶詠

積水空明浸太虛，輕舠閒泛進徐徐。菰蘆絶岸柴門小，終歲生涯業捕魚。

渡河北歸

三吴問俗罷，旋蹕渡洪流。微日籠華蓋，輕飆送御舟。水能安泛濫，堤遣護田疇。自此民休息，紓予南顧憂。

宿遷

行過江南水與山，柳舒花放鳥緡蠻。明朝重至邳徐①路，鳳闕龍樓計日還。

① 「徐」，《四庫》本作「州」。

賜總河靳輔

防河紓旰食，六御出深宫。緩轡求民隱，臨流歎俗窮。何年樂稼穡，此日是疏通。已著勤勞意，安瀾早奏功。

高旻寺碑記

茱萸灣者，乃維揚俗稱寶塔灣也。居三岔河之中，南眺金、焦諸峰，北枕蜀岡之麓，足爲淮南勝地。凡上江由儀真，下江由瓜步至此，皆會歸運河而北上也。

朕比歲以來，躬臨河干，諮詢經畫者屢矣。每抵一處，未嘗不懷保編氓，施惠工商。故兩淮鹽課，永減額徵，停輸羸羨。又聞往來迎送，費用私派者甚鉅，特頒嚴旨，盡爲禁止。從此商、民得以安席，漸皆獲所，則朕之巡幸者，少有益乎！

朕三十八年奉皇太后鑾輿偕行，晨昏侍養。視河既畢，勉從輿請，濟江而南，周覽吴會民生風俗。見茱萸灣塔歲久寖圮，朕欲頒内帑，略加修葺，爲皇太后祝釐。而衆商以被澤優渥，不待期會，踴躍赴功，庀材協力，唯恐或後。不日告竣，舊剎式廓鼎新，莊嚴弘敞。兼以翬飛傑閣，憑高四眺，臨大江，通南北，因書額賜之，曰「高旻寺」，勒文於石，垂示久遠。

惟是雨暘應時，河海清晏，舉一世共臻于仁壽之域，斯四十餘年宵旰勤民之念所厚期也。即此塔工藏事，具見群情愛戴之誼，出於至誠。是亦有不可泯者，爰爲書之，以志始末云。

康熙四十三年秋九月重陽日書。

操舟說

器之利用而致遠者，陸行莫如車，水行莫如舟。舟之爲用也，逸於車，而險或過之。若享其逸而不入於險，則恃乎操舟者之有其道也。

當夫水石擊撞，波濤怒飛，迴飆如鶩，驟合若離，此非其巧之爲乎？至於浮滄溟，駕虞淵，歷艨艟如衽席，泛浩瀚以洄沿，此非其習之然乎？若或淩萬頃之中流，驚颾風之四集，檣楫攲傾，徒侶失色，巧者不及施，習者不及試。斯時也，惴惴然有胥溺之憂。自非備之以至豫，而持之以至慎，殆鮮克濟事焉。蓋其所爲巧與習者，藝也。而其所爲豫且慎者，道也。《易》曰：「濡有衣袽，終日戒。」《詩》曰：「紼纚維之。」言其豫也，言其慎也。

朕南巡江淮間，見操舟者苟備之豫，而持之慎矣，雖大舟，罔弗如其意之所欲爲焉。苟備之不豫，而持之不慎，舟雖小，亦不能勝任而愉快也。

夫舟，一器。操舟，一藝耳。猶必有道，持之以不至於敗，況居天下之大器者哉？揚子有言：「乘國者，其如乘航乎？航安，則民安矣。」此物此志也。

河臣箴

自古水患，惟河爲大，治之有方，民乃無害。禹疏而九，平成攸賴。降及漢、唐，決復未艾。漸徙而南。宋、元滋溢。今河昔河，議不可一。昔止河防，今兼漕法。既弭其患，復資其力。矧此一方，耕鑾失職。澤國波臣，恫瘝已極。肩兹鉅任，曷容怠佚？

毋俾金隄潰於蟻穴，毋使田廬淪爲蛟窟。毋徒糜國帑，而勢難終日。毋虚勞畚築，而功鮮覈實。務圖先事盡利導策，莫悔後時飾補苴術。勿即私而背公，勿辭勞而就逸。惟潔清以自持，兼集思而廣益。則患無不除，績可光册。示我河臣，敬哉以勗。

漕臣箴

國家定鼎，會極幽冀。歲漕東南，積偫惟備。舳艫銜尾，數百萬計。轉輪有程，貴以時至。專設重臣，式董厥事。我徒我旅，亦云孔勩。

尚其寬恤，厚彼糗粻。尚其撫綏，摩彼痾痒。毋借空名，耗閶左藏。毋踵陋習，損經制常。爾克持廉，則吏罔弗臧。吏克守法，則軍罔弗康。軍既樂康，競輓以將。

孰困而逋，孰盜其糧？官苟剥之，用飽己囊。下復效之，鼠雀曷防？濡滯河干，如稻集蝗。總計而論，蝕我太倉。國儲民食，毋乃兩傷？爾膺斯任，莫忝王章！

提鎮箴

武臣之職，建威銷萌。星羅棋布，以壯干城。韜鈐宜裕，紀律宜明。拊循宜至，訓練宜精。計安黎庶，爰設五兵。《易》言畜衆，《詩》詠求寧。閭閻參伍，勿擾吾氓。山無伏莽，海絶長鯨。民恬耕鑿，惟爾之能。饋餉時給，毋致呼庚。爾能廉潔，衆以飽騰。投醪飲河，古史所稱。惠逮卒伍，忠愛乃生。如捍頭目，如衛父兄。群心從違，視爾攸行。文武輯睦，毋相抗衡。軍民調劑，務持其平。朕親簡閲，黜陟有程。下逮偏裨，選授匪輕。才勇必録，窳隋必懲。矧爾大帥，節鉞是膺。宜體朕意，勉竭股肱！

首卷[1]　三之一　世宗憲皇帝詔諭

康熙六十一年十一月，奉天承運，皇帝詔曰：

惟我國家受天綏祐[2]，太祖、太宗肇造區夏，世祖章皇帝統一疆隅。我皇考大行皇帝，臨御六十一年，德茂功高，文經武緯，海宇寧謐，歷數悠長。不謂謝棄臣民，遽升龍馭。親授神器，屬於藐躬。

朕皇考大行皇帝德妃之子，昔皇二子，弱齡建立，深爲聖慈鍾愛，寢處時依，恩勤倍篤。不幸中年神志昏憒，病類風狂。皇考念宗社重任，付託爲艱，不得已再行廢斥。待至十有餘年，沉疾如故，痊可無期。是以皇考升遐之日，詔朕纘承大統。朕之昆弟子侄甚多，惟思一體相關，敦

① 「首卷」，《四庫》本作「卷首」。
② 「祐」，《四庫》本作「祜」。

睦罔替，共享昇平之福，永圖磐石之安。

孔子曰：「三年無改於父之道。」我皇考臨御以來，良法美政，萬世昭垂。朕當永遵成憲，不敢少有更張，何止三年無改？至於皇考知人善任，至明至當。內外諸大臣，朕方亟資翊贊，以期終始保全，務宜竭盡公忠，恪守廉節，俾朕得以加恩故舊，克成孝思。倘或不守官箴，自干國紀，既負皇考簡拔委任之恩，又負朕篤愛大臣之誼。部院屬吏，直省有司，亦宜實心任事，潔己奉公，不得推諉上官，自曠厥職。

天下百姓，受皇考恩澤日久，蠲賑頻施，勸懲備至。間有愚氓，甘犯律令，皇考每遇讞決，必加詳審，爰書累牘，披閱靡遺，少有可生之路，立施法外之仁。凡我百姓，各宜孝親敬長，畏罪懷刑，以副朕仰法皇考如天好生之意。

茲因諸王、貝勒、大臣，文武官員人等，僉謂天位不可久虛，宗社允宜早主，再三陳請。朕勉徇輿情，暫抑悲痛，於是月二十日，祇告天地、宗廟、社稷，即皇帝位。以明年爲雍正元年。仰惟先志之宜承，深望皇圖之永固。誕昭新化，期衍舊恩。

於戲！追慕前徽，繼述無忘於夙夜；廣推聖澤，恩膏願被於寰區。凡爾親賢、文武，其共矢藎誠，各輸心膂，用紹無疆之業，永垂有道之庥。布告天下，咸使聞知。

雍正元年三月二十五日，江蘇巡撫奏請寬免蘆課等項銀兩。奉上諭：

江蘇等屬民欠地丁等項銀一百三十一萬餘兩，内蘆課等項銀九萬八百兩零，雖非恩詔内應行豁免之項，但此事歷年最久，倘行催徵，窮民必致受累。著一併豁免。

雍正元年七月二十八日，户部以蠲免項内蘇、太屬下衛所，舊欠屯折等項錢糧請旨，奉上諭：

未完屯折銀二萬四百九十餘兩，内存留俸工銀一千二百九十餘兩，雖不應豁免，但此事歷年已久，該撫既稱實係拖欠在軍，著一併豁免。

雍正元年八月十二日，諭兩江總督查弼納、江南提督高其位、署江蘇巡撫何天培、浙江巡撫李馥：

太湖三萬六千頃，連跨數郡。地勢既廣，支流復多，爲盜賊出没之所。平時既易藏奸，巡捕又難著力，故蘇、常盜案多於他省。良善被擾，官吏處分，皆因太湖爲之巢穴也。爾等均有統轄之責，可公同確議，遴選賢員，清查嚴緝。俾匪類就擒，餘當解散。日後作何稽察防范之法，不使宵小復萌，地方長享寧静之福，以副朕禁盜安民之意。

雍正元年九月十六日，户部將江蘇所屬蘇、太等衛，舊欠項下不應蠲免銀兩請旨，奉上諭：

此民屯地丁等銀三百五萬九千餘兩，内地租等項銀六千八百七十餘兩，雖不應豁免，但此事歷年已久，實欠在民，著一併豁免。

雍正元年十月二十六日，諭户部：

朕自御極以來，宵衣旰食，無日不以民依爲念。督撫以下，守令以上，凡有地方之責者，均宜公忠體國，仰副朕心。

今年夏月，朕以北省二麥歉收，差員到南省於秋成後采買米石，以備賑貸平糶。朕意切於爲民，正欲酌盈劑虚，以羡補不足也。又恐有不便於民之處，於差員臨行之時，再三申諭：地方米多，方可采買，不必定要買足。今聞各省地方官，因欽差買米，禁止商販，不許出境。大負朕痌瘝一體之意，甚屬不合。況浙江及江南蘇、松等府，地窄人稠，即豐收之年，亦皆仰食於湖廣、江西等處。今秋成歉收，若商販不通，必致米價騰貴。該部速即行文各省總督、巡撫，凡有米商出境，任便放行。使湖廣、江西、安慶等處米船，直到蘇州，蘇州米船直到浙江，毋得阻撓。庶幾有無流通，民皆足食，以副朕愛養元元之意。

雍正二年四月初九日，諭江南總督查弼納、漕運總督張大有、署理江蘇巡撫何天培：

朕惟漕運所經河道，固以通國庾之輓輸，亦以便商民之利涉。旗丁與商民，自應一視同仁，無容偏護而偏累也。

去年因秋冬雨少，河流淤淺。而旗丁人等，不顧漕運維艱，任意攬載客貨，致船重難行。聞今春丹陽、常州等處地方及沿途遇淺，概拏商船起剥，且借名需索，貪暴公行。得賄者，雖空船亦行釋放；不遂其欲者，勒令當差。有將貨物、行李拋棄河干，紛紛露積，或爲風雨所損傷，或爲盗賊所窺伺。該管漕運文武官弁，漫無約束，毫不經心。小民營販資生，何以堪此擾害？

爾等係地方大吏，皆當實心體恤，稽察周詳。奉諭之後，或再有起剥之事，當各嚴飭所屬官弁，申明約束，不得仍蹈前轍。並出示遍諭軍民人等，使知朕一體軫恤之至意。

至張大有身任總漕，糧艘往來，乃其專責。尤宜整肅綱紀，釐奸去弊，嚴明馭下，毋使玩法犯科。乃往往固執己見，袒護下屬，任其沿河盗賣漕糧。兼倚勢藐法，貽累地方，甚屬不合。今除已往不深究外，嗣後若仍不加意約束屬員，有心縱容，及失於覺察，再經朕訪聞，定行嚴加議處。其欽承毋忽！

雍正二年六月初七日，户部奏江寧、安徽、福建、陝西四省未完民欠，與恩詔年久應免之條相符者，候旨豁免。奉上諭：

此事部議自康熙十八年至四十五年止，舊欠銀米等項豁免。著將五十年以前舊欠銀米等項，俱察明豁免議奏。

雍正二年八月二十四日，諭户部：

前因江、浙督撫等摺奏，七月十八、十九等日，驟雨大風，海潮泛溢，衝決堤岸，沿海州縣近海村莊，居民田廬多被漂没，朕即密諭速行具本奏聞賑卹。但思被災小民，望賑孔迫。若待奏請，方行賑卹，致時日耽延，災民不能即沾實惠，朕心深爲憫惻。著該督撫委遣大員，踏勘被災小民，即動倉庫錢糧，速行賑濟，務使災黎不致失所。其應免錢糧田畝，即詳細察明請蠲。凡海潮未至之村莊，不得混行濫冒。至於緊要堤岸衝決之處，務須速行修築，無使鹹水流入田畝。

朕念切痌瘝，務令早沾實惠。該地方官，各宜實心奉行，加意撫綏。俾凋瘵得蘇，生全速遂，以副朕勤恤民隱至意。爾部即行文各該督撫，遵奉速行。

雍正二年九月二十一日，諭江南、浙江總督、巡撫等：

今歲七月中，颶風、海潮泛溢，江南、浙江沿海州縣、衛所堤岸，多被衝塌，居民田廬漂没。朕軫念深切，已降諭旨，令江浙地方官亟行賑濟撫綏，毋使災黎失所。今被衝海塘，若不及時修築，恐鹹水灌入内河，有礙耕種。爾督撫等，著即查明各處損壞塘工，料估價值，動正項錢糧，作速興工。至沿海失業居民，度日艱難，藉此傭役，俾日得工價，以資餬口。是拯救窮民之法，即寓其中矣。將此再行飭諭，務期實心遵旨速行，以副朕憂恤元元至意。倘有不肖地方官，扣尅工銀，及怠緩不力者，該督撫嚴查，即行題參，從重治罪。

雍正二年九月二十一日，河道總督齊蘇勒、副總督嵇曾筠，各奏報黄、淮秋汛情形。奉上諭：

據奏黄、淮二水，經過秋汛，工程平穩，知道了。齊蘇勒自補授總河以來，實心效力。與嵇曾筠各率屬員，將各處堤工，搶修保固。雖河水泛漲，堤工俱各無虞，甚屬可嘉。齊蘇勒著給與世襲拜他喇布勒哈番，嵇曾筠著加三級。齊蘇勒會同嵇曾筠，將河工實在效力行走勤勞顯著之員，察明造册，送部議叙。

雍正二年九月二十二日，諭湖廣總督楊宗仁、江西巡撫裴𰢛度、河南巡撫田文鏡、山東巡撫陳世倌、安徽巡撫李成龍：

今歲各省秋成大有，惟浙江、江南沿海地方，七月十八九等日海潮泛溢，近海田禾不無損壞。朕軫念災黎，惟恐失所，業經嚴飭各省督撫，發倉賑濟，多方撫卹。但蘇、松、杭、嘉等府，人稠地狹，向來出米無多，雖豐年亦仰給於湖廣、江西及就近鄰省。今沿海被災，恐將來米價騰貴，小民艱食。湖廣、江西地居上流，河南、山東二省接壤江南，今歲俱各豐收。安徽寧、太等府屬，亦俱收成豐稔。著動湖廣司庫銀買米十萬石，江西司庫銀買米六萬石，運交浙江巡撫平糶。動河南司庫銀買米四萬石，山東司庫銀買米六萬石，安慶司庫銀買米五萬石，運交蘇州巡撫平糶。俱著速即辦理，選委廉幹賢員，陸續運送平糶。銀兩仍移還補庫。

其米應於何地交卸，湖廣、江西督撫即咨會浙江巡撫，河南、山東、安徽巡撫，即咨會蘇州巡撫，酌議速行。務於蘇、松、杭、嘉四府民人有益，毋得怠緩遲誤。

雍正二年十月初四日，禮部議覆條奏：江、海等神，應加封字號，遣官致祭。奉上諭：

致祭禮儀，宜極加虔敬。其應封字號，著敬慎選擬。仍行文直隸、山東、江南、浙江、福建、廣東督撫，每省各查一江海大神廟，將修理之處具奏。

雍正二年十月二十日，兩淮巡鹽御史奏報，海潮衝決。奉上諭：

據奏：七月内，海潮衝決范隄，沿海二十九場溺死竈丁男婦四萬九千餘名口，鹽地草蕩，盡被漂没。朕心憫惻，如同執熱。著即動鹽課銀三萬兩，委員分路賑恤，務使得所。不必該御史捐補。其未完折價錢糧四萬餘兩，悉行蠲免，毋得仍稱帶徵名色，致累現在窮丁。該部遵旨速行。

至淮商運行鹽觔，恐竈丁一時未能煎辦，應作何接濟民食，該部作速確議具奏。

雍正二年十月二十五日，諭江、浙兩省督撫、提鎮：

江、浙兩省沿海地方，於七月十八、十九兩日，皆被潮水，漂没居民廬舍。雖經頒旨，加意賑恤，然朕憫惻之念，至今尚未能釋，惟有朝夕警惕，以答天意。

但海爲衆水所歸，無不容納。今乃狂潮泛溢，水不循軌，或者海洋潛藏匪類，亦未可定。稽諸前事，往往有之。沿海各省督、撫、(隄)〔提〕、鎮，務須實心愛養小民，整理營伍。俾閭閻各安其業，汛防有備無虞。毋令海洋別生事端，庶不負朕委任之意。

雍正二年十二月初四日，諭吏部尚書朱軾：

浙江沿海塘工，最爲緊要。署巡撫石文焯前奏，必須通用石塊修築，後又奏稱不必用石，全無定見，誠恐貽誤塘工。朕已諭令法海、佟吉圖，作速詳議具奏矣。但恐法海等初任，不諳地方情形。爾曾爲浙江巡撫，必知海塘緣由。著馳驛前往浙江，將作何修築之處，會同法海、佟吉圖，詳查定議，交與法海等修築。爾即回京。

朕思海塘關係民生，必須一勞永逸，務要工程堅固，不可吝惜錢糧。江南海塘，亦爲緊要。爾浙江事竣，即至蘇州，會同何天培、鄂爾泰，將查勘蘇、松塘工如何修築之處，亦定議具奏。

雍正三年三月十九日，管理户部事務怡親王，奏請酌減蘇、松浮糧。奉上諭：

覽管理户部事務怡親王所奏，具見勤求民隱，爲國推恩之意，正應户部辦理之事。

蘇、松之浮糧，當日部臣從未陳奏，常廑皇考聖懷，屢頒諭旨。本欲施恩裁減，乃彼時大臣以舊額相沿已久，國課所關綦重，恐損上益下，非理財之道，數以不應裁減，固執覆奏。凡國家大事，因革損益，必君臣計議畫一，始可舉行。若皇考違衆獨斷，既非詢謀僉同之義，且恐一時減免，倘後來國用不足，又開議論之端，是以從衆議而中止。然聖慈軫念蘇、松，誕敷渥澤，屢蠲舊欠，以紓民力。其數較他處爲多，是亦與裁減正額無異也。

今怡親王等，悉心籌畫，斟酌奏請，甚爲可嘉。朕仰體皇考愛民寬賦之盛心，准將蘇州府正額銀蠲免三十萬兩，松江府正額銀蠲免十五萬兩。

《論語》曰：「百姓足，君孰與不足？」《周易》曰：「損上益下，民悦無疆。」朕但願百姓之足，時存益下之懷。用是特沛恩膏，著爲定例，俾黎民輕其賦税，官吏易於催科。可飭令該地方知之。

雍正三年五月十六日，奉上諭：

朕軫念民生，蠲租賜復，不過行吾心之所安，使斯民共沾實惠，並無一毫市恩之念，欲以崇尚虚名也。前蠲免江南蘇、松兩府浮糧，彼處士民感激朕恩，爲朕祈福，聞有誦經立碑、蓋造龍亭、聚會演戲者，雖或出於愛戴之誠，然實非矢報君親之理。

朕所望於天下者，祗欲各安職業，端本務實，以生以養。庶幾家給人足，共享昇平，仰報我皇考之付託耳。以云祈報，莫大於此。

至於誦經、禮懺諸事，皆爲粉飾虛文。即謂頌禱致虔，亦於朕躬毫無所益。且聚衆演戲，蓋造碑亭，非徒糜費金錢，兼恐有不肖官吏及里胥人等，借名私派，乾没肥己，貽累小民，俱未可定。此等陋俗，聖祖仁皇帝久已洞悉，屢曾降諭旨禁止。及朕臨御以來，曉諭天下人民，務本重農，力行節儉。而聚衆演戲諸事，更屬奢靡浪費。

蘇、松士民，習於華侈。今又爲此虛文，以祈朕福，甚非朕意，朕實惡之。著該督撫嚴行禁飭，其碑亭建造之處，概行停止。仍遍諭士民，各歸本業，以副朕懷。嗣後仍有此等浮華之舉，朕必嚴懲以法。

雍正三年五月十七日，諭户部：

去歲江、浙海潮衝溢，沿海場竈淹没之處甚多。兩淮鹽政所屬地方，經噶爾泰奏聞，朕即發帑賑恤。並將雍正元年、二年竈户未完折價銀四萬餘兩，悉行蠲免。其兩浙鹽政所屬地方，該巡鹽並未將被災之處題報。今謝賜履摺奏，去秋海濤飄決情形，兩浙與兩淮無異。朕一視同仁，務使率土均霑膏澤。著將華亭、婁縣、上海、海寧、餘姚、蕭山、慈谿等縣，雍正元年、二年未完場課銀兩，悉行蠲免。該鹽政通行曉諭，俾各場丁户，人人得霑實惠。將已、未完場課數目，確查報部。

倘有不肖有司，將已完作欠，或借端朦混，私行重徵者，即指名題參。若通同隱匿，後經察出，將該鹽政一併從重治罪。該地方督撫，仍嚴加稽察，毋使吏胥中飽，以副朕勤恤窮丁、普濟同仁之至意。

爾部即遵諭行。

雍正四年正月十二日，奉上諭：

據兩淮巡鹽御史噶爾泰奏稱：衆商感戴保育生全、賑卹蠲免之恩，今鹽豐課裕，商業已隆，情願公捐銀二十四萬兩，備交運庫，又伊自己名下有應得銀八萬兩，亦願報部撥解。等語。從前兩淮鹽課，虧欠甚多。自噶爾泰辦理以來，歷年商欠正項贏餘，俱一一完納。恤商裕課，鹽政肅清，甚屬可嘉。

朕前曾降諭旨，令江南督撫酌議積穀，以爲備用。今衆商公捐，及噶爾泰奏請解部之項，共計三十二萬兩。著將二萬兩賞給噶爾泰，其三十萬兩，可即爲江南買貯米穀、蓋造倉廒之用。所蓋倉廒，賜名鹽義倉，即著噶爾泰交與商人經理。如此則於地方積貯，甚爲有益，而衆商急公之項，亦得實濟。著議政大臣、大學士、九卿詳議具奏。

噶爾泰，著該部從優議叙。其急公衆商，行令噶爾泰分别造册報部，亦著議叙，以示鼓勵。

雍正四年二月二十九日，諭江蘇巡撫：

朕每見蘇、松漕米虧空案内，一經承名下，侵蝕至二三千石。訪問其故，知糧重倉多之處，州縣官不能兼顧，聞點派收書經管收納。所收民糧，除丁兑外，原有斛面餘米，存留在倉。遂有糧户，將應上米石，私相折銀，收書將餘米劃算。追收折既多，倉内餘米不足以補，而所收米價又已隨手花費，以致虧空漕項。此不可不嚴立條禁也。

嗣後收書有侵蝕漕米者，該州縣詳參。後審究確實，按其米數，即照監收自盗律治罪爲當。並將簽派收書之員，題參議處。其侵蝕米石，查明私折之糧户，著於各糧户名下追補，庶可懲滑吏而警愚民。爾可議奏。

至各州縣所收倉糧，丁兑之外，倘有赢餘，令該州縣報明，存貯公所，爲修理常平倉厫之用。再有餘剩，歸入常平倉，以佐賑濟。

該撫嚴飭蘇、松二府各州縣，實心奉行。倘有借餘米名色，加收斛面，遺累小民者，定行從重治罪，決不少貸。

特諭。

雍正四年十二月初十日，奉上諭：

今歲江南地方秋雨稍多，其江、安所屬被水之州縣，已令該督撫轉飭有司，確查賑恤，務使小民得所。但聞入冬以後，時有陰雨，積水未消，春麥未能及時耕種，恐交春米價漸昂。而青黄不接之時，更須預爲籌及。況蘇、松户口繁多，民間食米多取給於外販，尤當早爲留意。

查江安糧道有存貯還漕一項，約計二萬八千餘石。安慶、廬州、鳳陽、淮安四府，各有分貯留漕之項，共計九萬餘石。此米原爲地方備用而設，但恐年月已久，未必實貯在倉。應差京官一員，前往確查。並會同江南督撫，作何分别留運平糶之法，以濟民食。但江南地廣人稠，恐需米之處，此數未必敷用。必設法多貯，方覺寬裕。其應作何采買，送運備用之處，著九卿速議具奏。

雍正四年十二月二十一日，諭户部：

江南地方今歲秋冬雨水稍多，低洼之處未免減收。目前米價雖平，恐明歲青黄不接之時，價值不免昂貴。朕心軫念，預爲籌畫。已特遣專官，將從前截留漕①米，一一清查，會同該督撫商酌，以濟地方之用。又令該督撫動用正項錢糧，委員於鄰省采買米穀，以備積貯平糶之需。

朕思蘇、松、常、鎮四府，地廣人稠，需米甚多。而四府所屬漕兑，共一百四十餘萬石，居七省漕糧三分之一。今州縣既有被水之區，恐小民輸納匪易。著將成災五分以上之地畝應出漕米，緩徵一半，約計將及二十萬石。俾閭閻既寬正額之輸將，而地方又有多餘之米粟，則編户窮黎，當不慮其乏食矣。其緩徵一半漕米，著於雍正五年秋收後，帶徵完納。其不成災之地畝，仍照額徵之數，准其紅白兼收。著將此速諭該督撫遵行。

雍正五年正月二十八日，奉上諭地方水利。恭紀《河渠志》。

雍正五年二月初六日，諭兵部：

水師甚屬緊要。現今天津設立水師，滿洲官兵操練學習。其江寧駐防滿洲官兵，亦應照天津水師之例，設立水師，令其操練。鎮江水師現有船隻，將此船内酌量撥給江寧將軍，令其學習操練。至如何操練，應撥給船隻若干，或船隻不敷，作何添造之處，爾部一併定議具奏。

① 「漕」，《四庫》本作「之」。

雍正五年六月初二日，江蘇巡撫陳時夏奏報：婁江水利工程告竣，士民請建萬壽碑亭。奉上諭：

朕以實心，舉行實政，全不好尚虛文。如士民感恩建碑之事，屢降諭旨，嚴行禁止。今因江南婁江水利工程告竣，士民具呈謝恩，内有願鎸萬壽碑之語。而巡撫陳時夏代爲具題，貼黄内並未將建碑字樣叙入，明係欲從民請。故本章内有意含糊，甚屬不合，可速止之。

雍正五年九月十二日，奉上諭：

朕因直隸、湖廣州縣，數處近江臨河，平時易於被水者，今歲又經滂溢。故降特旨，將錢糧全行蠲免。此乃軫念水鄉之民，施恩格外。而他處聞知，遂生冀倖之意。如固原地方，六月偶遇冰雹，而鍾保遂張大其事，揑詞具奏。續據路振揚摺奏前來，始知暫時驟雨，帶有冰雹，夏苗並未傷損，秋禾發生茂盛。今覽鍾保本章，亦自稱勘不成災。似此虛假，衆所共見。

朕因人情如此，是以聞江南、浙江近水之地，亦有數處被水，未曾加以格外之恩。然軫念窮民，朕懷殷切。著江南總督范時繹，動用庫銀二萬兩，於上、下兩江應用之處散賑。著浙江巡撫李衛，動用庫銀一萬兩，於應用之處散賑。務選賢員辦理，令窮民均沾實惠。儻有餘剩銀兩，著該督撫奏聞。

雍正五年九月十六日，雲貴總督鄂爾泰條奏江南三江水利事宜。奉上諭：

覽鄂爾泰所奏，江南水道事宜甚屬周詳。但摺内有「越職陳奏」字樣，凡内外大臣，越職辦事固爲不可。至若有關於國計民生者，雖非已身職任之事，既有見聞，即當據實入告，方合公忠體國之義。此乃盡職，非越職也。如孔毓珣經過鳳陽地方，即以水利情形奏聞，朕甚嘉之。鄂爾泰所奏，著發與范時繹、陳時夏、齊蘇勒、陳世倌、鄂禮，就近詳加相度，悉心妥議具奏。

雍正五年十一月初十日，奉上諭：

自古治水之法，惟在順其自然之勢而利導之。蓋水之爲害者，大抵由於故道湮塞，使水不得徑直暢流，以致泛濫而爲患。但恐徑直之路湮塞年久，或民間既已蓋造室廬，開墾田畝，或且安葬墳墓。人情各顧其私，不知遠大之計。今見欲於此地開濬河道，則因循規避，百計阻撓。而司其事者，未免惑於浮議，遂致遷就紆回，别開溝洫。苟且從事，而不能成一勞永逸之舉。此治水之通弊也。

昨岳鍾琪奏稱：陝西現在興修漢渠，以濟民田。亦以開濬之處，不無礙於墳墓，故爾遲回。朕諭之曰：果係民間墳墓所在，當給與買地之價，令其遷葬，民自樂從。岳鍾琪云：若果給與遷葬之費，則公私均便，小民無不樂從者。朕已諭岳鍾琪在陝遵行。

目今江南地方，現在興修水利。著該撫與欽差官員，亦照此辦理。若水勢必由之路有礙墳墓，即於興修水利錢糧內，動支銀兩，給與本人，令其改葬，俾小民既有營葬之資，而河工亦收利導之益，則水患可除，水利可興，地方永遠蒙福矣。

雍正五年十二月十八日，奉上諭：

吴淞石塘，當日勘估之時，於海潮紆緩之處，酌量修築土塘。蓋因工程浩大，諸臣勘估，爲節省錢糧起見，故如此定議。但東南財賦之區，灌溉田畝，保聚室廬，全賴海塘捍衛。朕思海勢衝激，風濤旋轉難定，土塘經歷年久，未免可虞。不若一例盡修石塘，爲百姓萬年之利，似爲一勞永逸。朕詢問齊蘇勒，亦云甚當。著陳時夏、陳世倌、鄂禮等，將現在土塘改築石塘之處，確行勘估，詳悉定議具奏。不得惜費省工，苟且塞責。務須堅固，永垂久遠，以副朕經理海疆、愛養民命之至意。

雍正五年十二月二十日，兩江總督范時繹奏報，估計修濬太倉州河道工料銀兩。奉上諭：

據范時繹奏稱：太倉州鎮洋縣士民，僉稱境内劉河鉅工，已蒙發帑開濬。而七浦一河，原係民田，沾獲其利。今情願照依舊例，業户給食，佃户出力，不敢再費帑金。等語。朕思君民原屬一體，民間之生計，即國計也。倘遇國用不敷之時，勢不得不資藉於民力。今國家財用充足，朕爲地方籌畫萬年之利，不惜多費帑金，興修鉅工，養育萬姓。若仍用民力，以辦公事，非朕本心也。況小民效力工程，或致荒其本業，而又不免官吏之督催煩擾，朕心實爲不忍。昨蘇州一二有力之紳士，懇請捐資，以助地方之公事。與此不同，朕是以降旨准行。

著將范時繹所奏士民捐助之處停止，仍動用公帑辦理。並將朕旨遍行曉諭該州縣士民，伊等當體朕愛養元元之心，於工程告成之後，加意照看，歲歲濬疏防護，俾地方永受其益，則勝於目前之趨事赴功多矣。

雍正五年十二月二十八日，奉上諭：

朕因蘇、松等處地方水利功程，關係民生最爲緊要，特遣官員會同巡撫等，悉心經理。務期修築開濬，以惠蒸①黎。凡工用所需，悉發庫帑，絲毫不以煩勞民力。諭旨頒布，至再至三。昨范時繹奏稱：太倉鎮洋士民僉云，劉河鉅工已費國帑，其七浦一河工程，民間情願出力，以助修濬，不敢再動帑金。等語。朕又復降旨，嚴行禁止，此中外所共知者。

頃聞長洲、元和等縣，有按照田畝科派銀兩之事。朕思工費悉用帑金，原以杜科派田畝之弊。昨太倉等處士民，懇請出力助工，朕且嚴行禁止，豈容不肖官吏，按畝派費，累及小民？或者夫役等，得受官、價之外，有田之業主幫貼飯食，而不知者，遂誤認以爲按畝派費，亦未可定。或者衙門之蠹役、本地之攬頭，借幫貼飯食之名，派雜費以飽私囊，亦未可定。著范時繹、陳時夏等，通行曉諭，令良善之民，勿爲奸猾所欺。並時時訪察稽查，除田主幫貼飯食外，倘有胥吏、攬頭等巧借名色，科派分文者，立即提拏，重治其罪。並將辦理工程之官員，指名題參，從重議處。

倘官吏人等，本無派費累民之處，而本地居民或以工程礙伊室廬田土，不願興修，故捏造浮言，以惑衆聽；或奸民欲行包攬，不遂其私，故傳播此語，以阻撓公事，則情罪甚屬可惡。著范時繹、陳時夏等，確實查拏，從重治罪。

① 「蒸」，《四庫》本作「烝」。

雍正六年二月十一日，奉上諭：

兩淮商人感戴朕恩，急公念切，數年以來，將正項及帶銷銀兩，俱照數全完。又捐銀數十萬兩，辦理地方公事，甚屬可嘉。

今因揚州修濬水利工程，又請公捐銀三十萬兩，以佐公費。朕聞之，心甚不忍。此衆商效力之處，或係伊等力量寬舒，實心踊躍，合力捐輸，以報國恩而襄公事。或係地方大臣、官員等，授意商人，而有此舉。著詢問衆商，令其務將真情據實呈明，該督再行具奏請旨。

首卷① 三之二 世宗憲皇帝詔諭

雍正六年二月十九日，江蘇巡撫恭報：松江府華亭縣地方，甘露呈祥。奉上諭：

據奏：松江地方，天降甘露，該省臣民，皆以爲朕之功德感召所致，合詞頌祝。等語。夫甘露之瑞，載在《禮經》，自古以來，咸稱嘉慶。今蒙上天恩賜，若不以爲瑞，非所以敬承天貺也。但此番未見於宫庭上苑，而見於松江。想因江南地方，官員有惠政及民，或本地民人風俗良善，有上感天心之處，是以錫兹瑞應，昭示群黎。朕深爲該地方稱慶。若官民等歸美於朕，朕不敢居也。

但願該地方官民紳士，受天恩賜，倍勵虔恭。官斯土者，益厚其教養之道。居是邦者，愈篤其忠孝之忱。吏治清明，民風醇厚，則上蒼眷佑，錫福方來。此則朕之深望也，勉之勉之！

① 「首卷」，《四庫》本作「卷首」。

雍正六年五月初九日，上諭：

高斌將滸墅關現行徵收則例，據實陳奏，請刊立木榜，令衆商共曉遵依。所奏甚屬可嘉。部議令直省各關，將各處現行徵收則例，徹底清查，據實奏聞，刊榜曉示。著各省兼理關務之該督撫，並各關監督，實力奉行，毋得陽奉陰違，虛應故事。倘經接任之員察出，定行交部從重議處。

雍正六年六月初六日，河道總督奏報陳家渡壩工。奉上諭：

據奏：吴淞江陳家渡河渠有土埂三道，未曾挑清，致有停沙掛淤之患。今建壩施工，正在用力刮刷之際。而江水、海潮並長，沙不能停，將原有土埂檻限，悉皆徹底刷净，毫無阻滯，於河工大有裨益。

知道了。

齊蘇勒自任總河以來，實心供職。即如吴淞江工程，雖交與齊蘇勒一同料理，而實則范時繹、陳時夏地方專辦之事。乃范時繹、陳時夏視之漠然，而齊蘇勒一聞陳家渡壩工衝塌，即親身前往踏勘，悉心經理。仰賴神佑，水勢湧長，以助人工，將河道泥沙，徹底刷净，水無阻滯，工可告成。此即封疆大臣，實心爲國爲民，感召天和之明驗。凡爲大臣者，當共知之。齊蘇勒著交部從優議叙。

其在事官員，著議叙具奏。

雍正六年七月初二日，奉上諭：

戢盗乃安民之首務。稂莠不剪，則嘉禾不生；奸宄不除，則良善不安。此一定之理，朕時以此訓飭各省督撫、有司，諄諄往復。而能實力奉行，著有成效者甚少。

如江南蘇、松等地方，盗案多於他處。而陳時夏等又復柔懦怠忽，並未將積惡渠魁，緝拏懲治。范時繹居官廉謹，然戢盗之才，亦覺不足。且管轄三省，精神亦難周到。是以下江地方，盗風不能止息，小民受其擾累，朕深爲廑念。

浙省盗案，向來亦多。自李衛蒞任以來，留心整理，匪類知所畏懼。昨據李衛奏摺内稱：錢塘縣知縣秦炌、杭協副將李燦，拏獲積盗張寶生等十餘人。審訊時，供出歷年來圖財害命之案，不可勝數。似此凶惡害民之徒，該督李衛能使文武屬員，協力緝捕，不致漏網，人心共快。又派委文武官弁，分地巡查，將盗賊、拐逃、假銀、扒手、賭博等犯，嚴拏懲治，以儆刁頑而安善類。

李衛實不愧封疆大臣之任，甚屬可嘉。著將江蘇所屬七府五州，除錢糧刑名外其一切盜案，俱交與李衛管理；文武各官，受其節制。有能盡心緝捕，及疏防貽誤者，聽其舉劾。遇有緝捕訪拏盜賊等事，各營兵弁，聽其調遣。江南督撫等官，亦仍照舊辦理，不得因李衛管理稽查盜案，而生推諉之念。至緝獲積賊之秦炌等，著交部議叙。

雍正六年八月十七日，奉上諭：

蝗蝻最爲田禾之害。然迅加撲滅，猶可以人力勝之。昔我聖祖仁皇帝，訓飭地方各官，諄諄以捕蝗爲急務，其不力者加以處分，無非養民防患之至意。乃州縣有司，往往玩忽從事，不肯實心奉行。而小民性耽安逸，憚於捕滅之勞。且愚昧無知，又恐捕撲多人，以致踐傷禾黍。瞻顧遲迴，不肯盡力。不知蝻子初生，就地撲滅，易於驅除。一或稍懈，聽其生翅飛揚，則人力難施。且至蔓延他境，爲害不可言矣。

前江南總督范時繹摺奏：邳州地方，有蝗蝻萌生。朕即諭令，竭力撲滅。旋經該督奏聞，該地方官已經撲盡。比即批諭范時繹云：撲盡之説，朕實未信。須令有司，實力奉行，無俾遺種，莫被屬員蒙蔽。近聞彼處蝗蟲，該地方官並未用力撲滅，與朕前旨相符矣。地方官如此怠玩從事，而督撫尸位，付之不聞，是何理也？著范時繹查明題參，並將該督撫交部，嚴加議處，以儆怠玩。嗣後各省地方，如有蝗蝻爲害之處，必根究其起於何地。其不將蝻子即時撲滅之地方官，著革職拏問。若蝗蟲所到之地，而該地方官玩忽從事，不盡力撲滅者，亦著革職拏問，並將該督撫嚴加議處。

雍正六年十月初四日，奉上諭：

向來江、浙收兑漕糧，俱用本地粳米，擇其乾圓潔净者，方准交納。遇收成稍薄之年，該督撫每以紅白兼收爲請，朕皆允行。夫米糧乾潔，皆可久貯，原不在色之紅白。且江、浙二省，户口繁多。而每年應納漕糧，將及四百萬石。若必拘定本地粳米，恐致米價昂貴，民間難於輸將。朕軫念閭閻，凡有裨益民生之計，皆爲周詳籌畫。嗣後江、浙徵收漕米，但擇乾圓潔净，不必較論米色；准令紅、白兼收，秈、粳並納。著爲定例。

雍正六年十一月三十日，奉上諭：

蘇州巡撫所屬七府五州，自康熙五十一年起，至雍正四年，未完地丁錢糧，積至八百一十三萬八千餘兩。其中蘇、松、常三府，太倉一州，積欠最多，自一百四十餘萬兩至一百八十餘萬兩不等。

朕念切民瘼，凡閭閻疾苦，周知洞悉。此未完錢糧，或有産去糧存，而不能完納者；或有人産已盡，而無可催追者；又或有從前遇歉收之歲，而地方官匿荒未報，小民無力輸將，致成拖欠者。累積十餘年之久，其數至千百萬兩。但其中有或本係該地方官虧空，而希圖卸脱，揑作民欠者；或糧户已經交納，而奸胥蠧役侵蝕入己，仍作民欠者。是此項未完，大約官虧空者十之一二，吏侵蝕者十之三四，其實係民欠不過四五而已。在貧窶之民，固不能爲無米之炊。而官吏因緣作弊，蠧國害民，情罪可惡，豈容令其脱然倖免？若非徹底清釐，即欲加惠於百姓，其道無由。是以從前令張楷，將江蘇民欠清查分晰。張楷並不清查，奏稱俱係民欠，請分年帶徵。朕雖姑允其請，意甚未愜。

鄂爾泰於蘇州布政使任内，實力稽查。將有頭緒，時以雲南巡撫職任綦重，將鄂爾泰補授。而清查之案，又未竟其事。後陳時夏到任之後，一味怠忽疲玩，毫無整理釐剔之心。將從前分年帶徵之恩旨，並不分限催追。以一年應完之數，絪徵於一月之内，以致小民艱於輸納。地方官又奉行不善，日事敲撲嚴比。七府五州之黎庶，不得霑被恩澤，朕心深爲軫念。乃陳時夏又奏稱：蘇、松積欠，難於清結。從前既蒙聖恩蠲免浮糧，今請以舊欠之糧，均派於新糧户内，分年徵收，以抵補積欠。

夫蘇、松浮糧，朕仰承皇考聖心，每歲額免四十五萬兩。煌煌明旨，布告億兆，豈有既蠲正額，而復借此抵補積欠之理？朕以誠信待天下，臣民寧肯爲巧詐之術乎？且舊欠自有本人，即非本人，亦自另有著落。若舍此不追，而均派新糧，是刁民因積欠而得利，良民因先輸而倍徵。從此人人效尤，誰復輸供正賦？況以舊欠派入新糧，舊欠未必全完，而新糧又致欠缺。此種狂悖之論，不過因朕留伊在蘇州清理未完，一時不能脱身。而豪紳積蠹，欲逞其抗糧之黠智，爲此邪説，足以聳聽。陳時夏亦藉此法，或可草率完結，爲脱身卸責之私計耳。陳時夏居心行事如此，實深負朕恩。

今尹繼善現在清查。但尹繼善初任封疆，且兹事煩重，非一人之心力所能辦理。著將蘇、松等七府，太倉等五州，歷年帶徵地丁錢糧，一概暫停徵比。俟朕派員前往，與該地方官協理清查，將各州縣官侵若干、吏蝕若干、實在民欠若干，一一釐剔清楚。朕當再降諭旨，户部即遵諭行文，令該督撫遍行出示曉諭。其派員分查之處，著户部詳悉定議具奏。

雍正七年正月二十八日，奉上諭：

平治道路，王政所先。是以《周禮》有野廬、合方之職，自四畿達之天下，掌其修治，俾車馬所至，咸蕩平坦易，行李輻輳，津梁通達，無雨水阻滯之累。

邇年以來，廣寧門外已修石道，其至通州運糧之路，亦修整高潔，往來行人，頗爲便利。

今直隸至江南大道，車輪馬跡，踐壓歲久，致通衢竟成溝塹。兩傍之土，高出如岸，一遇雨水之時，衆流匯歸，積潦難退。行旅每苦泥濘，或至守候時日，朕心深爲軫念。但此通行大道，已久成洼下，勢難培築增高。而大道之傍，高阜甚多，平治亦殊不易。

若於大道相近之處，另開一道，工力似屬易施。其間或有地形斷續之處，應修建橋梁。或有溝塍淤積之處，應疏濬水道。或所開之逕，有借用民間田地者，應補給價值，並除錢糧。或繞行之路，有遠隔村莊旅舍者，應引歸故道，使有頓宿。是非熟於相度地勢，歷練道逕之人，不能詳察妥當。特派工部侍郎法保、副都統韓光基、原任護軍統領哈爾紀善、二等侍衛特庫四員，於今年夏秋之交，自京師起程。由良鄉至宿遷，大道一路踏勘，將如何另開新道之處，詳悉議定，估計工費，繪圖呈覽。伊等起身之前，朕再降諭旨。

雍正七年四月十七日，奉上諭：

從前清查江蘇等屬舊欠錢糧，已經降旨，將康熙五十一年至雍正四年未完地丁銀八百一十餘萬兩，暫行停徵。今思漕項等銀，民間一例編徵，不分款項。若不概行停比，則錢糧難以清釐。著將康熙五十一年至雍正四年，漕項屯折等款，未完銀二百八十一萬餘兩，一體停徵。王璣、彭維新等，可令各員於清查之時，即分别條款，各歸各項。俾數十年積欠，其間官侵吏蝕，俱得徹底清釐。

雍正七年五月十三日，奉上諭：

向來有司官補授之時，迴避本省。蓋因地方密邇，恐其中有嫌疑牽制等弊也。朕思江南之上江、下江，湖廣之湖北、湖南，陝西之西安、甘肅，雖同在一省中，而幅員遼闊，相距甚遠。定制各設巡撫、司道以統轄之，其情形原與隔省無異。則官員選補，不過有同省之名，而並無嫌疑牽制之處，必須迴避。況既係同省，則於彼處人情土俗，較他省之人更爲熟悉，未必不於地方有所裨益。嗣後凡江蘇、安徽、湖北、湖南、陝西、甘肅諸處，府州縣以下官員，得本省之缺，不在本籍巡撫統轄之内者，不必令其迴避。其相隔在五百里之内者，仍照隔省迴避之例，一體遵行。

雍正七年十月二十三日，奉上諭：

朕夙夜孜孜以吏治民風爲念。惟蘇、松所屬，糧賦浩繁，民欠累積，官吏昔比浸漁，姦徒肆其包攬。若不徹底清查，則吏治難以整肅，民風無由淳厚。是以特命大臣總理清查之事，又遴選大員，專司分查之任，再揀選州縣，分派協理。令其將官侵、吏蝕、民欠三項，明晰清釐，不得絲毫朦混。又屢次降旨，將蘇、松等七府，太倉等五州，歷年帶徵地丁漕項錢糧，一概暫停徵比。俟各州縣官侵、吏蝕及實在民欠，一一釐剔清楚之後，再降諭旨。並令該督撫，徧行出示曉諭。是朕於清查一案，已申示再四，可謂明白詳備矣。

乃承命之員，奉行不善。其始以爲官侵無幾，遂將紳衿所欠帶徵之項，指爲官侵，以致姦胥蠹吏，借端挾詐。如松江候選州同朱榮椿者，積欠錢糧九百餘兩，而爲蠹書訛詐，亦至九百餘兩。此其明驗也。又聞不肖州縣，有以里圖櫃書侵蝕之項，將來難於歸著，議令官户、富户，分派攤賠者。又有將帶徵錢糧，加一火耗，以補官虧者。其說雖未足盡信，然人言籍籍，總理其事者，寧未聞之耶？此皆由於承命之員，不能深體朕心，而以徵比爲清查之誤也。設朕欲藉此爲催徵錢糧之道，從前又何以降旨停徵乎？

其有自願完納，仍令地方官收受者，緣浙江總督李衛來京陛見時，奏稱江南舊欠錢糧，自奉諭停徵之後，凡有願完者，州縣官恐涉先侵後吐之嫌，概不收受，於民情頗有未便。等語。朕以民間凡有隱匿錢糧，尚准其自首。豈有願完舊欠，而不准其輸納之理？是以諭令户部，行文該總理清查大員知之。乃不意奉行者，遂借此爲由，將停徵之項，概行催徵，名曰勸輸。而挨圖挨甲，差役追呼，甚於嚴比。近見各員所奏，有稱已完一百餘萬者，有稱旬餘之内，州縣完三萬餘兩者。

而温而遜奏云：此番清查，首在勸其完納，不徒在於造册。又聞朱鴻緒告人云：鎮江一府舊欠，二年内必令其全完。是各員俱以完納錢糧爲重，而以清查官侵、吏蝕、民欠，置之度外矣。與朕簡命諸臣之旨，不大相逕庭乎？著將未完積欠，概行停徵。其中或有官吏侵蝕，今自首完納贖罪者，聽其交庫外，其餘民欠，即有情願交納者，亦不准收受。

該總理之員，務令分查、協理各員，恪遵前旨，將官侵、吏蝕、民欠，分别清釐，無得絲毫朦混。倘仍有私行徵納，及將民欠内之官户、富户，掩蓋官吏侵蝕者，該督撫及總理大臣即行指參，從重治罪。倘該督撫等隱徇不舉，或失於覺察，經朕訪聞，定將該督撫等，一併交部嚴加議處。

又聞分查之員，令各欠户自行首報。夫前旨之准令自首者，乃侵蝕錢糧之官吏。此等侵蝕之人，本有應得之罪。朕不忍其盡罹國典，是以令其據實自首，則從寬免其治罪。至於歷年積欠，前已分年帶徵，今又一概停徵，伊等又有何罪，而令其自首乎？

總之，各員卑鄙小見，不知朕澄清吏治，惠養小民之心，而唯以錢糧爲重。朝廷之德意，不能宣究於下，司其事者寧無愧乎？諭到，著該督撫、布政使，即刊刻頒發所屬，凡遠鄉僻壤，悉行張掛。使官吏、紳衿、軍民人等，咸知朕意。

雍正八年正月十二日，奉旨：

爾等議政處，原議乍浦地方駐劄滿洲兵一千六百名，此内挑選杭州餘丁八百名，江寧餘丁四百名，京城餘丁四百名，令其披甲前往駐劄。朕近詢問將軍鄂密達，據稱江寧餘丁披甲者，可得八百名等語。今京城不必揀發四百名，即於江寧餘丁內，著鄂密達酌量挑選八百名，令其披甲前往乍浦駐劄。

乍浦地方創設駐劄兵丁，則補放管轄官員，事殊緊要，補放之員，務將年富力强、黽勉任事者，揀選補授，交與將軍鄂密達，著於江寧應補人員内揀補；現任官員内，應行調補者，揀選調補。如江寧應補之員不能足數，於杭州應補人員内揀選補授。現任官員内，揀選調補之處，著將軍鄂密達與將軍阿里滚，互商派委。此兩處補授員缺，著各該將軍題補。倘兩處不能足數，著將數目開明報部，該部請旨具奏，再由京城揀選人員補授。發往此駐防之官兵，移居起程，著交與江南總督范時繹、浙江總督李衛，公同商議料理起身。

欽此。

雍正八年八月初九日，内閣抄出，奉上諭：

向來蠲免錢糧，額徵漕米不在所蠲之内。朕思京通各倉米粟，年來悉心經理，已有餘積。又有直隸營田所産稻米，可以采買貯倉。是京通倉儲，有日增之勢。

今年山東地方被水稍重，而直隸、江南、河南三省，亦間有被水之州縣。夫地方既已歉收，則漕粟輸將，未免竭蹷。著將山東被水州縣之漕糧，全行蠲免；直隸、江南、河南被水州縣之漕糧，按成災之分數蠲免。其山東未被水州縣，應完之漕糧，不必運送京師，即留於東省，以充兵餉。如此，則各該地方皆有多餘之米糧，於民生大有裨益。著直隸、河南、山東、江南督撫，遵照諭旨，分別速行辦理。務令妥協，俾閭閻均霑實惠，以副朕格外加恩之至意。

特諭。

雍正九年七月二十二日，内閣抄出，奉上諭：

今年五六月間，直隸、山東、河南等處，雨澤愆期。朕即慮及上年被水低洼之地，魚子存留。今夏烈日蒸晒，恐變爲蝗蝻，爲禾苗之患。特令大學士等，寄信與直隸、山東督撫等，嚴飭屬員，留心體察，預爲防遏。茲見沈廷正奏報：山東濟寧州之南鄉、新店等處，有蝻子萌動。在濱河荒草地方，大抵是魚子變化而生，已飭令文武員弁，上緊撲滅。等語。又據張元懷奏稱：光州所屬竹園内，有青蟲蠶食竹葉，未傷田禾，其形似蝗，今已捕除。等語。

從來蝗蝻始生之時，以人力制之尚易。而小民耽逸偷安，憚于用力，又恐踐踏禾稼，瞻顧逡巡。及至飛颺之後，遠近蔓延，而勢已不可遏矣。是在實心任事之官員，督率鄉民，力爲捕治。不得姑順輿情，釀成大患。

著直隸、山東、河南、江南等處督撫，通行所屬，實力奉行。倘視爲具文，苟且塞責，將來飛颺之時，朕必察其發生之處，將該地方官從重治罪，必不寬貸。直隸、山東、河南三省欽差大臣、科道等，一同留心訪察毋忽。

特諭。

雍正九年八月，奉旨：

從前降旨内外各省，官民有實被我弟怡賢親王之德澤誠心感激者，准其建立祠宇，以展其追慕之悃忱。今遠近各省紳士、軍民，合詞懇請。雖賢王美善千①懿好之公，異口同聲，不謀而合。朕思天下至大，其傳聞王之令名，而不親被王之恩惠者，若一體建祠展祀，則與朕之諭旨不符。即王平日謙抑爲懷，亦不歆享也。除畿輔之地，王之功德，理應俎豆千秋，已降旨俞允建祠外，奉天爲祖宗發祥之所，仰蒙福佑，篤生賢王，爲國家宣猷佐政，則俯順官民籲請，建立祠宇，情理爲宜。

至于兩淮鹽務，積弊多年。自王總理户部以來，清一切之正供，省多方之浮費，弊端永杜，

① 「千」，《四庫》本作「于」。

苛累全除，衆商咸沐恩膏，萬竈皆成樂土。

再者，江南户口殷繁，水利最關緊要。王念切民生，留心已久。因伊屬下之李淑德曾任松江同知，諳悉水道。王訪聞明晰，將一切興修事宜，奏聞于朕。朕本欲俟直隸工程就緒之後，令王前往江南，爲萬民興久遠之利，王亦身任不辭。後以國政贊襄，不能速往。旋據陳時夏之奏，王奏請速行，可以不必待臣親往。朕因命李淑德前去，會同督撫大臣等，相度經營，因勢利導。今東南數千里河流疏通，有灌溉之益，而無泛溢之虞者，實王創始之力也。王之功德，其顯著于江南者如此。准于揚州地方，建立祠宇臺座，以慰輿情。

浙江總督李衛，前爲户部司官，時朕不知其姓名。王在朕前，極力保薦，謂其才品兼優，可當大任。御極以來，王爲國薦賢之處甚多，而如李衛之深信力保者，内外不過數人。朕因此將李衛屢加擢用，至浙江總督。李衛公忠敏達，方正廉明，易俗移風，興利除弊。浙人之深受李衛教養之益者，皆王薦舉之功也。准從浙人之請，於杭州聖恩寺之側，建立祠宇，以申其感戴之誠。

其餘各省陳請建祠者，俱不必行。

至大學士、九卿議稱：祠宇規模，若於部文未到之先，已經建造者，無庸更改。等語。此言甚屬差誤。各省督撫大臣，豈有不俟諭旨而遽然舉行之理？假若有之，則其人之愚昧輕率可知，更不應准行。圖併發。

欽此。

雍正十年二月初三日，上諭：

前朕降旨，令漕標及兩河標兵，各添設壹千名，以實營伍。隨經廷議，行令總漕、總河，照馬肆步陸之例，召募充補。兹者浙江總督李衛來京，陛見奏稱：南方畜養馬匹甚難，此時購買，亦甚不易。若仍照馬貳步捌，戰守各半之例，可以少畜馬匹，而於營制亦合。等語。李衛所奏甚是，可即傳諭總漕、總河及河東總河，俱照此辦理。

欽此。

雍正十年二月十三日，内閣奉上諭：

河標新募兵丁，必須勤加訓練。河道總督嵇曾筠，所辦河工事務甚繁，難以專心督理訓練之事。著協理河務西柱，協同總河督率操演，務令兵丁技勇嫻熟，以實營伍。

欽此。

雍正十一年正月十四日，上諭：

各省學校之外，地方大吏每有設立書院，聚集生徒，講文肄業者。朕臨御以來，時時以教育人材爲念。但稔聞書院之設，實有裨益者少，而浮慕虛名者多。是以未曾敕令各省通行，蓋欲徐徐有待，而後頒降諭旨也。

近見各省大吏，漸知崇尚實政，不事沽名邀譽之爲。而讀書應舉之人，亦頗能屏去浮囂奔競之習。則建立書院，擇一省文行兼優之士，讀書其中，使之朝夕講誦，整躬勵行，有所成就。俾遠近士子，觀感奮發，亦興賢育才之一道也。

督撫駐劄之所，爲省會之地，著該督撫商酌舉行，各賜帑金一千兩。將來士子群聚讀書，須預爲籌畫，資其膏火，以垂永久。其不足者，在於存公銀内支用。

封疆大臣等，兼有化導士子之職。各宜殫心奉行，黜浮崇實，以儲國家菁莪棫樸之選。如此，則書院之設，有裨益於士習文風，而無流弊，乃朕之所厚望也。

特諭。

雍正十一年五月，上諭：

上年江蘇等處被水之州縣，朕已降旨，多方賑濟。今春又復添賑四十日，以加惠貧民。兹當徵收錢糧之時，其被災稍重之處，遥念小民輸課未免艱難。著該督撫秉公確查，將應行緩徵之州縣，奏聞緩徵； 待至秋成，再令完納，以紓民力，以廣國恩。

特諭。

雍正十一年七月，上諭：

上年江南松江地方，潮水泛溢爲災。 聞附近各鹽場内，惟南匯縣之下砂各場，奉賢縣之青村場，被災稍重，竈丁未免艱窘，朕心深爲軫念。 查下砂頭場、二、三場，及青村場，有本年額課銀兩，又有歷年舊欠銀兩，若令此時照例徵收，竈丁難於輸納。 著將本年額課，緩至十月秋收後開徵； 其歷年舊欠之項，分作三年帶徵，以紓竈力。

可即傳諭程元章知之。

欽此。

雍正十一年七月十一日，内閣抄出，奉上諭：

聞上年秋月，江南沿海地方海潮泛溢，蘇、松、常州近水之人遭值水患，其本地紳衿士庶中，有雇覓舟船救濟者，有捐輸銀米煮賑者。 今年夏間，人有時症，紳衿人等又復捐施方藥，資助米糧。似此拯災扶困之心，不愧古人任卹之誼，風俗淳厚，甚屬可嘉，著該督撫宣旨褒獎。仍遵前諭，將捐助多者具題議叙，少者給與匾額，登記檔册，免其差徭。並造册報部。

特諭。

雍正十一年七月十六日，内閣抄出，奉上諭：

上冬今春之間，北地雨雪稀少。朕即恐夏月有蝗蝻之患，曾切降諭旨，通行直隸、山東、江南等省督撫大吏，飭令所屬官弁，先事預防，不得茍且塞責。續於五月間，聞江南淮、揚所屬之山陽、寶應等處，有蝻子萌動之機。朕又特降諭旨，責令上緊捕治，毋得稽緩。嗣據魏廷珍奏報，撲滅殆盡，朕又復嚴切批諭之。昨高其倬奏稱：山東、江南接壤之州縣，蝗蝻尚未净盡。而州縣有司，以地界兩省，未免互相推諉。朕又批諭高其倬曰：若有司怠玩，蝗患不除，咎歸于汝。朕之爲民先事防維者，亦殫竭心力矣。

今據王士俊奏稱：從前曹縣、魚臺兩縣蝻子生發，臣已動支存公銀伍百兩，多雇人夫，撲滅净盡。近日濟寧官弁報稱，該地方有蝻子生發之機，亦已撲滅無遺。惟是隣近之江南豐、沛、碭山等縣，尚有未盡。倘或飛越入境，即隨到隨除。等語。

朕覽各督撫先後所奏，是蝗蝻萌動之處，山東、江南二省州縣皆有之。祇因彼此壤地相接，不肖官吏遂謂可以卸過于鄰封，而巧爲推諉，捕治不力，情事顯然。著傳旨，速行曉諭，倘餘孽未净，將來災及田禾，定將兩省地方官均加嚴處。其督撫等，一併從重察議，不稍寬貸。

特諭。

雍正十一年十一月初四日，内閣奉上諭：

據魏廷珍奏稱：江安、蘇松糧道呈報：本年漕米米色不純，所屬之米俱屬如此，無從更易。等語。朕思漕糧正供，必須乾圓潔净，方可起運抵通，收貯經久。今江安、蘇松等屬，本年漕米米色不純，若濫行徵收，則起運抵通，必致霉變。若勒令民間更换，而民間所收，又俱屬如此，未免苦累。可寄信與魏廷珍，著會同高其倬、徐本確查各屬，如果米色不能純潔，即將未徵漕米，一面照部價改折，一面奏聞。似于江南民食，甚有裨益。

欽此。

雍正十一年十二月初九日，奉上諭：

本年江南應徵漕米，朕已降旨，密飭該督撫等，以半本半折徵收，爲接濟民食之用。惟是漕糧既一半改折，則漕船亦應一半停運。定例漕船減歇之年，該運丁給與一半月糧，以爲養贍。今於上年業已緩截，本年又復減歇。其行裝等項，俱經預備。於將次出運之時，旋復停運，則所領一半月糧，或不敷用，未免艱苦。著將本年應支月糧等項，悉行賞給。此賞給銀米，乃朕格外特恩，嗣後不以爲例。

欽此。

雍正十二年十月十一日，内閣奉上諭：

今年六月間，江蘇地方雨水稍多州縣，低洼之地有被水淹浸，收成歉薄者，朕心軫念。且恐將來米價漸昂，不可不預爲籌畫。著將乙卯年江南起運漕糧，截留二十萬石，於被水成災之州縣，各就近留一萬石或五六千石，於被水不成災之州縣，量留三四千石。俟開春市價增長之時，將此平糶，以便民用。其成災田地應徵新舊條銀，若仍行徵輸，小民不無竭蹶，著緩至來年麥熟開徵。再，本年應納南漕等米，亦緩至明秋折納。所有被災地方無力乏食之窮民，據該督等奏稱，已動公項酌賞。但冬春之際，此等民人，覓食艱難，應動支倉穀，分别賑濟，毋令失所。著該督撫悉心辦理，並督率有司，實力奉行，務令均霑恩澤。

欽此。

首卷① 四之一 皇上詔諭

雍正十三年九月初三日，奉天承運，皇帝詔曰：

惟我國家受天眷命，太祖、太宗創垂基緒，世祖統一萬邦。皇祖聖祖仁皇帝享祚久長，重熙累洽。我皇考大行皇帝紹承大統，御宇十有三年，夙夜憂勞，勤求致治，用康乂我億兆臣民。盛德豐功，炳耀寰宇，恩膏洋溢，漸被八紘，薄海時雍，中外蒙福。方期永綏隆祚，仰荷鴻禧，何意奄棄臣黎，遽升龍馭，以宗廟社稷之重，屬于藐躬。

朕自沖齡，即蒙皇祖撫育宮中，深恩鍾愛，睠�逾常。皇考顧復恩懃，聖慈篤摯，瞻依朝夕，祗受誨言，牖迪有加，宸衷默眷。

朕自惟涼德，懼弗克勝。顧念神器不可久虛，勉抑哀衷，欽遵成命，于九月初三日，祭告天

①「首卷」，《四庫》本作「卷首」。

地、宗廟、社稷①，即皇帝位，以明年爲乾隆元年。仰惟上天篤祐之隆，皇考詒謀之重，撫躬乾惕，祇紹前徽，丕布新恩，聿昭錫類。所有合行事宜，條列于左。

雍正十三年八月二十五日，領侍衛内大臣公訥親傳旨：

凡外省督撫、提鎮，以及學政、司道等官，所有奏摺蒙奉皇考硃批者，俱著恭繳；雖批「朕安」二字者，亦不可隱匿。如隱匿者，照隱匿制詔例治罪。

欽此。

雍正十三年九月二十三日，總理事務王大臣奉上諭：

各省民欠錢糧十年以上者，已于恩詔内，概予蠲免。其餘未完民欠尚係應徽者，朕思纘緒方初，惟當繼述我皇考惠養黎元之至意，俾服疇力穡之人均沐恩膏，積逋全釋。若未蠲之項，尚事徵收，民間不無煩擾。兹特再行降旨，於恩詔外，將雍正十二年以前各省錢糧實欠在民者，一

① 《四庫》本無「社稷」二字。

併寬免。從前江南積欠錢糧内，曾有官侵、吏蝕二項，乃從民欠中分出者。比時差往大臣官員，辦理原不妥協，亦著照民欠例寬免。

此朕仰體皇考誠求保赤之仁，深願吾民厚生正德之意。各省軍民人等，身受國恩至渥，自應感動天良，屏除陋習，明守法奉公之大義，循則壤成賦之常經，共爲良民，免追呼之擾累。倘疲玩性成，不知悛改，則是吾民中最爲愚頑之人。既無畏威之念，亦鮮懷德之心，國法具在，朕亦不能爲之寬貸也。爾等即交部遵行。

雍正十三年九月二十六日，内閣抄出，奉上諭：

從來帝王撫育區夏之道，惟在教、養兩端。蓋天生民而立之君，原以代天地左右斯民，廣其懷保，人君一身，實億兆群生所託命也。《書》稱：「正德，利用，厚生，惟和」。又云：「惟土物愛，厥心臧。」蓋恒產恒心，相爲維繫，倉廩實而知禮義，理所固然。則夫教民之道，必先之以養民。惟期順天因地，養欲給求，俾黎民飽食暖衣，太平有象，民心自順。民生優裕，民質自馴。返樸還淳之俗可致，庠序孝弟之教可興，禮義廉恥之行可敦也。

我朝列聖敬天勤民，垂統萬世。皇祖聖祖仁皇帝六十餘年，久道化成，重熙累洽，所以惠養元元，禮陶樂淑者，至周至備。惟是國家承平日久，生齒日繁。在京八旗及各省人民滋生蕃衍，而地不加廣。此民用所以難充，民産所以難制也。

我皇考宵旰孜孜，勤求治理，惟恐一夫不獲其所。重農貴粟之教屢頒，撫循蠲賑之惠頻下。南北之誉田水利，無不興修。内外之開墾種植，無不綜理。凡此實政實心，一以誠敬貫徹始終，十三年有如一日，皆朕所親承目睹，拳拳服膺者也。

朕生長深宫，瞻依皇考慈顔，惟知承歡膝下，懋學書齋。即如日用衣食之需，悉由恩賜，豐贍饒裕，不煩問所從來。此固皇考昊天罔極之恩，難以明①言。而爲君之難，亦惟身履其地者，然後知聖人之言爲至當也。

今朕纘承大統，身爲人主，衣租食税，則自今伊始，一絲一粟，皆四海小民所經營供御者矣。朕思飲饌被服，皆出自海内脂膏，宫室器用，皆取自閭閻拮据，尚安忍少有糜費侈用之心，以傷民力而耗民財乎？又安忍己垂裳，而聽天下之民有寒不得衣，己玉食而聽天下之民有饑不得食者乎？

禹思天下有溺者，由己溺之；稷思天下有饑者，由己饑之。自古聖君賢臣，自任之重者，皆動於至誠，迫於至理，有萬不容己者也。

朕日夜兢兢，時廑本固邦寧之至慮。以皇考之實心爲心，以皇考之實政爲政。凡供膳品味

① 「明」，《大清高宗純皇帝實録》卷三作「名」。

之類，無所加增；衣服器用之屬，無所濫費；宫室苑囿之區，無所改營。爰賴中外諸臣共體朕心，以成朕志。于民生日用所由阜成、民生樂利所由豐豫之處，在在求其實濟，事事謀其久遠。勿以虚文而澤不下逮，勿以小利而計不圖全，勿作無益以害有益，勿朘民生以厚己生。果能恒産有資，將見恒心自啓。我皇考聖訓所謂三代之治必可復，堯舜之道必可行者，庶能繼述萬一。此朕中心乾惕之誠，並非因即位之初，爲此邀譽近名之語，以博天下臣民之感頌。朕心務收實效，豈肯徒托空言？

但天下至大，兆民至衆，非朕一人所能獨理。内而閣部、八旗大臣，外而督撫、藩臬有司，均受國家深恩，有惠養斯民之責者。當共思黽勉，崇儉戒奢，視國事如家事，以民身爲己身，痌瘝一體，休戚相關，各殫誠心，期登斯民于衽席。則賞功酬庸之典，朕必從優舉行。若苟且因循，視同膜外，律以溺職，更復何辭？勉之，勉之！

特諭。

雍正十三年十月初四日，奉上諭：

朕前降旨，三年之内不准各省督撫進獻土産，若有進獻皇考之物已在途次者，准其進呈。昨江南總督趙弘恩貢獻食物器具，乃八月中旬齎發，在龍馭上賓之先，朕不忍遣回，謹留爲几筵陳設之用。恐他省不知情由，特行曉諭。嗣後凡有進朕之物，即齎送到京，奏事官員亦不准接受轉奏。俟三年之後，朕再降旨。

朕仰承聖祖、皇考福蔭，凡屬①御器用之屬，何一不備？取之宫中而有餘，正不待四方之入貢也。在諸臣各懷尊君親上之心，固欲藉物産以伸其誠敬。然此貢獻之物，豈能自備於家，而不取資於民力乎？是朕多受一次貢獻，即諸臣多費一次經營。諸臣多費一次經營，即百姓多費一次供應。朕實不忍以無益方物，重煩吾民也。諸臣果有愛戴之誠心，惟當體朕子惠元元之意。凡一絲一粟，皆思爲人民留其有餘，使之家給人足，則勝於朕之身受矣。

特諭。

雍正十三年十月初五日，奉上諭：

父母之恩，昊天罔極。而喪禮以三年爲斷者，所以節仁人孝子之哀，而使有所極也。三年之喪，猶不能終，則百行皆無其本矣。魯公禽父衰絰而即戎，孔子以爲有爲爲之也。古者諸侯之大夫士，雖有既葬而服國事之禮，然古之仕者不出其鄉，殯殮皆親，窀穸既營，

① 「屬」，《大清高宗純皇帝實録》卷四作「服」。

雖使經而即事，義尚可安也。今之仕宦，近者猶數百千里，含殮不知，宅兆未卜，而晏然於官所，情能自己乎？

往者道府以上要缺，間有督撫保題在任守制，而特旨從之者。其後遂習爲故常，並及州縣微員。其中有平日督撫所親信而欲留者，有竟自願留者，有多方營求以得之者，而不得者且用爲恥。

夫事親孝，故忠可移於君。使其人本仁孝，而强奪其情，則傀然不能終日，必至愴恍昏迷，廢弛公事。若以爲安，則忍戾貪冒之人也，國家安所用之？而所治士民，亦安能服其政教乎？自後必其地其任其事其時決不可少是人，而無能相代者，乃准保題，以憑核奪。餘俱停止，永著爲例。

特諭。

雍正十三年十月初七日，奉上諭：

據果親王密奏：江南等省漕項、蘆課及學租、雜税等銀，亦係雍正十二年以前之民欠，似可照例豁免，特行請旨。等語。朕思此等欠項，實係應免者。果親王分晰詳明，據實陳奏，甚屬可嘉。著全行豁免。並令嗣後遇有恩詔，俱將各項入於豁免之内，永著爲令。

果親王秉性忠直，辦理部務，悉本公心，是以蒙皇考深知優獎，推誠信任。而王亦不屑以寬慈邀譽，是以外間或有嚴厲之疑，皆不知王之居心者。又或有司員奉行不善之處，亦未可定，實與王無預。

今觀密奏蠲免漕蘆等項舊欠一摺，則王存心寬厚，辦事公明，即此可見。著將原奏及朕此旨，宣示九卿等共知之。

欽此。

雍正十三年十月初九日，奉上諭：

《洪範》庶徵，凡雨暘之愆和，關人事之得失。所以著感應之理，使修人事。然水旱之災，雖堯、湯不能免。惟有勤恤民隱，竭力補救，可以化災沴而成太和。總在積至誠以昭假，不可萌一念之欺罔也。督撫身任封疆重寄，奏報收成分數，乃關係地方民命。必確無欺，始得議行蠲賑，以甦民困。朕平日留心此事，見各省陳報收成分數，或有只據一方豐收數目爲定。雨水過多之處，以高阜所收爲準。亢旱時有之年，以低下所獲爲準。並不分析某處豐收，某處歉獲，其意祇圖粉飾，以邀感召和氣之名。而不知即此一念欺罔，已爲獲罪於民，獲罪於君，而獲罪於天矣。

夫至誠格天，乃聖人體信達順，參贊化育之事。爾等督撫，即使辦理妥協，亦不過仰承皇考聖訓，遵循罔越。豈得因年歲之豐阜，貪天之功爲己功乎？若歲豐可引爲己功，則必歲歉懼爲己罪，捏報豐收，不恤民艱。使饑凍流亡之慘，不得上聞；蠲免賑恤之恩，不得下逮。職思其故，誰爲厲階？清夜捫心，何以自問？

且朕體皇考敬天勤民之意，膺君國子民之任，豈肯姑貸此等督撫，以爲民害耶？嗣後務各警醒，所奏報各地方收獲分數，不得絲毫假飾，以干重戾。

特諭。

雍正十三年十月初十日，奉上諭：

江南、江西、湖廣等省，正供錢糧款内有蘆課一項。凡蘆洲俱係沿江沙灘，坍漲靡定。是以定例五年一丈量，令地方官勘踏新舊坍漲沙地，據實報聞。而不肖官吏，往往借此納賄行私，已坍之地不得豁除正賦，新漲之區反可脱漏陞科。此種積弊，甚爲民害。

嗣後届期丈量，著該督撫于通省道員内，選廉能夙著者，率同該州縣官，履畝清查。凡有盈縮，俱按現在實數陞除。毋使漏課，亦毋使賠糧。其不肖官吏或尚有借端需索等弊，即行指名參處，不得姑容徇庇，自干咎戾。

特諭。

雍正十三年十月十六日，總理事務王大臣奉上諭：

朕聞各省地方于關税、雜税外，更有落地税之名。凡耰鋤、箕帚、薪炭、魚蝦、蔬菓之屬，其值無幾，必查明上税，方許交易。且販自東市，既已納課，貨於西市，又復重徵。至于鄉村僻遠之地，有司耳目所不及，或差胥役徵收，或令牙行總繳。其交官者甚微，不過飽奸民滑吏之私橐，而細民已重受其擾矣。

著通行内外各省，凡市集落地税，其在府州縣城内，人煙湊集，貿易衆多，且官員易於稽查者，照舊徵收。但不許額外苛索，亦不許重複徵收。若在鄉鎮村落，則全行禁革。不許貪官污吏，假借名色，巧取一文。著該督撫將如何裁革禁約之處，詳造細册，報部查核。倘奉旨之後，仍有不實心奉行，暗藏弊竇者，朕必將有司從重治罪，該督撫並加嚴譴。

此旨可令各省刊刻頒布，務令遠鄉僻壤之民共知之。

欽此。

雍正十三年十月十九日，奉上諭：

朕閲督撫參奏屬員，及題請改教本章，每有書生不能勝任及書氣未除等語。夫讀書所以致用，凡修己治人之道，事君居官之理，備載于書。故傅説之告其君曰：「學於古訓乃有獲。」又曰：「念終始典於學。」成王訓其臣曰：「學古入官，議事以制，政乃不迷。」又曰：「不學而牆，蒞事唯煩。」人不知書，則偏陂以宅衷，操切以處事，生心害政，有不可救藥者。若州縣官果足以當「書生」二字，則以易直子諒之心，行寬和惠愛之政，任一邑則一邑受其福，蒞一郡則一郡蒙其休。朕唯恐人不足當書生之稱，而安得以書生相戒乎？

若以書生爲戒，朕自幼讀書宫中，講誦二十年，未嘗少輟，實一書生也。王大臣爲朕所倚任，朝夕左右者，亦皆書生也。若指屬員之迂謬疏庸者爲書生，以相詬病，則未知此正伊不知書所致。而書豈任其咎哉？

至于「書氣」二字，尤可寶貴。果能讀書，沉浸醖釀而有書氣，更集義以充之，便是浩然之氣。人無書氣，即爲粗俗氣、市井氣，而不可列于士大夫之林矣。是書氣正宜從容涵養以善培之，安可勸之使除，而反以未除者爲病乎？

且朕聞外間斥人之短，每云：「伊欲做好人！」朱子云：「學者通病，在思作貴人，而不思作好人。」人果欲做好人，行好事，則甚有益於民生，有益於國事，造福無窮。若以好人爲戒，不幾相率而拂人之性乎？

凡此皆係識見粗鄙，不知治體，不明大義之言。朕今姑發其蔽而教戒之，當各翻然思悔。

特諭。

雍正十三年十月二十日，奉上諭：

朕聞利不十不變法，害不十不易制。蓋以政有恒則易守，法數變則奸生，而況州縣隸屬之有常，文武職業之有定者乎？

往者直省一二州縣理宜改隸，及員弁宜增設者，皇考曾允督撫之請，敕部議行。而督撫中遂有借此以見其整飭地方，留心吏治，而絶無關於利害之實者。

不知改隸一邑，則獄訟錢穀，緣絶簿書，百弊叢生，急難綜察。增設一官，則文移期會，事緒益紛，供給送迎，閭閻滋擾。且封域驟改，奸宄或致潛藏。官吏日增，責任轉無專屬。自後必州縣離府遼遠，實宜改隸，市鎮繁雜之地，定須添官彈壓者，方准具題酌量，其餘不許瀆奏。

至於守土之官，必久於其職，而後政教可行。故周室郅隆，居官者以爲姓氏；兩漢之盛，爲吏者長子孫。是以上下相親，利病周知，而民安其政教也。

近見道府州縣員缺，督撫多題請更調，有二三歲而更，或一歲而更者。如此則雖有循良，不能從容展布，民何由被其休澤？諸督撫身爲大臣，當實心體國。凡無關利害之事，不宜陳奏。況此類皆無利而有害者乎？

特諭。

雍正十三年十月二十日，總理事務王大臣奉上諭：

比來[1]殷富之家，有願出己財以賑恤鄉里者，即《周官》五黨相賙、通財救荒之遺意。是以皇考恩賜議叙，以鼓勵風俗，而又恐因是或滋弊端。於本年五月間，山西巡撫石麟奏稱，太原府紳衿士民捐銀貯公，以備周恤一摺，特降諭旨，以爲好善樂施者，大都由地方之水旱饑饉，捐資賑助。即平常無事時，或置義倉義田，及養老育嬰等事。必出於本人之誠心，而又能親身料理，始可以惠鄉閭，而收實效。石麟於地方現無應辦之事，而乃奏紳衿士民捐銀以備公用，直是另開捐納之條。而胥吏土豪，乘此得以侵蝕。與所降原旨不合，曾經嚴加申飭，並令向後不得無故捐銀交官。是皇考於獎誘善良之中，而預防其流弊至深且悉也。

朕觀各直省捐助一事，或督撫欲博化民善俗之譽，授意屬員；或有司欲邀勸輸宣力之名，多方迎合。竟至抑勒誅求，計家資之豐約，定捐輸之多寡。甚且假公苛斂，中飽侵漁，名曰利民，而適以病民，誠有如皇考諭旨中所慮及者。嗣後各州縣如遇荒歉，及修城、築隄公事，果有

① 「來」，《四庫》本作「年」。

殷實良民，實情樂輸者，許親赴布政司具呈，詳請題奏，地方官不得自行申報。其他如倡立義田、義倉、義學、義冢，許具①呈本州縣，詳報上司立案。仍聽本人身自經管，胥吏土豪不得干涉，希圖漁利。該督撫體公核實，大者題請，小者量行旌獎。倘有官吏勒派，該督撫失察，並有徇庇者，均照例分別處分。

至於道不拾遺，蓋以孔子至聖，德盛神化，所治僅蕞爾之魯，故偶一有之。成、康之際，周、召輔治，百度修明。刑措四十餘年，不聞有此，則非人情所常有之事。而政治之美，不徒恃此子子之小義可知矣。近見諸督撫以此陳奏者漸多，若不加禁遏，恐滋奸民邀賞、有司干譽之弊。諸督撫果能實心體國，子育蒸②黎，休養導化，使衣食滋殖，仁讓相先，太平之象自有蘊蒸而不可掩者，亦不在道不拾遺之一節也。嗣後即果有此，該州縣量行獎賞，不得申詳，該督撫亦不得以此陳奏。

特諭。

雍正十三年十一月初七日，奉上諭：

---

① 「具」，《四庫》本作「其」。

② 「蒸」，《四庫》本作「烝」。

四民之中，惟農夫作苦，自食其力，最爲無愧。飭庀八材，以利民用，非百工莫備。士則學大人之學，故禄其賢者能者。至于商賈，阜通貨賄，亦未嘗無益于人，而古昔聖王，尚慮逐末者多，令不得衣絲乘車、推擇爲吏，以重抑之。

今僧之中有號爲應付者，各分房頭，世守田宅。飲酒食肉，並無顧忌，甚者且畜妻子。道士之火居者亦然。

夫一夫不耕，或受之饑。一女不織，或受之寒。多一僧道，則少一農民。乃若輩不惟不耕而食，且食必精良。不惟不織而衣，且衣必細美。室廬器用，玩好百物，爭取華靡。計上農夫三人，肉袒深耕，尚不足以給僧道一人，不亦悖乎？

朕于二氏之學，皆洞悉其源流。今降此旨，並非博不尚佛老之名也。蓋見今之學佛人，豈獨如佛祖者無有，即如近代高僧，實能外形骸、清静超悟者亦稀。今之道士，豈獨如老莊者無有，即如前世山澤之癯，實能凝神氣、怡養壽命者亦稀。然苟能遵守戒律，焚修于山林寂寞之區，布衣粗食，獨善其身，猶于民無害也。今則不事作業，甘食美衣，十百爲群。農工商賈，終歲竭蹶以奉之，而蕩檢踰閑，于其師之説，亦毫不能守。是不獨在國家爲游民，即繩以佛老之教，亦爲敗類。而可聽其耗民財，溷民俗乎？

著直省督撫，飭各州縣，按籍稽查。除名山古刹，收接十方叢林，及雖在城市，而願受度牒，遵守戒律，閉户清修者不問外。其餘房頭應付僧、火居道士，皆集衆而問，願還俗者聽之，願守寺院者亦聽之。但身領度牒，不得招受生徒。所有貲産，如何量給還俗及守寺院者爲衣食計，其餘歸公，留爲地方養濟窮民之用。並道士亦給度牒之法。該部詳悉妥議具奏。

特諭。

雍正十三年十一月初十日，奉上諭：

朕聞吉凶異道，不得相干。故娶在三年之外，而聘在三年之内者，《春秋》猶以爲非。《禮記》稱：「大功之末，可以冠子，可以嫁子。父，小功之末，可以娶婦。己，雖小功，既卒哭，可以冠娶妻。」三年之喪，創深痛鉅，苟有人心者，必宜于此焉變矣。

乃愚民不知禮教，始于皂隸編氓之家。有慮服喪後不得嫁娶，乘父母疾篤，及殯殮未終，而成婚者。其後商賈中家多有之，士大夫亦間爲之，而八旗效之，朕實憫焉。

自今伊始，自齒朝之士，下逮門内有生監者，三年之喪，終喪不得嫁娶，違者奪爵褫服。其極貧皂隸編氓，父母卧疾，呻吟牀褥，必賴子婦以躬薪水治饔飧者，聽其迎娶盥饋。俟疾愈喪畢，而後成婚。古者禮不下庶人，其斯之謂歟。《曾子問》：「親迎，女在途，而婿之父母死。」「女改服布深衣，縞總以趨喪。」亦此義也。其商賈中家，不必以士大夫之禮繩之。然人性皆善，朕知其必有觀感興起，而不忍自同于氓隸者矣。

特諭。

雍正十三年十一月十一日，奉上諭：

朕聞江南太平府蕪湖縣有雜派江夫河蓬錢糧，歲徵銀二千三百零四兩，歷年已久。房屋傾圮，而額税仍存。小民輸納艱難，頗爲地方之累。朕即位以來，勤求民隱，已降旨禁革雜税，此即雜派中之先宜豁免者。著該督撫遵旨，將此項錢糧二千三百零四兩，即行寬免，永著爲例。並出示通行曉諭，毋許書吏地棍等侵蝕中飽。

特諭。

雍正十三年十一月十八日，内閣奉上諭：

朕即位之初，加恩海内民人，已降旨將雍正十二年以前各省民欠錢糧，悉行蠲免，俾閭閻無催科之擾。因查兩淮鹽場竈户應徵折價錢糧，亦有未完之項，當與民人一體加恩者，著該部即速傳諭總督趙弘恩、鹽政高斌，將雍正十二年以前舊欠若干，一一查明，照地丁錢糧例，奏聞蠲免。俾竈户均霑實惠，毋使胥吏滋弊中飽。

欽此。

雍正十三年十一月二十八日，内閣抄出，總理事務王大臣奉上諭：

向來州縣徵收錢糧，因銀色有傾銷之耗折，解送有路途之盤費，故於正項之外，徵收耗羡。原無定額，其廉潔者尚知自愛，不肖者任意徵求。而督撫以至道府等員，於中收受節禮陋規，互相容隱，弊難究詰。

嗣經巡撫諾敏、田文鏡倡爲提解歸公之法。各該督撫，就本省情形，酌定分數徵收，以爲各官養廉及地方公事之用。除所定分數外，絲毫不許濫徵。蓋以耗羡原屬額外之項，與其聽地方官私行徵取，不如明定分數，使有節制，不敢違越也。然在未提解以前，尚爲私項。既提解以後，或恐不肖官員視同正課，又得於耗羡之外，巧取殃民。從前皇考洞見流弊，屢降諭旨，欲俟將來虧空全清，府庫充裕之日，漸減漸革。聖心廑念，未或忘之。

朕紹承大統，念切民依，孜孜軫恤，日與王大臣等悉心籌畫，期使吾民於正項之外，絲毫無擾。而一時勢有未能，尚須從容計議。惟是提解耗羡之法，行之已十有餘年，恐日久弊生，奸吏僉緣朘削，耗外加耗，重困閭閻，不可不爲深慮。著各該督撫嚴飭有司，咸體朕意，知耗羡一項，可減而決不可增，可於額内從寬，而斷不可於額外多索。倘於所定分數之外，或又借估色，或又借添戥爲名，多取絲毫者，該督撫即行題參，重治其罪。倘督撫徇隱不舉，或經科道糾參，定將該督撫等，一併嚴加議處。

再，各省耗羨分數，率在加一上下。然江南賦重之區，如蘇、松、常、鎮四府額賦，較之他省幾及數倍。雍正六年以前，每兩加耗僅止五分。雍正六年以後，增至加一。且有司又復巧取苛索，民何以堪？其令江南督撫詳加酌定，量減分數徵收，不得仍前重耗困民。倘敢陽奉陰違，朕必於該督撫是問。

特諭。

雍正十三年十一月二十九日，内閣抄出，奉上諭：

朕聞之：「元后作民父母。」朕實代天以子民，督撫、大臣又代朕以子民，均有父母斯民之任者也。

爲治之道，莫切於愛民。其餘一切察吏、理財、明刑、禁暴，特教養中之餘事，其本總歸於愛民而已。天以愛民之職畀朕，天下之民皆以朕爲必能愛民。而民或失所，民其何望？朕以愛民之事，分寄督撫、大臣，亦以督撫、大臣爲必能愛民。而民或失所，朕更何望？督撫、大臣之不能體朕心，以宣德意，即朕之不能答天心以恤民依也。爾督撫能知愛民之爲稱職，始不負朕委任之心。他若錢糧不敢侵欺，請托不敢假借，弊竇不容毫髮，羨餘不隱分釐，此不過一端一事之才，能以矯飾夫外貌，又安足以副封疆重寄哉？

夫朕一人之心思，不能周知天下之利弊，故有賴於督撫。督撫一人之耳目，不能遍悉地方之情形，故有資於良有司。是又在有司之各愛其民，而仍藉督撫之倡率、鼓勵之耳。設督撫之於有司，舉劾不當，棄取失宜，其害不在於有司，仍在於百姓。彼有司中之實心惠民，不規小效，所謂安静之吏，悃愊無華，日計不足，月計有餘者，督撫將毋以爲迂拙而罷之。至於以苛爲察，以刻爲明，以輕爲德，以重爲威，此則拂人性逆人情者，督撫將毋以爲幹濟而舉之。如此則吾民失其所依怙，朕何賴焉？

蓋治天下者，在於治天下之人心。必使民氣和暢，民情豫順，快然知有里井之可安，恬然知有室家之可樂。斯爲無象之太平，閭閻實被其澤。此爲直省中息事寧人，安全休養，道在乎優遊馴致，而非可取必於旦夕間也。

朕每於諸王大臣及督撫大吏，經理庶績，必寬之歲時，無事乎督責之嚴，程期之迫。誠以欲速則不達，久道乃化成也。況郡縣長吏，其才力遠不逮於諸大臣。欲以責效數月、期年間，此中萬無(連)〔速〕①化之理。亦惟有迎合意旨，塗飾觀聽，冀以博才能之名，登報最之牘，而民不堪命矣。

① 據《四庫》本改。

夫移風易俗者，郅隆之上理也。然必漸民以仁，摩民以義，使民日遷善而不自知。倘爲督撫者，一有移風易俗之見存之於心、宣之於口，朕知其不但不能移易乎風俗，而風俗且受其弊。何者？彼不知因民之道，而日事驅民之術，勢必更張成法，煩擾地方，爲吾民之苦。他如獻祥瑞，報羨餘，匿水旱，奏開墾，改土歸流，更隸州縣，所云揆之人事則悦耳，論之陰陽則傷化，其不以此也歟？

即據河南一省論之。田文鏡匿報災荒於前，王士俊浮報墾田於後，小民其何以堪？各省督撫大吏，其尚自省，其有不務實心實政，而邀近功小利者，必滌慮洗心，董率屬僚，與其天良，以爲民勸，務底惇大成裕之治。

特諭。

雍正十三年十二月初八日，奉上諭：

向來漕項銀兩，不在蠲免之例。朕前已降旨，特行豁免，以紓民力。今查各省尚有帶徵漕米，原應如期輸納。但民間已完現年漕米，又完先年留米，民力未免艱難。著該部傳諭辦漕各省督撫等，將雍正十二年以前未完、帶徵、緩徵、本色改折米銀，逐一查明，奏聞豁免。

欽此。

雍正十三年十二月十三日，内閣奉上諭：

朕前聞淮分司所屬廟灣、新興、臨興、白駒、劉莊、伍祐等六場，今歲秋收歉薄，恐竈户煎丁有貧苦乏食者，已曾於高斌奏事摺内，諭令加意賑恤，毋令失所。今思冬春寒冷之際，及明歲青黄不接之時，貧竈糊口維艱，不可不預爲籌畫。著該鹽政高斌，會同總督趙弘恩，將乏食竈户煎丁，遵照民賑之例，一體加恩。務令均霑實惠，不許胥役地棍等侵蝕中飽。

欽此。

雍正十三年十二月十七日，奉上諭：

河防堤岸閘壩等項一切工程，凡有關運道民生者，定例俱動正項錢糧應用。乃各省竟有于田畝捐派者，豈皆出自小民之願？大都上司因節省錢糧起見，授意屬員，爲粉飾之計，相沿日久。官吏藉端爲苛索，民間所費必至數倍。不特苦累民生，亦于國計無補。

朕聞山東省挑挖運河，每年有派幫民夫工食銀五萬三千四百餘兩。江南松江海塘歲修，有每畝捐錢五文。京口挑挖運河，每年于蘇、松、常、鎮、太等府州，照額徵漕糧正耗米協解銀三千八百餘兩。蘇、松、常、鎮、太、通六府州，應修河渠閘壩，令長洲等三十三州縣按畝派錢五文、三二文不等，以供大修。並令每畝又酌量捐錢，以爲歲修。四川①歲修堤堰，令每畝派銀一二釐不等。直隸運河挑淺，於天津等州縣每畝幫銀一釐。

以上各款，總于田畝正賦之外，派令捐輸，合計捐數共十餘萬兩。而官吏之借端苛派，必有不止於此者。正帑之所省有限，官吏之中飽無窮。著該部行文四省督撫，即將該省捐輸各項，于乾隆元年爲始，一概革除。仍嚴飭所屬官吏，無得私行徵派，以爲民困。其挑挖運河等項工程須用銀兩，著該督撫核實奏明，于公項内酌量動用，報部核銷。

欽此。

雍正十三年十二月二十一日，奉上諭：

朕臨御以來，加惠元元，將雍正十二年以前各省民欠錢糧，悉行寬免。誠以民爲邦本，治天下之道，莫先于愛民，愛民之道，以減賦、蠲租爲首務也。

惟是輸納錢糧，多由業户。則蠲免之典，大概業户邀恩者居多。彼無業貧民，終歲勤動，按産輸糧，未被國家之恩澤，尚非公溥之義。若欲照所蠲之數，履畝除租，繩以官法，則勢有不能，

①「川」，《四庫》本作「州」。

徒滋紛擾。然業户受朕惠者十，苟捐其五分惠佃户，亦未爲不可。

近聞江南已有嚮義樂輸之業户，情願捐免佃户之租者。閭閻興仁讓之風，朕實嘉悦。其令所在有司，善爲勸諭。

各業户酌量寬減彼佃户之租，不必限定分數，使耕作窮民，有餘糧以贍妻子。若有素封業户，能善體此意，加惠佃户者，則酌量獎賞之。其不願者聽之，亦不得勉强從事。此非捐修公項可比，有司當善體朕意，虚心開道，以興仁讓而均惠澤。若彼刁頑佃户，藉此觀望遷延，則仍治以抗租之罪。

朕視天下業户、佃户，皆吾赤子，恩欲其均也。業户沾朕之恩，佃户又得拜業户之惠，則君民一心，彼此體恤，以人和感召天和，行見風雨以時，屢豐可慶矣。

特諭。

乾隆元年正月初二日，奉上諭：

爲治之道，在于休養生民。而民之所以休養，在乎去其累民者，使其心寬然自得，以各謀其生，各安其業，而後富足可期。此在親民之吏，隨事體察，惟恐毫末有累于民而已。

朕思我皇考世宗憲皇帝，誠求保赤，有孚惠心，蠲免額徵，寬減浮糧。偶有水旱災祲，即行賑恤，如救焚拯溺，仁心仁政，千載莫並。而民生猶不得寬裕者，大率由督撫大臣，不能承宣德意。而有司中刻覈居心、昏庸寡識者，或以苛察爲才能，或受蒙蔽而不覺。以致累民之事，往往而有也。

即如催徵錢糧，而差票之累，數倍于正額；拘訊獄訟，而株連之累，數倍于本犯；抽分關稅，而落地守口、給票照票，貧民之受累，數倍于富商巨賈。至查拏賭博、黄銅，以及私宰、私鹽之類，胥役、營兵因緣爲奸，佐貳、雜職横肆貪酷，一案而化爲數案，一人而波及數人。如此等者，不可枚舉。似此擾累吾民，無怪乎民多不得自安其生業，而朝廷之德施，終不能盡致閭閻於康阜也。

嗣後各直省督撫所以董率屬員者，務以休養吾民爲本。而一切擾累之事，速宜屏除，庶民生可遂，而民氣以紓。

然督撫中之不善會朕旨者，又恐因此而謂諸事可以不辦，將轉成廢弛之習。不知寬大之與廢弛，判然不同。不顧民生，專務紛更，以矜幹濟者，外似振作，而實則廢弛也。勤恤民隱，安静悃愊，以培元氣者，乃非廢弛，而真能振作也。其尚各體朕意。

欽此。

乾隆元年正月二十日，奉上諭：

私鹽之禁，所以除蠹課害民之弊。大夥私梟，每爲盜賊逋藪，務宜嚴加緝究。然恐其展轉株連，故律載私鹽事發，止理人、鹽並獲，其餘獲人不獲鹽、獲鹽不獲人者，概勿追坐。至于失業窮黎，肩挑背負，易米度日，不上四十觔者，本不在查禁之内。蓋國家于裕商足課之中，而即以寓除奸愛民之道，德意如是其周也。

乃近見地方官辦理私鹽案件，每不問人、鹽曾否並獲，亦不問販鹽觔數多寡。一經捕役、汛兵指拏，輒根追嚴究。以致挾怨誣攀，畏刑逼認，干累多人。至于官捕業已繁多，而商人又添私雇之鹽捕，水路又添巡鹽之船隻。州縣毗連之界，四路密布。此種無賴之徒，藐法生事，何所不爲？凡遇奸商夾帶，大梟私販，公然受賄縱放。而窮民擔負無幾，輒行拘執。或鄉民市買食鹽一二十觔者，並以售私拏獲，有司即具文通詳，照擬杖徒。又因此互相攀染，牽連貽害。

此弊直省皆然，而江、浙尤甚，朕深爲憫惻。著直省督撫，嚴飭各府州縣文武官弁，督率差捕，實拏奸商大梟，勿令疏縱。其有愚民販私四十觔以上被獲者，照例速結，不得拖累平人。至貧窮老少男婦，挑負四十觔以下者，概不許禁捕。所有商人私雇鹽捕及巡鹽船隻、幫捕汛兵，俱嚴查停止。毋得滋擾地方，俾良善窮民得以安堵。

欽此。

乾隆元年正月二十一日，奉上諭：

西北兩路用兵以來，一應軍需皆取給于公帑，不肯絲毫累民。而費用繁多，不得不資藉捐納，以補國用之不足，此中外所共知者。當日皇考聖意，原欲俟軍務告竣，即行停止。今大兵漸撤，軍需簡省，著將京師及各省現開捐納事例，一概停止。夫議捐納者，未嘗不出于士子之口。而留生童捐監一款，是士子首以捐貲爲進身之始矣。其應停應留之處，著漢九卿及翰詹科道，會同確議具奏。

欽此。

乾隆元年二月初十日，奉上諭：

聞江南佐雜等官，向來未議養廉。該省事務繁多，差遣絡繹，倍於他省。微員俸少力薄，未免衣食艱難。查江蘇有不充餉之鹽規銀兩，安徽司庫有存公耗羡銀兩。著總督趙弘恩，巡撫顧琮、趙國麟，公同查核，仿照江西、湖廣之例，酌定數目，每年賞給，以爲養廉，示朕體恤微員之至意。

欽此。

乾隆元年三月初八日，内閣抄出，奉上諭：

朕聞姦宄不鋤，不可以安善良。風俗不正，不可以興教化。閭閻之大惡有四：一曰盜賊，三代聖王所不待教而誅者也。二曰賭博，干犯功令，貽害父兄，以視《周官》之罷民，未麗於法而繫諸嘉石、收之圜土者，罪有甚矣。三曰打架，即周公所謂亂民，孟子所謂賊民也。四曰娼妓，則自周以前人類中未嘗有此。此四惡者，劫人之財，戕人之命，傷人之肢體，破人之家，敗人之德，爲善良之害者，莫大於此。是以我皇考愛民之深，憂民之切，嚴申糾禁，戒飭守土之官，法在必行，日夜捕緝。積歲月之久，然後道路少響馬及老瓜賊，而商旅以寧。賭博及造賭具者，漸以改業，而家室以安。聚黨打架者斂跡，而城市鄉鎮鮮聞鬭囂。娼妓遠藏，不敢淹留於客店。此皇考十有三年政教精神所貫注，而海内臣民顯見其功效，實享其樂利者也。

朕自嗣位以來，蠲免租賦，豁除賠累，裁革積弊，增廣赦條，無非惠保良民，使得從容休息，衣食滋殖。而無識諸臣，誤謂朕一切寬容，不事稽察。以致大小官吏，日就縱弛。民間訛言，諸禁已開，風聞直省四惡皆微露其端倪。即如天津一帶，私鹽橫行無忌。恐其他類此者，相繼而起。是守土之官，敢悖世宗憲皇帝之明旨，墮十有三年之成功，而戕賊善良，傷敗風俗也。

自後州縣官有政令廢弛，使四惡復行于境内者，該督撫不時訪察，即行嚴參。督撫、司道、郡守，有不能董率州縣殫心捕治者，或被内外臣工核實列奏，或朕訪聞得知，必以溺職治罪。與通包苴、受賄賂等，決不輕貸。爾諸臣慎毋泄泄沓沓，自取殃咎。戒之！戒之！

特諭。

乾隆元年三月十三日，奉上諭：

聞江南長江一帶，向有貢獻鰣魚之例，至康熙年間停止。因而地方改爲折價，向網户徵收，解充地方公用。乃歷年既久，或網户改業，或移徙他方，展轉牽連。又加胥吏借端苛索，遂致沿江捕魚之人，代受追呼之累。

朕思當年聖祖仁皇帝停止貢鮮，乃愛惜民力之至意，何用此些須折價，煩擾小民？著該督撫查明豁免，永著爲例。

欽此。

乾隆元年三月二十九日，奉上諭：

朕查江南泗州地方，前經河臣齊蘇勒陞報新淤地畝九千八百餘頃。嗣蒙皇考察知辦理之員勘報不實，諭令督臣尹繼善再加確勘，隨開恩豁免八千六百餘頃，止存淤地一千二百七十四頃，入額陞科。

今朕聞得，泗州地方濱河臨湖，地勢極低，凡虹縣、桃源之水，皆歸入泗州安河入洪澤湖。而此等淤地，即在安河兩岸。每年水勢漲發，淹涸靡常，收成無定，小民不免賠糧之苦，深可憫惻。著照淮安府阜寧等縣之例，將泗州安河兩岸重糧水淹之淤地一千二百七十四頃九十七畝，額徵錢糧一千二百二十二兩三錢、麥一百一十石八斗，自雍正十三年爲始，盡予豁免，以示朕減賦恤民之至意。

欽此。

乾隆元年三月，奉上諭：

士子倚恃青衿，抗欠國課，定例褫革追比。原以懲戒不率，使知禮法。至革後如能清完者，准予開復，所以廣自新之路也。

今直省所有雍正十二年以前舊欠錢糧，俱已豁免。此等革生內，容有所欠錢糧，亦已陸續完納，祇緣尾欠未清，未曾循例開復。而所欠又奉豁免之恩詔，遂令所革衣頂，永無開復之期，情殊可憫。

著各省督撫，轉飭各州縣，查明前經欠糧革退之舉、貢、生、監等，實係抗欠不完，褫革之後並未完納者，仍不准其開復。其所欠錢糧，曾於革後陸續完納，祇有未清之尾欠，而適逢赦免之恩詔，將褫革之案，准其開復，俾得改過自新。並將姓名登記檔册。倘此次邀恩之後，將來再有抗欠之事，著該督撫嚴參治罪。

欽此。

乾隆元年五月初九日，奉上諭：

三代以前，不言水利溝澮之制。時蓄泄，備旱潦，《尚書》《周禮》所載，爲田功計者，其利甚溥。開渠引水，溉田育穀，始於戰國。蓋因阡陌既開，溝澮尋尺已失其舊也。

歷代言水利者，得失參半。總以相土宜，順水勢，近不擾民，遠可利人爲主。今江南所屬蘇、松、常、鎮四府，太倉一州，現在興修支河，仿河工、海塘之例，督撫分委降革廢員，及本籍候選考職人等，效力承修。

朕思渠港圩霸附近溉田，原宜開浚，以備旱潦。但開浚之法，須河身深廣，蓄泄得宜。其挑取塗泥，遠移他處，或培窊下之地，或築堤岸之上，方爲久計。若雇夫挑土，堆貯河旁，雨霖水潦，旋即入河，不久淤塞，務名無實，徒滋煩擾。至古堤舊渠，倘遇旱潦，不爲田害，便宜仍舊。

紛更改築，甚無謂也。

今蘇、松等處内地支河，原不比河工、海塘之險。古堤舊渠，如元和、致和等塘，民利往來，田資灌溉，至今受益。如邱與權、單諤、郏①亶、趙霖、夏原吉、周忱等，所論水利，考據精核，得失瞭然。今效力承修人員，相度形勢，諳練自遜前人。倘有夾塘蓄水，石梁泄河，止宜加修，不必改築。若有必應開浚、建築之處，督撫留心細勘。並飭州縣協辦工程，一應調遣，臂指易使。至長洲等州縣，按畝派錢，以供大修，朕已降旨停止。倘有官吏藉端中飽，即絲毫派累，經朕訪聞，必加嚴處。

嗣後督撫以至州縣，建言爲民興利，或利小而害大，或利在目前而害伏於後，或有利無害，而其事易創難成，皆宜詳審熟籌，慎之於始，以體朕惠養元元之至意。

特諭。欽此。

乾隆元年五月十四日，奉上諭：

朕聞河南永城縣地方，於本年四月内黄水忽發，從江南碭邑之毛城鋪閘口，洶湧南下，將申

① 「郏」，疑爲「郟」。郟亶，北宋水利學家，著有《吴門水利書》。

公堤祝家水口衝坍。並東首古堤，亦衝二缺。潘家道口等集一帶，平地水深三五尺不等。雖未損傷人口，而二麥被淹，房屋亦有傾圮者。朕已切諭豫省巡撫等，將被水民人加意賑恤，毋令失所外。查潘家道口一帶地方，年來屢遭水患，自應亟爲疏通，爲乂安百姓之計。

但此水下流，多在江南蕭、宿、靈、虹、睢寧、五河等州縣。今若止議挑濬上源，而無疏通下流之策，則水無歸宿之區，仍於河渠無所裨益。著河南巡撫富德，會同江南總督、總河，各委賢員，會勘明確，公同妥議，速行辦理。務令水害永除，閭閻安堵，以副朕爲民防患之至意。

欽此。

乾隆元年五月十九日，奉上諭：

治河之道，在因其勢而利導之。司河務者，必將全河形勢，熟悉胸中，隄防疏濬，在在得宜，始可以行所無事，而致安瀾之慶也。

黄河自河南武陟，至江南安東入海，長隄綿亘二千餘里。舊設總河一員，駐劄淮安清江浦。雍正七年，復添設河東總河，誠慮鞭長不及，故俾南北分隸，各有責成。惟是河流日久變遷，舊險既去，新險復生。其間防濬之宜，有病在上流，而應於下流治之者；有病在下流，而應於上流治之者。必須通局合算，同心辦理，庶無顧此失彼之憂。若河臣於南北形勢未能洞悉，遇有開河築隄等事，或至各懷意見，彼此參商，則上游下游必有受弊之處，所關匪細。

徐州府當南北之衝，爲兩河關鍵，最爲緊要。現設南河副總河，應著移駐徐州，以專督率。如兩河有應會商事宜，就近可與南北河臣，公同踏勘。應開濬者，即行開濬，應堵築者，即行堵築。毋得推諉，亦毋得掣肘，於河務似有裨益。著江南總河、河東總河，會同確議具奏。

特諭。欽此。

乾隆元年五月，上諭：

厚生之道，在於務本而節用。節用之道，在於崇實而去華。朕聞晉、豫民俗，多從儉樸，而户有蓋藏。惟江蘇、兩浙之地，俗尚侈靡。往往家無斗儲，而被服必期華鮮，飲食靡甘澹泊。兼之井里之間，茶坊酒肆，星列棋置。少年無知，遊蕩失業。彼處地狹民稠，方以衣食難充爲慮，何堪習俗如此，民生安得不愈艱難？

朕軫念黎元，期其富庶，已將歷年各項積欠，盡數蠲除。小民乘此手足寬然之時，正當各勤職業，尚樸去奢，以防匱乏。豈可習於侈靡，轉相倣效，日甚一日，積爲風俗之憂也？

地方大吏及守令，有臨民之責者，皆當遍行化導，宣朕德音。縉紳之家，宜躬行節儉，以率先之。布帛可安，不必文綺也。粗糲可食，不必珍羞也。物力可惜，毋滋浪費。終身宜計，毋快目前。以儉素相先，以撙節相尚，必能漸返淳樸，改去積習，庶幾唐魏之風焉。

又聞吴下風俗，篤信師巫，病不求醫，惟勤禱賽，中産以下，每致破家。病者未必獲痊，生者已至坐困。愚民習而不悔，尤屬可憫。地方官亦當曲加訓誨，告以淫祀無福。嚴禁師巫，勿令蠱惑，亦保民之一端也。

凡此皆不用嚴峻迫切，立法繁苛，反致擾民。惟誠心訓諭，漸以歲月，自應遷善而不自知。朕保民念切，不憚諄切言之。官吏、士民，其皆敬聽毋忽！

特諭。

乾隆元年六月，奉上諭：

書院之制，所以導進人才，廣學校所不及。我世宗憲皇帝命設之省會，發帑金以資膏火，恩意至渥也。

古者鄉學之秀，始升於國，然其時諸侯之國皆有學。今府、州、縣學並建，而無遞升之法。國子監雖設於京師，而道里遥遠，四方之士不能胥會。則書院即古侯國之學也。居講席者，固宜老成宿望。而從遊之士，亦必立品勤學，争自濯磨。俾相觀而善，庶人才成就，足備朝廷任使，不負教育之意。若僅攻舉業，已爲儒者末務。况藉爲聲氣之資，游揚之具，内無益于身心，外無補于民物。即降而求文章成名，足希古之立言者，亦不多得，寧養士之初指耶？該部即行文各省督撫、學政，凡書院之長，必選經明行修，足爲多士模範者，以禮聘請。負笈生徒，必擇鄉里秀異，沉潛學問者，肄業其中。恃才放誕，佻達不羈之士，不得濫入書院中。酌倣朱子《白鹿洞規條》，立之儀節，以檢束其身心。倣《分年讀書法》，予之程課，使貫通乎經史。有不率教者，則擯斥勿留。學臣三年任滿，諮訪考檢。如果教術可觀，人才興起，各加獎勵。六年之後，著有成效，奏請酌量議叙。諸生中才器尤異者，准令薦舉一二，以示鼓舞。特諭。

乾隆元年六月，奉上諭：

朕夙夜孜孜，任賢圖治，惟期内外大小臣工，共砥廉隅，以襄郅理。今列兹庶位者，讀書科目之人不少，正宜宣力國家，以副朕望。乃人品不齊，拜官除職之際，竟有不念官守之當如何而盡，政事之當如何而舉，輒咨問于缺地之豐嗇，計較于養廉之多寡者。士大夫聞之，恬不爲怪，良可慨嘆。抑或身任繁要，而致羡于優閒；或位列清華，而垂涎于豐膴，豈先資拜獻者之所宜出此哉？

董子曰：「正其誼不謀其利，明其道不計其功。」士人稽古入官，當以遠大自期，安可謀食懷居，甘自菲薄？

且朝廷設官，各有分司，惟當各盡職守。主錢穀者，必謹出納之數。理刑名者，必諳律例之條。大僚有恭儉惟德之思，一命有存心愛物之志。豈可萌出位願外之妄想，自曠當官之職業哉？

爲諸臣者，務宜痛自警省，精白乃心，靖共爾位，不負「讀書」二字，嚴義利之辨，立廉耻之防，庶幾風俗古而人心端，斯吏治清而民生厚，朕實有深望焉。

特諭。

乾隆元年六月，奉上諭：

史書詳誌河渠，經術兼明水利，誠以國計民生所關也。果使水道疏通，脈絡流注，陂澤非沮洳之藪，隄防有蓄泄之方，旱潦有備，而田廬無虞，其有裨于閭閻，誠非淺鮮。

我皇考軫念黎元，興行水利，凡直省泉源河湖，莫不濬導，俾民得以灌溉，轉瘠爲腴。至于蘇、松之太湖、吴淞、白茆、劉河歸海要道，並淮、揚之槐子、烏塔河，泰州如皋運河、串場、車路、海溝等河，尤不惜帑金，專員督理。將各河古道，或爲豪强侵占者，諭令嚴查清出，始得一一開通，建閘築堤，按時啓閉。使近水田畝均沾膏澤，貨船鹽艘遄行無阻，利賴甚溥。

但自開浚以來已閱數年，圩岸不無坍頹，沙泥不無淤積。朕思與其歲久濬築，事難費倍，不若逐年疏葺，事易費省。著江南總督暨河道總督，令管理水利、河務各官，及濱河州縣，各於所屬境內，相視河流淺阻，每歲農隙，募夫挑挖，定爲章程，逐年舉行。必令功施可久，惠澤民生。勿得視爲具文，玩誤工作，及陽奉陰違，絲毫擾累。

特諭。

乾隆元年六月二十八日，奉上諭：

上、下兩江及江右鄉村，五六月間連值陰雨，山水驟漲。有水淹處所，據各該撫奏報，朕已批諭，速行賑恤安插。今據總督趙弘恩，將各被水情形，具摺彙奏。朕又批令督率屬員，盡心賑恤，務使災黎得沾實惠。

朕思江南、江西被水鄉村，雖係連陰驟漲，止屬近山近水之區。然被災之家，俯仰無資，甚可憐憫。所當加意撫綏，毋令少有失所。其水勢旋即消退之地，固可補種雜糧。而低洼積水之田，不能補插秧苗者，更宜確加查勘，酌免本年額賦。至房舍量加修葺，籽粒應否給助之處，俱著悉心料理，以副朕愛養元元之意。

欽此。

乾隆元年七月初十日，奉上諭：

兩淮鹽務內，有從前江廣①口岸匣費，收受人員數目，及甲乙兩綱、上下兩江各官收受規禮銀兩，歷年既久，人多物故。據督臣趙弘恩等題請免議比，經户部議，令造册送部核奪。朕思此項陋規餽送，皆在昔年未定養廉之前。今事隔多年，授受之人，多陞遷事故。不但銀兩難追，即造册亦無確據，不足憑信，徒滋地方之紛擾。著加恩悉行寬免，並免其造册送部。該部可即行文兩淮鹽政衙門知之。

欽此。

乾隆元年八月十一日，奉上諭：

各省學政有衡文育才之責，關係綦重。從前各賞養廉，資其用度，俾得堅持操守，砥礪廉隅，衡鑒公明，共襄國家作人之鉅典。天下人文繁盛，應試衆多者，莫如江南。而江南學政養

① 「廣」，《四庫》本作「漢」。

廉，江蘇二千兩，安徽一千五百兩，較他省爲少。以此養贍家口，延致幕客，未免不敷，所當加恩體恤者。著從今秋爲始，上、下兩江學政養廉，各賞銀四千兩。使伊等用度從容，益得盡心於職業，以副朕任官課士之至意。

欽此。

乾隆元年八月十三日，奉上諭：

任土作貢，按則徵科。賦税之重輕，惟視地畝之肥瘠。朕聞江南昆山、新陽二縣，有沿江濱湖地畝，雖不類於報荒坍没，而蘆葦蓁蕪，不堪樹藝。或地處低洼，十載九荒。乃原編科則時，分晰未清，竟有以下産而供上賦者。以致小民輸納維艱，終歸逋欠。曾經前任撫臣委員察勘，未曾上聞。著巡撫顧琮確查詳核，將如何釐正科則，裁減浮糧，以紓民困，副朕愛養黎元之至意，悉心妥議具奏。

欽此。

乾隆元年八月，奉上諭：

朕聞揚州府儀徵縣江口，至江都、甘泉二縣所轄三岔河一道，共計六十餘里，爲通江達淮要津。向例三年大挑一次，撈淺一次，共需銀一萬六百。是皆商三民七，分派捐輸。經管里甲，不無苛索需擾。而承修各官，又復層層侵扣。以致撈淺、挑濬有名無實，無益於工程，有累於百姓。嗣後著將商民派捐之項，永行停止。亦不必拘定三年之限，如遇應濬之年，著該鹽政委員確估，實力挑濬。所需工費，即於運庫一半充公項下動支。毋得虛冒侵肥，草率塞責。

欽此。

乾隆元年十月，奉上諭：

今歲江南夏秋之間，天雨連綿。淮、揚一帶各州縣低洼田畝，有被水淹漫者。朕恐窮民失所，已諭令督撫等，加意賑恤，俾獲安居。今思此等百姓，若於冬春之交，再令傭工，以資力作，更爲有濟。查宿遷、桃源、清河、安東，以及高郵、寶應等州縣，均有應行挑濬之河道。其安東舊鹽河，約估需銀二萬二千餘兩。宿、桃、清、高、寶等工，約估需銀十二萬餘兩。著於今冬明春，次第興工。即令雇募民夫，及時挑濬。則於緊要河道，既得深通，而寓賑於工，窮黎更得藉以養贍。於地方民生，大有裨益。

欽此。

乾隆元年十月二十三日，奉上諭：

朕查兩淮鹽法，從前浮費繁多，商力日困。欽奉皇考諭旨，徹底清查，革除浮費，核定應留之項，以備地方公用。乃原任鹽臣噶爾泰，於酌定存公之外，又以商人具呈餽送鹽政銀八萬兩，名曰公務餽送；運司銀四萬兩，名曰薪水。奏請歸公，蒙皇考批諭：「此係噶爾泰等應得之項，若有需用之處，聽其自行支用。伊若不受，仍即退還衆商，不必歸公。欽此。」噶爾泰又奏稱：「衆商力量寬裕，此項實出情願。」又奉皇考諭旨：「俟有地方公事，將此應用。」是皇考聖意，不肯令其歸公，諭旨甚爲明切。後據噶爾泰經手辦理，雖每年按綱具奏，而其實商人未能照數完繳丙午、丁未兩綱，未完銀十二萬三千餘兩。商人具呈，分作六年帶徵。經部議准行在案。至己酉、庚戌，未完銀兩曾經鹽臣題請寬免，部議未允。

朕即位以來，仰體皇考愛養商民之心，屢加優恤，務使商力寬餘，以受國家恩澤。此項公務、薪水銀兩，既在額課之外，著永行停止，以惠商民。至從前己、庚兩綱未完公務、薪水之項，歷年既久，著悉行豁免。該督撫、鹽政，可即宣朕諭旨，俾衆商等共知之。

欽此。

江南通志卷之一

輿地志

有土地，後有人民。有人民，後有政事。土地者，三寶之首，故志者先焉。今直隸外爲省者十有五，而江南爲大。自周秦迄元，錯壤犬牙，名號互異。明畫其界，國朝因之。蓋沿革者屢矣，不改者山川也。城郭、宫室、關市之屬，輒與時遷移焉。其郡邑或沿唐、宋，或從近代或今，陞州爲郡，析縣爲縣，無華離之地矣。一督兩撫之所治，雄視鄰藩，遥拱京國，封疆誠重且大哉。

就圖爲説，而表其沿革。若疆域以下，次第及之，遺蹟皆入焉。爲類十有二，爲卷四十有八。作《輿地志》第一。

圖説〔一〕①

江南全省形勢總圖有説

江南十六府八州分界圖

江寧省城圖説見前

蘇州府圖有説

常州府圖有説

淮安府圖有説

徐州府圖有説

海州圖有説

江寧府圖有説

松江府圖有説

鎮江府圖有説

揚州府圖有説

太倉州圖有説

通州圖有説

① 據《四庫》本體例補。

江南通志　卷之一

江南全省形勢總圖

邳州
呂梁洪
沂水
山東嶧縣界
徐州府
銅山
沛縣
蕭縣
豐縣
魚台
碭山
黃河
金鄉
夏邑
河南歸德界
睢水
睢寧
虹縣
靈璧
宿州
五河
懷遠
蒙城
亳州
太和
鹿邑
潁州府
阜陽
潁上
沈邱界
淮水
鳳陽府
鳳陽
臨淮
鳳臺
壽州
霍邱
定遠
盱眙
廬州府
合肥
全椒
霍山
六安州
英山
河南固始界
巢湖
巢縣
含山
和州
舒城
潛山
太湖
江浦
廣城界
桐城
廬江
無為
安慶府
懷寧
宿松
羅田界
湖廣黃州界
望江
繁昌
蕪湖
當塗
太平府
銅陵
池州府
貴池
東流
南陵
青陽
涇縣
寧國府
宣城
建德
石埭
江西湖口界
太平
旌德
寧國
彭澤界
黟縣
祁門
休寧
績溪
歙縣
徽州府
婺源
浮梁界
江西樂平界
遂安界

江南總圖説

江南於天文占斗、牛、女、奎、婁、房、心分野，在星紀降婁、大火之次。其地廣輪數千里，左臨大海，旁界五省。其名山則有蔣、茅、八公、天柱、九華、黄山、塗、梁、采石，其大川則有黄河、江、淮、泗、運河、三江、汝、潁、睢、滁、肥，其藪則有震澤、巢湖、洮湖，其重險則有東關、二峴、清流關。

名都雄鎮，以江淮爲統紀。淮之北，由潁、亳、徐、邳，盡於海、贛，所以障淮也。淮之南，由廬、壽、滁、和，訖於揚、通，所以蔽江也。江之南，首重金陵，而安、池、太平峙其上游，鎮、常、蘇、松廣其輔翼。西北則平原曠邈，以群山爲几案。東南則百川匯流，以滄海爲池沼。漕河自南訖北，蜿蜒其中，轉輸飛輓，檣颿相望。東南形勝，於兹爲最矣。

其田賦當天下十之三，漕粟當天下十之五。又益以淮、浙之鹽筴，關津之徵榷。其風氣則淮水以西，席用武之餘烈，多亢爽剛勁；大江以東，承浮靡之遺習，多優柔文弱。雖水土之性固殊，至於沐浴膏澤、被服禮義，則富教之效也。

江南十六府八州分界圖 說見前

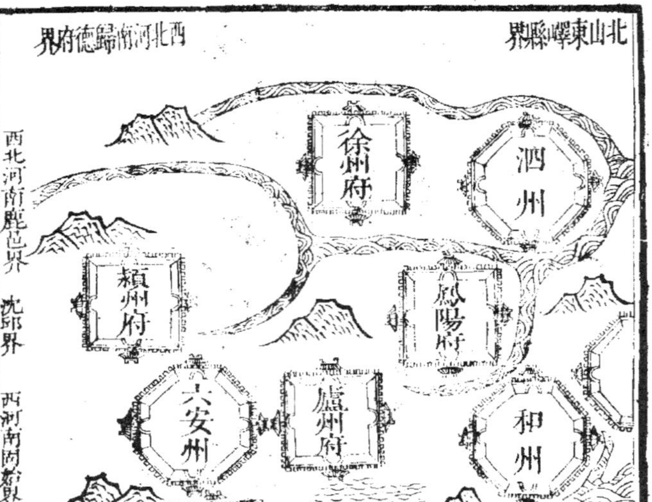

北山東嶧縣界
西北河南歸德府界
徐州府
泗州
西北河南鹿邑界
沈邱界
潁州府
鳳陽府
西河南固始界
六安州
廬州府
和州
巢湖
羅田界
安慶府
太平府
湖廣黃州界
池州府
寧國府
西南江西湖口界
徽州府
彭澤界
浮梁界
樂平界
遂安界

江寧省城圖
燕子磯
攝山
觀音門
佛寧門
姚坊門
太平堤
太平門
後湖
鍾山
明舊陵
靈谷寺
雞鳴寺
珍珠橋
小教場
漢軍府
總督部院
協鎮府
元淮橋
萬壽宮
朝陽門
仙鶴門
平橋
麒麟門
復成倉
進御機房
理事廳
復成橋
清平橋
公衙門
滄波門
通濟門
正陽門
察院
大中橋
縣學
淮青橋
通濟橋
神樂觀
中和橋
秦淮
烏衣巷
桃葉渡
文德橋
高橋門
舊教場
雙橋門
夾岡門
上方門
方山
土山

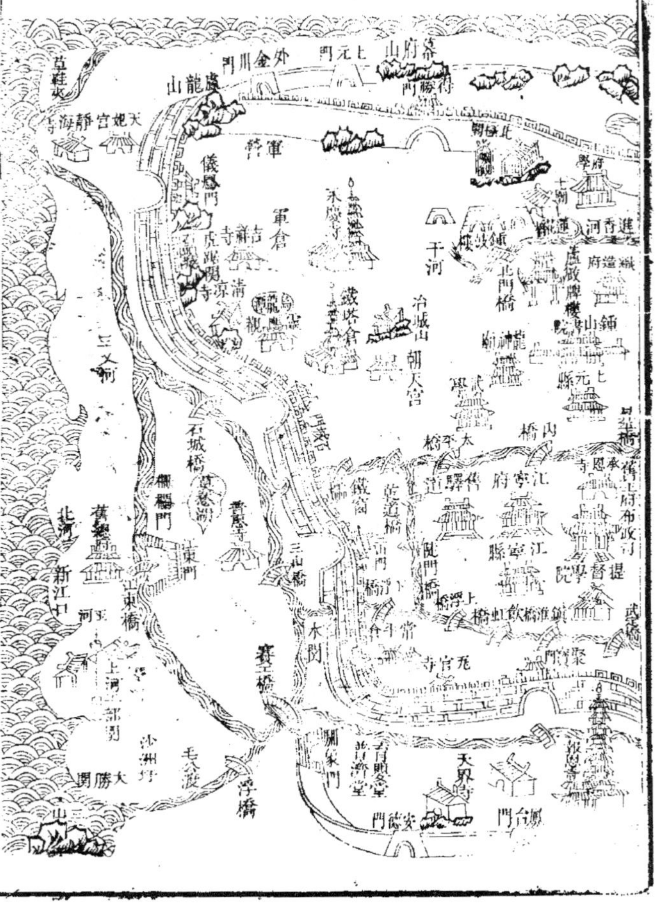
外金川門
上元門
幕府山
儀鳳門
天妃宫
靜海寺
軍倉
吉祥寺
清涼寺
干河
鐵塔倉
冶城山
朝天宫
石城橋
三山橋
水関
賽工橋
浮橋
聚寶門
安德門
鳳台門
天界寺
江寧府
江寧縣
提督學院
上浮橋
下浮橋
內橋
太平橋
府學
北門橋
鍾山
元縣
武學
大勝関
毛公渡
新江口
北河
東門
承恩寺

江寧府統七縣圖

北至泗州天
西陽山
蛾眉山
青山
黃天蕩
大江
燕子磯
攝山
鍾山
下蜀渡
中山
銅山
驪駒山
句容縣儒學
五旗山
青龍山
禁旅駐防
赤山
三茅山
土山
赤山湖
丫髻山
西門山
方山
溧水縣儒學
雷公山
固城湖
南至寧
東至鎮江府溧陽縣界

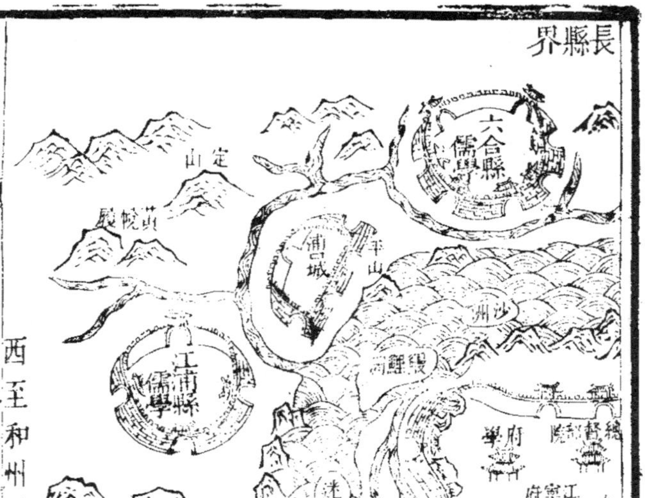
西至和州界
六合縣
儒學
江浦縣
儒學
浦城
平山
沙洲
定山
黃帨嶺
洲子洲
三山
烏江
浮沙洲
江寧鎮
烈山
石臼湖
高淳縣
儒學
府學
江寧府
上元縣
江寧縣
布政司
國府界

江寧府圖説

江寧府，天文斗、牛、女分野，星紀之次。其地東控京口，西接歷陽，南距宛陵，北界天長。武侯謂「龍蟠虎踞」，朱子亦言「岷山之脈」。東盡於建康，山之所至，水亦會焉。鍾山之左，挾層巒而綿亘，迄於西南。大江之右，經石頭而朝宗，出於東北。山水相環，中開宏衍，依北山以作鎮，憑牛首而爲闕。秦淮繞其陽，後湖蕩其陰。磅礴扶輿，藴藏靈懿，蓋東南之壯麗無過於此者矣。若乃襟帶淮、海，控甌、閩而引荆楚，北通梁、宋、齊、魯之郊，洵水陸之總會也。設制府以轄列郡，宿重兵以資彈壓，經緯之方得地利焉。句容有華陽地肺，號爲名山，當郡東鄙，扼丹陽、京口之路。而下蜀、龍潭，俱大江津濟之所。溧水、高淳，環山據澤，其間有丹陽、石臼、固城三湖。古中江流經於此，下達荆溪。江浦有浦子口，自此濟江，至府城十餘里而近。六合東有瓜步山，臨迴爲高。南有六合山，即魏太武所嘗登也。宣化鎮在宣化山之陽，隋晋王廣嘗於此渡江。故二邑於古皆屬江北州郡，明代割隸江寧，稱控禦長策。至憑江設險，所在俱有，而自昔以潤州、姑孰爲尤要焉。

蘇州府統九縣圖

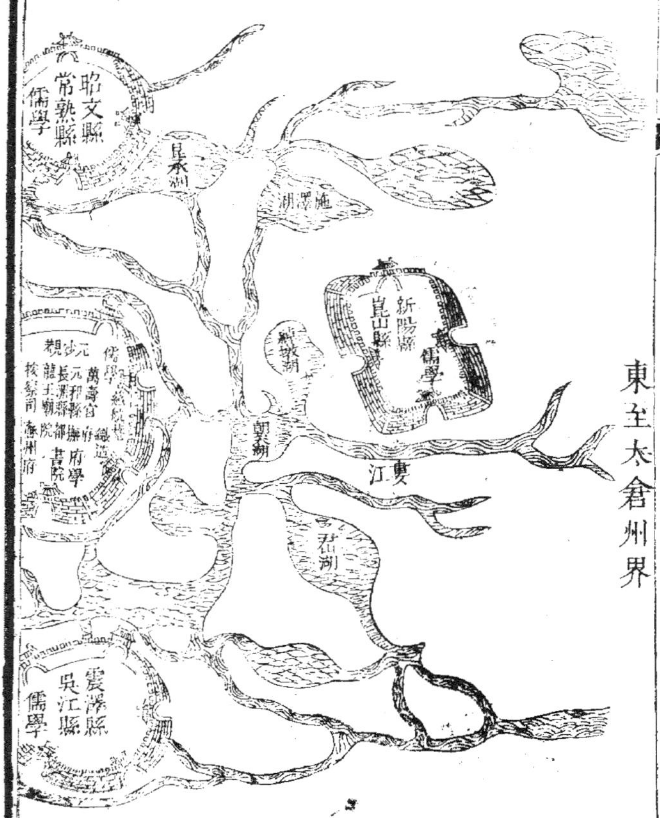

州界
虞山
陽山
運河
滸墅關
元墓
光福
支硎山
穹窿山
天平山
漕湖
横塘
胥江
行春橋
新郭鎮
石湖
西至常州府宜興縣界
西洞庭山
太湖
東洞庭山
興府界

蘇州府圖説

蘇州府，天文斗、牛分野，星紀之次。其地東距太倉，西通陽羨，南界嘉興，北距大江。三縣附郭而居，六邑環其外。山川鉅麗，風土清嘉，江南之奥壤也。山之大者，陽山、天平、穹窿、岝崿，以拱郡治。蜿蜒而北出者，萃於海虞，而爲虞山。水則長江自江陰流入，經常熟縣境而東注於海。鉅而名者太湖也，中有七十二山，吞吐波際，常、潤、宣、歙之水皆納於此，而下注三江。運河則自嘉興而北，經郡城會胥江，而西北入無錫縣界。擅江湖之利，兼海陸之饒，繁華盛麗之名甲天下。

至若萬流所輳，分津導渠，組繡交錯，田賦所出，常書上上。而吴江以西，濱於太湖，其患在潦。昆山以東，高接岡身，其患在旱。一則宜開吴淞白茆，以爲泄注；一則宜爲陂塘蓄水，以時灌溉。此水利所以爲要務也。

郡爲浙西要會，轉輸供億，天下資其財力。且其地形四達，水陸交通，浮江達淮，倚湖控海。開府於兹，兼轄八郡三州，豈不以形勢所關，匪但財賦之淵藪哉？

松江府統八縣圖

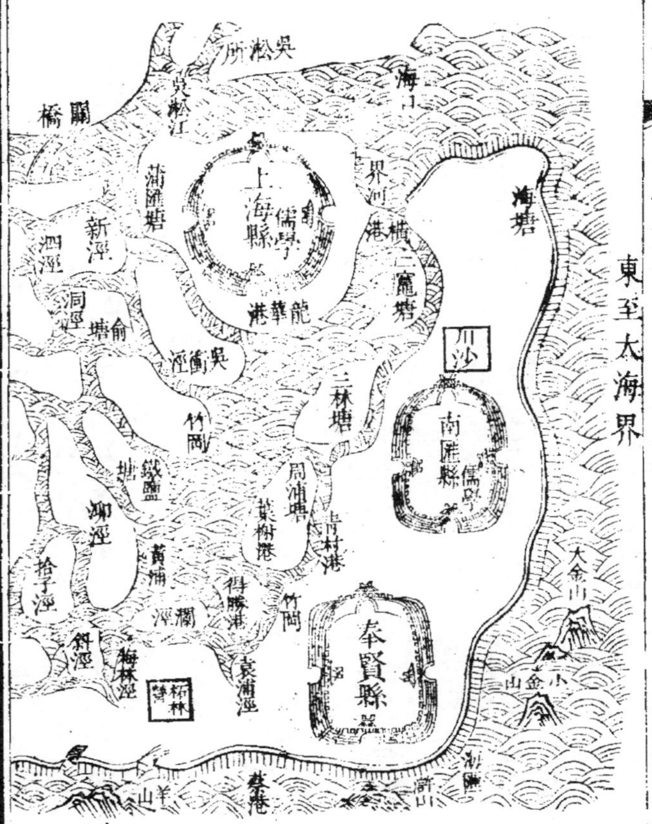
北至蘇州
吳淞所
吳淞江
海口
關橋
上海縣
儒學
蒲匯塘
界河港
横
三竈塘
新涇
泗涇
洞涇
俞塘
龍華港
吳衝涇
川沙
三林塘
南匯縣
儒學
竹岡
鐵鹽塘
周浦塘
泖涇
葉榭港
青村港
黃浦
拾子涇
得勝港
竹岡
斜涇
梅林涇
柘林
袁浦涇
奉賢縣
大金山
小金山
海塘
東至太海界
羊山
南至金山

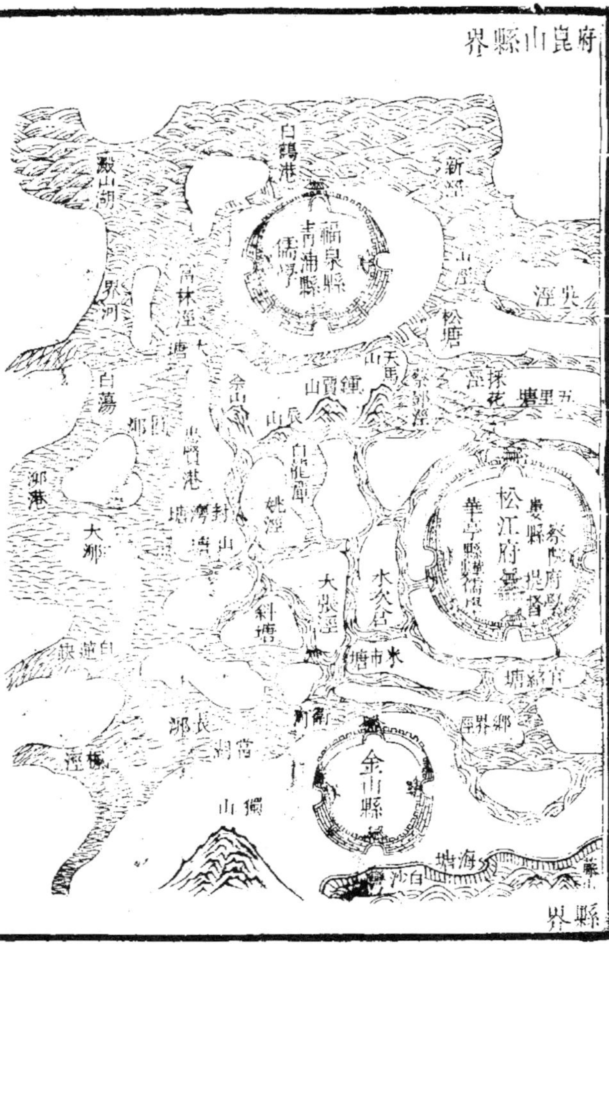
府崑山縣界
西至蘇州府長洲縣界
縣界
松江府
婁縣
華亭縣
提督
金山縣
福泉縣
青浦縣
白鶴港
殿山湖
新涇
界河
白蕩
大泖
長泖
泖港
松塘
鍾賈山
天馬山
佘山
長山
白龍潭
姚涇
斜塘
大張涇
水次倉
米市塘
橫涇
獨山
白沙
海塘
五里塘
採花涇
官紹塘
鄉界涇
小蒸
曹涇
當湖

松江府圖説

松江府，天文斗、牛分野，星紀之次。其地西連吴、會，北距疁城，東南皆濱大海。郡建置稍後，然谷水、昆山自昔傳爲名勝。以故鍾靈毓秀，雄望埒于蘇、常，不獨穀帛所資，推爲財賦要區矣。山峙郡之西北，元人凌嵓題以「九峰名勝」，遂著於天下。吴淞江流經青浦、上海之界，上承太湖、澱、泖諸水，而會黄浦以入於海，府之所由名也。黄浦亦上承澱、泖，而下流視淞江尤大。澱山湖古來鍾水之地，三泖或云即谷水，二水相通，皆巨浸云。

所屬八邑，半瀕於海。魚、鹽、蜃、蛤之饒，民賴其利。然鹹水或乘風潮溢入，此捍海塘所以厚其防也。大海環其東南，而錢唐灌輸於南，長淮、揚子灌輸於北，與松江之口皆輻列海濱，互爲形援。今南匯、青村、金山三城已改縣治，而郡城駐劄督帥，宿重兵以資控扼焉。

常州府統八縣圖

北至通州
南至廣德
東至蘇州府吳縣界
靖江縣
儒學
江陰縣
儒學
提督學院
金匱縣
無錫縣
儒學
君山
惠山
太湖
柯山
銅山
膠山

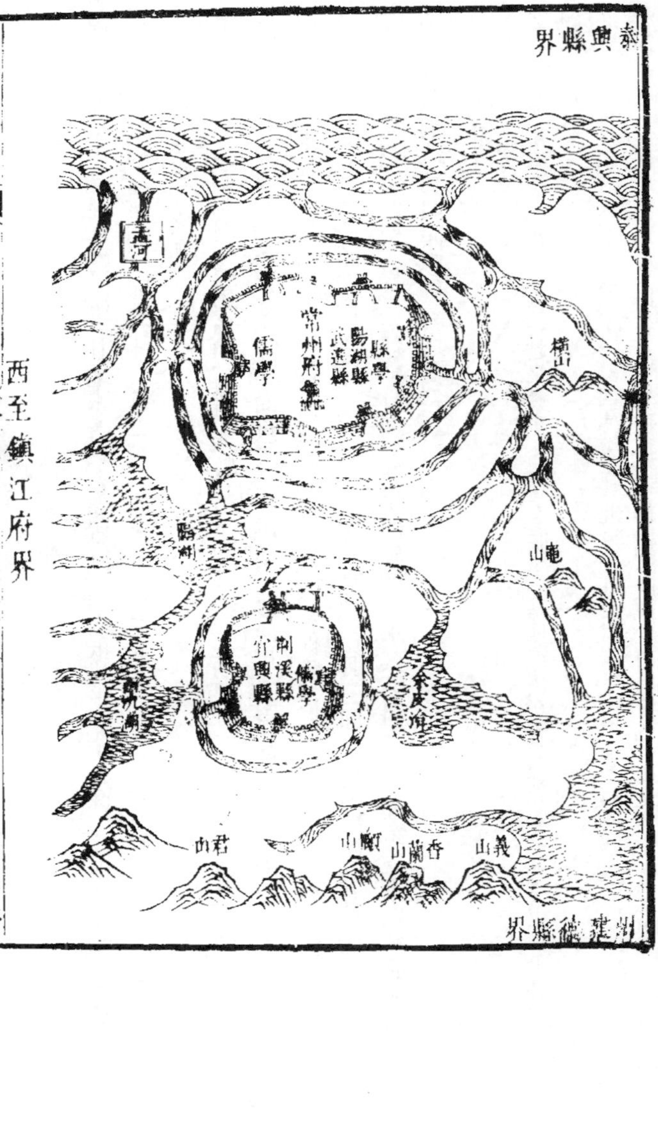
泰興縣界
西至鎮江府界
常州府
陽湖縣
武進縣
縣學
儒學
荊溪縣
宜興縣
儒學
橫山
黿山
君山
銅山
香蘭山
義山

常州府圖説

常州府，天文斗、牛分野，星紀之次。其地東臨吴、會，西拱潤州，南抵建平，北距泰興。唐李華所謂「當楚、越之襟束，居三吴之爽塏，望高地劇，江外名邦」①者也。山迴水匝，環爲都會。外奥而内曠，舟車四達，物産阜繁，擅沃衍之宜，兼水陸之利。

若夫九龍蜿蜒，二洞峆岈，境内名山，難以悉數。水則洮、滆二湖與具區埒，東九西九納鎮江、廣德及諸山澗之水，潏爲長流。荆溪舊受中江，而百瀆爲之尾閭。運河自東南達於西北，行府境者幾二百里。若其形勢之大者，北則長江自丹陽流入，東注於海虞②。以江陰爲保障，以靖江爲犄角。而孟河、揚舍③，皆其津要。南則太湖三萬六千頃，包括衆流。而武進、無錫、宜興，環其三面。百瀆梁溪又其津要也。

至若武進、江陰，地高而患旱。無錫、宜興，地卑而患潦。求其蓄泄之宜，而疏支渠以待時灌溉，浚百瀆以定震澤，則地利興而豐穰因之矣。

---

① 李華《常州刺史廳壁記》作：「當楚越之襟束，居三吴之高爽，基地恒穰，故有嘉稱。領五縣，版圖十餘萬，望高地劇，此關外名邦。」
② 「北則長江自丹陽流入，東注於海虞」，《四庫》本作「北則長江自丹陽東南以注於海虞」。
③ 「孟河、揚舍」，《四庫》本作「東西各岸」。「揚舍」，今作「楊舍」。

鎮江府統四縣圖

北至揚州府江
東至常州府宜興縣界
南至常州府
北固山
焦山
象山
東馬頭
大沙
鎮江府
丹徒縣
府學
縣學
郡厲壇
九里街
高家沙
小沙
京峴山
徐府洲
長生洲
山北港
安港
安港司
焦湖
吳王廟
圌山
沙腰河
山川壇
孩兒橋
巴灣岡
丹陽縣
儒學
何家港
朱家港
九曲河
青陽
柵口
陵口
呂城

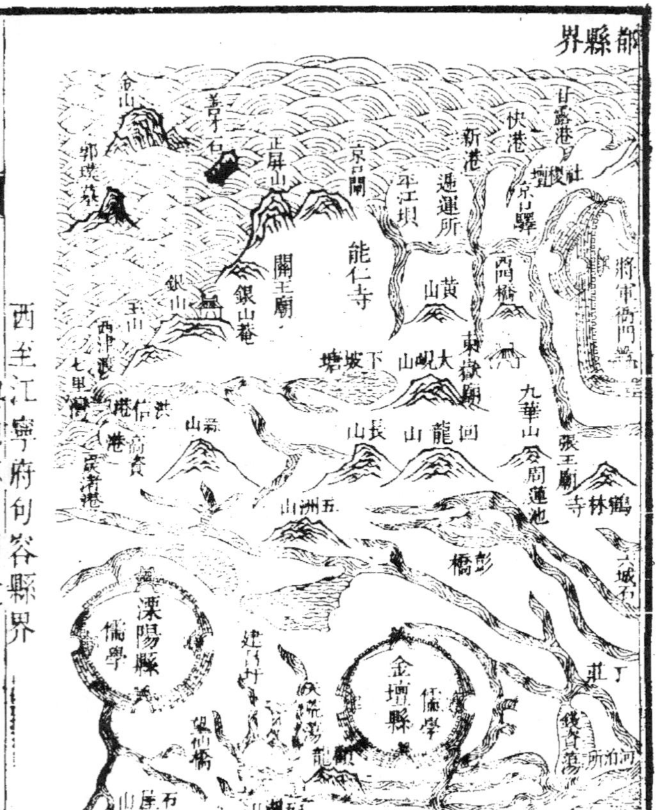

江南通志　卷之二　輿地志　圖說　十五　鎮江府

鎮江府圖說

鎮江府，天文斗、牛分野，星紀之次。其地東接晋陵，西通句曲，南界廣德，北距江都。大江自句容界流逕郡城北，又東歷丹陽，入常州府。其山曰北固，曰金，曰焦，世稱京口三山，爲江海鎖鑰云。由府境西抵石頭，高岡逼岸，宛如長城，凡二百餘里。由府境東至孟瀆七十餘里，或高峰横亘，或洲渚錯列，或沙港淺狹，難以通行。故江岸之防，惟在京口。而圌山當江流屈曲之處，其防爲尤要。蓋地當四達之衝，上則翼衛建康，下則襟束毘陵。北道淮、楚、通、泗、豫，南走錢唐、甌越，商賈舶，水陸相望於城下。自孫吴以來號爲重鎮，誠所謂「三吴襟帶之邦，百越舟車之會」矣。

至郡治諸山，來自浙西之天目，分支爲二。其左逆江而上者，萃於金陵。其右沿江而下者，入於蘇、常，盡於大海。又所謂「三吴之山川林泉，肇發於此」者也。運河自武進流入丹陽，又西北經丹徒縣，而達於江，即隋渠之遺跡也。金壇之三茅山，西連句容。丹陽之練湖，金壇之長蕩，謹脩築，禁侵占，可以漑田而濟運。溧陽五堰，分江水以入蕪湖者也。溧水一名永陽江，即古所謂中江者，下流爲丹陽之白鶴溪，宜興之荆溪者也。

淮安府統六縣圖

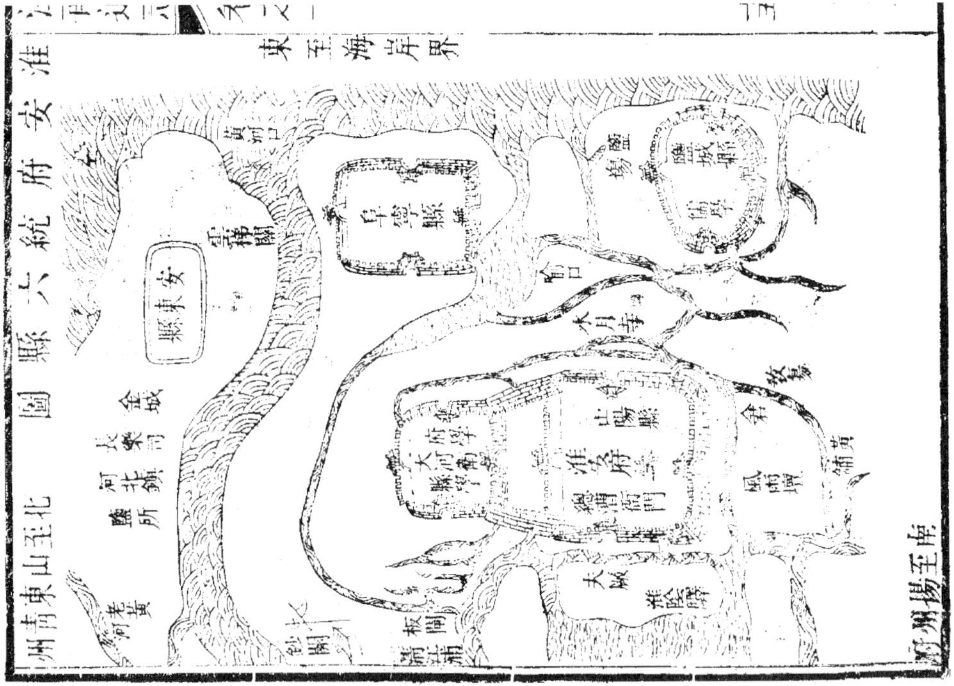
北至山東青州
東至海岸界
南至揚州府
安東縣
雲梯關
金城
長樂司
河北鎮
鹽所
老黃河
阜寧縣
鹽城縣
山陽縣
淮安府
總漕衙門
大河衛
府學
縣學
板閘
鈔關
清江浦
淮陰驛
大城
風雨壇
黃浦

府莒州界
西至鳳陽府虹縣界
三岔司
桃源縣
儒學
清河縣
儒學
天妃廟
總河衙門
天妃閘
御壩
淮黃交會
運河
尚家堰
洪澤湖
姥山
西湖
南湖
寶應縣界

淮安府圖說

淮安府，天文斗分野，星紀之次。清河、安東二縣，奎、婁分野，降婁之次。其地東至海濱，西連宿豫，南接寶應，北距朐山。運河南自高、寶抵郡城西北，又西達於淮，迢迢一水，上則方舟通於清、泗，下則風帆達於江津。地形都要，水陸交通，自古號爲重鎮。歲漕數百萬，咸取道於此，誠南北之襟喉也。

黄河西北自邳州流入，淮水西南自泗州流入，而會於清河縣之清口，東北以入於海。其發源中州，挾諸山溪之水而東流，匯爲巨湖者，曰洪澤。郡既有淮，加以黄河之全注，而清口不能驟泄，則益停瀦於洪澤。故淮之爲郡，惟恃高堰一堤，歲脩所以衛生民而護運道也。西有清江浦，居民夾岸，爲水陸孔道。有廟灣鎮，横扼海口，商舶往來，號稱險要。明代建有城垣，今阜寧分邑於此。清河當淮、泗之口，桃源在其西南。一邑中限河、淮，連諸湖蕩，時衍溢爲害。鹽城東阻巨海，爲郡屏障，場竈相望，鹽筴之所自出也。西則射陽湖與山陽界，納諸邑及高、寶之水而注於海。安東當河、淮入海之處，有漣河焉。

揚州府統二州五縣圖

北至淮安府山

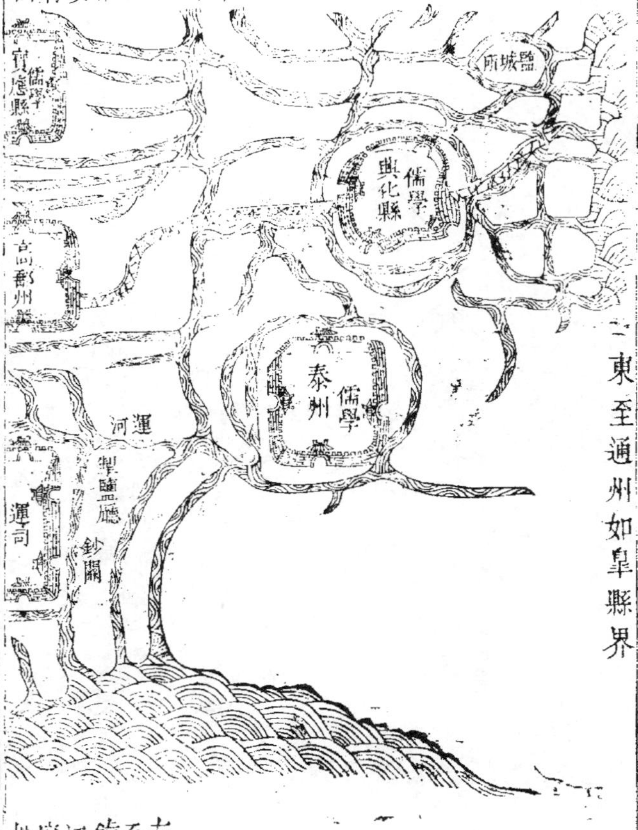

東至通州如皐縣界

南至鎮江府丹

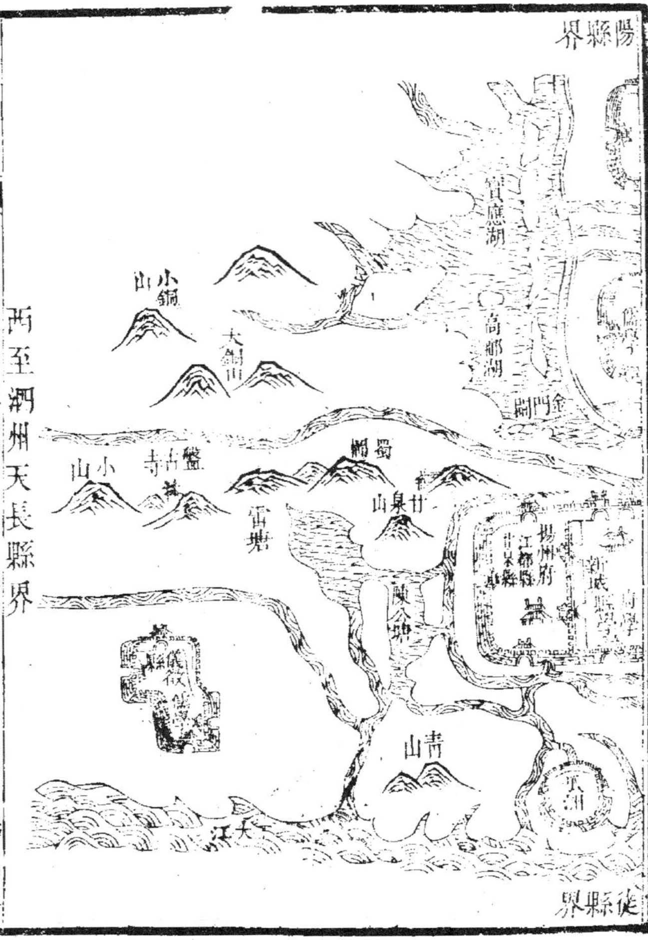
陽縣界
寶應湖
高郵湖
金門閘
小銅山
大銅山
西至泗州天長縣界
盤古寺
小山
蜀岡
甘泉山
雷塘
揚州府
江都縣
甘泉縣
新城
陳公塘
儀徵縣
青山
瓜洲
大江
徒縣界

揚州府圖説

揚州府，天文斗、牛分野，星紀之次。其地東薄海壖，西距天長，南連京口，北届淮陰。大江自六合縣界流入儀徵，過江都而東，瓜洲屹然，與鐵甕城相望。運河繞郡城東南，逶迤北流，達於淮泗。從上江來者，自儀徵入。從京口濟者，自瓜洲入。皆會於揚子橋以入運河，帆檣櫛比，車轂鱗次，昔人稱爲「四會五達之莊」是也。若乃煮海之利，名擅東南，富商巨賈，輦載以至。因之用度侈溢，浸以成風。所謂「廛閈撲地，歌吹沸天」者，由來舊矣。至其脣齒淮左，肘腋金陵，自昔重其形勢。而漕運之所經，財賦之所輸，動關國計，謂之雄邦，非徒然也。

府境平曠少山，惟西北蜀岡，綿亘四十餘里。西屬儀徵、六合。儀徵濱大江，水陸衝要。高郵州介居揚、楚，藪澤迴環，有三十六湖。樊良、甓社之類，相連如貫珠。土沃水深，富有魚稻。然當天長諸山水之下流，恃堤岸以爲固焉。寶應東有射陽湖，東北界於淮安之山、鹽二邑。其西南諸湖，亦與高郵諸湖相通，運道之襟喉也。泰州川原沃衍，魚鹽繁殖，號爲奥區。興化積水之場，塗泥苦潦，於府屬諸邑，稱僻壤焉。

徐州府一州七縣圖

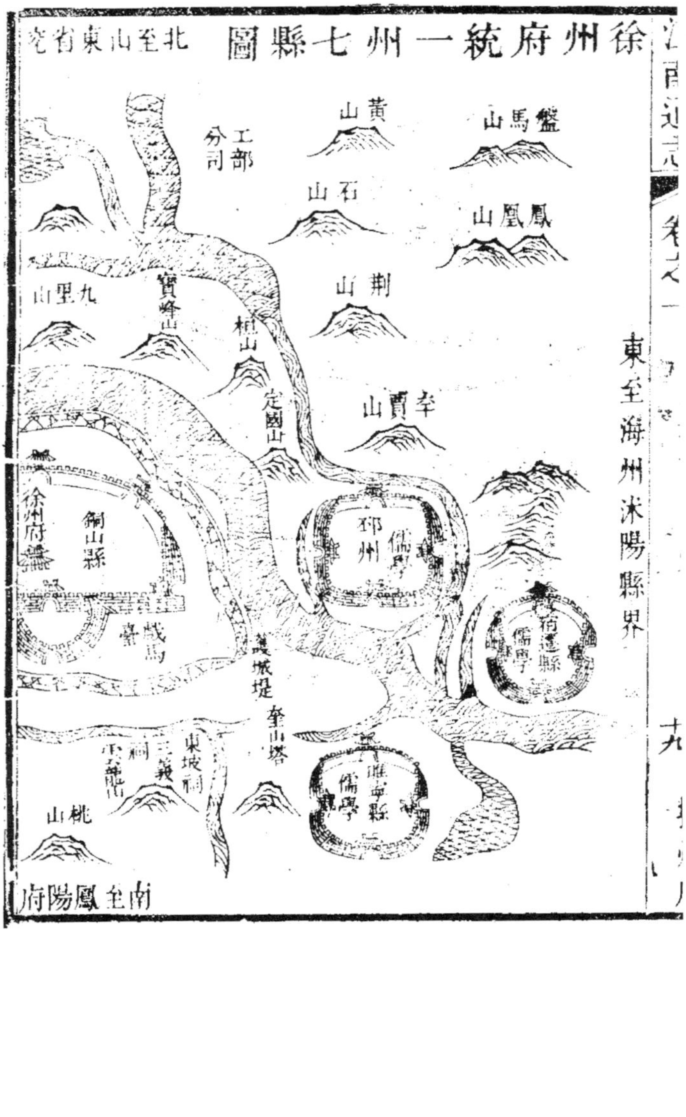

北至山東省兗
東至海州沭陽縣界
南至鳳陽府
黄山
盤馬山
工部分司
石山
鳳凰山
荆山
九里山
寶峰山
相山
定國山
徐州府
銅山縣
戲馬臺
邳州
儒學
宿遷縣
儒學
護城堤
雎寧縣
儒學
東坡祠
三義祠
桃山

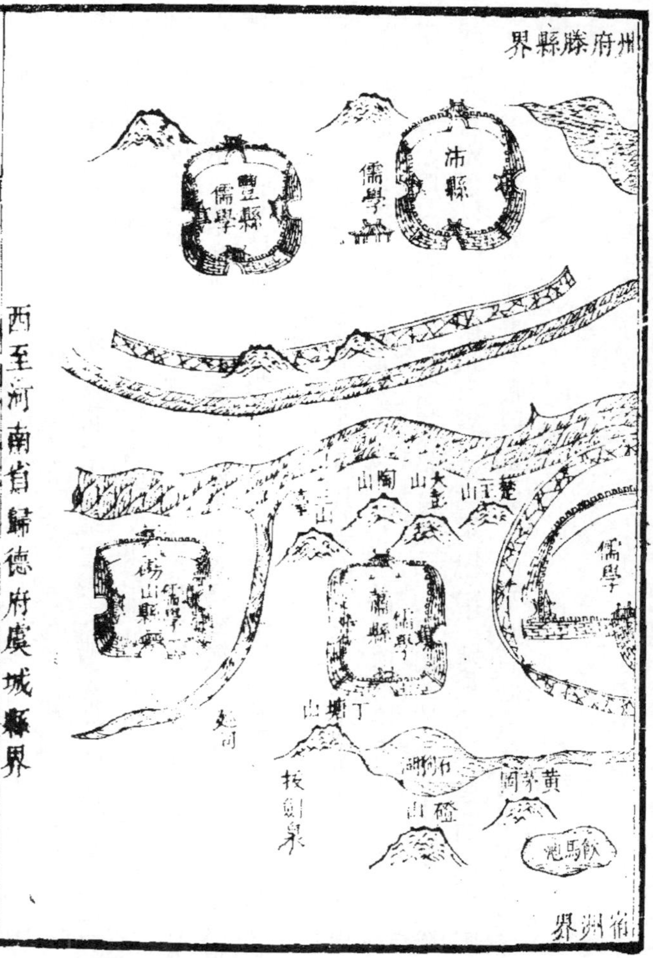
州府滕縣界
西至河南省歸德府虞城縣界
沛縣
儒學
豐縣
儒學
楚王山
大彭山
陶山
儒學
蕭縣
丁塘山
黃茅岡
飲馬池
宿州界

徐州府圖説

徐州府，天文房、心分野，大火之次。邳州，奎、婁之次。其地東抵沭陽，西連夏邑，南界靈璧，北通嶧縣。黄河自河南虞城縣流入碭山界，東經蕭縣，又東至郡城。又東經睢寧，與邳州分界。又東經宿遷，又東南抵淮安之清河，合於淮。泗水自山東魚臺縣流入沛縣，又東南至郡北。汴水西北自碭山縣來注之，是所謂汴、泗交流者。自大河南徙，占二水爲經流，今自碭山以下，汴之故道也；郡城以下，泗之故道也。運河自清河縣西北流至宿遷，而濟、汶、沂、泗諸水，實交會於此，以利轉漕者也。又北至邳州西，又西北流入汴縣界。

郡境東西相距數百里，而黄河貫其中，運道出其左。州一，縣六，星羅棋布。舟車四出，南達江、淮，西北走齊、魯、梁、宋之郊，爲南北之襟要。故彭城下邳，自古稱重鎮焉。

郡治四山，合沓如環，汴、泗爲池。城隍峻整，風氣勁悍，多用武遺蹟。東有二洪之險，懸水百仞。南有戲馬臺，高廣可以屯戍，與城相表裏。蕭處衆山之中，號爲深阻。豐、沛、碭山，野曠原平，並宜耕稼。至宿遷、睢寧，當黄、運下流，自河工告成，隄堰鞏固，而泄瀉有歸，邳、宿之城，庶可慶寧居矣。

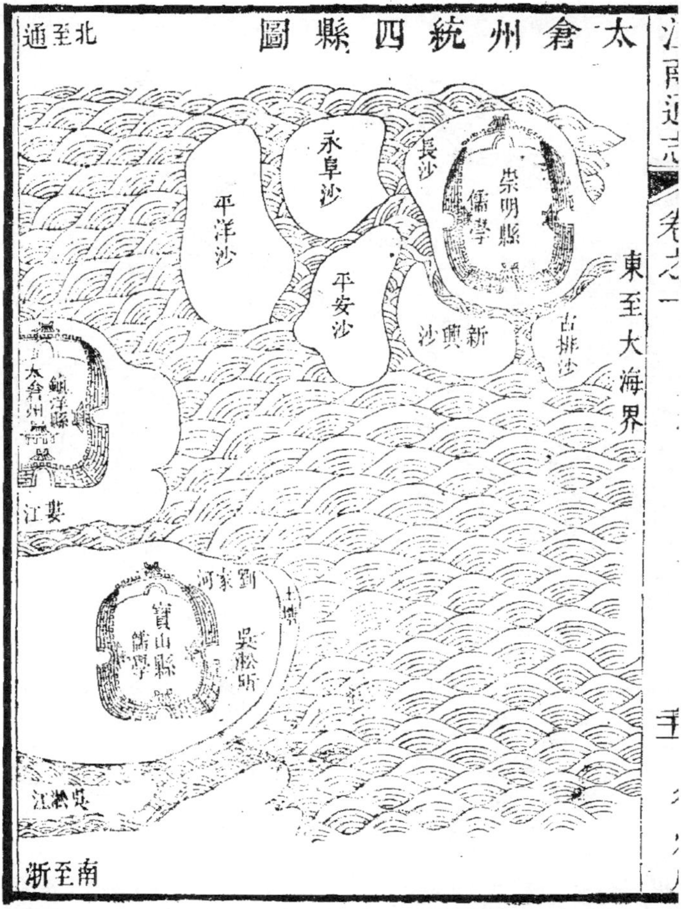
太倉州統四縣圖
北至通
東至大海界
南至浙
崇明縣
儒學
長沙
永阜沙
平洋沙
平安沙
新興沙
古排沙
太倉州
鎮洋縣
婁江
寶山縣
儒學
吳淞所
劉家河
吳淞江

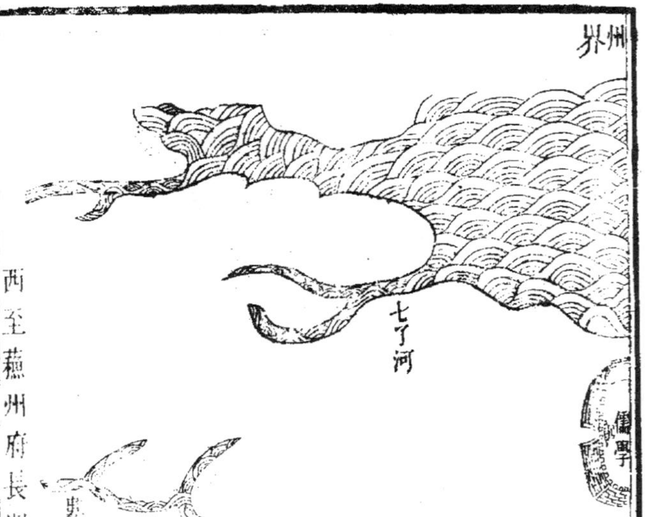

州界
七了河
儒學
東江
西至蘇州府長洲縣界
嘉定縣
儒學
吳淞江
江界

太倉州圖説

太倉州，天文斗、牛分野，星紀之次。其地南接松江，西界昆山，東濱大海，北控江口。大江自鐺脚浦入海。婁江自昆山西來，至劉河口亦入於海。州承太湖東下之委，爲水國門户。諸塘之水，縱横灌注，並與海通。故昔人論三吴水利者，半在州境焉。至若瀕海之地，岡阜相屬，土人謂之岡身，蓋天之所以限滄溟也。

嘉定之練祁塘，亦通潮汐。縣東南爲吴淞江入海之口，舊設寶山、吴淞二所，以司防汛。今寶山爲縣矣。崇明孤懸海中，衆沙環之。然地直江海之會，爲吴郡外屏，故重鎮設焉。

海州統二縣圖

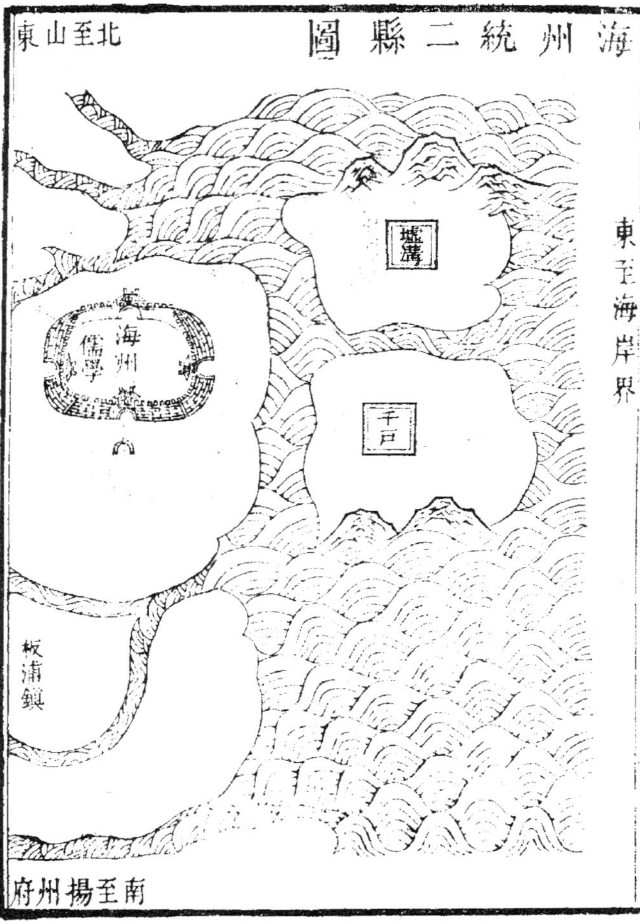

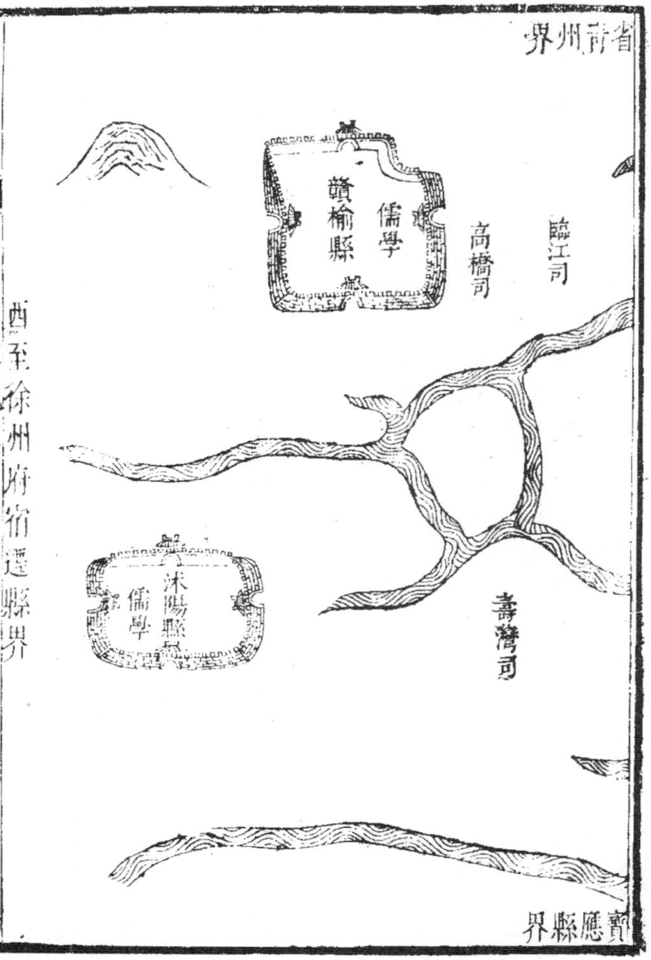
省府州界
臨江司
高橋司
儒學
贛榆縣
西至徐州府宿遷縣界
沭陽縣
儒學
壽灣司
寶應縣界

海州圖説

海州，天文奎、婁分野，降婁之次。其地西連徐、邳，南接淮甸，北達山東，東距大海。海中有鬱洲、鶯遊諸山。鬱洲爲島嶼勝境，鶯遊則元時海運之所經也。州南有碩項湖，爲安東縣界。贛榆與沂、莒二州相錯，沭陽亦界於郯城。沭水自西北流經縣境，入於碩項湖，《周禮》所謂「青州之浸」是也。

州境平衍無關隘，東望滄波，既極浩渺之觀，而三方所屆，水陸交通，故自昔稱爲南北襟要。秦人立爲東門，六朝倚爲重鎮云。

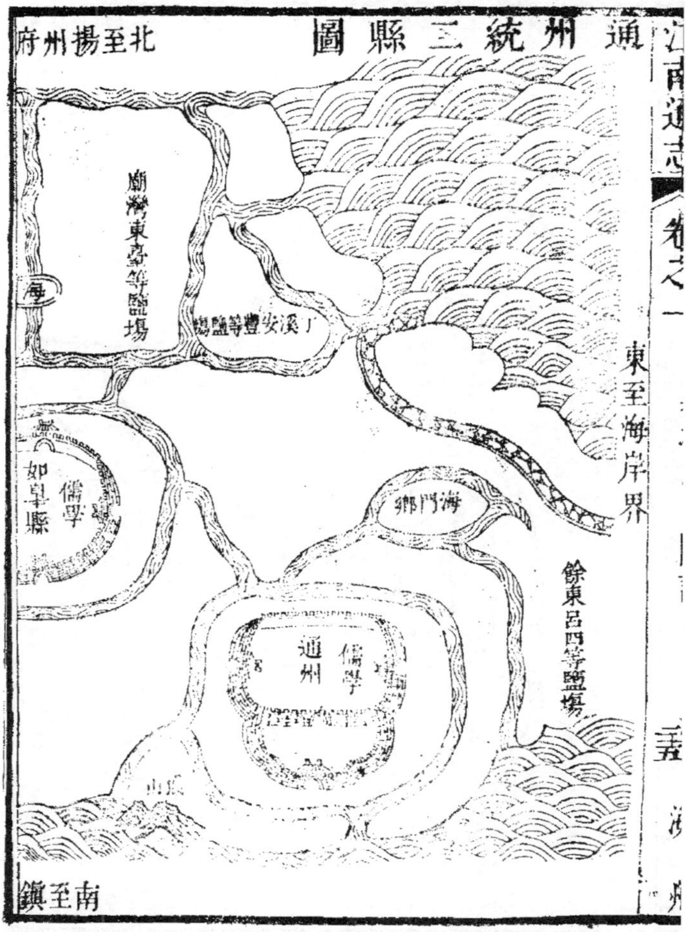
通州統三縣圖
北至揚州府
東至海岸界
南至鎮
廟灣東臺等鹽場
丁溪安豐等鹽場
如皋縣
儒學
海門鄉
餘東呂四等鹽場
通州
儒學

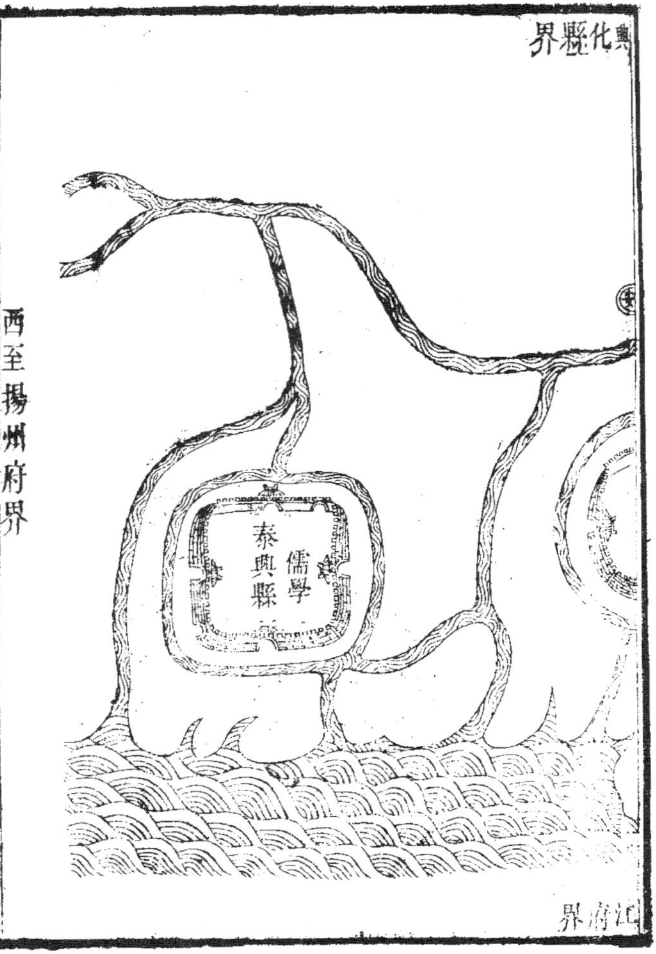
興化縣界
西至揚州府界
儒學
泰興縣
江府界

通州圖説

通州，天文斗、牛分野，星紀之次。其地南控江口，西望靖江，東北瀕海。自後周取之以通吴、越，而其名遂著。南有狼山，大江西來，經其下而東，至料角嘴入海。南對昭文之福山鎮，一葦可杭。順流而東，則抵崇明。於海道無所不達。江北之海防，莫要於此，故狼山設重鎮焉。

州所屬二邑，其境皆抵大江。如皋縣東亦距海，自掘港東南，諸鹽場棋布。其間運鹽河自泰州東行，經如皋入州界，而東達於吕四場。其聯絡貫注者爲串場河，匪惟鹽艘所關，亦設險之地也。泰興縣與靖江錯壤，斜連孟瀆，舟艇往來，雖屬通州，實揚郡之屏蔽矣。

江南通志卷之二

輿地志

圖說〔二〕①

安慶府圖有說　徽州府圖有說

寧國府圖有說　池州府圖有說

太平府圖有說　廬州府圖有說

鳳陽府圖有說　潁州府圖有說

滁州圖有說　和州圖有說

廣德州圖有說　六安州圖有說

泗州圖有說

① 據《四庫》本補。

安慶府統六縣圖
北至廬州
東至廬州府無爲州界
南至池州府東
天柱山
老關嶺
北峽關
潛山縣
儒學
桐城縣
儒學
龍眠山
孔城
呂亭驛
樅陽河
馬踏石巡司
長楓夾
大龍山
小龍山
安慶府
試院
撫院
萬壽宮
府學
縣學
臨江寺

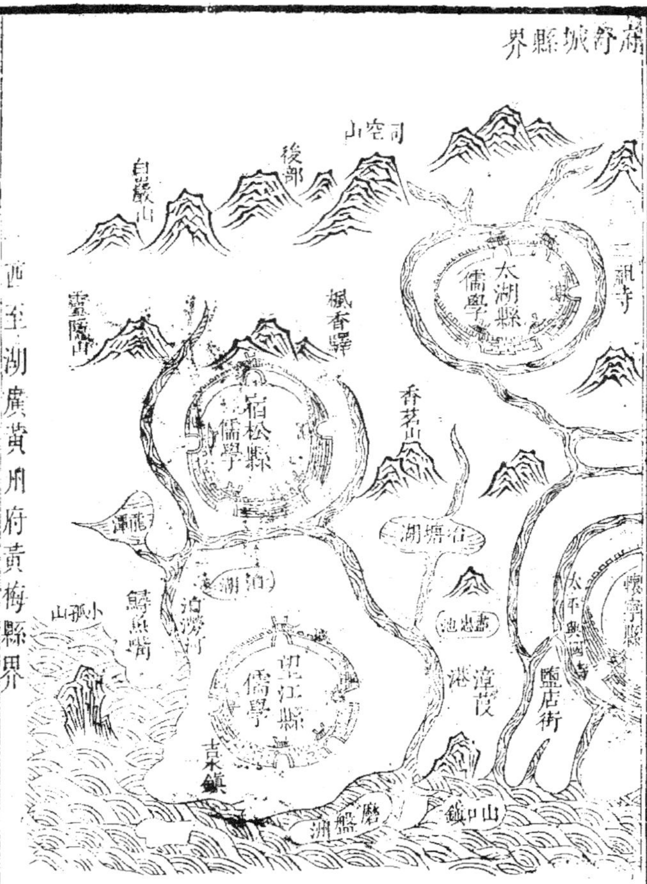
舒城縣界
司空山
後部
白巖山
西至湖廣黃州府黄梅縣界
靈陽山
楓香驛
太湖縣
儒學
三祖寺
宿松縣
儒學
香茗山
龍潭
石塘湖
泊湖
書忠池
小孤山
鱘魚嘴
泊湖河
望江縣
儒學
漳湖港
臨店街
太平興國寺
懷寧縣
磨盤洲
山口鎮
縣界

安慶府圖説

安慶府，天文斗分野，星紀之次。其地東連無爲，北距舒城，南及西界於江楚。所屬六邑，瀕江者四焉。

大江自蘄黄，東匯潯陽、彭蠡之水，入宿松界，小孤山屹立中流。江濤迅急，元人立鐵柱於此，曰「海門第一關」，實爲郡之門户。又東，經望江縣抵郡城，繞其三面。又東，過桐城之樅陽鎮，入無爲州。江行府境，凡四百餘里。其形勢上控全楚，下蔽金陵，故六朝俱以皖城爲重鎮。迄今撫臣開府其地，以鞏固疆宇焉。

境内諸山則有府治之大龍、百子，桐城之龍眠、浮渡，灊山之天柱，太湖之司空。皆嶔崎磅礴，作鎮一方。

水則匯爲川澮，瀦爲陂澤，莫不灌輸於江。而以灊水、樅陽河爲之經。昔人稱其山深秀而頴厚，水迤邐而蕩潏，鍾美藴靈，巍然爲上遊都會，良有以也。若乃其地扼江之衝，巨浸環之，一遇淫霖，易致暴漲。其遠於江者，又支流易涸，則溝洫之務，視築防爲尤要矣。

徽州府統六縣圖

北至寧國
黃山
大會山
新嶺
徽山
黃山司
桃嶺
箬嶺
績溪縣
儒學
石照
大彭山
東至浙江杭州府昌化縣界
古虹橋
東山營
萬年橋
老竹嶺
河西橋
斗山
黃荊渡橋
徽州府
府學
歙縣
儒學
教場
星嶺關
問政山
紫陽山
漁梁壩
紫陽橋
白際嶺
汰厦司
歙嶺
街口司
南至浙江嚴州

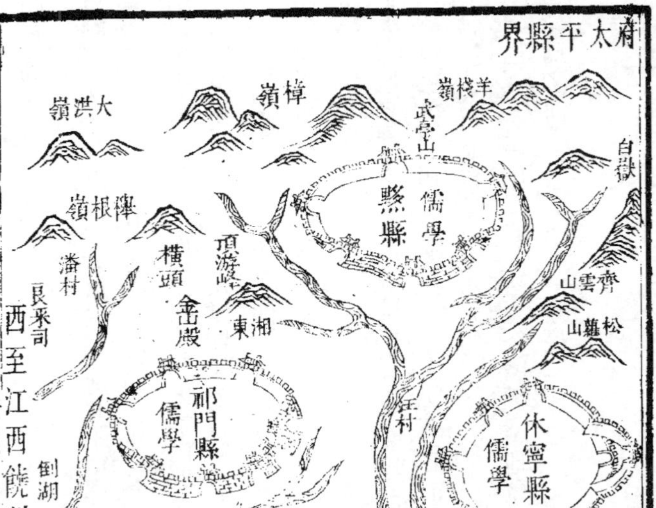

太平縣界
淳安縣界
西至江西饒州府浮梁縣界
大洪嶺
樟嶺
羊棧嶺
武亭山
櫸根嶺
黟縣
儒學
白嶽
潘村
横頭
項游嶺
良禾司
金山殿
東湖
齊雲山
松蘿山
祁門縣
儒學
汪村
休寧縣
儒學
倒湖
項村
龍尾山
程村
西灣
浇嶺
芳嶺
上溪口
高視防守
婺源縣
儒學
浙嶺
回嶺
赤橋
大白司
新嶺
大庸司
大庸嶺
濟嶺
石耳山
黄家嶺
五嶺

徽州府圖説

徽州府，天文斗分野，星紀之次。其地北距寧郡之太平，西界江西，東及南俱連於浙郡。在山嶺川谷崎嶇之中，地勢斗絶，山水雄深。巍峨以頫吴會，盤踞亘乎楚尾，據兩浙之上游，爲百城之襟帶。

其山以黄山、白嶽爲最，而齊雲之高，則郡内諸峰一覽可盡。若休寧之白際、馬金，婺源之張公、浙嶺、石耳、桃源，祁門之歷山、大共，黟縣之魚亭、牛泉，績溪之大鄣、巃嵸、徽嶺、大熬，或高峰峭壁，上矗雲霄，或複嶺重岡，旁跨州邑，能令遊觀者賞其幽遐，安土者樂其奥窔焉。巃嵸山與府北之箬嶺，通寧國者也。昱嶺、大鱅嶺，界浙之衢、嚴者也。黄竹嶺、梅嶺，連江西之饒郡者也。五嶺在休、婺之間，尤稱險塞。

其水則郡城之練溪，納黄山、巃嵸山之水，而注於歙浦。又會休、婺、祁、黟四水，同爲新安江，入於錢唐。婺源之武溪，祁門之大共，二水西流入於彭蠡。入浙江者爲灘三百六十，入彭蠡者爲灘亦三百六十，觀於水而地勢之高可知矣。

府屬六邑，咸有溪山之勝。然嶺谷險陋，壤地磽瘠，水湍悍少瀦畜，不雨易枯，驟雨則山漲暴至，故農事必豫爲之備焉。

寧國府統六縣圖

北至太平

東至廣德州建平縣界

南至徽州府績

江南通志　卷之十一　輿地志　圖說　寧國府

寧國府圖説

寧國府，天文斗分野，星紀之次。東距建平，西接青陽，南抵績溪，北連姑孰，自昔推爲名勝之郡。

其山之脈有三。南由黄山者，歷太平、旌德之東，寧國之西，而抵於郡治。東南由天目者，一歷廣德西南，至郡治之東；一自溧水南界、建平西界，而出於南湖之北。西南由九華者，歷涇縣之西，而北至於南陵。若府治之陵陽、敬亭、柏梘、華陽、麻姑、行廊，寧國之文脊、紫山，涇之水西、承流，太平之黄山、陵陽，南陵之工山、朗陵，皆名山也。

水之源亦有三。南由績溪叢山及天目北麓者，歷寧國至郡治，爲句溪與宛溪合。西由太平涇川者，至郡治爲青弋江。東由建平者，瀦於南湖，西合宛、句二溪及青弋江，而西會於黄池，又北流至蕪湖入於江。他若寧國之東、西二溪，涇縣之賞溪、藤溪，太平之麻川，旌德之徽水，南陵之小淮水，皆巨川也。其險阨形勢，被山帶江，襟池負歙，爲東南要郡焉。

池州府統六縣圖

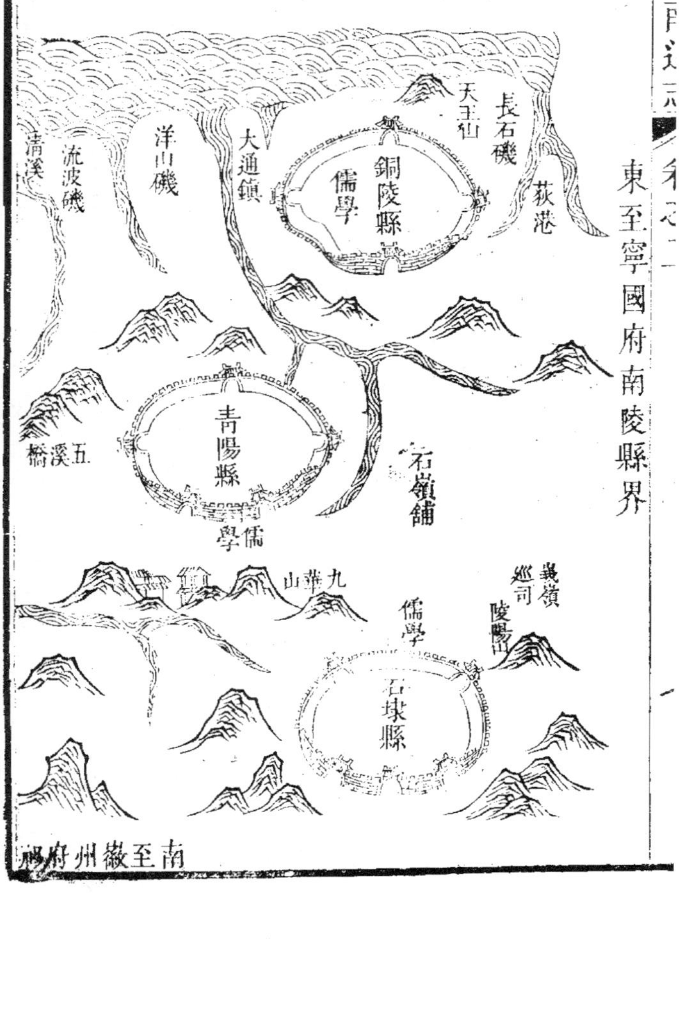
北至安慶府
東至寧國府南陵縣界
南至徽州府界
銅陵縣
儒學
天王山
長石磯
荻港
大通鎮
洋山磯
流波磯
清溪
青陽縣
儒學
五溪橋
石嶺鋪
九華山
石埭縣
儒學
義嶺巡司
陵陽山

西至江西九江府彭澤縣界
桐城縣界
門縣界
湖口汛
百牙山
湖山
鎮
清溪口
貴池縣
池州府
府學
縣學
社稷壇
李陽河
黄湓
攔江磯
殷家匯
郦吐磯
吉陽
秋浦
山川壇
齊山寺
萬羅山
北臺山
齊公嶺
東流縣
儒學
建德縣
儒學
香口
堯城渡
永豐祠
艮禾嶺

池州府圖説

池州府，天文斗分野，星紀之次。其地東距南陵，西連彭澤，南届祁門，北抵桐城。大江自西流入境，馬當山横枕其中，爲彭澤、東流分界之所，昔以爲兼太行、吕梁之險者。由此而東逕郡城北，又東逕銅陵縣鵲頭山，六朝置戍於此，以爲重鎮。江北岸則安慶桐城及無爲州之境也。郡襟帶江山，控扼肥、皖，居金陵之上游，當江濱之孔道，稱要會焉。

山之著者曰九華，水之美者曰秋浦，所謂九華之秀、秋浦之清也。郡之西南二百餘里，崇山峻嶺，壤界徽饒。青陽東通山越建德，南接鄱陽，俱爲嶺隘崇峻之地。其濱江要害，則上自東流之紫磯，下抵銅陵之燕支夾，凡四百八十里，磯嘴森列焉。

郡地山多而泉寒。田畝既少，近江之區，稍稱沃衍。而蒹葭萬頃，且浮於通郡之田矣。

太平府統三縣圖

北至江寧府

東至江寧府溧水縣界

南至寧國府

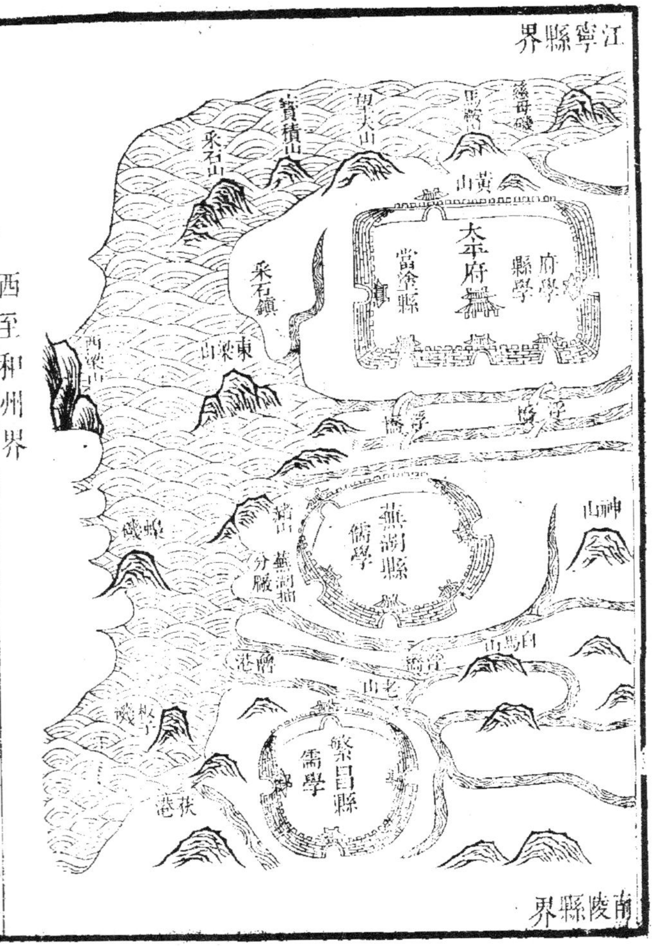
江寧縣界
慈母磯
馬鞍山
望夫山
寶積山
采石山
黃山
太平府
府學
縣學
當塗縣
采石鎮
東梁山
西梁山
西至和州界
浮橋
浮橋
神山
蕪湖縣
儒學
赭山
蕪湖抽分廠
蟂磯
白馬山
浮橋
魯港
老山
繁昌縣
儒學
板子磯
荻港
南陵縣界

太平府圖説

太平府，天文斗分野，星紀之次。其地東界溧水，西接歷陽，南連寧國，北距金陵。轄三縣，枕大江。

江水西南自池州府入繁昌縣界，有赭圻、戰鳥山、三山磯，及鵲尾、虎檻二洲，皆舟師屯營之所。江水又東北，經蕪湖西，過蟂磯，其北岸即無爲州。又北，遥府治西，博望山在其西南。與和州梁山對峙，相去不過數里，遥望如門，故謂之天門山。其西北則牛渚山在焉。北對和州横江，江面甚狹，易於津涉。江水又北，入江寧縣。故自上游來者，則天門當其要害，自横江渡者，則牛渚扼其咽喉。所謂天限巖峻，江津之襟要矣。

郡境之水，則江、徽、寧、池、廣德諸溪流，匯爲石臼、固城、丹陽三湖，而丹陽爲最大，郡之巨浸也。其山，則繁昌之山皆自南而北，盡於丹陽之陰；當塗之山，皆自北而南，盡於丹陽之陽。蕪湖則濱丹陽而縣，故縣南山接繁昌，而縣北山接當塗。回環奥區，皆稱磐固之邑。

廬州府州一統四州縣圖

北至鳳陽

東至和州含山縣界

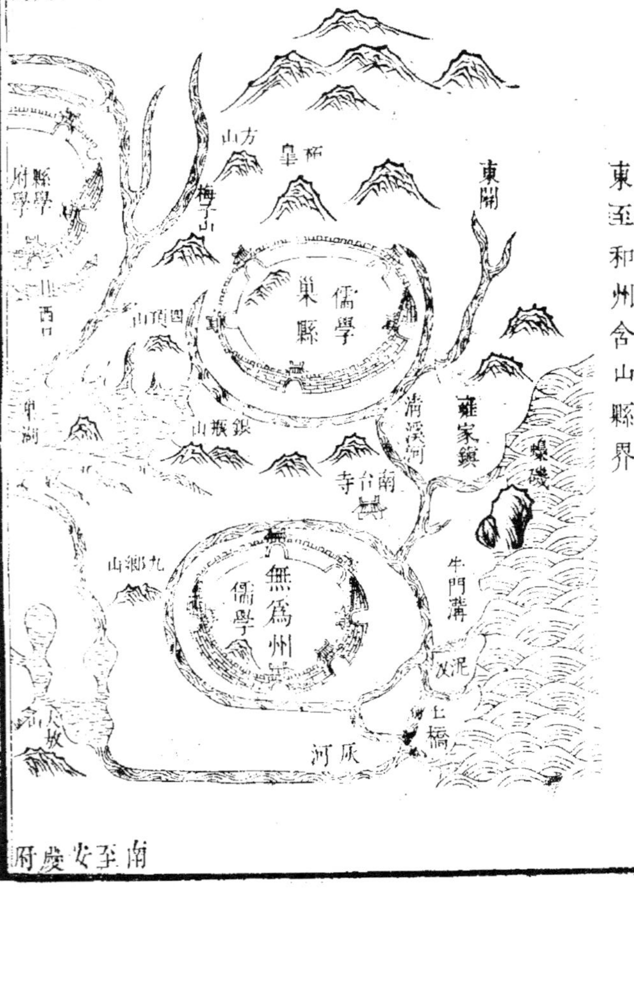

南至安慶府

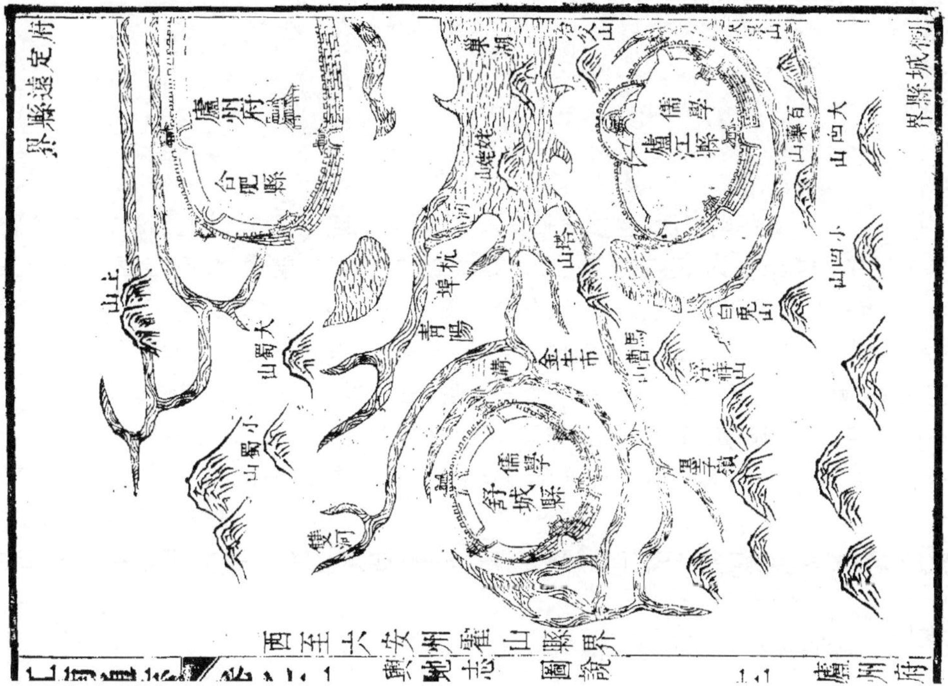
府定遠縣界
廬州府
合肥縣
上山
大蜀山
小蜀山
雙河
埠杭
青陽
金牛市
舒城縣
儒學
梁子鎮
曹瞞山
浮槎山
白鬼山
大凹山
小凹山
百藥山
廬江縣
儒學
巢湖
姥山
塔山
冶父山
縣城界
西至六安州霍山縣界
輿地志
圖說
廬州府

廬州府圖説

廬州府，天文斗分野，星紀之次。其地東距含山，西阻灊邑，南界桐城，北接定遠。爲淮右之襟喉，長江之唇齒，江南要郡也。

江自桐城東行百八十里，抵無爲州。江中有蝪磯，與太平之蕪湖分界。又東三十里，至裕溪口，入和州境。裕溪者，即濡須水之分流也。巢湖周四百餘里，占合肥、舒城、廬江、巢四邑之境，爲淮南巨浸，濡須水出焉。東南流經濡須、七寶二山之間，中有石梁通流，即東關口也。其水出關口，東注大江。江流至此，闊而多夾。闊則浪平，夾多則無風威，最利津渡，故自昔號爲三吴之要害焉。又有大小二峴在府治東。自和州西趨壽陽，自壽陽東抵金陵，此爲要路。而小峴與含山連脈，尤稱險塞。又三公山，在無爲州西，南界廬、桐，通英、霍，連亘數百里，亦稱深險。至若府境，南阻大江，北帶淮肥，内擁巢湖，夏秋暴漲，動成澤國。而平原曠野，又以旱乾爲病，是在守土者。

鳳陽府統二州七縣圖　北至徐州

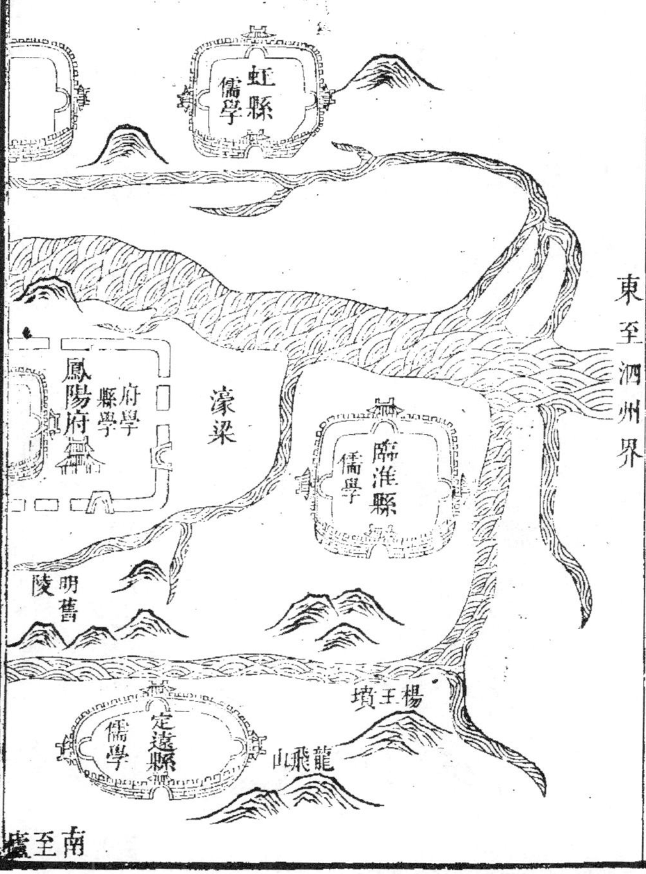

江南通志　卷之三　輿地志　圖說　鳳陽府

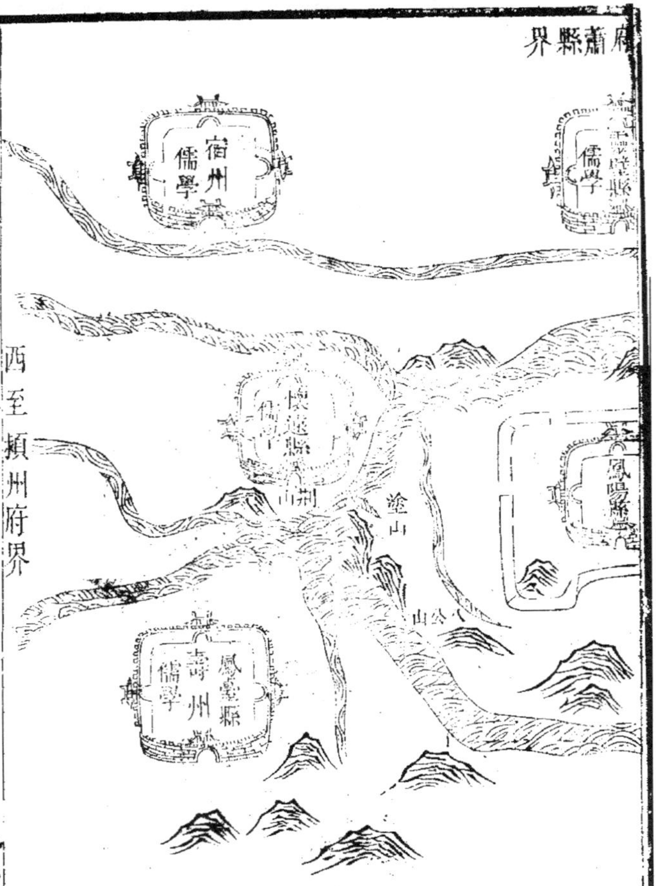

鳳陽府圖説

鳳陽府，天文斗分野，星紀之次。懷遠、虹縣，奎、婁分野，降婁之次。宿州，房、心分野，大火之次。其地東距滁城，西接汝陰，南界居巢，北連蕭邑。淮水西自潁上縣，流至壽州，有峽石山控其兩岸。又東北歷懷遠，則荆、塗二山對峙。而渦水自西北來，流入於此，所謂「淮有渦口之險」是也。又經鳳陽臨淮而東，入泗州之境。其東南則澮、潼、漴、沱所匯而入也。

郡上連汝、潁，下通楚、泗，爲金陵之肩背，南北之腰膂。而其形勝，則繫乎長淮一水焉。臨淮居兩淮之中。壽州稱淮南都會，輻輳水陸，襟帶淮、淝。故壽春、鍾離，號爲重鎮云。其淮以北之靈璧、虹縣，則汴、睢諸水所經。宿州爲徐、泗衝要，古所謂「符離之塞」者也。

蓋郡山川龐厚，有中原之風土。而壤地膏腴，前代耕屯，歷有成效。其後斥鹵彌望，民或呰窳媮生，有廣土而無良田。遭遇隆平，重農積穀，講求水利，則芍陂之遺利，有不可勝用者矣。

潁州府統一州五縣圖

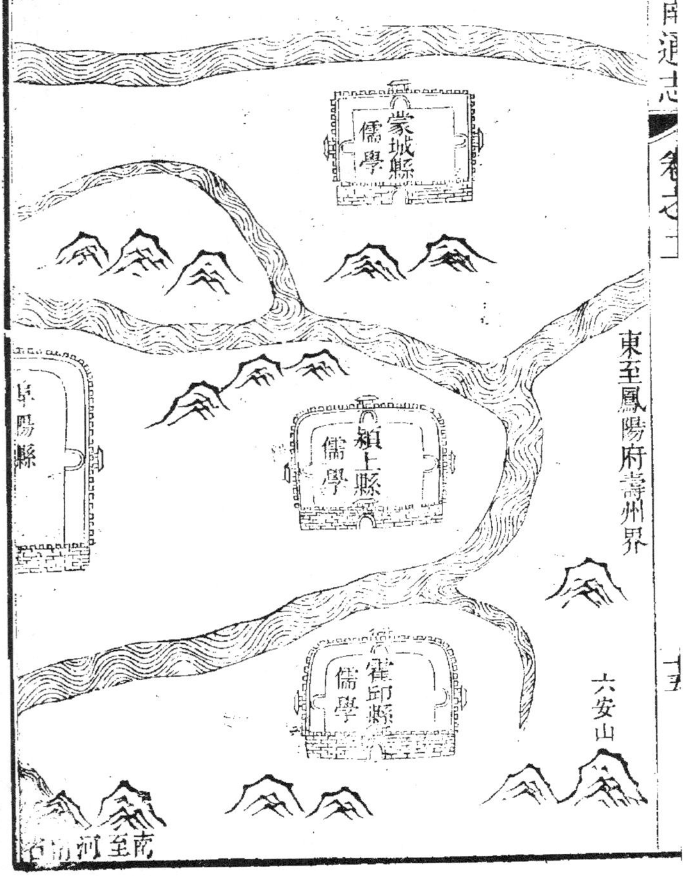

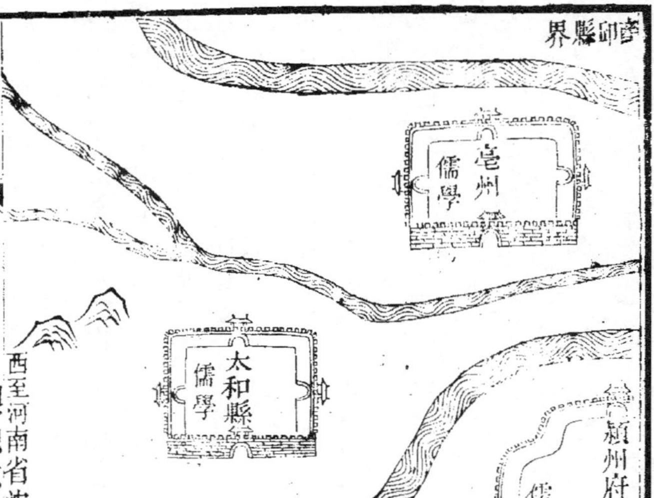
鹿邑縣界
亳州儒學
太和縣儒學
西至河南省沈邱縣界
潁州府儒學
固始縣界

潁州府圖説

潁州府，天文房、心分野，大火之次。霍(邱)〔丘〕，斗分野，星紀之次。其地東距鳳陽，北抵徐州，南接巢、廬，西南界跨中州。

淮水自河南固始縣流入霍(邱)〔丘〕，又東北經潁上而至壽州，潁、汝二川俱於此入淮。地勢平曠，襟帶長淮，津梁汴宋，舟車四達，南北衝要也。昔人稱其土厚水甘，又稱其水直而清，曲而漪，風土之美，秉中和之氣多焉。

霍(邱)〔丘〕之南，岡巒鬱積，南接英、六，西連楚、豫，亦險塞之地矣。亳州平衍無山，其水皆東流入渦以達於淮。太和之沙河，下流爲潁水，其境多湖蕩，水利治則成沃壤。蒙城前襟黄河，後繞渦水，蓋鍾離之藩翼云。

滁州統二縣圖

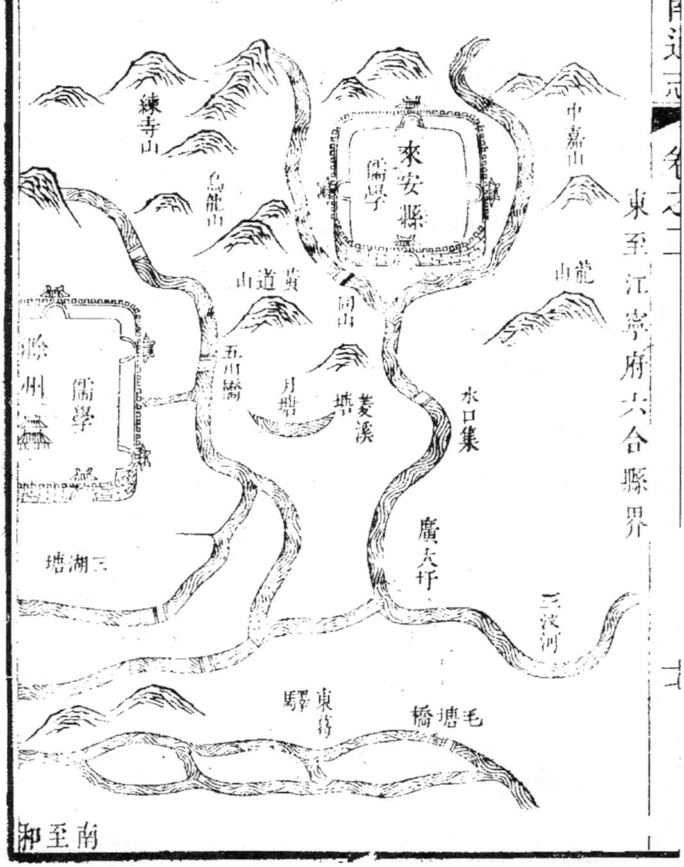
北至泗州
東至江寧府六合縣界
南至和
來安縣
儒學
滁州
儒學
練寺山
烏龍山
黃道山
中嘉山
龍山
五川橋
月塘
嵒山
菱溪
水口集
廣大圩
三湖塘
三汊河
東葛驛
毛塘橋

江南通志　卷之十一　輿地志圖說　滁州

滁州圖説

滁州，天文牛、女分野，星紀之次。其地南接歷陽，東通六合，西距潁、壽，北達盱眙。介於江淮之間，倚大江以俯金陵，四達之地，兩淮之樞要也。

其山自中州蜿蜒而來。琅琊、馬鞍蔽其東南，石臺、清流障其西北，所謂「環滁皆山」者也。滁水爲淮南大川，自合肥縣流入全椒界，又東北經州城南，又東入六合縣，達於瓜步注於江。州境之水，俱會於此。清流關距其西北，崇山峻嶺，聯絡如栅，自昔號爲巖險。

若乃土厚而泉甘，民樸而事簡，山高水清，洵爲勝地。

和州統一縣圖

北至滁州

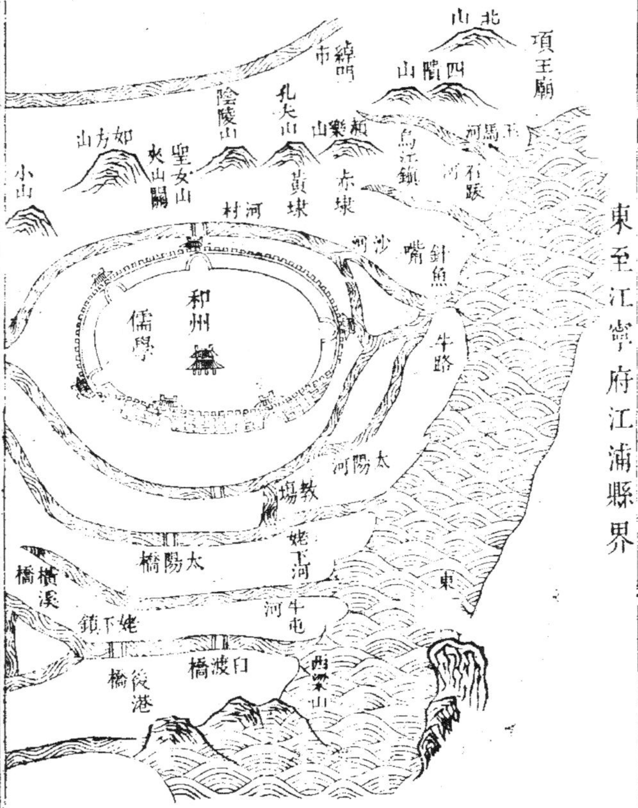

東至江寧府江浦縣界

南至無爲州

江南通志　卷之二　十六

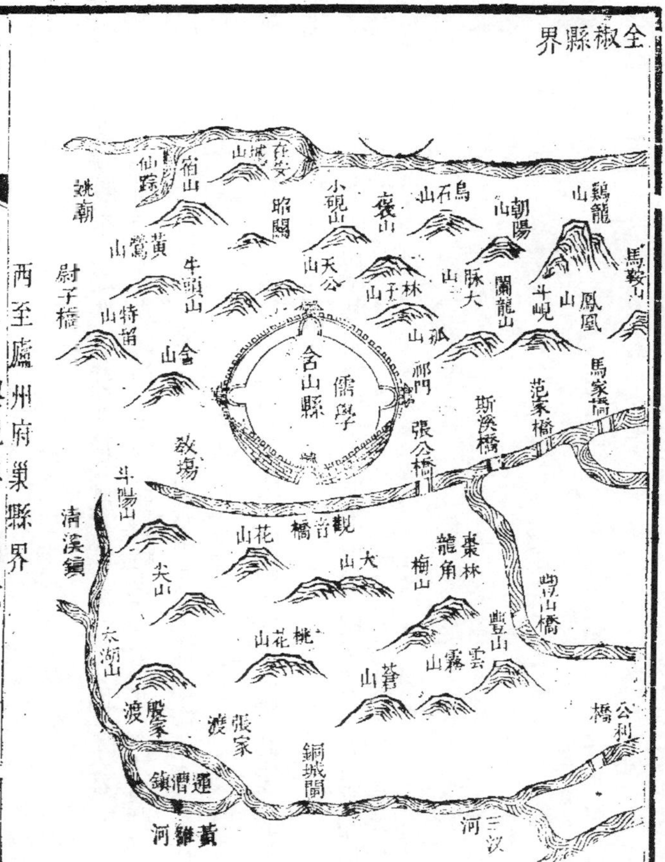
全椒縣界
界
西至廬州府巢縣界
含山縣
儒學
譙門
張公橋
斯溪橋
范家橋
馬家橋
教場
鷄籠山
馬鞍山
鳳凰山
朝陽山
烏石山
褒山
小硯山
昭關
宿山
仙蹤
黃鶯山
牛頭山
天公山
林子山
大豚山
闌龍山
斗峴山
孤山
尉子橋
特留山
斗陽山
清溪鎮
觀音橋
花山
大山
棗林
龍角
梅山
尖山
豐山橋
豐山
雲霧山
蒼山
桃花山
太湖山
殷家渡
張家渡
銅城閘
運漕鎮
黃雒河
三汊河
公利橋

和州圖説

和州，天文牛、女分野，星紀之次。其地西控合肥，北接滁、濠，東南臨大江。江自無爲州流入，南與當塗分界，博望、梁山之所對峙也。又東北，入江浦縣境。而烏江、當利二浦，爲州境之津要。裕溪自巢縣東流入含山，經州城南注於大江，即濡須水之分流也。濡須山，三國時爲戍守要地，稱重險云。

若夫横江之渡，直對采石。浦口之濟，斜睨金陵。昭關之西走壽陽，滁中之北通濠泗，水陸皆當衝要，洵淮南之重地，建康姑孰之襟喉也。

其浸之大者曰歷陽湖，明初涸其水以爲田，則畎澮溝洫之制，守兹土者所當隨地酌宜者矣。

廣德州統一縣圖

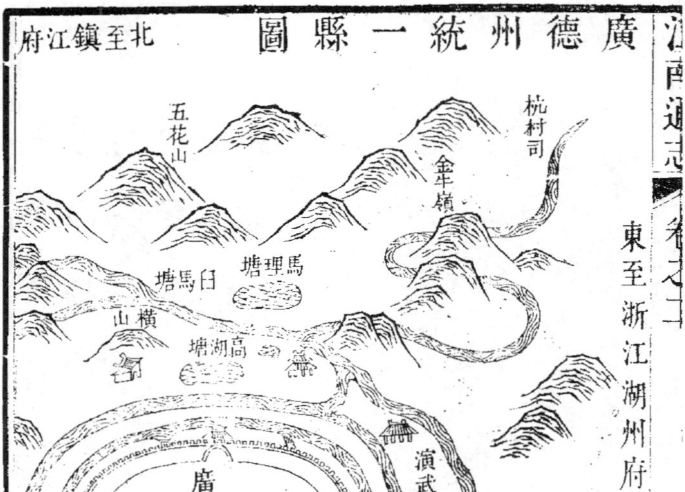
北至鎮江府
東至浙江湖州府長興縣界
南至浙江湖
五花山
杭村司
傘嶺
馬理塘
臼馬塘
横山
高湖塘
演武廳
廣德州
儒學
山川壇
清水亭
天寧寺
廣安司
苦嶺關
江南通志
卷之二

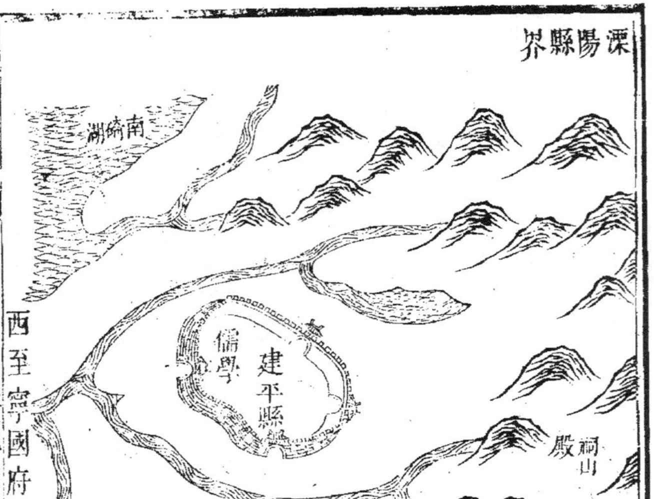
溧陽縣界
南漪湖
建平縣
儒學
西至寧國府宣城縣界
祠山殿
芝山
東陽司
長洪關
湖府安吉州界

廣德州圖說

廣德州，天文斗、牛分野，星紀之次。其地西接宣城，北抵溧陽，東與南皆界於浙。川谷盤紆，襟帶吴、越。

桐水出於州南之桐源山，北流經建平縣，入於丹陽湖。州治西北有横山，即楚子重伐吴所至之衡山也。建平東北有伍牙山，相傳子胥伐楚，道經於此。州當往來之衝，自昔然矣。山高而谿峻，水無停瀦，田犖确無魚鹽之利、林澤之饒，賦不登於上錯，産不逮於中人。守土者興陂塘以時蓄泄，蓋要務也。

建平西北有南碕湖，實滙州與建平之水，以入丹陽湖者。

六安州統二縣圖

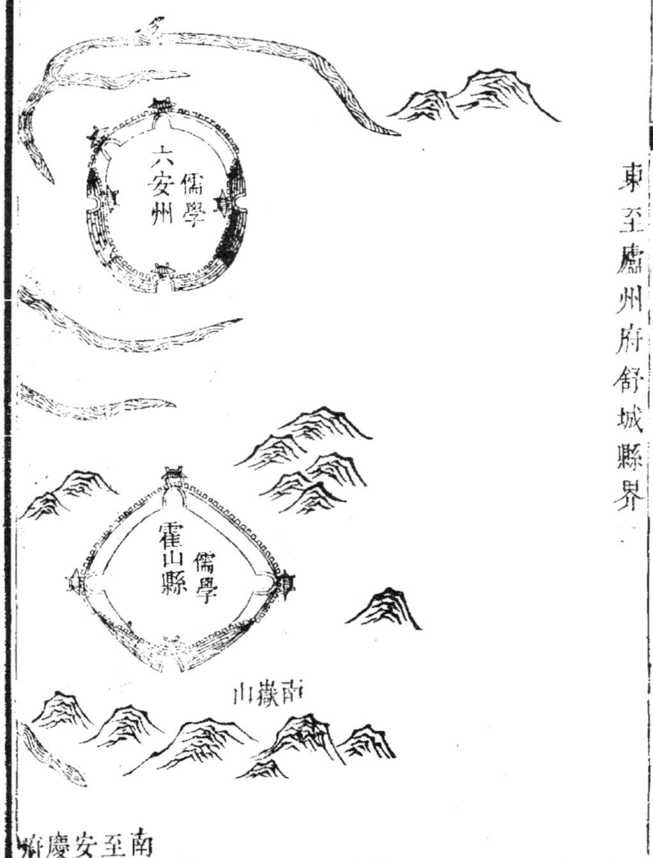

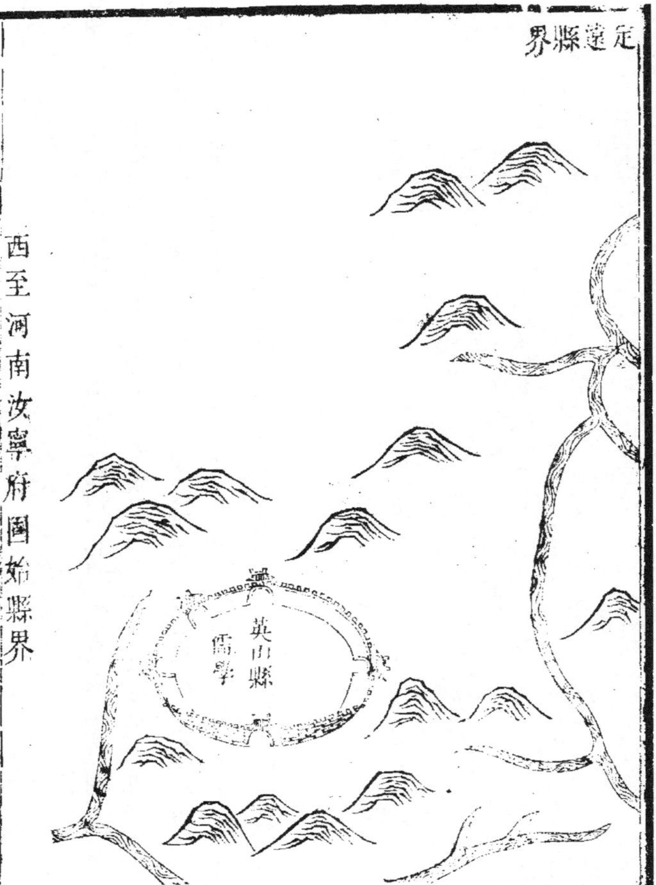
定遠縣界
西至河南汝寧府固始縣界
英山縣
儒學
桐城縣界

六安州圖説

六安州，天文斗分野，星紀之次。其地東界廬州，北連濠、壽，南望皖、桐，西通楚、豫。山川環繞，號爲險隘。自州之西南，以迄東北，皆崇山峻嶺，蔽虧日月。東有龍穴，西有武陟、霍岳鎮其南，沙河縈其北，巖險控引於荆、湖，平塗直達乎梁、宋，實廬州之喉舌，淮西之要地也。

霍山因山名縣，即漢武巡狩禮之以爲南岳者。英山縣西達河南之固始，西南接湖廣之羅田，萬山磅礴，三省交會。若因繁劇而用之饒裕，所謂淮右名州、沃野千里者，在所經畫而已。

泗州統三縣圖

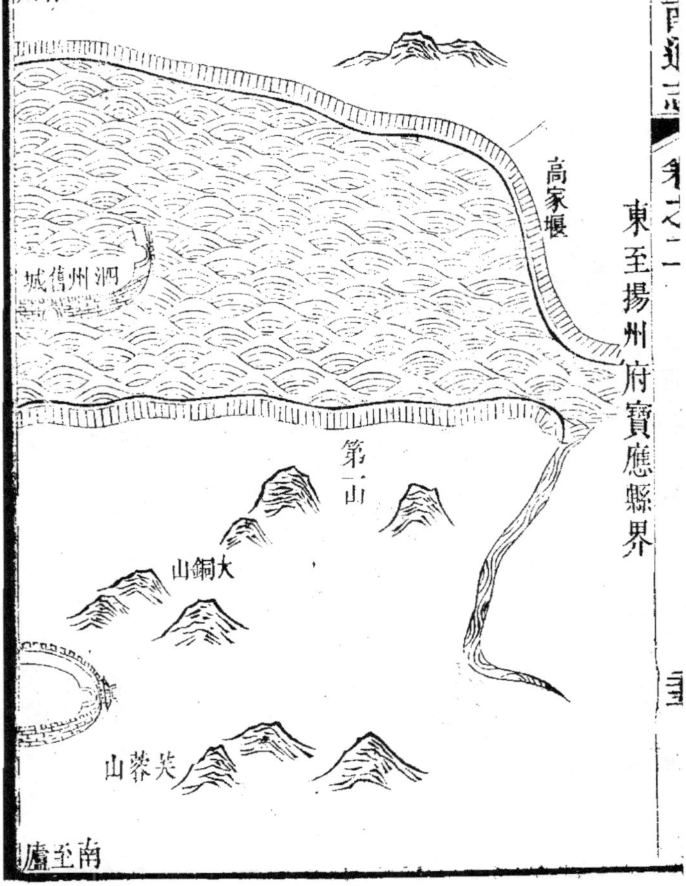

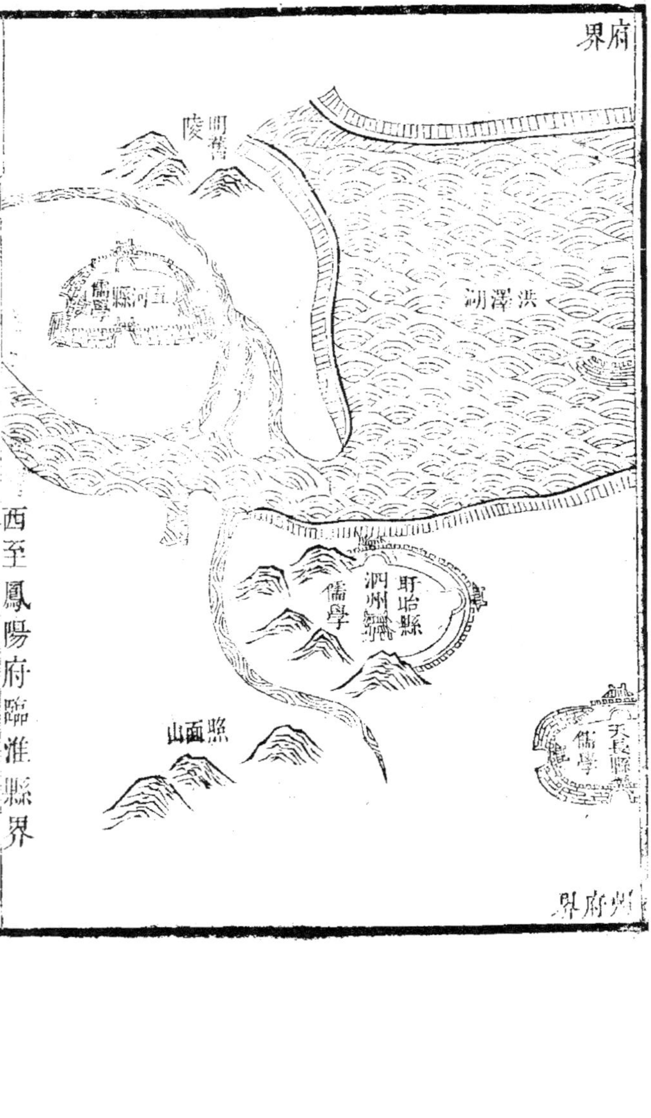
府界
明舊陵
洪澤湖
五河縣
儒學
盱眙縣
泗州
儒學
照面山
天長縣
儒學
西至鳳陽府臨淮縣界
州府界

泗州圖説

泗州及五河，天文奎、婁分野，降婁之次。盱眙、天長，斗分野，星紀之次。其地東接淮安，南連六合，西通靈璧，北抵下邳，爲水陸都會。與淮郡以洪澤湖爲界，而黄河北匯於清口，長淮西引於桐柏。上通宿、壽，下達維揚，所謂梁、宋、吴、楚之衝，齊、魯、汴、洛之道也。地平曠，無高山茂林，而岡壟盤結，風氣凝萃，稱形勝之區焉。

盱眙阻山帶水，爲淮南衝要，於古稱重鎮。天長南近大江，北通淮、泗，左揚、潤而右濠、壽，其地四達。五河縣有五河口，爲澮、沱、漴、潼四水入淮之處，並通舟楫，南北往來之會也。蓋州以淮流爲襟帶，其形勢與鳳陽略同，而盱眙、天長，表裏江、淮云。

江南通志卷之三

輿地志

圖

黄河入江南界圖　淮水入江南界圖

江南界漕河圖　高家堰圖

江防圖　海防圖

太湖水利圖

黃河入江南界圖

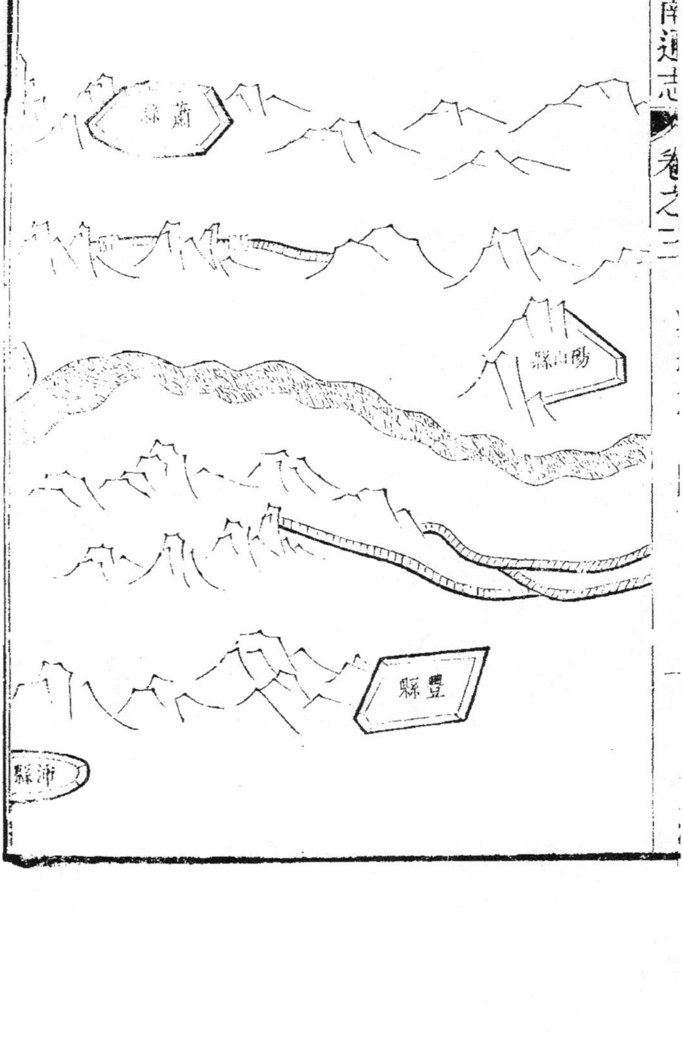

江南通志　卷之三

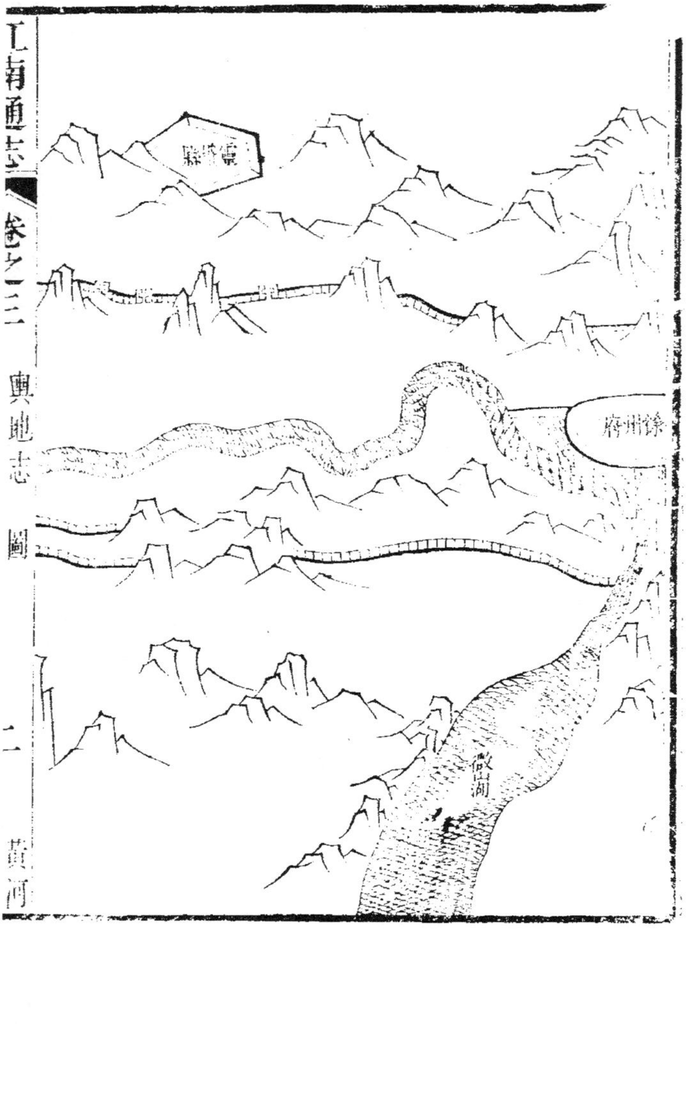

江南通志　卷之三　輿地志　圖　二　黃河

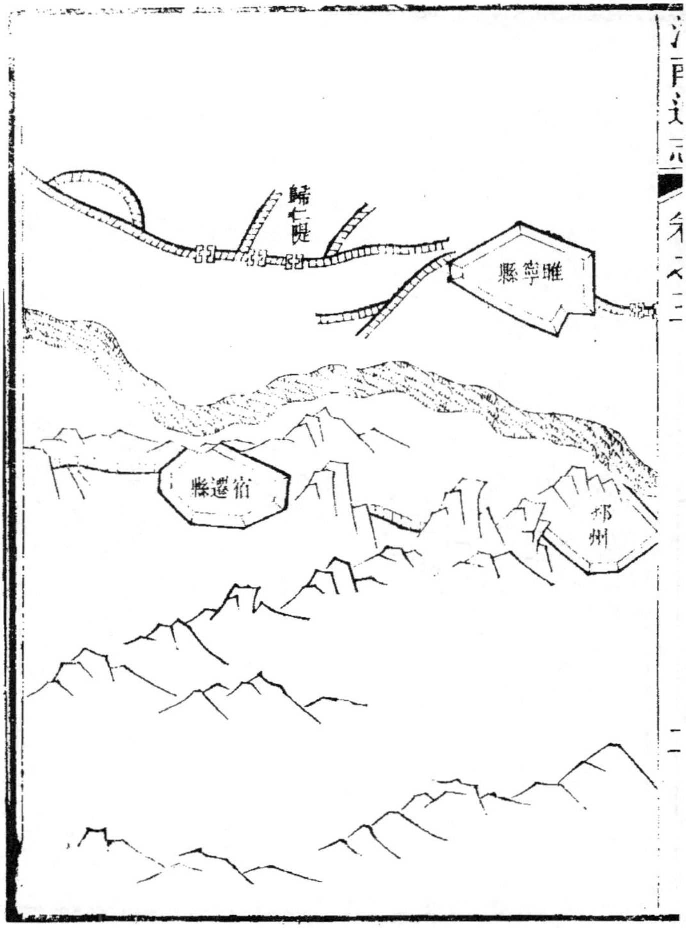
歸仁隄
睢寧縣
宿遷縣
邳州

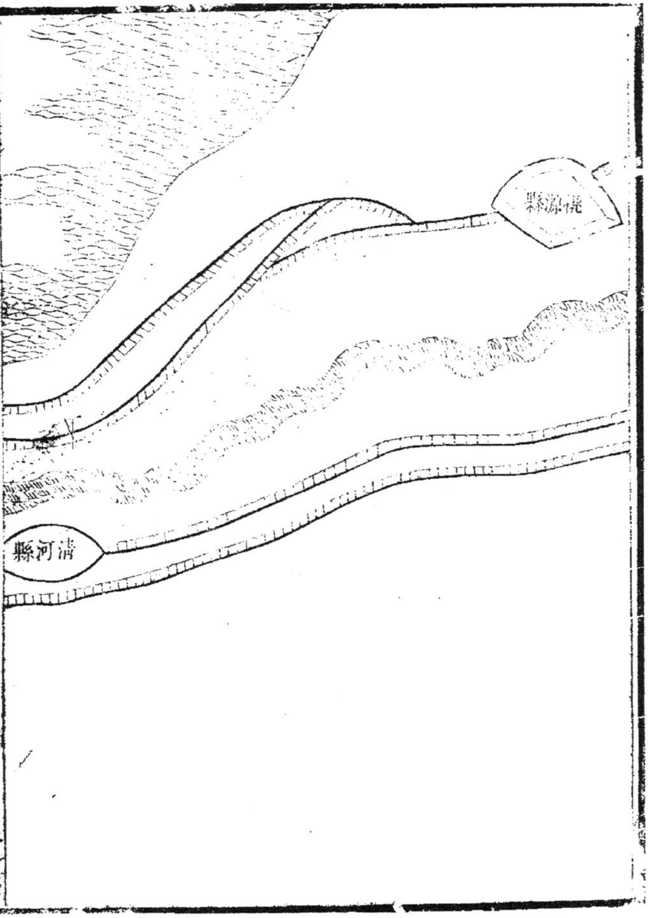
桃源縣
清河縣

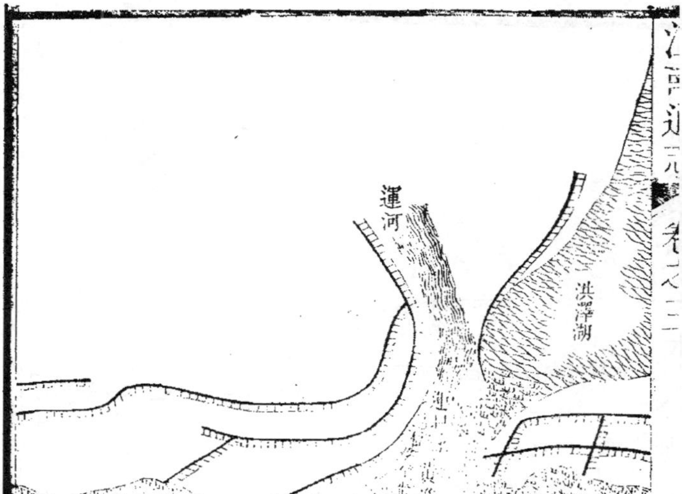
江南通志卷之三
三
運河
洪澤湖
運口
惠濟祠

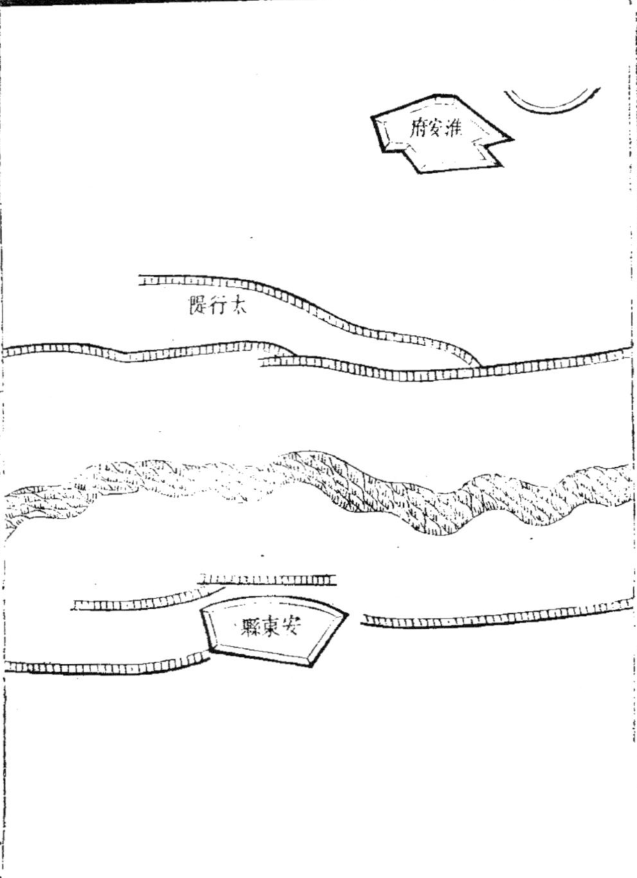
淮安府
太行隄
安東縣

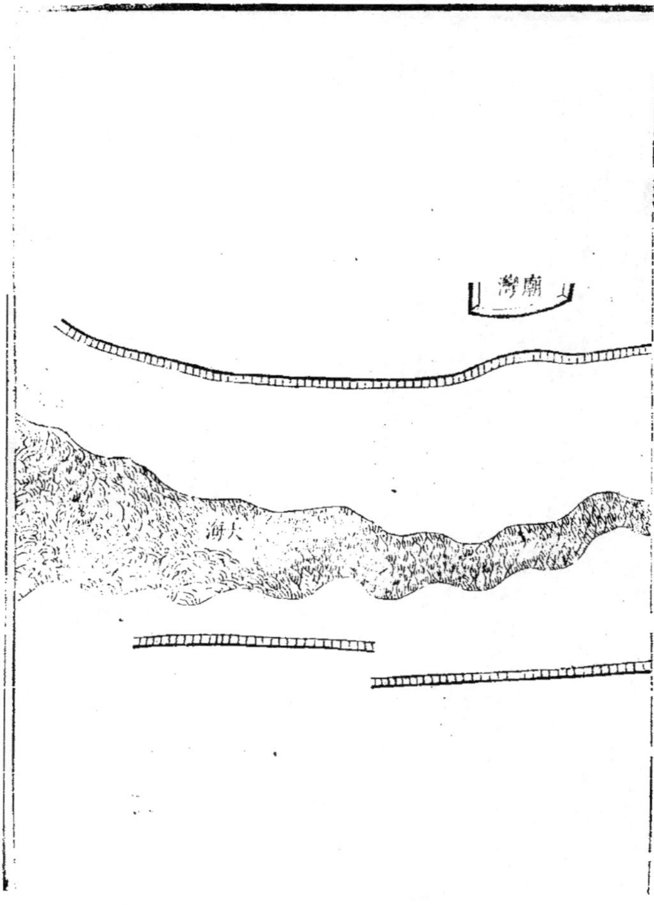

廟灣
大海

紅沙
黃河

淮水入江南界圖

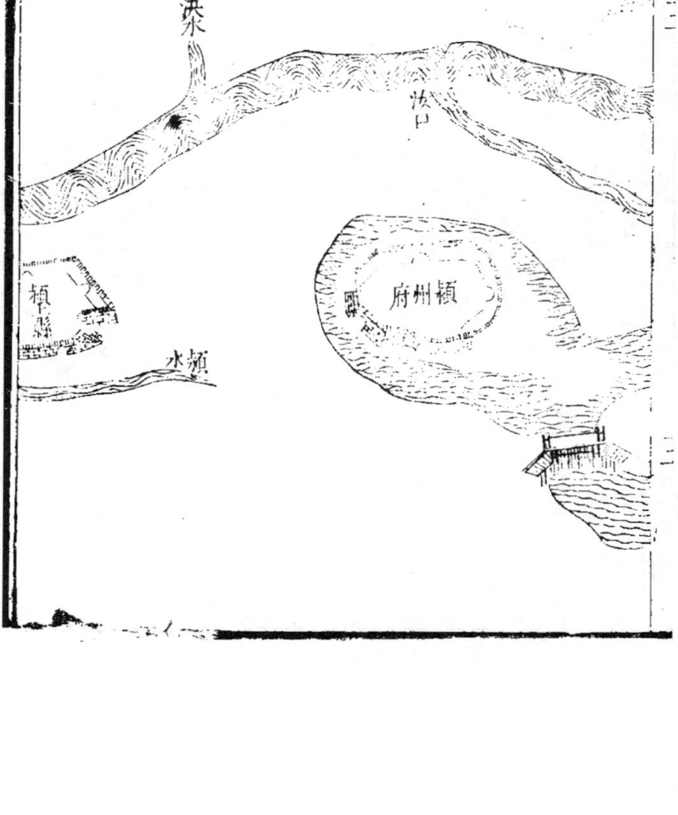

江南通志　卷之三　輿地志　圖　七　淮水

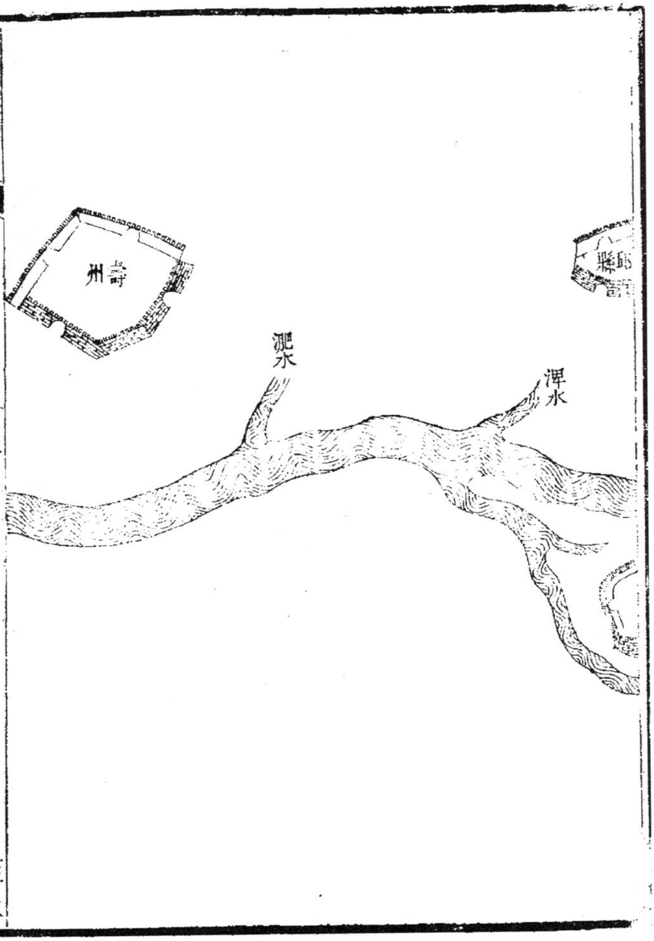

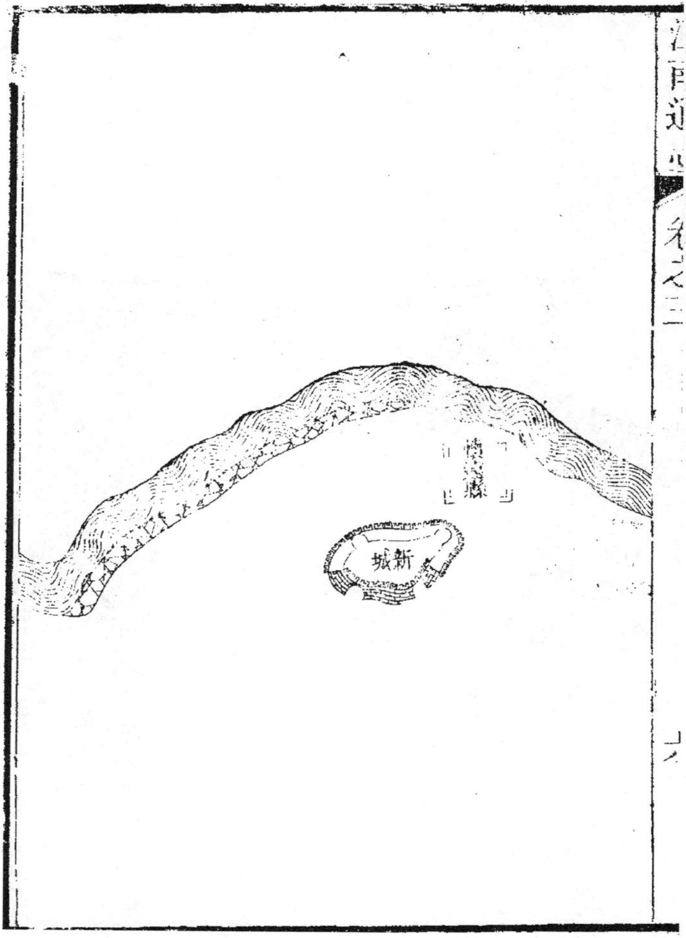
新城

淮水

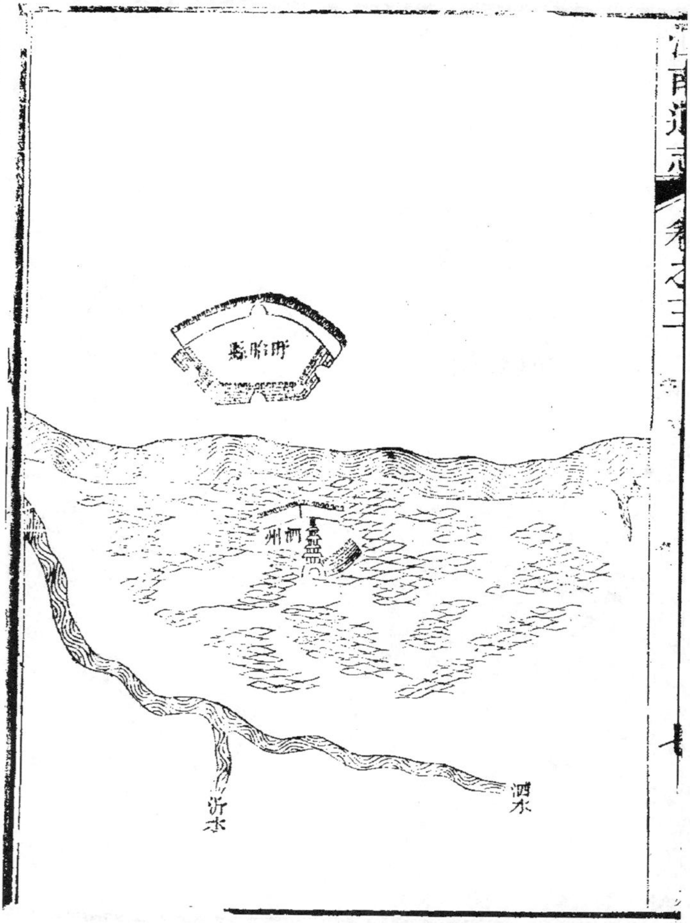
盱眙縣
泗州
沂水
泗水

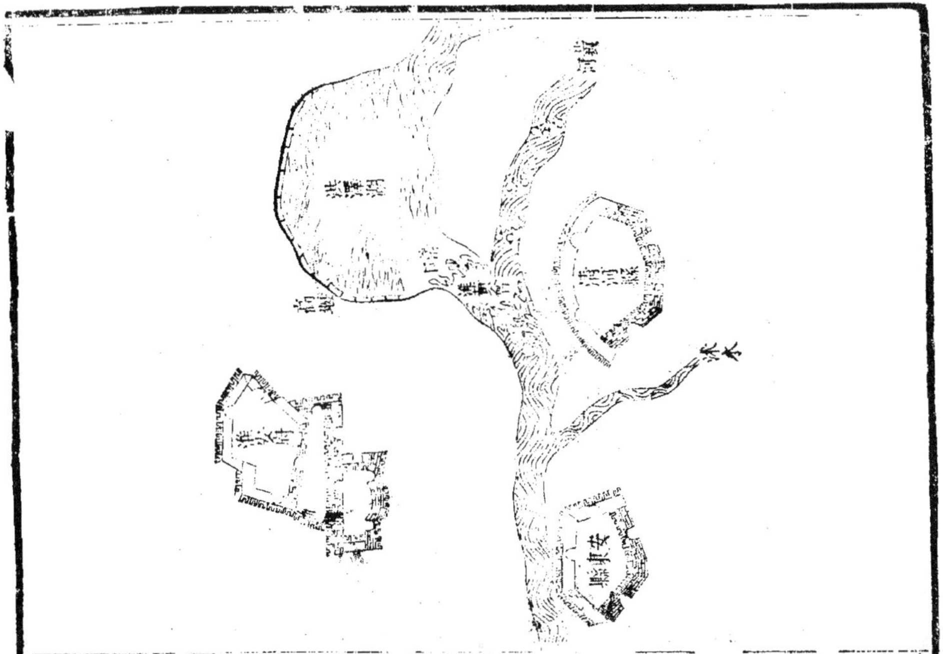
洪澤湖
清河縣
淮安府
安東縣

江南通志
卷之三
大海

江南界漕河圖

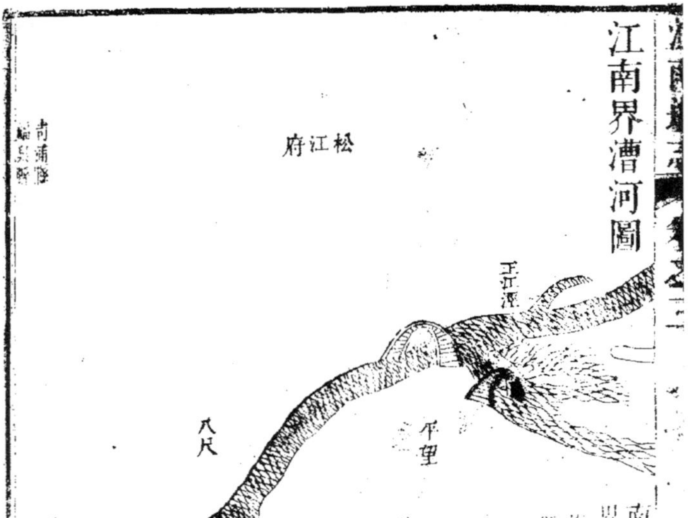

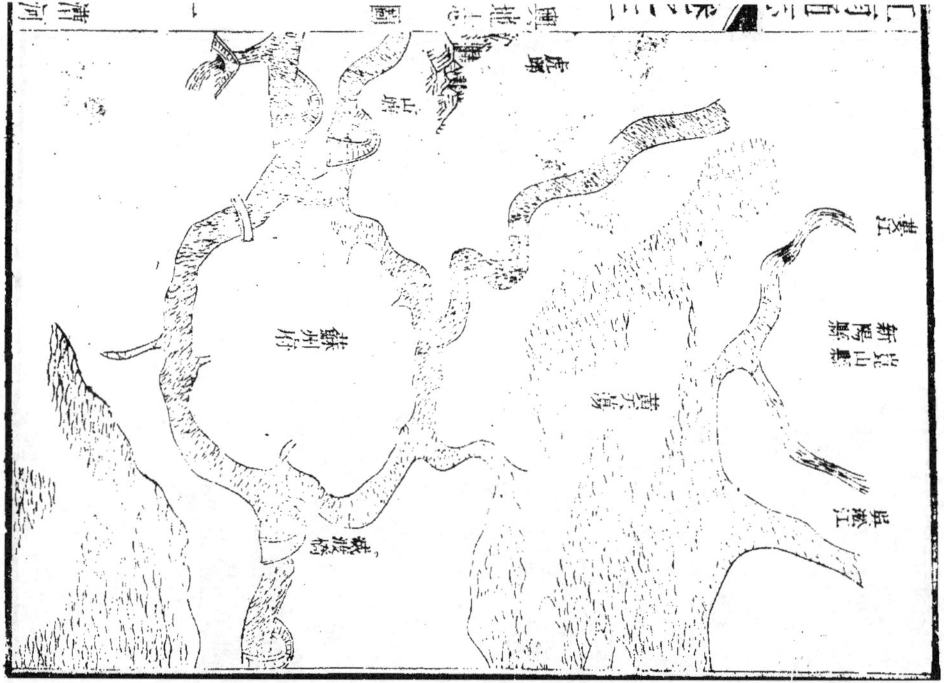
江南通志卷之三 輿地志 圖
清河
虎邱
山塘
蘇州府
婁江
新陽縣
昆山縣
黄天蕩
吳淞江
蛾眉橋

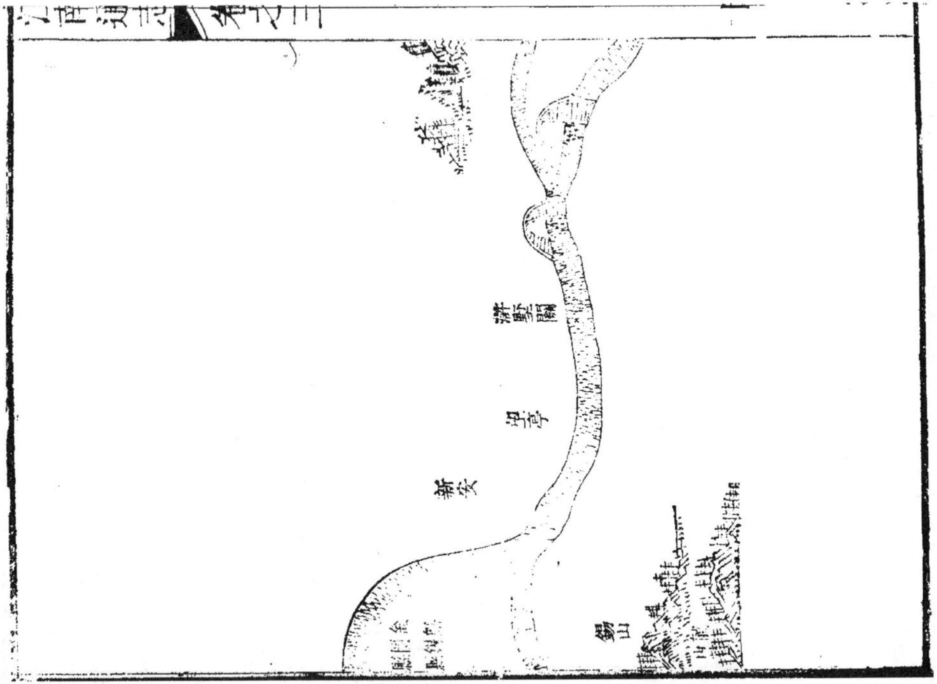
新安
錫山

江南通志 卷之三 輿地志 圖 上 漕河

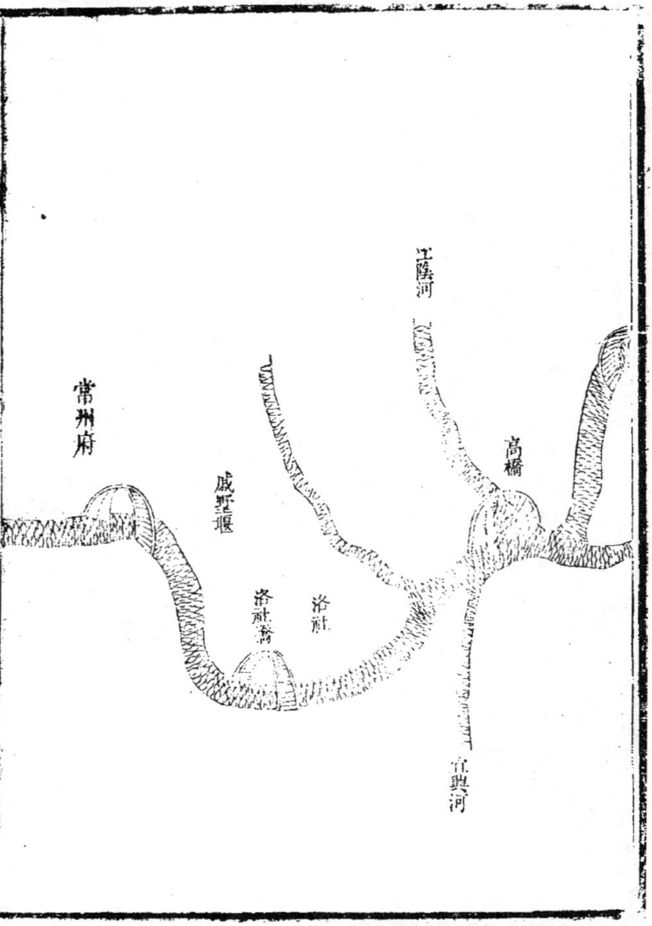

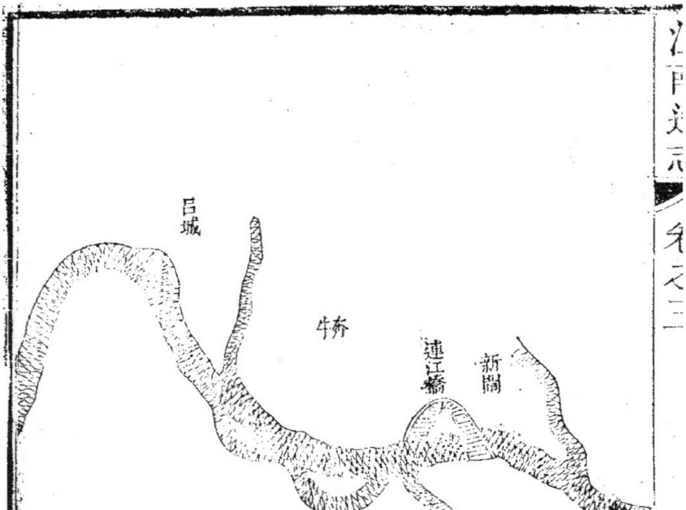
吕城
奔牛
連江橋
新閘

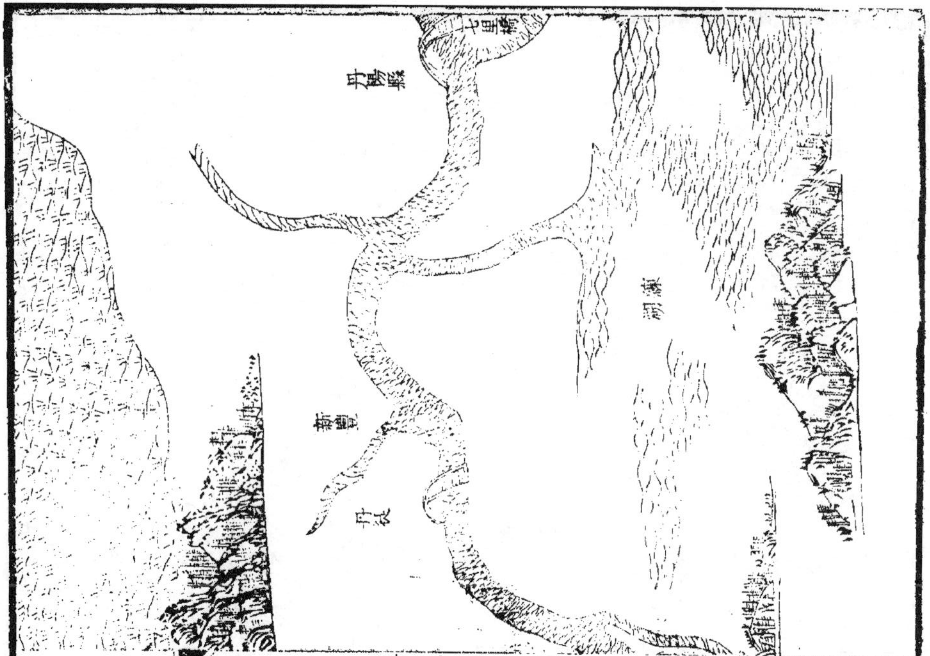
七里橋
丹陽縣
新豐
丹徒
練湖

江南通志
卷之三
十三
焦山
京口閘
鎮江府

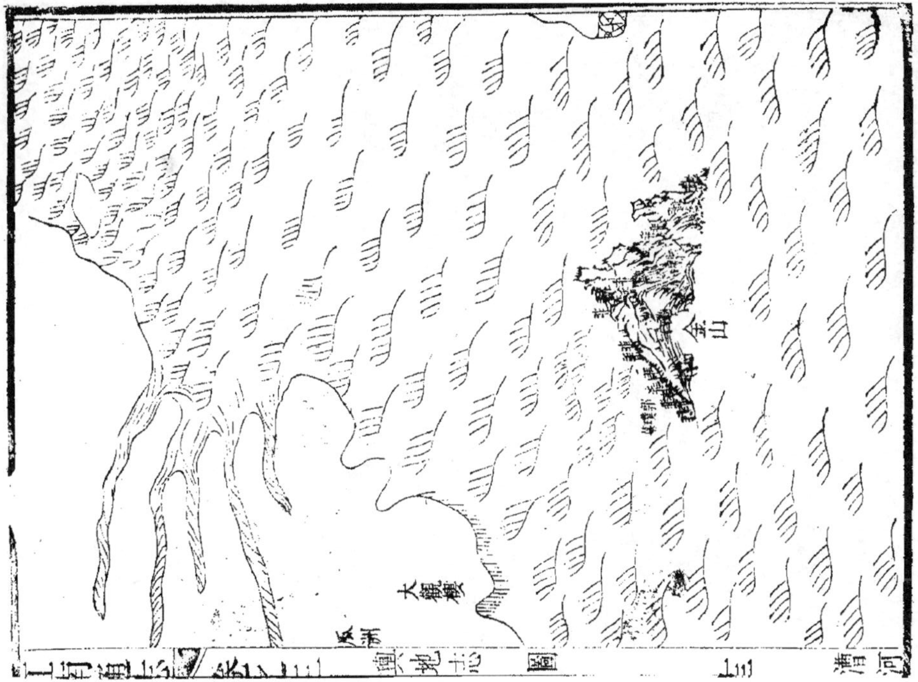
金山
大觀樓

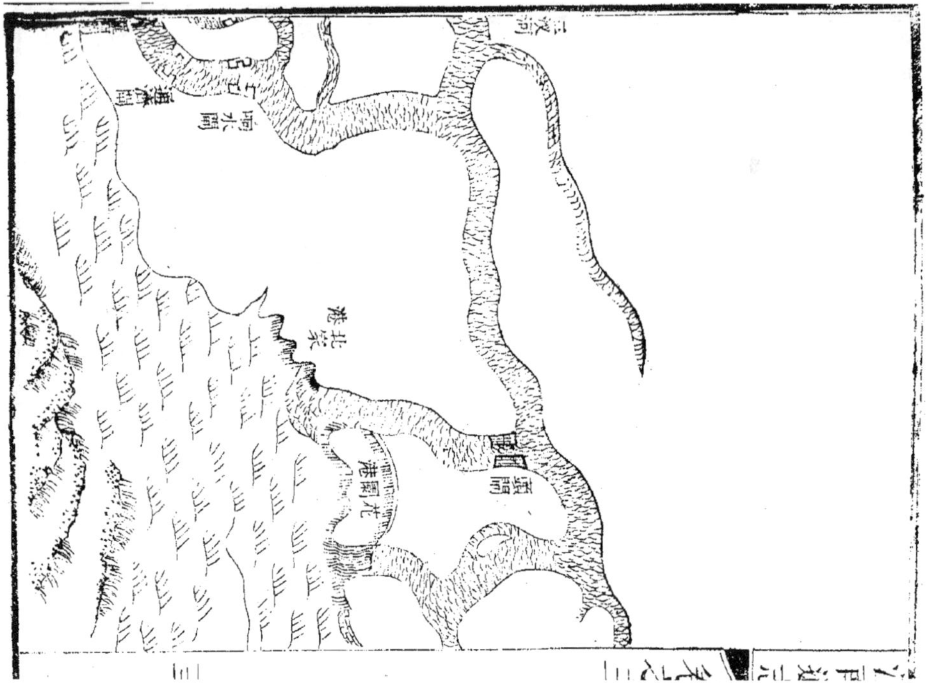
響水閘
花園港
頭閘

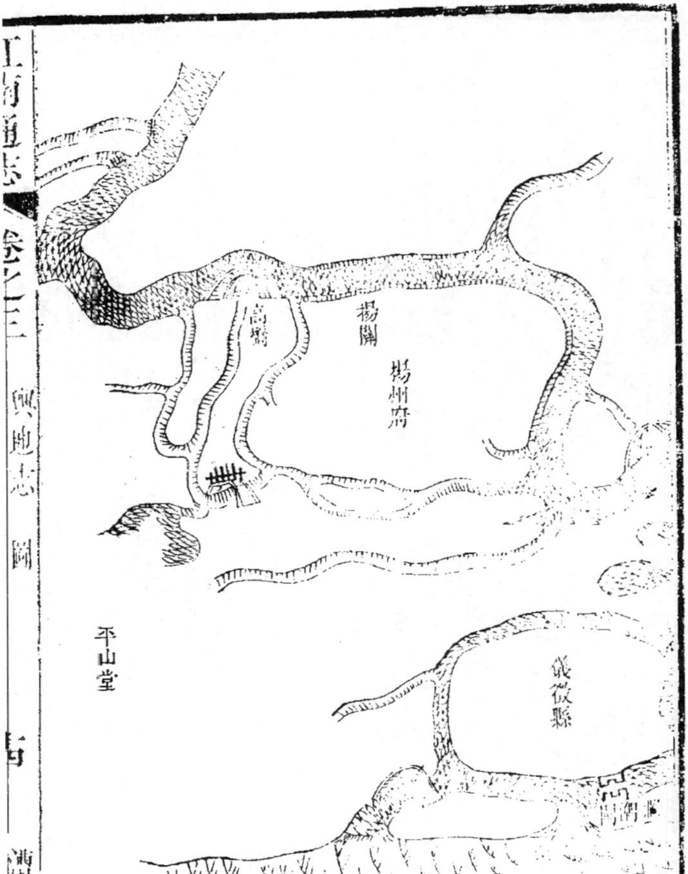
江南通志
卷之三
輿地志　圖
漕河
揚關
揚州府
平山堂
儀徵縣

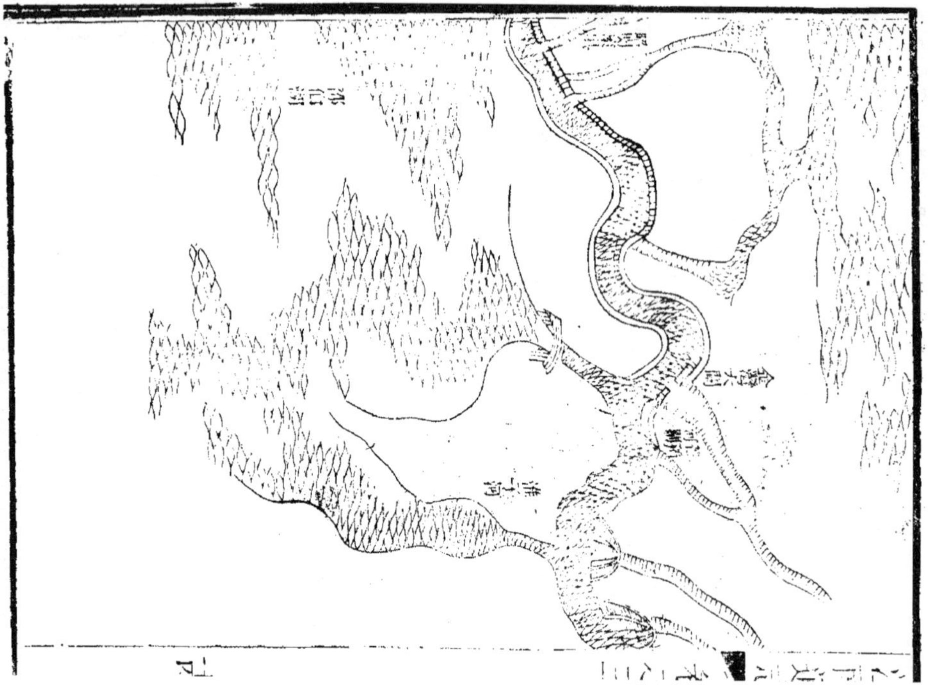

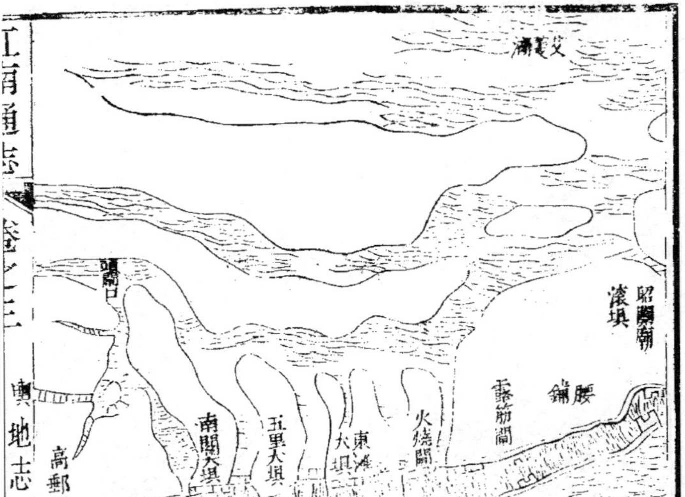

高郵州
南關大壩
五里大壩
腰鋪
露筋廟
清河

南七里閘
六漫閘
高郵湖
通湖閘
下湖

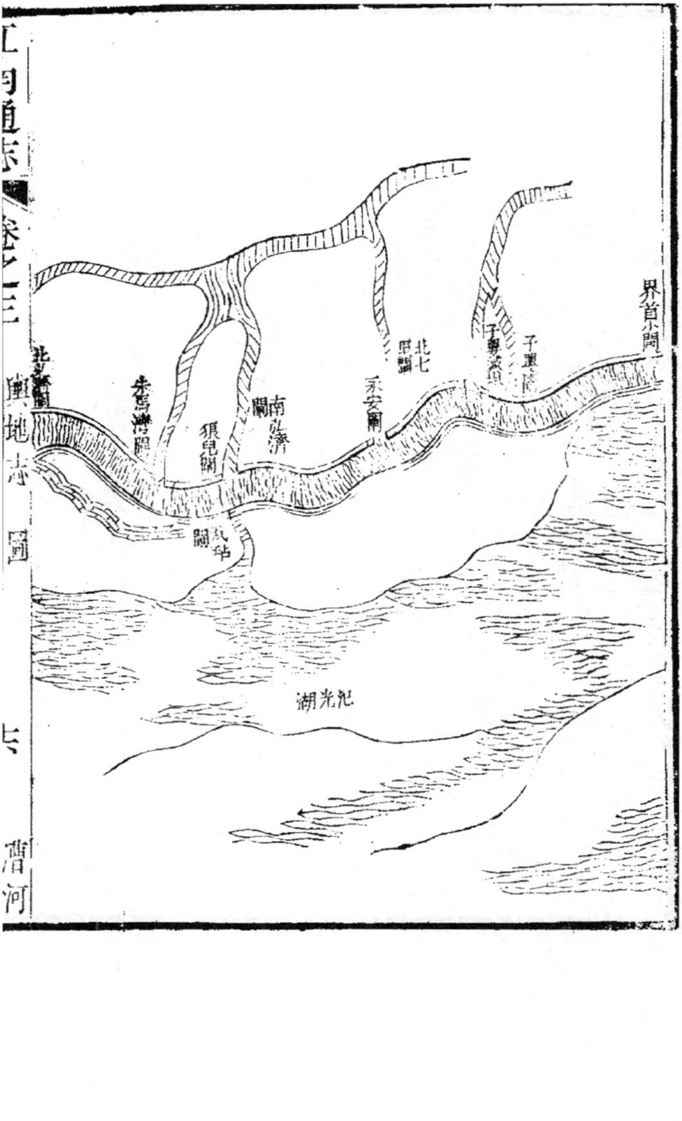
江南通志 卷之三
輿地志 圖
界首小閘
北七里閘
永安閘
氾光湖

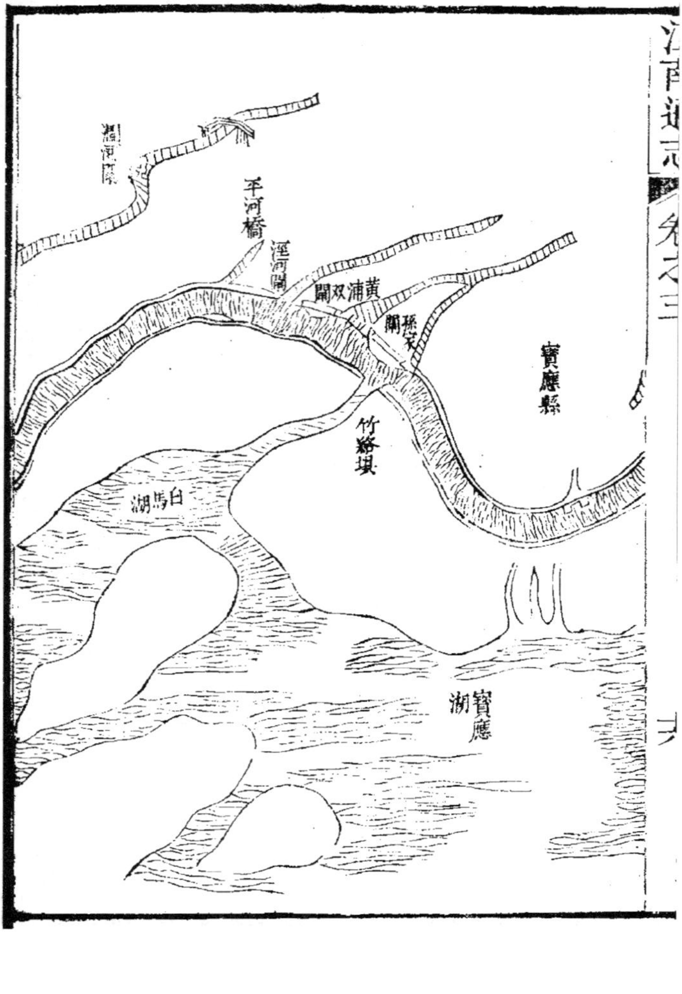
平河橋
涇河閘
黃浦双閘
孫家閘
寶應縣
竹絡壩
白馬湖
寶應湖

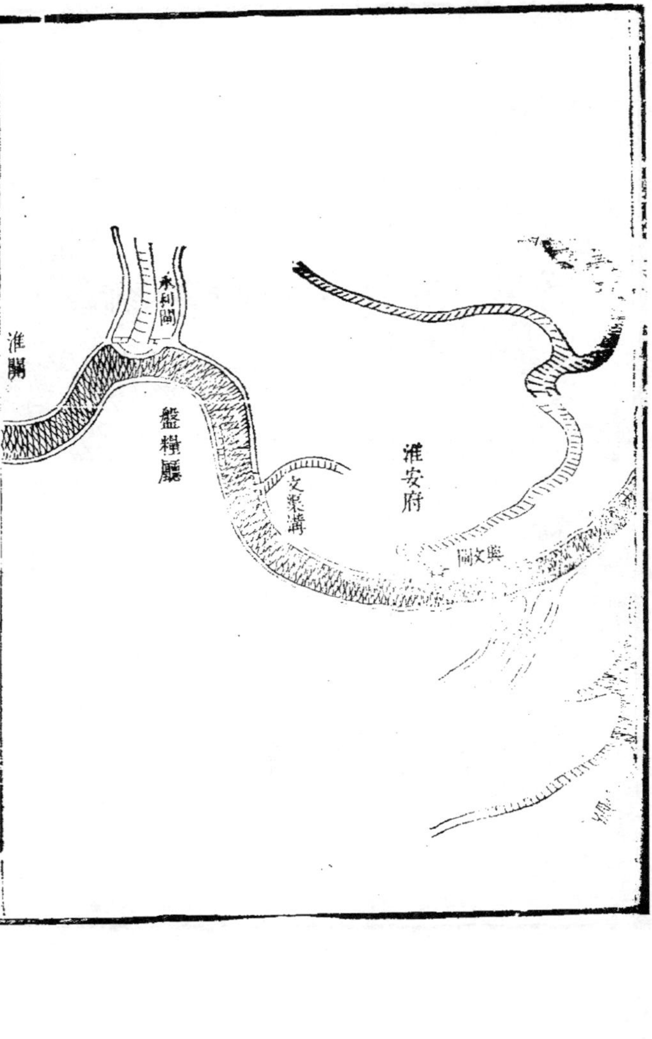
淮關
永利閘
盤糧廳
文渠溝
淮安府

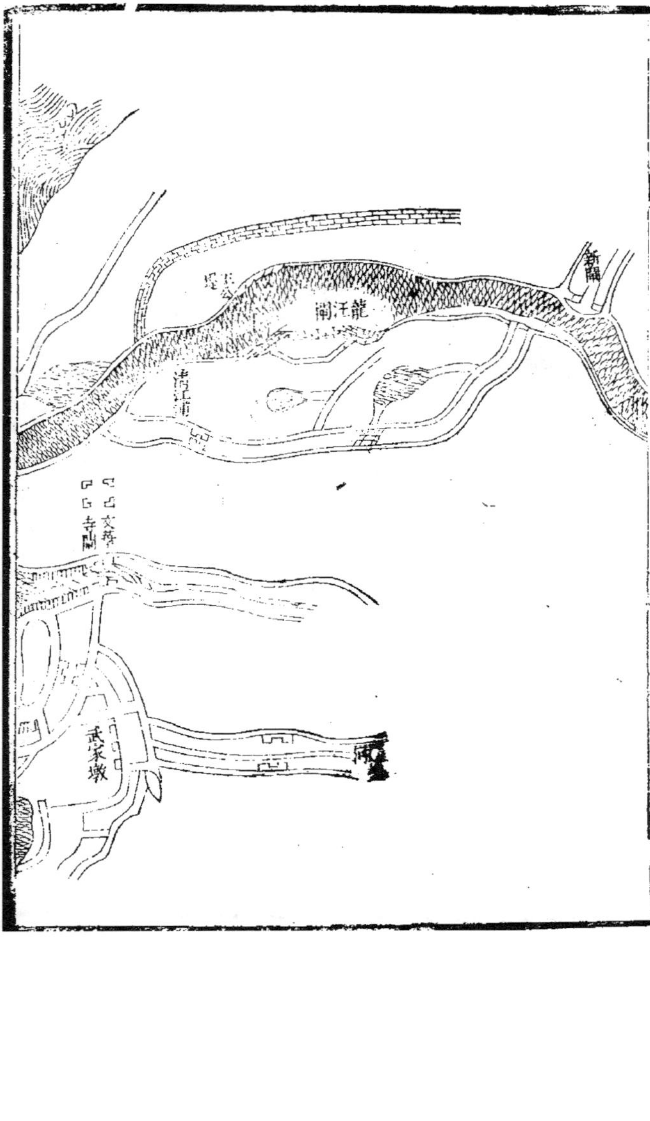
新閘
龍汪閘
清江浦
武家墩

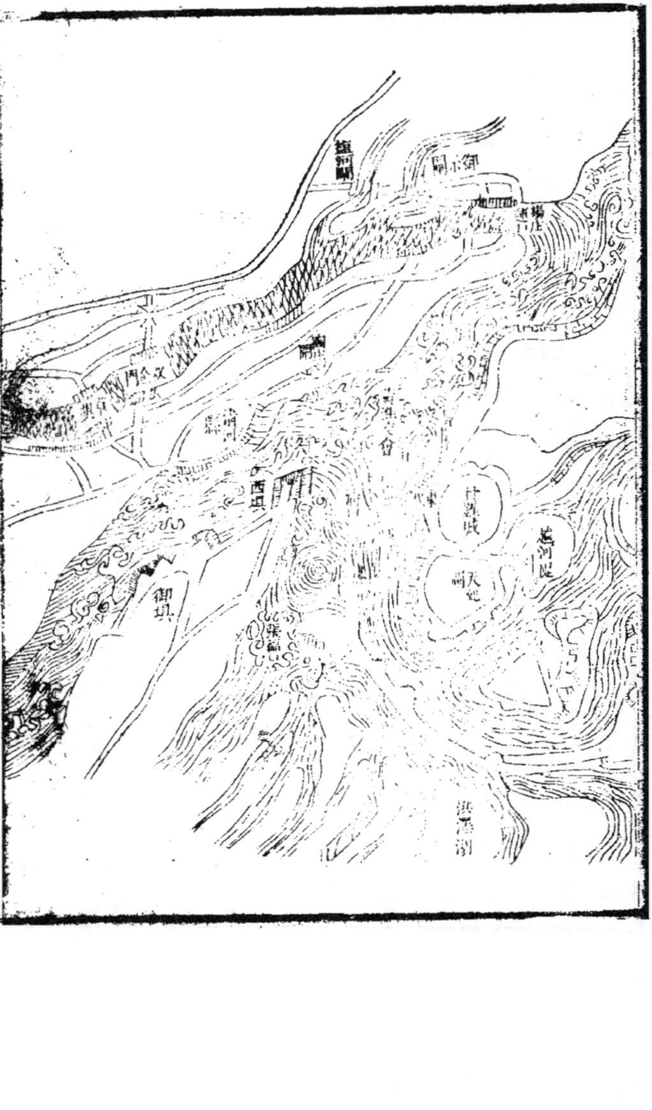
西壩
御壩

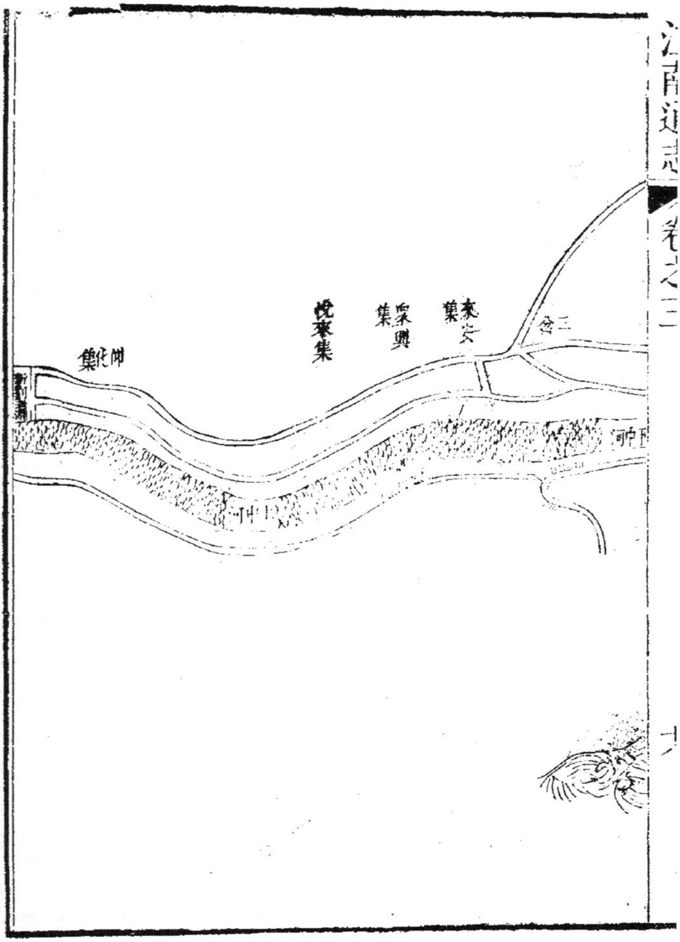
泰安集
倪寨集
三岔

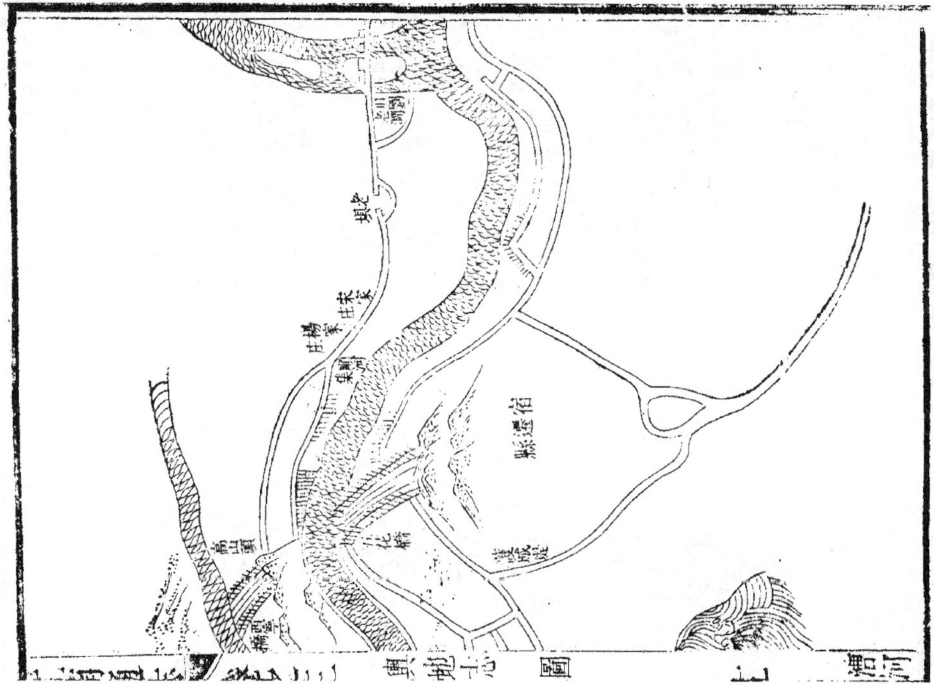
宿遷縣
花橋
高山頭
宋家庄
楊家庄

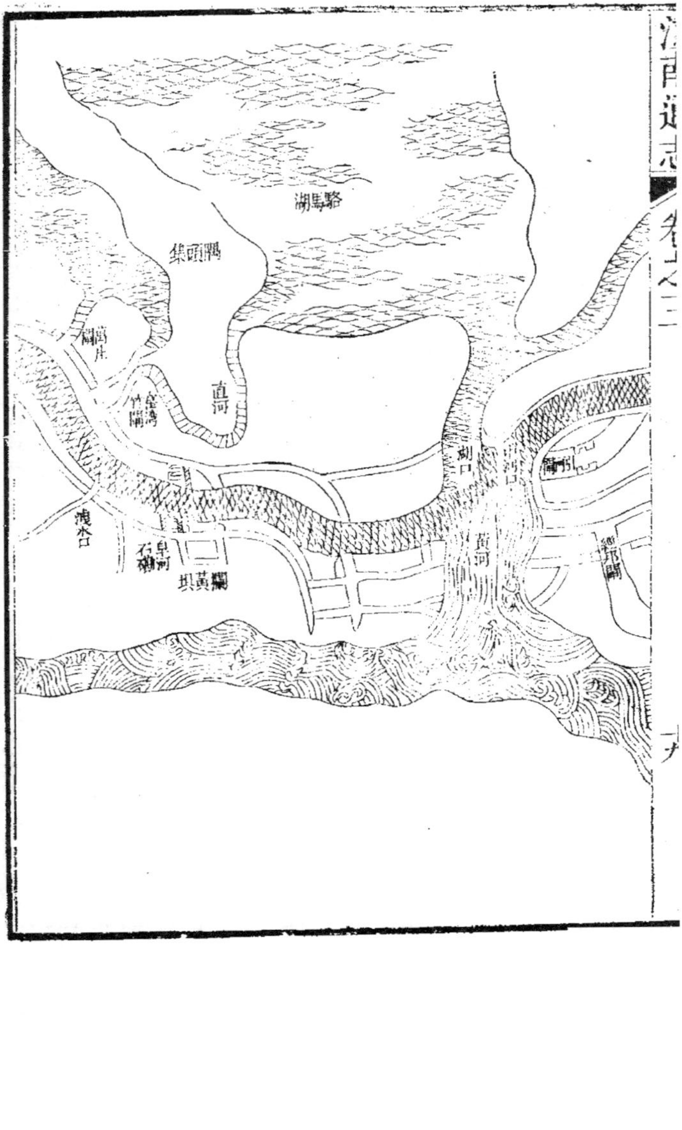
江南通志
駱馬湖
鴨頭集
直河
黃河
皂河
攔黃壩

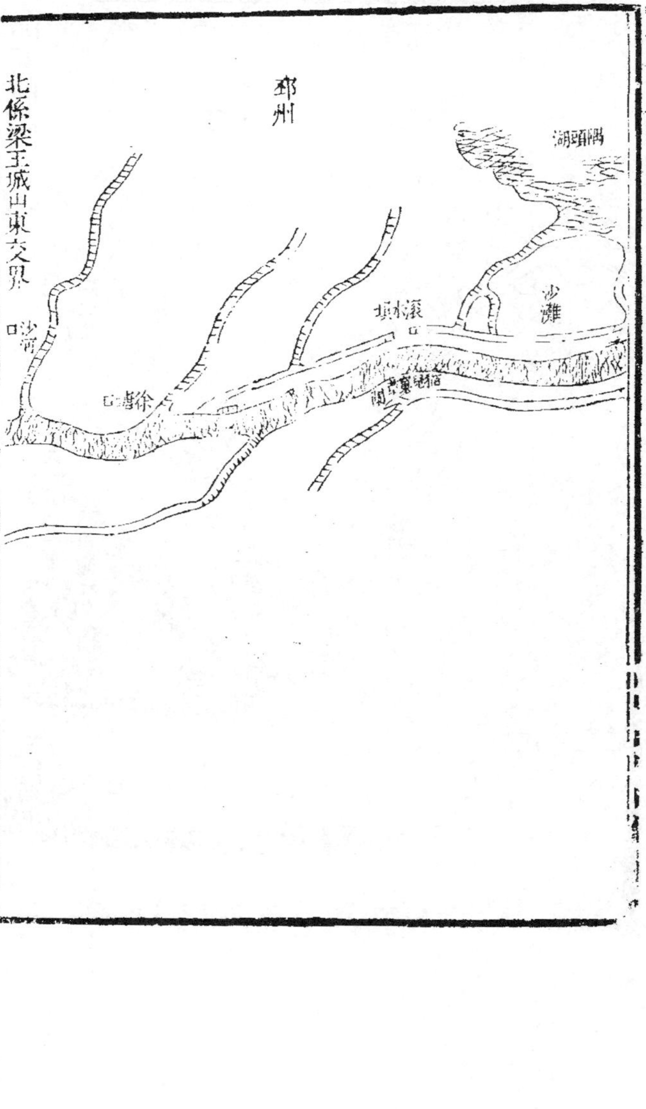
北係梁王城山東交界
邳州
隅頭湖
沙灘
滾水壩
沙河口
徐塘口
猫兒窩閘

高家堰圖

江南通志卷之三 輿地志 圖 三 高堰

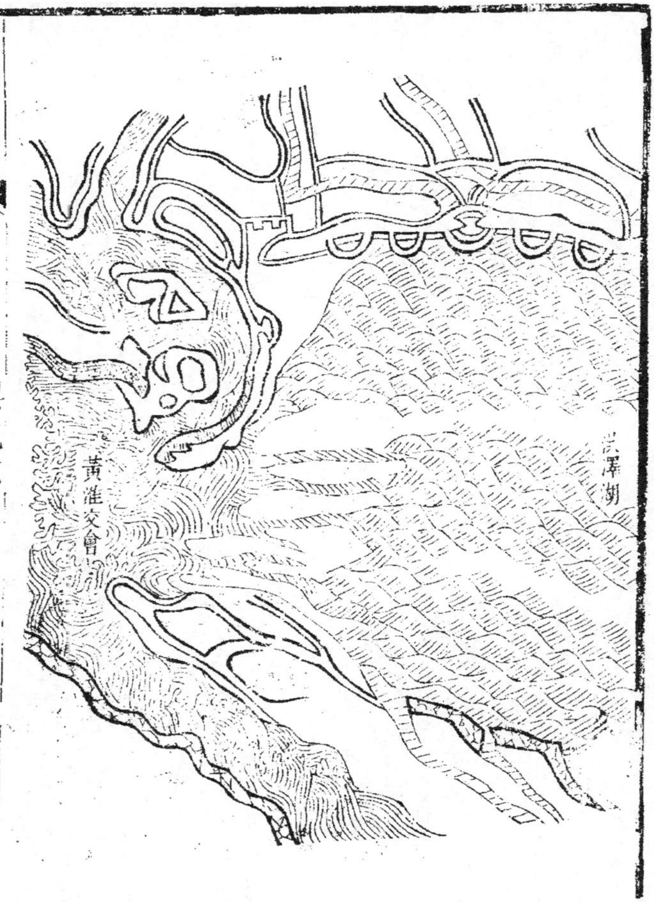

江防圖

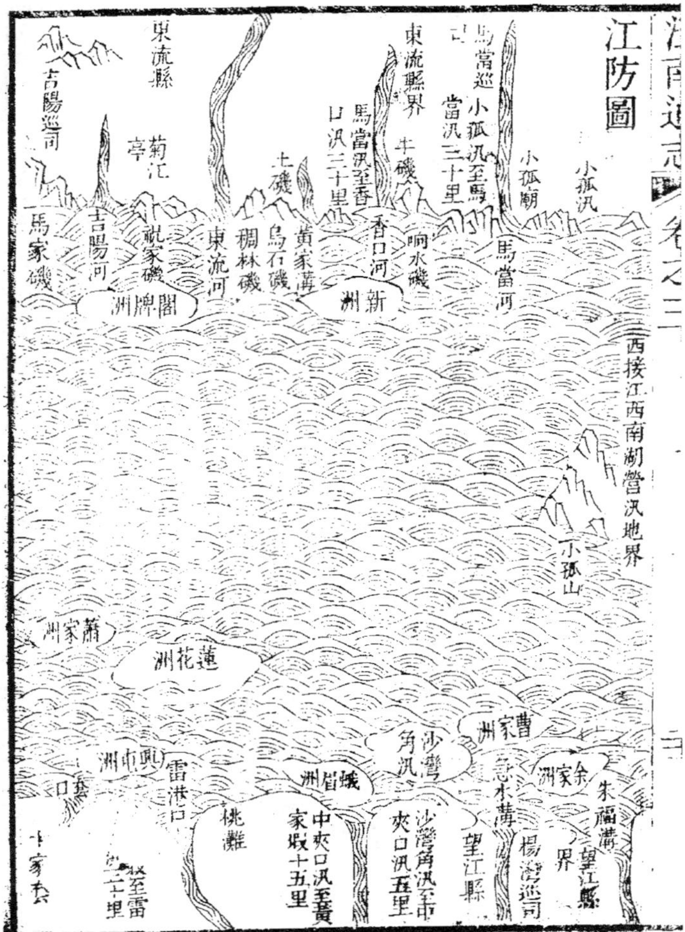
江南通志 卷之二
小孤汛
小孤廟
馬當巡司
小孤汛至馬當汛三十里
東流縣界
馬當汛至香口汛二十里
牛磯
七磯
東流縣
吉陽巡司
菊江亭
馬當河
响水磯
香口河
黃家溝
烏石磯
稠林磯
東流河
祝家磯
吉陽河
馬家磯
新洲
閣牌洲
西接江西南湖營汛地界
小孤山
蕭家洲
蓮花洲
曹家洲
沙灣角汛
興市洲
雷港口
蛾眉洲
余家洲
朱福溝
急水溝
望江界
望江縣
楊灣巡司
望江縣
沙灣角汛至中夾口汛五里
中夾口汛至黃家塅十五里
桃灘

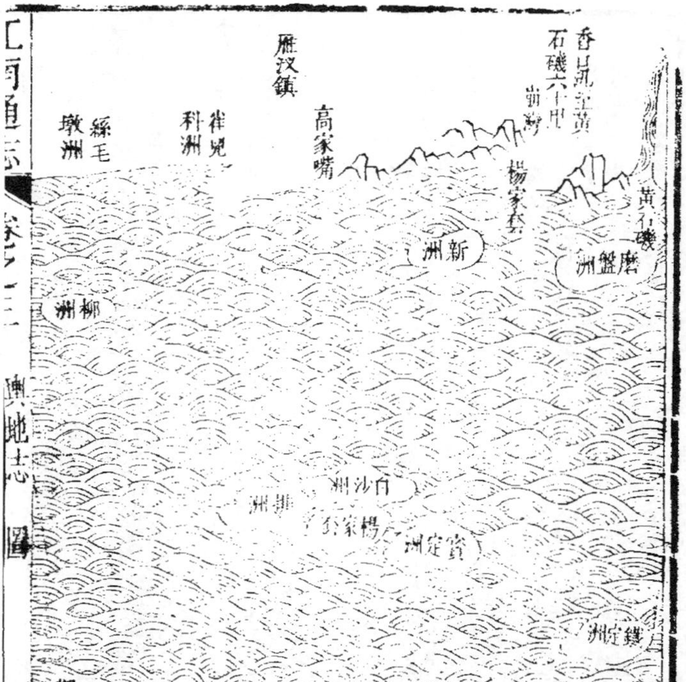
雁汊鎮
高家嘴
楊家套
黄石磯
磨盤洲
新洲
柳洲
白沙洲
排洲
鐵定洲
洲頭口
海口
張家港
操江廠
光洲
懷寧縣界
安慶府
迎江寺

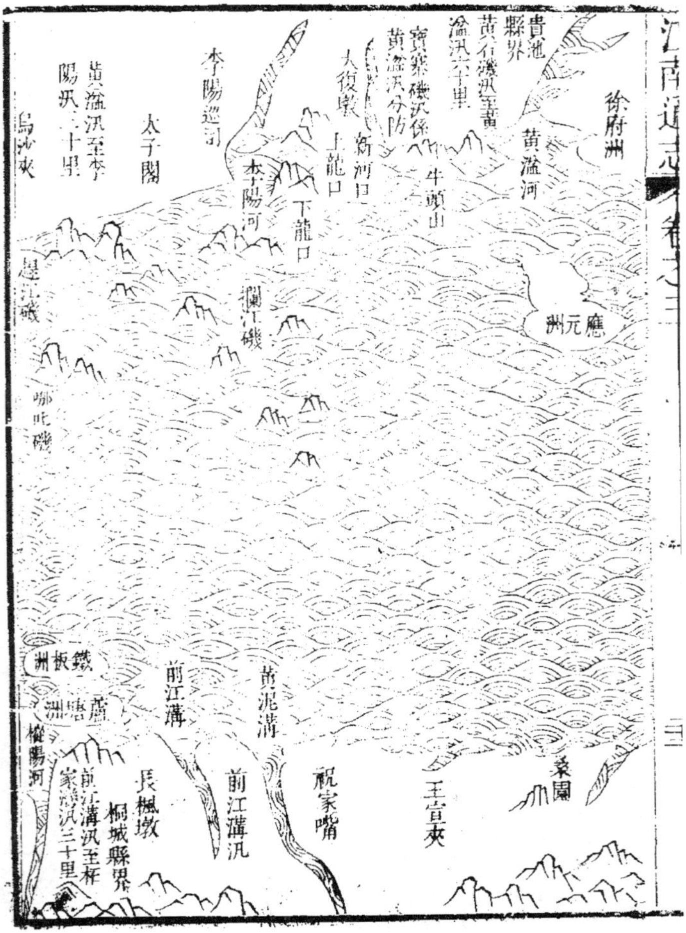
江南通志卷之三
徐府洲
黃溢河
貴池縣界
黃石磯汛至黃溢汛六十里
黃石磯汛係黃溢汛分防
牛頭山
新河口
大復墩
上龍口
下龍口
李陽河
李陽巡司
太子閣
黃溢汛至李陽汛三十里
烏沙夾
應元洲
攔江磯
鐵板洲
蘆唐洲
樅陽河
前江溝
黃泥溝
長楓墩
前江溝汛至杯家嶺汛三十里
桐城縣界
前江溝汛
祝家嘴
王宣夾
桑園

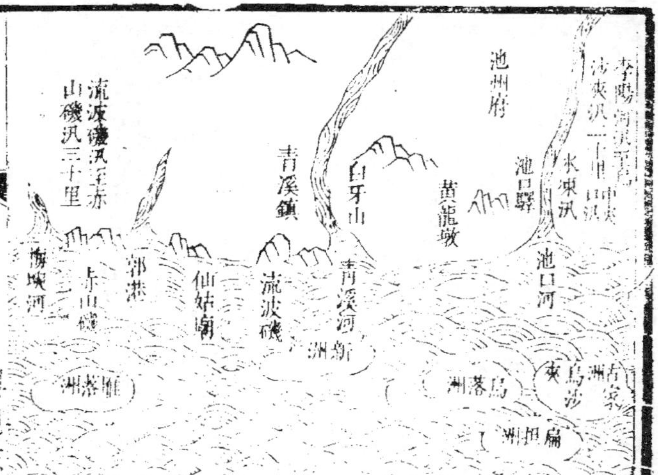
池州府
池口驛
黄龍墩
白牙山
青溪鎮
水東汛
池口河
青溪河
流波磯
仙姑廟
郭港
流波磯汛至赤山磯汛三十里
雁落洲
烏落洲
烏沙夾
扁担洲
新洲
武衆洲
新洲
老洲頭
老洲頭汛
新開溝
馬船溝
殷家溝墩
樅陽鎮
殷家溝汛至邱家埠汛十里
邱家埠汛至武衆洲汛三十里

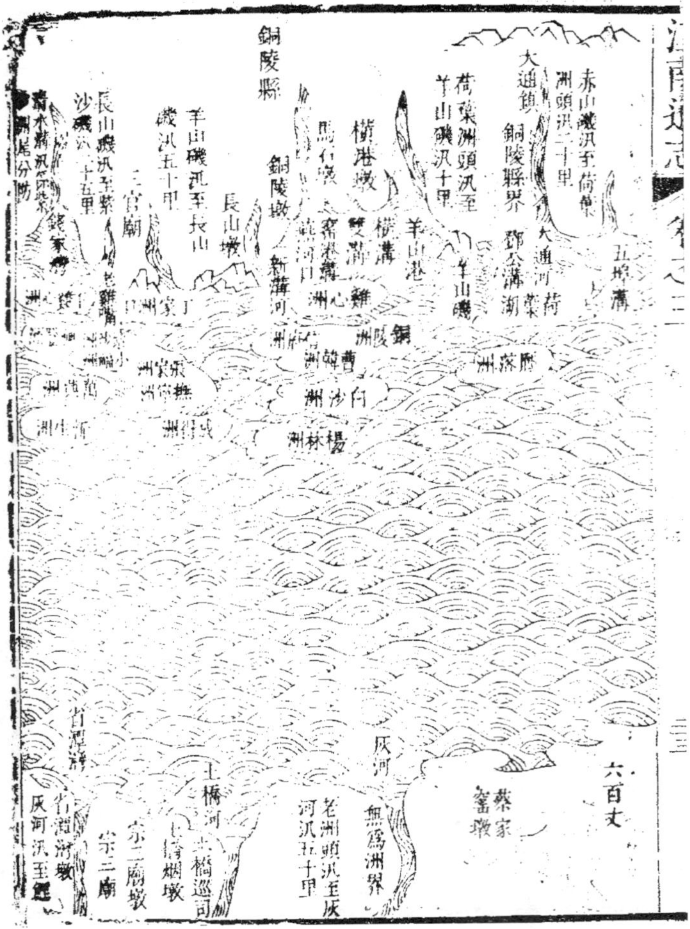
赤山磯汛至荷葉洲頭汛二十里
五埠溝
大通鎮
銅陵縣界
大通河
鄧公灘
荷葉洲頭汛至羊山磯汛十里
羊山磯
羊山港
橫港墩
橫溝
馬石墩
銅陵墩
新灘河
銅陵縣
長山墩
羊山磯汛至長山磯汛五十里
三官廟
長山磯汛至紫沙磯汛二十五里
胭脂洲
白沙洲
楊林洲
曹韓洲
銅陵洲
六百丈
蔡家窰墩
灰河
無爲洲界
老洲頭汛至灰河汛五十里
土橋河
土橋巡司
宗三廟
宗三廟墩

江南通志　卷之三　輿地志　圖

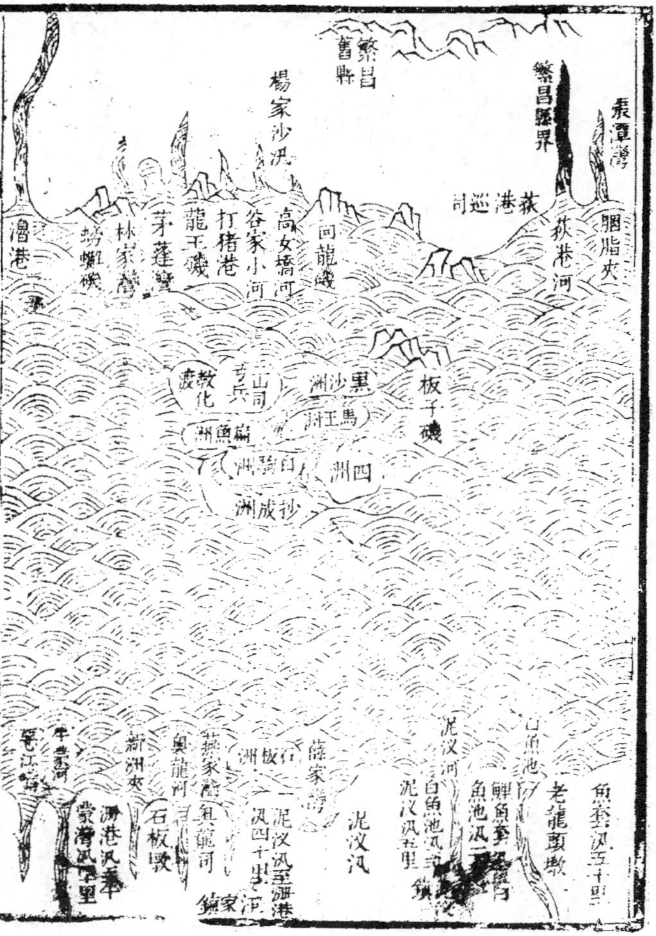

蕪湖縣
四合山
雙港汛
蕪湖關
蕪湖河
陶家溝
六雙溝
小雙溝
烏沙港
當塗縣界
四合山汛至東梁山大信河二十里
新開河
青草溝
采石磯
寶積山
望夫磯
人頭磯
大信河
新溝
東梁山
新洲
老軍田
南生洲
張家洲
陳橋洲
鵝頭洲
中夾口
太陽河
姥下河
牛屯河
張家溝
裕溪河
私鹽港
田家溝
蟂磯
新溝河
王家套
西梁山汛至姥下河汛二十里
西梁山汛
西梁山
戶部分司

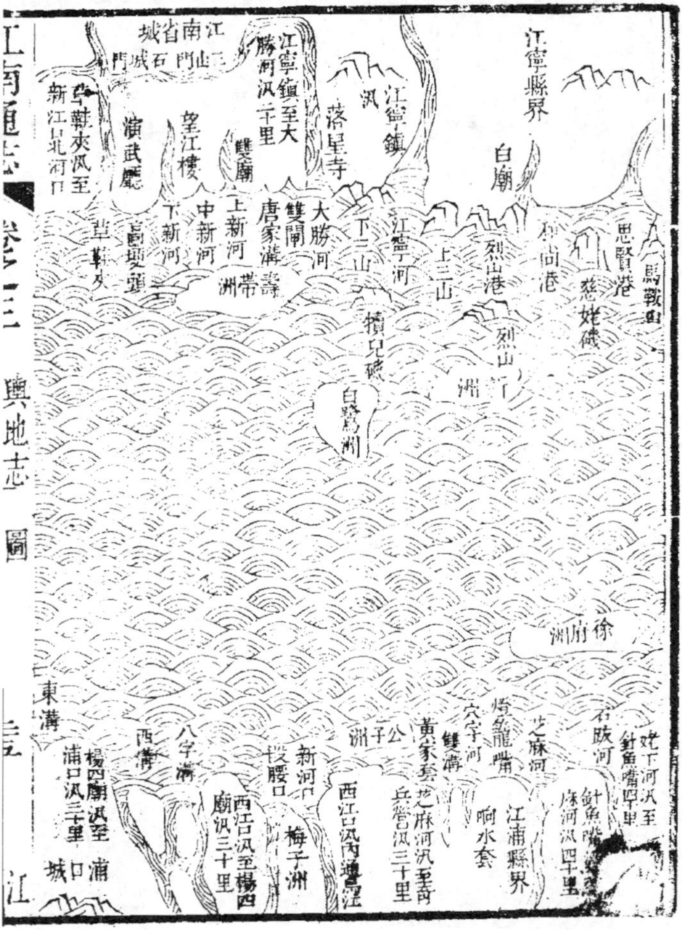
江南通志　卷之三　輿地志　圖　三五　江
江南省城
江山門
石城門
江寧鎮至大勝河汛二十里
江寧縣界
江寧鎮
汛
落星寺
白廟
望江樓
演武廳
雙廟
草鞋夾汛至新江口河口
草鞋夾
上新河
中新河
下新河
唐家溝
雙閘
大勝河
帶洲
下三山
江寧河
上三山
烈山港
烈山
和尚港
思賢港
慈姥磯
馬鞍山
白鷺洲
徐府洲
東溝
西溝
八字溝
公子洲
新河口
腰口
黃家套
雙溝
穴字河
燈籠嘴
芝麻河
石跋河
姥下河汛至針魚嘴四十里
針魚嘴
麻河汛四十里
江浦縣界
響水套
兵營汛三十里
芝麻河汛至西江口汛內通烏江
梅子洲
西江口汛至楊西廟汛三十里
楊西廟汛至浦口汛三十里
浦口
城
江

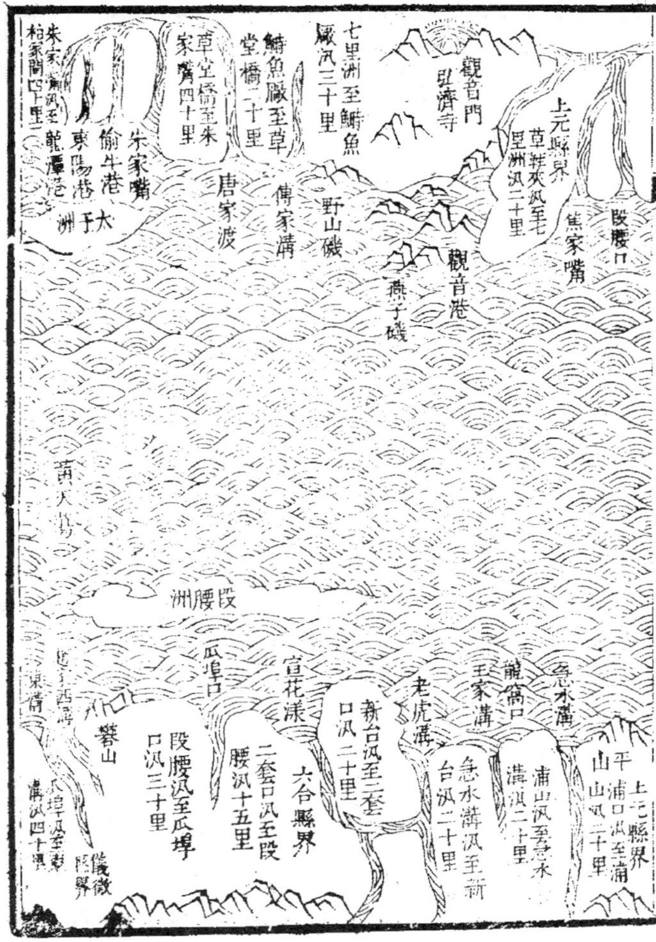

上元縣界
草鞋夾汛至七里洲汛二十里
觀音門
弘濟寺
七里洲至鰣魚廠汛三十里
鰣魚廠至草堂橋二十里
草堂橋至朱家嘴四十里
朱家嘴汛至龍潭港柏家閘四十里
朱家嘴
偷牛港
東陽港
太子洲
唐家渡
傅家溝
野山磯
觀音港
燕子磯
焦家嘴
段腰口
段腰洲
瓜埠口
宣花漾
老虎溝
王家溝
龍窩口
急水溝
磬山
段腰汛至瓜埠口汛三十里
二套口汛至段腰汛十五里
六合縣界
新台汛至二套口汛二十里
急水溝汛至新台汛二十里
浦山汛至急水溝汛二十里
上元縣界
平浦口汛至浦山山汛二十里
平山
儀徵縣界

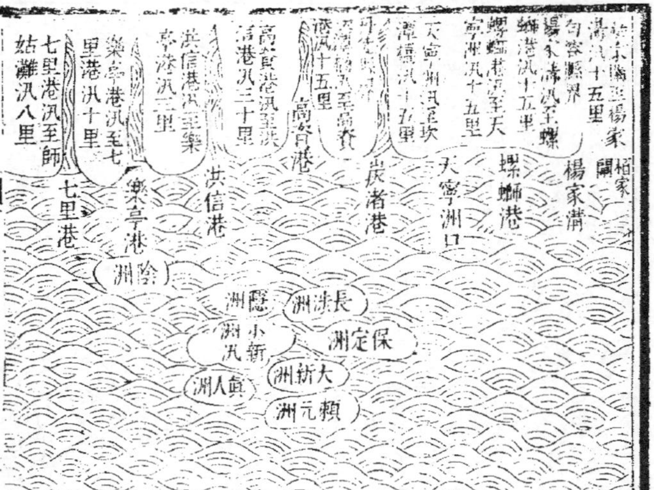

楊家溝
螺螄港
天寧洲口
炭渚港
高資港
洪信港
樂亭港
七里港
姑灘汛八里
七里港汛至師里港汛十里
樂亭港汛至七里港汛十里
洪信港汛至樂亭港汛二里
高資港汛至洪信港汛三十里
港汛十五里
天寧洲汛至炭渚港汛十五里
螺螄港汛至天寧洲汛十五里
句容縣界
洲險
洲隱
長洪洲
保定洲
小新洲汛
大新洲
貞人洲
賴元洲
北新洲
福生洲
上江口
下江口
一戧港汛至江口汛十五里
舊江口
鈇定港
馬港
窖港
何家港
青山港
戧港
朱暉港
儀徵縣
江口汛至舊江口汛二十里
舊江口汛至馬港汛二十里
馬港汛至何家港汛十里
何家港汛至沙港汛七里
青山頭汛至戧港汛二十里

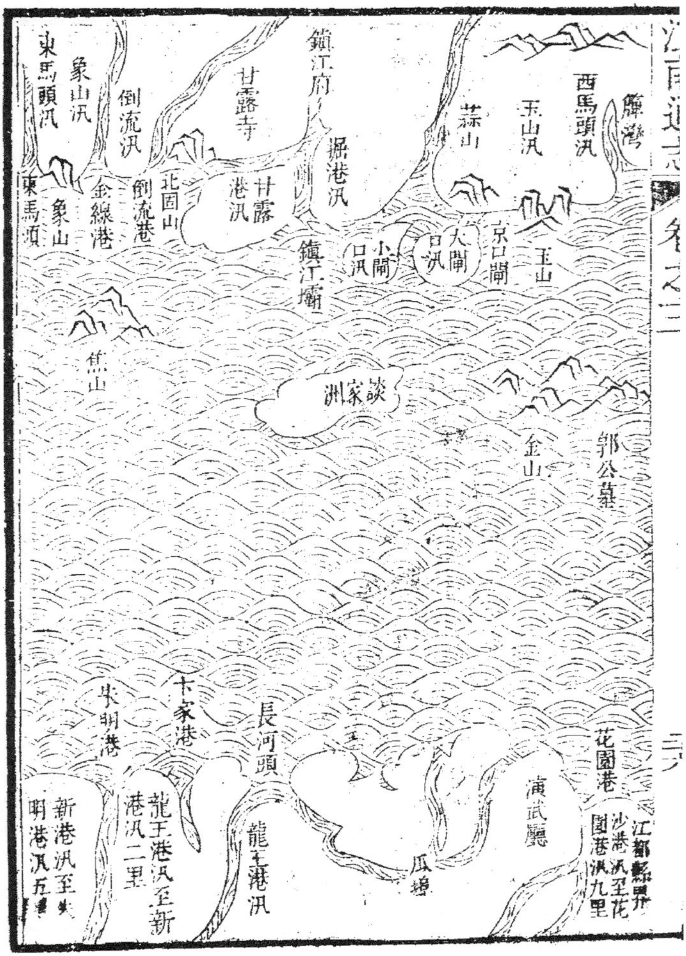

東馬頭汛
象山汛
東馬頭
象山
倒流汛
金線港
倒流港
北固山
甘露寺
甘露港汛
鎮江府
掘港汛
鎮江壩
小閘口汛
大閘口汛
京口閘
蒜山
玉山汛
玉山
西馬頭汛
焦山
淡家洲
金山
郭公墓
朱明港
卞家港
長河頭
花園港
新港汛至
明港汛五
龍王港汛至新港汛二里
龍王港汛
瓜埠
演武廳
江都縣界
沙港汛至花園港汛九里

江南通志 卷之三 輿地志 圖 江

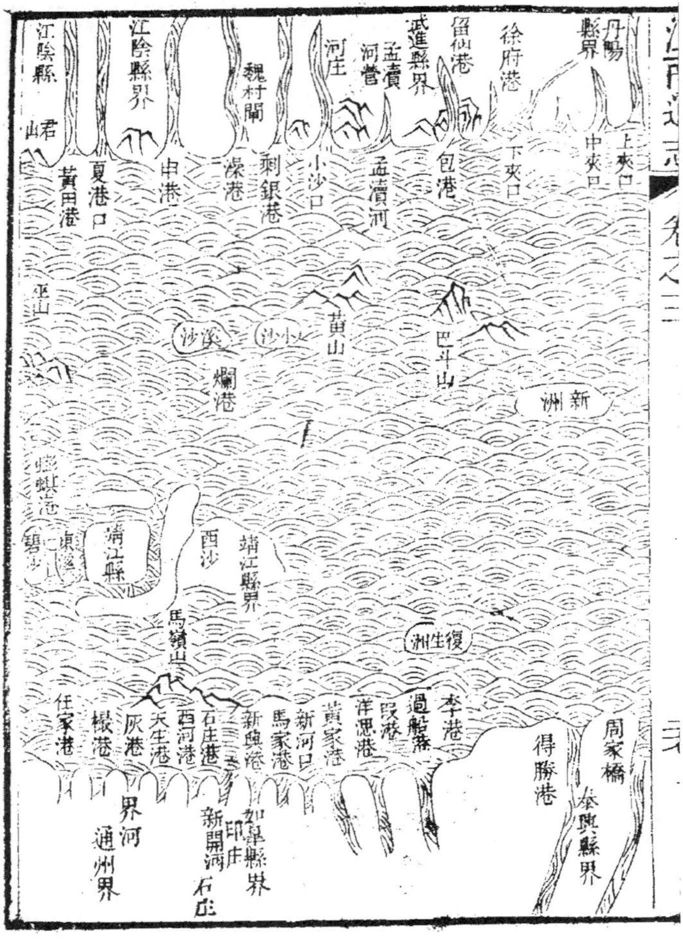
江南通志 卷之三
丹陽縣界
上夾口
中夾口
下夾口
徐府港
留仙港
武進縣界
孟瀆河營
河庄
魏村閘
江陰縣界
江陰縣
君山
夏港口
黃田港
申港
澡港
剩銀港
小沙口
孟瀆河
包港
黃山
巴斗山
小沙
溪沙
爛港
新洲
巫山
靖江縣
西沙
靖江縣界
馬䭾山
復生洲
任家港
櫻港
灰港
天生港
西河港
石庄港
新典港
馬家港
新河口
黃家港
洋思港
段港
過船港
李港
周家橋
得勝港
泰興縣界
如皋縣界
印庄
新開河
石庄
界河
通州界

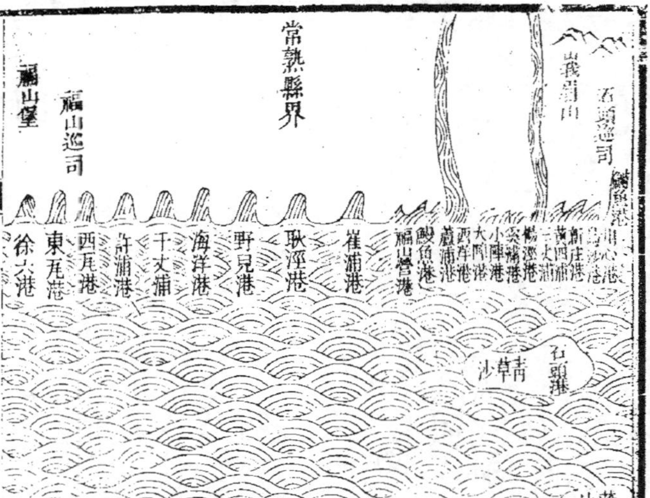
常熟縣界
福山堡
福山巡司
石頭巡司
徐六港
東瓦港
西瓦港
許浦港
千丈浦
海洋港
野兒港
耿涇港
崔浦港
福山營港
鰻魚港
蘆浦港
西洋港
大河港
小陣港
楊涇港
黄泗浦
石頭港
青草沙
蒲沙
褚家沙
劍山
軍山
狼山
黄泥山
桃港
大横港
蘆滏港
通州

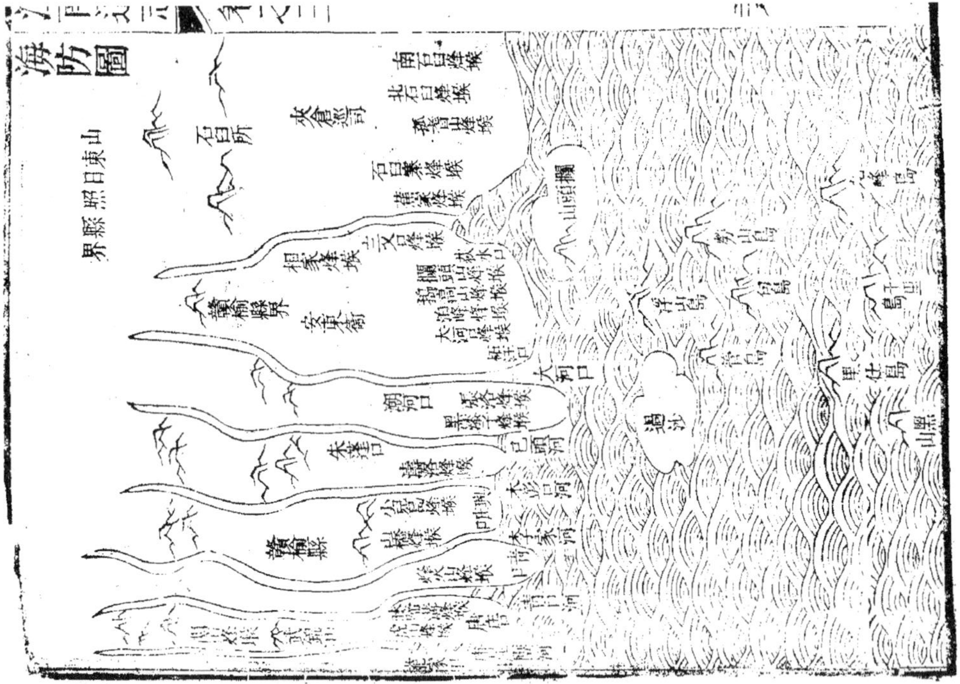
海防圖
山東日照縣界
石臼所
夾倉巡司
南石臼烽堠
北石臼烽堠
石臼寨烽堠
三义口烽堠
安東衛
贛榆縣界
大河口
贛榆縣
黑山

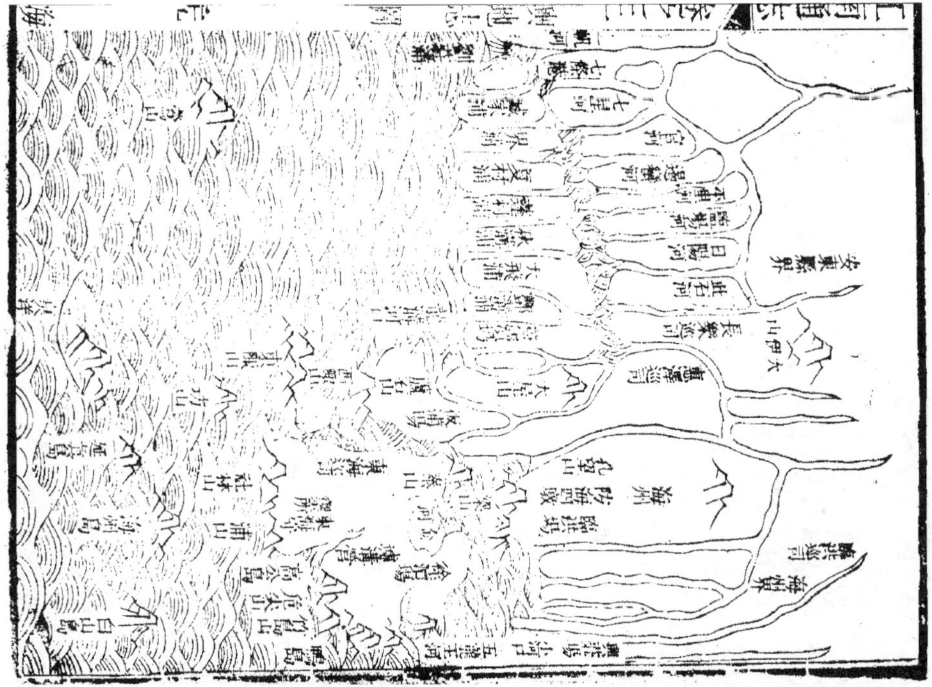
江南通志卷之三
輿地志
海
七條港
七里河
宮河
界浦
東沙浦
安東縣界
日照河
此石河
長樂巡司
大伊山
惠澤巡司
大尖山
雲台山
孔望山
海州
防海西墩
臨洪墩
臨洪巡司
贛榆縣界
五龍王河
竹島山
白山島
高公島
鷹遊山
車牛山
羊山

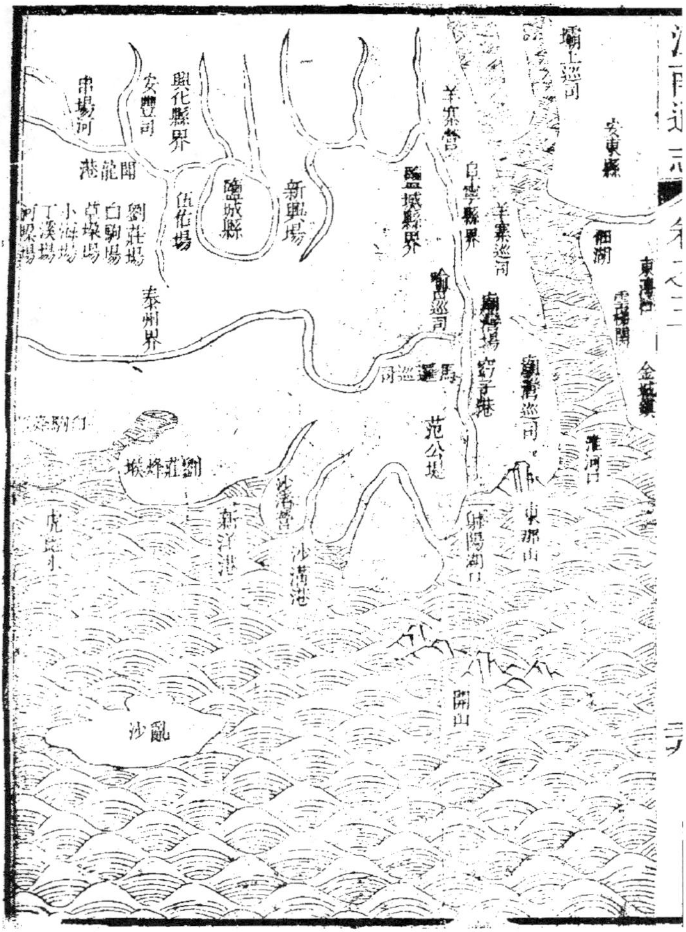
安東縣
羊寨營
白塔河
鹽城縣界
新興場
鹽城縣
伍佑場
興化縣界
安豐司
串場河
劉莊場
白駒場
草堰場
小海場
丁溪場
泰州界
羊寨巡司
喻口巡司
廟灣場
范公堤
射陽湖口
東海山
沙溝港
新洋港
劉莊烽堠
開山
亂沙
淮河口
金城鎮
雲梯關
東海口
佃湖

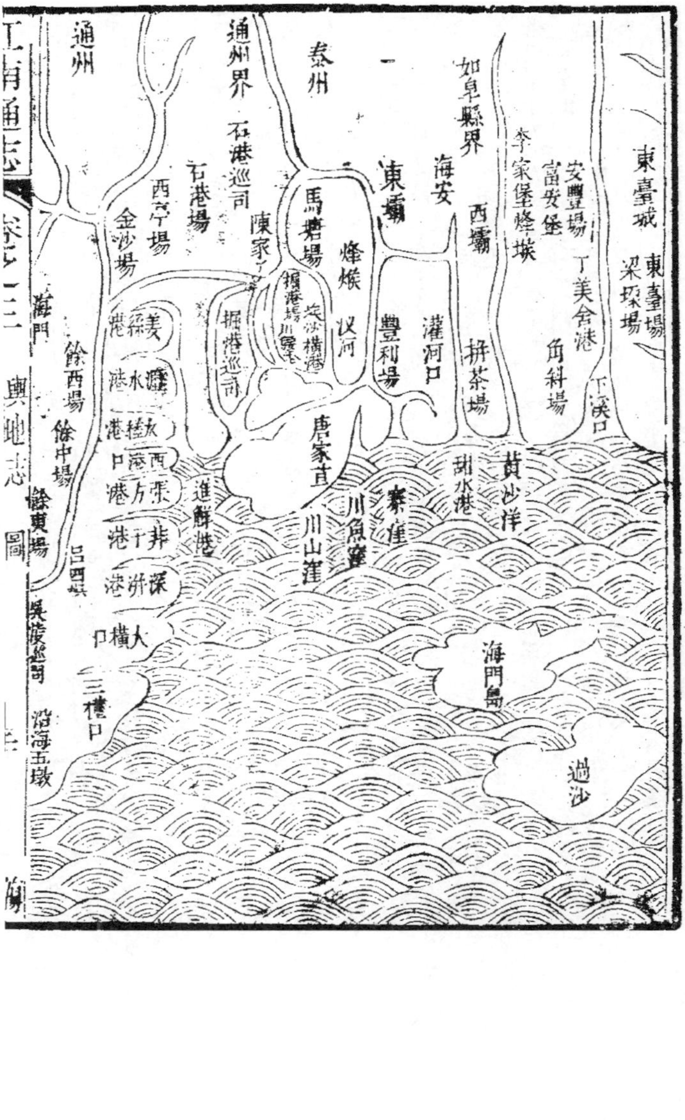
通州
通州界
泰州
如皋縣界
東臺城
東臺場
梁垛場
安豐場
富安堡
李家堡烽堠
丁美舍港
角斜場
拼茶場
下溪口
海安
西壩
東壩
灌河口
豐利場
石港巡司
石港場
西亭場
金沙場
陳家
馬塘場
烽堠
汊河
掘港巡司
唐家直
海門
餘西場
餘中場
餘東場
呂四場
吳陵巡司
沿海五墩
進鮮港
川魚窪
川山窪
寮窪
甜水港
黃沙洋
三槽口
大橫口
海門島
過沙

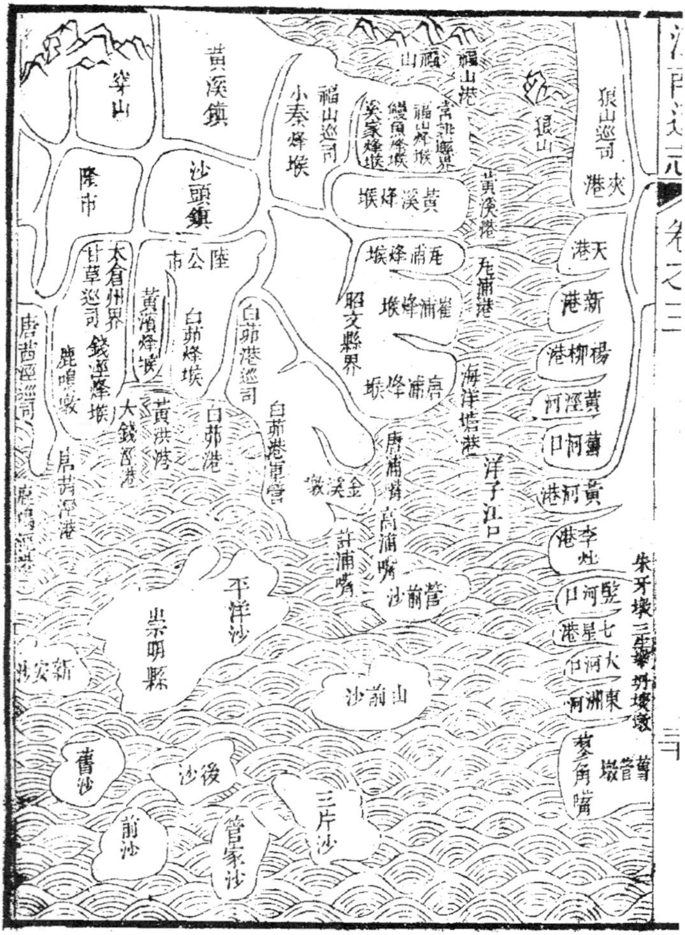
卷之三
狼山巡司
夾港
天港
新港
楊柳港
黄涇河
黄河港
李灶港
監河口
七星港
東洲河
蓼角嘴
狼山
福山港
福山
黄溪港
尾浦港
海洋塘港
洋子江口
黄溪烽堠
尾浦烽堠
崔浦烽堠
唐浦烽堠
昭文縣界
小秦烽堠
福山巡司
黄溪鎮
沙頭鎮
陸公市
白茆烽堠
白茆港巡司
白茆港
白茆港東營
金溪墩
唐浦嘴
高浦嘴
許浦嘴
營前沙
平洋沙
崇明縣
山前沙
新安沙
舊沙
後沙
前沙
管家沙
三片沙
太倉州界
甘草巡司
錢涇烽堠
鹿鳴墩
大錢涇港
黄洪港

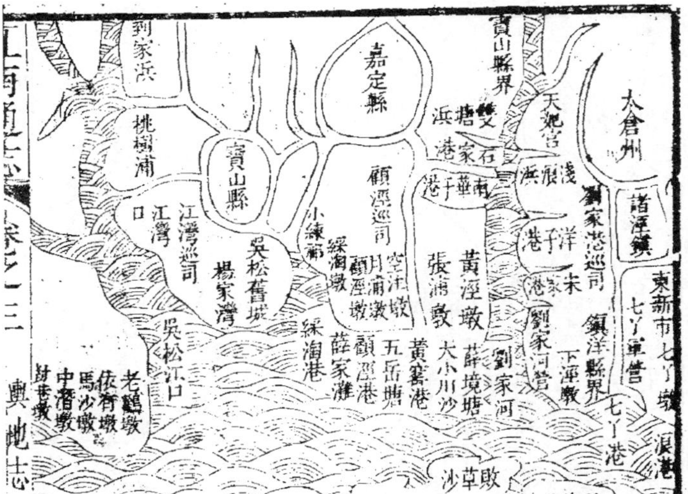
江南通志 卷之三 輿地志 圖
太倉州
諸滘鎮
東新市
七丫墩
七丫軍營
七丫港
浪港
鎮洋縣界
劉家港巡司
下滘墩
劉家河營
劉家河
洋子港
宋家港
浅限浜
南華子港
石家港
雙塘浜
天妃宮
寶山縣界
嘉定縣
寶山縣
劉家浜
桃樹浦
江灣口
江灣巡司
吳松舊城
楊家灣
吳松江口
老鸛墩
依宥墩
馬沙墩
中滄墩
顧涇巡司
小綠浦
綵淘墩
顧涇墩
月浦墩
空沮墩
張浦墩
黃涇墩
薛境塘
大小川沙
黃窰港
五岳塘
顧涇港
薛家灘
綵淘港
敗草沙
送信嘴
南沙
軍營
小團沙
無名沙
長沙
孫家沙
袁家沙
响沙
吳家沙
海礁山
分水礁
海

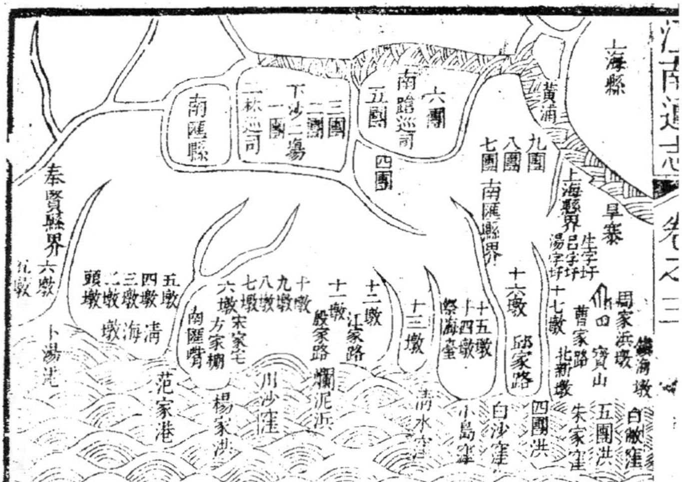
江南通志
卷之三
上海縣
黃浦
南匯縣
六團
南跄巡司
五團
四團
三團
二團
下沙二場
一團
二林巡司
九團
八團
七團
南匯縣界
上海縣界
奉賢縣界
旱寨
十六墩
十七墩
十五墩
十四墩
十三墩
十二墩
十一墩
十墩
九墩
八墩
七墩
六墩
五墩
四墩
三墩
二墩
頭墩
清海墩
邱家路
江家路
殷家路
方家栅
宋家宅
南匯嘴
周家浜墩
曹家路
寶山
北新墩
五團洪
四團洪
朱家窪
白沙窪
小島窪
清水窪
爛泥浜
川沙窪
楊家洪
范家港
下湯港
花鳥山
茶山
淡水嶼
蒲嶼
李西嶼

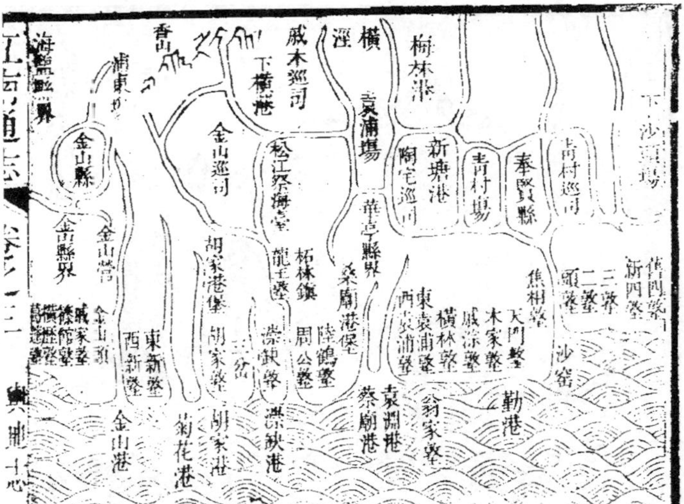

海鹽縣界
浦東
香山
金山縣
金山縣界
金山營
金山頭
東新墪
西新墪
金山港
金山巡司
胡家港堡
胡家墪
胡家港
菊花港
戚木巡司
下橫港
松江祭海墪
龍王墪
栢林鎮
陸鶴墪
周公墪
漴缺墪
漴缺港
涇
橫
袁浦場
華亭縣界
桑廟港堡
袁淵港
蔡廟港
翁家墪
梅林港
新塘港
陶宅巡司
青村場
奉賢縣
青村巡司
下沙頭場
東袁浦墪
西袁浦墪
橫林墪
戚涼墪
木家墪
天門墪
焦村墪
勒港
沙窑
頭墪
二墪
三墪
舊四墪
新四墪
金山
許山
張家嶼門
姑山
聖礁嶼
洋山
上釣山
中釣山
下釣山
大盤山
東霍山
東至馬蹟山江浙汛地交界

太湖水利圖

吳江縣
震澤縣
羅山湖
吳淞江
蘇州府
婁江

長興縣界
湖州府界
武康縣界
太湖
百瀆
荆溪
荆溪縣
宜興縣
金壇縣
滆湖
運河
常州府
武進縣
陽湖縣
金匱縣
無錫縣
丹陽縣
練湖
丹徒縣
鎮江府
孟瀆
五瀉河
江陰縣
君山
靖江縣境
焦山
金山
平望
運河

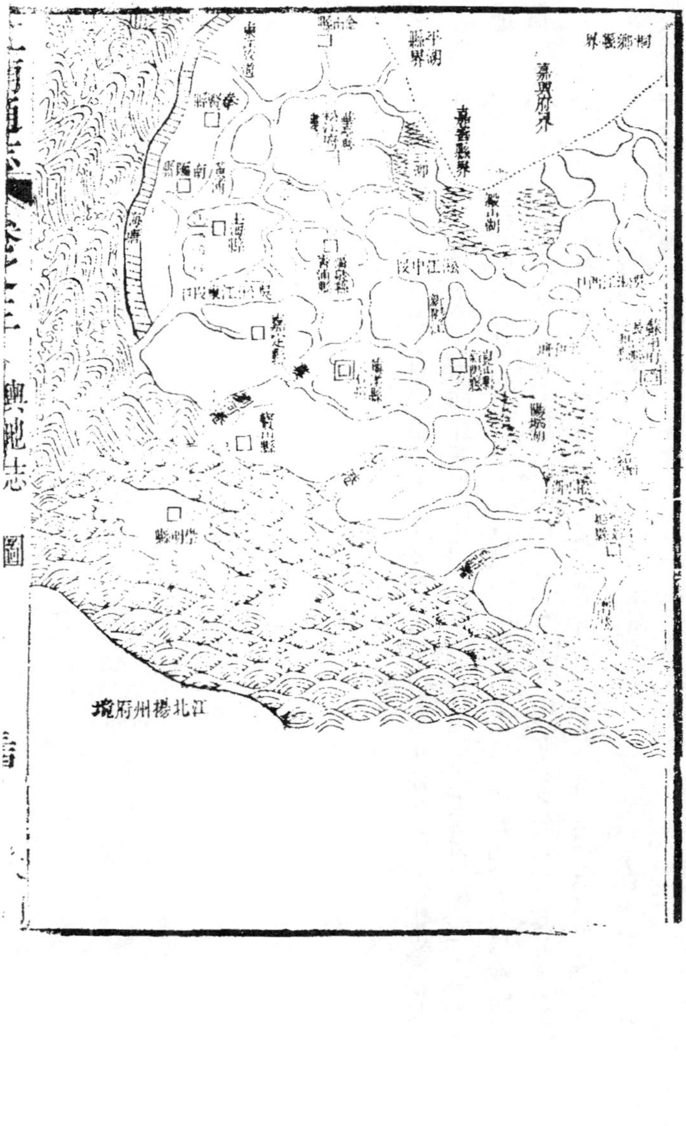
江北揚州府境
嘉興府界
嘉善縣界
平湖縣界
澱山湖
松江中段
上海縣
嘉定縣
寶山縣
奉賢縣
海塘

江南通志卷之四

輿地志

建置沿革總表

江南之地，包絡江、淮，控引河、海，實兼《禹貢》三州之域。自淮以南，東薄於海，所謂淮海揚州，江南最居要地。淮以北，則徐州之南土，而西北兼得豫州東南之境，其幅員爲大。自《周官·職方》辨九州之地，首列揚州，蓋財賦所出，其於藩服爲重。自塗山氏之國，禹會諸侯於此。春秋、戰國之際，吴、楚最爲彊盛。而《商書》作咸乂之臣，孔門居四科之賢，實産江南，而表著於六經，其於風氣之開闢爲先。故其地自書傳以來有可考者。《左傳》：吴城邗溝，以通江、淮。蓋北屬之沂，東屬之濟，以與晋會於黄池。而西取楚之鍾離、居巢、六、灊，於是三江五湖、淮海之瀕，盡爲吴國。其後入於越，並兼於楚，然至今獨稱吴地云。

秦懲戰國，始置郡邑。分天下爲四十郡，江南得鄣郡、泗水、會稽、九江、潁川、碭郡，凡六郡之域。其見於班史者，又有東陽郡、吴郡、郯郡。宋劉攽以爲皆非秦郡，王應麟以爲楚、漢之際所置者，是也。

漢以秦郡遼闊，更開置郡國。高帝置東海郡，改泗水爲沛，碭爲梁國，又立荆、楚、淮、揚、江都諸國。武帝改鄣爲丹陽，又分置廬江、臨淮、廣陵、汝南諸郡。元封五年，分天下爲十三部，部置刺史，而揚、徐、豫、兖四州，仍用《禹貢》舊名。然廣陵屬徐，山陽屬兖，非有夏之疆索矣。

後漢明帝改臨淮爲下邳，章帝改楚國爲彭城郡。順帝分會稽郡，自浙江以西爲吴郡，其餘竝仍前漢，而所統城邑，互有更易焉。

三國魏十二州，有豫、青、徐、揚。其增置郡二十一，有譙郡、安豐。而所省郡七，一爲廬江。吴五州，有揚州。其增置郡二十一，有新都、吴興。而自合肥以北至壽陽，悉屬於魏。皖城、牛渚、濡須，竝爲吴重鎮。蓋江、淮之間，魏、吴邊境矣。

晋武帝平吴，以天下爲十九州，而宣城、臨淮、毘陵諸郡，或增或復，厥後甚多。江左因遺民南渡，僑置牧司，非其舊地。又名號數易，境土屢分，不足深考。宋世又多從土斷，於是京口有南徐之名，廣陵得南兖之號，豫州立於江西，青、冀治於東海。南齊州郡略從宋舊，所謂京輦神皋，望實隆重，撫綏遐荒，扞禦疆埸者，蓋亦僅見爾。

梁武帝奄有舊吴，克復淮浦，其間郡縣，每有析置。陳氏威力，不出於荆、揚，而江南州郡彌繁，二代地志，史氏闕焉。北朝魏收淮北，齊拓淮南，洎周南清江甸。至東夏削平之歲，承高氏併省郡邑之後，益多裁減。

隋開皇三年，遂廢諸郡。尋以户口滋多，置州領縣。大業之初，更併省諸州，尋即改州爲郡。隋氏州郡之名，唐宋以來，大半相沿不改。而《禹貢》九州之名，漢、晋所以統郡國者，遂與州郡竝列。如廣陵郡爲揚州，彭城郡爲徐州是也。

唐太宗始以山河形便，創分十道。曰江南道，昇、潤、常、蘇、宣、歙、池諸州在焉。曰淮南道，揚、楚、滁、和、壽、廬、舒諸州在焉。曰河南道，徐、泗、濠、宿、海、亳、潁諸州在焉。開元二十一年，又分江南道爲東、西，而每道置采訪使，如漢刺史之職。其州郡，則高祖爲州，明皇爲郡，肅宗復爲州，犂然有可統紀，斯疆理之善者也。

五代職方出於攘竊之餘，山川既隔，風氣不通，曷足究悉？

宋太祖平江南，太宗朝吴越，因唐十道分爲十五路。天聖析爲十八，元豐又析爲二十三，於是有江南東西路、淮南東西路。而其州郡，頗沿唐制。然仍南唐置者，爲泰州；仍後周置者，爲通州；改南唐雄遠軍置者，爲太平州。又增安東、真州，又置高郵、廣德、無爲、淮陽諸軍。宋一統之世，與東晋、南北朝迥異，乃於兩漢六七郡之地，建州設軍，倍於隋、唐。良由編户孳殖，墾藝寖廣，政事條目日以益繁，因時立制，其勢然歟。周、隋之際有總管府，唐有大都督府，如漢、晋刺史治所。宋人每以龍潛舊邸，升州爲府，如江南之安慶、寧國，後代遂以府名州郡，亦自宋制云。

至宋南渡後，以東南形勢所在，立行都於建康。而淮北之地，竝入於金。金有單、壽、亳、潁、宿、泗、海、徐、邳等州，蓋縣有改隸，而州罕易置焉。

元有天下，立中書省一、行中書省十有一，以統諸路府州。其在今江南者，江浙行省爲路九：集慶、太平、池州、廣德、寧國、徽州、平江、常州、鎮江；府一：松江；州一：江陰。河南江北行省爲路五：廬州、安豐、安慶、揚州、淮安；府一：高郵。又有汝寧府之潁州，歸德府之徐、宿、邳、亳四州，又有中書省濟寧路濟州之沛縣。其府州之制，竝因於宋，而路與府州等，自元始也。

明初，改元集慶路爲應天府，建都府治。悉改路爲府。改平江路爲蘇州府，而以汝寧、歸德之潁、宿、邳、亳四州，分隸鳳陽、淮安，以歸德之徐州隸京師。凡府十三、州四，皆直隸焉。永樂後爲南京，府州訖無增省。弘治中增置屬州一：太倉。後增縣四：高淳、青浦、靖江、霍山。宋世領州縣者，或府或州或軍，元兼置路，明專設府州，較畫一矣。

皇清順治二年，平定江南，改置江南承宣布政使司，駐省城。十八年，爲左布政使，領安慶、徽州、寧國、池州、太平、廬州、鳳陽、淮安、揚州九府，徐、滁、和、廣德四州。分置右布政使，駐蘇州，領江寧、蘇州、松江、常州、鎮江五府。康熙五年，右布政使增領揚州、淮安二府，及徐州。六年，定爲江蘇、安徽二布政使司，領府州如故。松江府增置縣一：婁縣。揚州府通州省縣一：海門。

雍正二年，督臣查弼納《量地制宜》一疏，請改鳳陽府之潁、亳、泗三州，蘇州府之太倉州，淮安府之邳、海二州，揚州府之通州，廬州府之六安州，竝爲直隸州。以蘇州、松江、常州府之十一縣，最稱繁劇，悉分爲二縣，分太倉州置鎮洋縣，分婁縣金山衛地置金山縣。八年，署督臣史貽直請改江寧府之溧陽縣，屬鎮江府。九年，署督臣尹繼善請以淮安府之山陽，揚州府之江都，竝分爲二縣。十年，復請改徐州爲徐州府，增置附郭一縣以直隸；邳州改隸府，爲屬州，與睢寧、宿遷二縣均歸府轄；鳳陽府屬之壽州分置一縣。十三年，安徽巡撫王紘請改潁州爲潁州府，增置附郭一縣以直隸；亳州改隸府，爲屬州，與蒙城、太和二縣均歸潁轄。俱奉旨允行。今江南省江蘇布政使司，領江蘇八府、直隸三州，安徽布政使司，領安徽八府、直隸五州。

竊惟江南爲國家東南屏翰，遭際聖朝，游泳德化。世祖章皇帝統一寰宇，綏靖淮海。聖祖仁皇帝深仁厚澤，浹髓淪肌，生息長養六十一年。世宗憲皇帝至聖至明，仁育義正，豁免浮糧，興修水利，蠲賑緩徵，德施汪濊，體國經野，斟酌變通，分畫改隸，隨宜盡善，一十三年中，民生日厚，風俗益醇。

今皇上以聖繼聖，紹揚前休。御極以來，浩蕩洪恩，於江南霑被尤渥，從此耕鑿之利普，文明之化成，土宇昄章，永永太平。自虞夏迄今，爲江南之極盛矣。謹撰《江南省建置沿革總表》，而各府州次第分系如左。凡爲府十六、直隸州八、屬州七、縣百一十二。

附　查弼納疏

題爲量地制宜，請將附近之縣分隸各州，以專責成事。

竊查江南財賦，甲於海内。款項既多，催科不易，州縣那移出納多致虧缺，全賴知府不時盤查。乃知府或因所屬錢糧太多，款項太繁，而詞訟刑名又復棼如。或因所屬州縣過多，路途膈①遠，而親臨往返，致稽時日。盤查均未詳悉，因循故套，照出無虧印結。迨至水落石出，雖定罪參追，究難完補。與其究追於事後，莫若稽察於未然。則山西撫臣諾敏題准，分隸各州，便於稽核，實有裨於錢糧也。

江南應行分隸之處，有以州縣過多，幅幀太廣而應分者，如安徽所屬之鳳陽府屬是也。鳳陽一府，管轄一十八屬，地方遼闊。東西廣一千二百里，南北袤一千里，界連齊、豫，最屬險要。知府鞭長不及，巡歷難周。若以屬縣分隸各州，則地近易查，事簡易治。

查鳳陽一府，所屬泗州、宿州、壽州、潁州、亳州，共五州。而潁州在府西四百二十里，亳州在府西北四百八十里，界聯豫省，去府窵遠。應以原屬潁州之潁上縣，並附近州治之霍(邱)〔丘〕縣，均隸潁州，改爲直隸。亳州雖無掛銜屬邑，而太和、蒙城二縣，附近州治。應將亳州改

① 「膈」，《四庫》本作「隔」。

爲直隸，而以太和、蒙城二縣歸其管轄。再，泗州去府雖不及二百里，而界連淮、揚，湖水廣闊。相近之盱眙、天長、五河三縣，水路險要最多，鹽梟出没。應將泗州改爲直隸，而以盱眙、天長、五河三縣歸其管轄。則統屬相連，呼應自靈，重湖深山，稽查更易。其餘宿州、壽州，仍歸該府管轄。以一十八屬，而分去其十，則地近事簡，易於經理矣。

有以錢糧太多，刑名太繁而應分者，如江蘇所屬之蘇州府屬是也。蘇州一府，雖止八屬，然江蘇布政司所屬七府一州，地丁雜項等銀四百萬兩零，米麥豆二百五十八萬石零。而蘇州一府銀居一百廿九萬零，米麥豆居一百七萬零。是一府所屬之銀、米，實居一省三分之一，其繁雜可知。加以盜案、命案，一切刑名實數倍於各府。皆須知府一身管理，雖有長才，實難兼顧。若使分隸，則糧少事簡，中才亦可策效。

查蘇州府屬之太倉州，襟江帶海，糧多事繁。若以附近州南之嘉定縣，竝原屬之崇明縣，均歸該州，改爲直隸，則蘇州府八屬分去其三，止存五屬。與松江、常州二府相等，刑名、錢穀經理自易矣。

再有以路途隔遠，往返稽延而應分者。如淮安府屬之邳、海二州，揚州府屬之通州，盧州府屬之六安州是也。

淮安之邳州，隔越黄河，離府四百二十里。海州僻處海濱，離府三百七十里。均接壤山東，河海險要之處。邳州則將原屬該州之宿遷、睢寧二縣，就近歸州，改爲直隸。海州則將原屬該州之贛榆縣，竝附近之沭陽縣，歸州管轄，亦改爲直隸。揚屬之通州，濱江傍海，地最險要，去府亦四百二十里。應以附近之如臯、泰興二縣，均屬通州，亦改爲直隸。廬屬之六安州，雖去府不及二百里，而阻山帶澤，地控豫省，本屬緊要地方。其原屬掛衘之英山縣，去府五百四十五里，錯處楚壤，地尤險遠。應以英山縣，竝原屬六安掛衘之霍山縣，同歸六安州管轄，亦改爲直隸。則縣之去州，爲路甚近，呼吸相聞，易於爲理矣。

其知州之一切考成，俱照知府之例處分。以上各縣，如此分隸，則屬邑既少，錢糧易於查察，虧空漸可杜絶，而刑名詞訟，以及生童考試，俱免守候跋涉之苦。不惟裨益於錢糧，抑且有利於地方民生也。

至新改直隸各州，亦各有倉庫，若無專責，恐致侵那。應將潁州、亳州、泗州、六安州四州錢糧，仍就近令鳳廬道不時盤查。太倉州錢糧，就近令蘇松糧道不時盤查。邳州錢糧，就近令淮徐道不時盤查。海州、通州二州錢糧，就近令淮揚道不時盤查。如通同隱匿，疏忽失察，均照知府之例處分。官吏無庸添設，倉庫各有責成矣。

史貽直疏略

爲請分首府之屬縣，改隸别郡等事。

竊查江寧一府所轄八縣，守斯郡者即才具優長，已慮汲深綆短。查溧陽縣距府二百七十里，由縣至上興埠，水路七十里，小河沙淺，舟楫難行。又陸路六十里，山路一百四十里，更屬崎嶇。且非驛遞通衢，公文上下，押糧解犯等事，素稱不便。一有緊急公務，每至呼應不靈。此溧陽縣之不宜隸於江寧府也。

又查縣誌，漢時名永安，隸丹陽郡。至隋以後，改隸江寧。今丹陽現隸鎮江府，則溧陽原係鎮江府舊屬。再，鎮江一府，只轄丹徒、丹陽、金壇三縣，不若江寧八縣之多。況溧陽至鎮江府城，止二百三十里，較江寧更近四十里。且係内河，一舟可達。遞送公文，押解糧犯，深屬便宜。請將溧陽縣改隸鎮江府。云云。

尹繼善疏略

爲請分繁劇之縣，以裨吏治事。

淮安府屬之山陽縣，揚州府屬之江都縣，路當衝要，事務殷繁，附居府城，幅幘遼闊。雖有幹練之員，肆應難周。竊思蘇、松、常三府，大縣自分設以來，官民均便。山陽、江都二縣，亦應各添一令，分疆而治，與地方甚有裨益。

查山陽有廟灣鎮，見有城池、營汛，居民稠密，可以改爲縣城。廟灣西至蘇家嘴、板湖集、陳家集等處，北至北沙、單家港、周門、東坎等處，東至海邊，原皆山陽所管，今均劃歸新縣管轄。廟惟南門外里許射陽湖之南岸，即屬鹽城縣地界，應鹽邑之草偃口一帶地方，劃分新縣管轄。

灣城中原設有海防同知，已經移駐童家營，所有該同知衙門，即爲新縣衙署。添造倉庫、監獄、書吏房舍。再添設縣丞一員，耑管糧河事宜，聽河臣題補。竝添設典史一員，管理捕務。草偃口係私鹽出没之所，應將廟灣司巡檢移駐其地。與原設之鹽場大使，分任巡緝，均隸新縣管轄。鹽城之清溝司巡檢，移駐上岡地方，以清疆界。新縣①應設教職。查舊縣訓導，向分駐清江學官，不便撤回。應將鹽邑訓導，撥歸新縣。將廟灣舊有學官，再行增修。

又江都縣新舊兩城，舊城府東，分與新縣，府西分與舊縣。新城自小東門外至缺口門，南歸舊縣，北歸新縣。其邵伯、上官二巡司，竝邵伯驛，歸新縣管轄。其瓜洲、萬壽二巡司，竝廣陵驛，歸舊縣管轄。江邑原有縣丞、主簿、典史、教諭、訓導各一員，將縣丞管舊縣，河務主簿管新縣河務。添設典史一員，管新縣捕務。訓導歸新縣管轄。

又如皋縣東沿海一帶，港口繁多，恐有私米出海，民竈雜處，縣令鞭長不及。請添設主簿一員，駐劄掘港場，責令稽察彈壓。竝請鑄給印記，以專責成。

① 《四庫》本無「新縣」二字。

又　疏略

爲酌請改設府縣，以專責成，以裨吏治事。

竊照直隸知州，其責同於知府。本州事簡地僻，猶可兼綜。若地處衝要，政務繁紛，雖有長才，實難勝任。如下江之直隸徐州，界連三省，襟帶湖、河，爲南北咽喉，江蘇門户。且地廣人稠，水陸交通，一切刑名、錢糧，事務甚多。雖本州一邑之事，猶慮竭蹷不遑，何能再顧屬邑？應請將徐州陞爲府治，設立知府一員，附郭添設知縣一員。該府除轄附郭一縣，竝豐、沛、蕭、碭四縣外，有直隸邳州一州，竝所屬之睢寧、宿遷二縣，境土與徐毘連。城池相隔，亦在百里内外。徐州既陞爲府，邳州毋庸再設直隸，與睢寧、宿遷二縣，均歸徐州府轄。其一州七縣，左右聯絡，彈壓控馭，於形勢亦甚相宜。其應設同知、通判首領各員，查徐州有淮安府分駐徐屬河務同知一員，即改爲徐州府河務同知。添設管理糧鹽捕通判一員，經歷一員。其附郭設立一縣，應改設佐雜。查徐州原有鹽捕河務州同一員，南岸州判一員，北岸州判一員，應改爲糧河。縣丞一員，南岸主簿一員，北岸主簿一員，均仍管河務。原有吏目一員，應改典史一員。原有閘官三員，巡檢一員，東岸利國、桃、山、彭城四驛驛丞，均歸新設附郭之縣管轄。

再查上江鳳陽府屬之壽州，四至周圍千里，民俗刁頑，命盜頻聞，私鑄、賭博，疊經發覺。所屬正陽關一帶，又係水陸馬頭，奸良溷跡。知州一員，難以肆應。請分設一縣，添知縣一員，分疆而理。以城内之東北隅，竝北門外之石馬店等處，東門外之石頭鋪一帶地方，劃分新縣管轄。

竝設典史一員，管理捕務。

如此，則要地有統理，劇邑有分任，而吏治易收實效矣。

王紘疏略

爲酌請改設府縣，以專責成，以裨吏治事。

竊照直隸知州，其責實同於知府。本州事簡民淳，自可兼（紛）〔理〕①。若地處邊要，民刁政繁，雖有長才，實難勝任。如上江之直隸潁州，界接豫省，地方遼闊，錢穀而外，刑名事件數倍他屬。且俗悍民頑，正需整頓。即本州地方之事，猶慮竭蹷不遑，何能再顧屬邑？似應請將潁州陞爲府治，設立知府一員，附郭添設知縣一員。即以潁州原治地方，爲新縣管轄。該府除轄新縣一縣，竝原屬之潁上、霍（邱）〔丘〕二縣外，其直隸亳州一州，竝亳屬之蒙城、太和二縣，境土與潁毗連。潁州既陞爲府，則亳州毋庸仍設直隸，可與蒙城、太和二縣，均歸潁州府管轄。共一州五縣，在知州、知縣，既得各辦本任事務，知府可以統率稽察，巡歷整飭，於吏治、民風，均可望其實效。

① 據《四庫》本改。

新縣附於郡城。而亳在潁之北，蒙城在潁之東北，霍(邱)〔丘〕在潁之東南，潁上在潁之東，太和在潁之西北。則潁郡適居其中，四址相若，左右聯絡，彈壓控馭，於形勢亦屬相宜。至知府員下僚屬，應添設糧捕通判一員，耑司監兑一州五縣漕糧、督緝捕務。竝添設經歷一員，兼管府司獄事。新縣員下，應添設縣丞一員，典史一員。舊有沈(邱)〔丘〕鎮巡檢一員，即歸新縣統轄。其府學事務，即以潁州原有學正，改爲教授。縣學事務，即以潁州原有訓導，改爲新縣訓導。分隸管理，毋庸另外添員。

知府與經歷衙署，原有知州吏目舊署。新縣縣丞，亦有州同舊署。府監縣倉，俱有州監州倉。至府學文廟，教授、訓導衙署，即將州學改名，以縣學附入，均毋庸添建。惟通判與新縣知縣、典史衙署，及新縣監庫，應請添造。其現在潁州學文、武生員，應各半分隸府、縣兩學肄業。將來歲科兩試，該府學與新縣學入學名數，竝廪增貢額，俟會同學臣，另核具題。

至新設府名，似可倣照下江徐州改府之例，即改爲潁州府；添設新縣，恭候欽定佳名。如蒙恩允，改設之潁州府應仍由鳳陽道管轄盤查。所有各員，應换應給印信、關防、鈐記，請敕部議换給。其有應另擬字樣者，酌擬另行咨部。

歷代江南全省建置沿革表①

	州部	郡國
虞夏商	揚州 《書·禹貢》：淮海惟揚州。應劭曰：州界多水，水波揚也。《地理今釋》：揚州，今江南之江寧、揚州、廬州、安慶、池州、太平、寧國、徽州、鎮江、常州、蘇州、松江十二府，滁、和、廣德三州，鳳陽府鳳陽、臨淮、定遠、霍（邱）〔丘〕、盱眙、天長六縣，壽州，淮安府山陽、鹽城二縣。	

① 《四庫》本無此標題。

續表

	州部	郡國
	徐州　《地理今釋》：徐州，今江南之徐州，及鳳陽府懷遠、五河、虹、靈壁四縣，泗、宿二州，淮安府桃源、清河、安東、宿遷、睢寧、贑榆六縣，邳、海二州	
	豫州　《地理今釋》：豫州，今江南之鳳陽府潁、亳二州，潁上、太和、蒙城三縣。按：《禹貢》《夏書》，然更制九州在有虞之世，斷自虞始。《爾雅》：江南曰揚州。孫炎謂：《爾雅》九州蓋殷制。《漢書·地理志》云：殷因於夏，無所變改也。江南蓋正得揚州之域，而旁帶徐、豫，故《禹貢》獨註於揚州。又《地理今釋》載於《欽定書經傳説(會)〔彙〕①纂》，今列以爲據。	

① 據清同治十年湖北崇文書局刻本《欽定書經傳説彙纂》改。

續表

	州部	郡國
周	揚州 《周禮·職方氏》：東南曰揚州。	
	青州 《晉書》云：成王時改作。《禹貢》：徐入於青。	
	豫州	
秦		鄣郡 《通鑑》胡三省《註》：故鄣縣，漢屬丹陽郡。其地本秦鄣郡所治，故曰故鄣。今廣德軍，是故鄣縣之地。按：《文獻通考》：古揚州，秦郡五，有鄣郡、會稽郡、九江郡。 會稽郡 《通鑑註》：秦置會稽郡，其治在今吴門。漢順帝分置吴郡，而會稽徙治於山陰。 九江郡 《水經》：淮水又東北流，逕壽春縣故城西。注：縣即楚自陳徙此，秦始皇立九江郡，治

郡國	此。《史記正義》：九江郡，即壽州。楚徙壽春，號曰郢。秦置九江郡，至唐爲廬、壽、滁、濠等州之地。 泗水郡　按：《文獻通考》：古徐州。秦郡三，有泗水郡。 郯郡　按：《漢書·志》：東海郡。應劭曰：秦郯郡。《宋書·志》從之。《水經注》云：郯，故國也，秦以爲郯郡。漢高帝二年，更從今名。宋劉攽《漢書刊誤》以爲非秦郡者。《史記·注》：秦三十六郡，無郯郡也。王應麟《地理通釋》以爲楚漢之際所置者，本《晋書·志》東陽郡之説也。數説竝爲有據。又：前後《漢志》載東海郡治郯縣，是東海郡爲郯郡地無疑。舊志以爲秦薛郡，《漢書》改薛爲魯。《史記正義》云：兖州曲阜縣是也。今屬山東兖州府。 碭郡　《漢書》顔師古注：以有碭山，故名碭郡。按：《文獻通考》：古豫州。秦郡五，有碭郡、潁川郡。
州部	

續表

	州部	郡國
		〔潁川郡〕①
漢　按：武帝分天下爲十三州，揚、徐、兖、豫雖用《禹貢》舊號，不必州域相同也。後漢及晉放此。	揚州　《宋書·志》：揚州刺史，前漢未有所治。它州同。	丹陽郡　《漢書·志》：故鄣郡，元封二年更名，屬揚州。 會稽郡　《漢書·志》：高帝六年，爲荆國。十二年，更名吴。景帝四年，屬揚州。 九江郡　《晉書·志》：秦置，高帝更名爲淮南國。元狩元年復故，屬揚州。 廬江郡　《晉書·志》：漢文帝分淮南立廬江郡。《水經注》：廬江，故淮南也，漢文帝十六年，别以爲國。應劭曰：故廬子國也。 六安國　《漢書·志》：故楚。高帝元年，别爲衡山國。五年，屬淮南。文帝復爲衡山，武帝别爲六安國。《舊唐書·志》：壽州安豐縣有漢六安國，故城在縣南。《通鑑注》：漢六安國，都六縣。

① 據《四庫》本補。

續表

州部	郡國	
徐州	臨淮郡 《晋書·志》：楚漢之際置東陽郡，武帝分沛東陽置臨淮郡，以其地爲徐州。《水經注》：淮水至廣陵城，楚漢之間爲東陽郡。文穎曰：秦嘉東陽郡，今下邳縣故城東陽郡治。又：下邳是也。	
	東海郡 《漢書·志》：高帝置，屬徐州。詳見前郯郡。	
	廣陵國 《漢書·志》：高帝六年屬荆州。十一年，更屬吴。景帝更名江都，武帝更名廣陵，屬徐州。《通典》：廣陵，秦屬九江郡。	
	楚國 《晋書·志》：秦置泗水郡，漢改爲沛，分沛置楚國，以其地爲徐州。	
豫州	沛郡 《漢書·志》：故秦泗水郡，高帝更名，屬豫州。	
	梁國 《漢書·志》：故秦碭郡，高帝五年爲梁國，屬豫州。	

	州部	郡國
		汝南郡 《漢書・志》：高帝置，屬豫州。《晋書・志》：漢分梁沛立。按：《文獻通考》：潁州，漢汝陰縣，秦屬潁川郡，漢屬汝南郡。
	兖州 按：江南在漢十三州，兼揚、徐、兖、豫四州之境。據《地理今釋》所載，《禹貢》兖州無江南之地，是則漢之兖州非《禹貢》之兖州也。	陳留郡 《漢書・志》：武帝元狩元年置，屬兖州。按：漢陳留郡屬縣長垣，魏分入譙郡，今亳州長垣城是。 山陽郡 《漢書・志》：故梁，景帝中二年别爲山陽國。武帝建元五年，别爲郡，屬兖州。按：漢山陽郡屬縣湖陵，今徐州府沛縣地薄，今亳州。
後漢 世祖中興，十三州如故。	揚州 《後漢書・志》：九江郡，歷陽侯國，刺史治。注：治壽陽。《宋書・志》：揚州刺史，後漢治歷陽。《通鑑》：興平元年，詔書用劉繇爲揚州刺史，州舊治壽春。胡三省《注》：《續漢・志》云：揚州本治歷陽，蓋後徙治壽春也。《地理通釋》：後漢十三部，揚治歷陽，今和州	丹陽郡 吴郡 《後漢書・志》：順帝分會稽置。晋伏滔《正淮論》：吴郡，與吴興、丹陽爲三吴。唐陸廣微《吴地記》：漢永建四年，有山陰縣人殷重獻策，請分江置兩浙，詔司空王襲封從錢唐江中分，向東爲會稽郡，向西爲吴郡。《通鑑辨誤》：太史公謂吴爲江南一都會，故後人謂吴爲吴會。《吴郡志》：吴

續表

州部	縣。又按：《通鑑》：建安五年，劉馥爲揚州刺史，治合肥。	徐州　《後漢書·志》：東海郡郯縣，刺史治。《地理通釋》：後漢十三部，徐治郯，今淮安軍下邳縣。按：今邳州是也。
郡國	會，吴郡會稽也。 九江郡　《水經》：淮水又北，逕莫邪山西。《注》：山南有陰陵縣故城，後漢九江郡治。 盧江郡　《後漢書·志》：盧江郡，建武十年省六安國，以其縣屬。《通鑑注》：後漢章帝元和二年，徙江陵王恭爲六安王，以盧江郡爲國。和帝復爲盧江郡。	廣陵郡 東海郡 下邳國　《後漢書·志》：武帝置爲臨淮郡，永平十五年更爲下邳國。《水經注》：晋灼曰：東陽縣本屬臨淮郡，明帝分屬下邳，後分屬廣陵。故張晏曰：東陽郡，今廣陵郡也。漢明帝置下邳郡矣。 彭城國　《後漢書·志》：高帝置爲楚，章帝改。按：《漢志》：楚國，宣帝地節元年更爲彭城郡，黄龍元年復故。《宋志》云：章帝還爲彭城也。

	州部	郡國
	豫州　《後漢書·志》：沛國譙縣，刺史治。	沛國 梁國 汝南郡
	兗州　凡州不書刺史治者，非今江南地也。後放此。	陳留郡 山陽郡
三國　魏	《通典》：魏有州十二，揚治壽春，徐治彭城。《通鑑注》：魏徐州，統下邳、彭城、東海、廣陵、臨淮等郡；豫州，統汝陰、汝南、梁國、沛、譙、安豐等郡。按：魏、吴諸州所統郡國，無史志可以詳析，今竝用小字録其可據者。梁、陳後五代放此。	廣陵郡　《通鑑注》：魏之廣陵郡治淮陰，漢廣陵城廢棄不治。按：《三國·吴志》孫峻使衛尉馮朝城廣陵，是也。 臨淮郡 東海郡 下邳國 彭城國 淮南郡　《宋書·志》：秦九江郡，漢高帝更名淮南國，武帝復爲九江郡，魏復曰淮南。 廬江郡 安豐郡　《宋書·志》：魏武分廬江爲安豐郡。

續表

		吴
州部		《通典》：吴置五州，揚治建業。《地理通釋》：揚州，魏、吴竝立。《通鑑注》：吴揚州，統丹陽、宣城、毘陵、吴、吴興、新都等郡。按：毘陵郡，晋省吴毘陵校尉置，《通鑑注》誤。
郡國	沛國 譙郡　《晋書・志》：魏武分沛立譙郡。《水經注》：魏黄初中，文帝以酇、城父、山桑、銍置譙郡。 梁國 汝南郡 汝陰郡　《晋書・志》：魏武分汝南立汝陰郡。	丹陽郡　按：丹陽郡，治宛陵，兩《漢書》同。三國吴仍治宛陵，非建業也。《吴志》：權改秣陵爲建業，黄武四年遷都於此。《宋書》所謂秣陵，其地本名金陵者也。晋武帝太康二年，分丹陽爲宣城郡，治宛陵，而丹陽始移治建業。《晋》《宋》二書所載，確然明白。舊志云孫權徙都丹陽者，非也。 吴郡　《宋書・志》：吴分吴郡無錫以西爲毘陵典農校尉。 廣陵郡　《通典》：後漢廣陵郡，魏爲重鎮，嘉平後屬吴。

續表

	州部	郡國
		吴興郡　《晋書·志》：孫悋分吴立吴興郡。《宋書·志》：分吴丹陽立。 宣城郡 新都郡　《吴志》：權使賀齊討黟、歙，分黟爲始新、新定、犂陽、休陽縣，以六縣爲新都郡。
晋　武帝分天下爲十九州，揚、徐、兖、豫四州所統郡國仍舊，增置具載《晋志》。元帝渡江以後僑立之州，今依《晋志》，不具列焉。	揚州　《宋書·志》：揚州刺史，魏、晋治壽春，晋平吴，治建業。	丹陽郡　《宋書·志》：晋太康二年，丹陽移治建業，太興元年改爲尹。 宣城郡　《宋書·志》：晋武帝分丹陽郡立。 淮南郡　按：《晋志》淮南郡有二：漢九江郡，魏爲淮南郡，治壽春，今壽州也。晋成帝初，於江南僑立淮南郡，遥隸揚州。《宋志》云：晋季割丹陽之于湖縣爲境。《隋志》云：丹陽郡當塗縣，舊置淮南郡，今太平府當塗縣也。 廬江郡　《水經》：沘水東北，過六縣東。《注》：晋太康三年，廬江郡治。 毗陵郡　《晋書·志》：太康二年，省吴校尉，爲毗陵郡。又：分丹陽立毗陵郡，永興元年改爲晋陵。

續表

	州部	郡國
		吳郡　《通鑑注》：晋成帝以吳郡爲吳國。 吳興郡 新安郡　《晋書・志》：晋平吳，改新都曰新安郡。 歷陽郡　《宋書・志》：晋惠帝分淮南置。《通鑑注》：歷陽縣，漢屬九江郡，晋置歷陽郡。 義興郡　《晋書・志》：惠帝割吳興、丹陽立。《通鑑注》：晋分吳興之陽羨，及長城縣之西鄉、丹陽之永世，立義興郡。
	徐州　《宋書・志》：徐州刺史，晋治彭城。	彭城國 下邳國　《宋書・志》：晋武帝分下邳之淮南爲臨淮，而下邳如故。 東海郡 廣陵郡 臨淮郡　《晋書・志》：漢置，章帝以合下邳。太康元年復立。元康七年，又分臨淮置淮陵郡。 南琅邪郡　《宋書・志》：晋成康元年，割丹陽之江乘縣境立郡。按：《晋志》屬南徐州，附見徐州。

續表

郡國	州部	
堂邑郡　《晉書・志》：元康七年，以堂邑置堂邑郡。《宋書・志》：晉安帝改堂邑爲秦郡。按：《宋志》又云：晉分臨淮淮陵立堂邑郡。今考淮陵、堂邑，惠帝同時分置，恐《宋書》誤也。又按：堂邑、鍾離、盱眙、海陵、山陽五郡，《晉志》竝附見徐州。 鍾離郡　《晉書・志》：明帝於漢故九江郡界置鍾離郡，屬南徐州。《宋書・志》：安帝分立。《通鑑注》：鍾離，禹塗山氏之國，春秋鍾離子之國。漢爲縣，屬九江郡。晉屬淮南郡，安帝分立鍾離郡。 盱眙郡　《宋書・志》：盱眙，本縣名，晉安帝分立。 海陵郡　《晉書・志》：義熙七年，分廣陵界置海陵、山陽二郡。 山陽郡　《宋書・志》：義熙中土斷，分廣陵立。漢景帝分梁爲山陽，非此郡也。《舊唐書・志》：漢臨淮郡之射陽縣地，晉置山陽郡。戴延之《西征記》：山陽，津名。《續通典》：晉義熙置山陽郡，因境内有地名山陽，因以爲名。《通鑑注》：漢之山陽郡，唐爲曹濟之地；晉置山陽郡，唐爲楚州。		

	州部	郡國
		南梁郡《宋書·志》：晉太元中僑立於淮南，安帝始有淮南，故地屬徐州。《地理通釋》：吴置滁陽城，晉以爲南梁郡。按：南梁郡，《晉志》無。
	豫州《通鑑注》：晉南渡初，祖逖以豫州刺史治譙城。永昌元年，屯壽春。咸和四年，庾亮以豫州刺史治蕪湖。永和元年，豫州刺史治牛渚。二年，復治蕪湖。十一年，進治壽春。又：東晉豫州，揚州之江西、淮南、盧江、安豐、歷陽等郡也。	汝陰郡《晉書·志》：魏置，後省。泰始二年復置。按：汝陰、譙二郡，梁、沛二國，是西晉豫州承漢魏所立。 梁國 沛國 譙郡 安豐郡 晉熙郡《晉書·志》：孝武於漢盧江之南部置晉熙郡。《宋書·志》：安帝立。按：晉熙郡，《晉志》附見豫州。
	兖州	陳留國《隋書·志》：譙縣，舊曰小黄，置陳留郡。按《晉志》：陳留國，魏武帝所封，治小黄，今亳州地也。蓋郡沿漢舊，而郡治移矣。

續表

	州部	郡國
南北朝　宋	揚州　《宋書·志》：揚州刺史寄治京邑。按：宋京邑，建康令是也。晉建興元年，改建業爲建康。	丹陽郡　《通鑑注》：晉都建康，以丹陽太守爲尹，宋、齊、梁、陳因之。 吴郡 吴興郡 淮南郡　《宋書·志》：孝武大明六年，以淮南郡併宣城，宣城郡〔徙〕①治于湖。八年，復立淮南郡。按：此則東晉僑立之淮南郡，在江南。而漢魏之淮南郡在淮南者，《宋志》遂稱故淮南矣。 宣城郡 新安郡
	南徐州　《宋書·志》：元嘉八年，以江南爲南徐州，治京口，割揚州之晉陵，兗州之九郡僑在江南者屬焉。	南東海郡　《宋書·志》：晉元帝初，割吴郡海虞縣北境，爲東海郡。永和中，移出京口。文帝立南徐，以東海爲治下郡，竝爲實土。

① 據《四庫》本補。

續表

州部	徐州 《宋書·志》：治彭城。明帝僑立徐州，治鍾離。泰豫元年，移治東海朐山。元徽元年，還治鍾離。
郡國	南琅邪郡 晉陵郡 義興郡 臨淮郡 淮陵郡 彭城郡 沛郡 下邳郡 東海郡 淮陽郡 《宋書·志》：淮陽郡，義熙中土斷立。《水經注》：淮水又東，逕廣陵，歷淮陽城北，臨泗水。《述征記》：淮陽太守治。 北濟陰郡 《宋書·志》：北濟陰太守，孝武建元元年昇立。按：《宋志》：北濟陰郡，領豐縣。 濟陰郡 《隋書·志》：鍾離郡化明縣，故曰睢陵，置濟陰郡。按：《宋志》：濟陰太守治睢陵。今泗州盱眙縣有睢陵城，是也。

續表

州部	郡國	
	鍾離郡 馬頭郡　《宋書·志》：故淮南當塗縣地，晋安帝立，因山形立名。 平昌郡　《宋書·志》：元徽元年立。	
南兖州　《晋書·志》：元帝僑置兖州，寄治京口，明帝改爲南兖州。《宋書·志》：文帝始割江淮間爲境，治廣陵。又《地理通釋》：太宗初，以淮陰爲北兖，而青、冀治贛榆。淮陰，今楚州縣。贛榆，今海州東海縣。	廣陵郡 海陵郡 山陽郡 盱眙郡 秦郡 臨江郡　《宋書·志》：秦郡太守、懷德令，孝武立。又以歷陽之烏江，併此爲二縣立臨江郡。	
南豫州　《晋書·志》：成帝僑立豫州於江淮之間，居蕪湖。《宋書·志》：武帝割揚州大江以西、大靁以北悉屬豫州，豫基址由此而立。永初二年，分淮東爲南豫州，治歷陽；淮西爲豫州。明帝復	歷陽郡 南譙郡　《宋書·志》：晋孝武太元中，於淮南僑立，後爲實土。《隋書·志》：江都郡清流縣，舊置南譙郡。 廬江郡	

續表

州部	郡國	
於淮東分立兩豫。《通鑑注》：宋泰始中，以揚州之淮南宣城爲南豫州，治宣城。	南汝陰郡　《宋書・志》：江左立。 南梁郡　《宋書・志》：晉屬徐州，永初二年還南豫。 晉熙郡 安豐郡 邊城郡　《宋書・志》：邊城左郡，元嘉二十五年以豫部蠻民立。按：邊城郡治雩婁。《水經注》云：《晉書地道記》：雩婁在安豐縣之東，即其界也。今潁州霍（邱）〔丘〕縣有雩婁城。	
豫州　《宋書・志》：寄治睢陽，而郡縣在淮西。按：睢陽所治，即漢、晉壽春縣，見《宋志》睢陽令。又《地理通釋》云：永昌中，豫州刺史祖約自譙還鎮壽春，後或治江北，或治江南無定所。	譙郡　《通鑑注》：蘄，秦、漢古縣，宋置譙郡。按：今宿州有蘄城是也。 梁郡 汝陰郡 陳留郡　《宋書・志》：晉成帝立，今寄治譙郡長垣縣界。	

續表

	州部	郡國
南齊	揚州 《通典》：治建康。	丹陽郡 吴郡 吴興郡 新安郡
	南徐州 《南齊書·志》：鎮京口。	南東海郡 晋陵郡 義興郡 南琅邪郡 《南齊書·志》：本治金城，永明乃徙治白下。張敦頤《六朝事跡》：白下，本江乘之白石壘也，齊武帝以其地帶江山，移琅邪居之。
	豫州 《南齊書·志》：義熙十二年鎮壽春，後常爲州治。《通鑑》：齊建武二年，遣沈文季督豫州諸軍，治壽陽。按：漢壽春縣，六朝之壽陽，今壽州也。	南汝陰郡 晋熙郡 梁郡 陳留郡 北譙郡 按《宋志》：譙郡領縣六，有蒙、蘄、寧陵。

州部		南豫州　《通鑑注》：南豫州，蕭齊治姑孰。按《南齊書》云：太祖省南豫，王儉《啓》以朝廷遣軍歷陽，每事草創，孰與方鎮常居，軍府素正。至永明二年，復置南豫。沈憲《啓》以潁川、汝陽在南譙、歷陽界内，求屬南豫。是齊初南豫，本治歷陽，後壽陽附魏，遂以歷陽爲豫州，故移南豫於江南也。
郡國	《齊志》：北譙郡惟領三縣。又於蘄縣注云：《永元志》屬南譙。是齊分宋譙郡置爲北譙，蘄縣又互屬南北譙也。 安豐郡 邊城郡	淮南郡 宣城郡 歷陽郡 南譙郡　《通鑑注》：按《魏地形志》，晉孝武置南譙郡，蓋治渦陽。又按《齊志》，永明二年，冠軍長史沈憲《啓》：二豫分置，以桑堁子亭爲斷，潁川、汝陽在南譙、歷陽界内，求屬南豫。則齊之南譙，蓋置於歷陽西界。按胡三省注《通鑑》，辨晰如此。然《齊志》南譙郡治山桑，史志固可考也。 廬江郡　《隋書·志》：廬江郡廬江縣，齊置廬江郡。

續表

郡國	州部	
臨江郡《南齊書·志》：建元二年罷並歷陽，後復置。按《宋志》：臨江郡，永光元年省。《南齊志》：建元省。或經重置而復省矣。		
廣陵郡 海陵郡 山陽郡 盱眙郡	南兗州《南齊書·志》：鎮廣陵。	
鍾離郡 馬頭郡《南齊書·志》：永明元年罷譙郡屬。 濟陰郡 新昌郡《隋書·志》：清流縣，舊曰頓(邱)〔丘〕，置新昌郡。按《南齊志》，新昌郡治頓(邱)〔丘〕，與《宋書》平昌郡同，是齊改平昌爲新昌矣。 沛郡	北徐州《南齊書·志》：鎮鍾離。	

續表

州部	郡國	
青州　《南齊書・志》：建元四年鎮朐山。	齊郡　《南齊書・志》：永明元年，罷秦郡並之，治瓜步。 東莞郡　《南齊書・志》：東莞、琅邪二郡，治朐山也。 北海郡　按《南齊志》，北海郡治都昌，宋鬱縣也。其屬縣有贑榆，即宋之東海郡矣。	
冀州　《南齊書・志》：全領北東海郡，治漣口。《通典》：泗州漣水縣，齊置冀州，寄治於此。《隋書・志》：江都郡，梁置南兖州。盧江郡，梁置南豫州。東海郡，梁置南北二青州。《通鑑注》：梁大通元年，以渦陽爲西徐州，領南譙龍亢、臨涣等郡。又：自宋以來，以壽陽爲豫州，魏以壽陽爲揚州，復漢、魏之舊也。梁復以壽陽爲豫州，復宋、齊之舊也。又：梁北兖州治淮陰，北徐州治鍾離。	北東海郡　按《南齊志》，郡下縣有襄賁、下邳、厚（邱）〔丘〕，即漢東海郡所領舊縣也。 丹陽郡 南丹陽郡　《隋書・志》：梁置南丹陽郡，陳省。 琅邪郡　《輿地圖》：梁武改南琅邪爲琅邪郡，在潤州江寧縣西北十八里。 吴郡 信義郡　《隋書・志》：吴郡常熟縣，舊曰南沙，梁置信義郡。 晋陵郡	

續表

	州部	郡國
		蘭陵郡 《梁書·武帝紀》：天監元年，改南東海爲蘭陵郡。 江陰郡 《隋書·志》：毘陵郡江陰縣，梁置江陰郡。《通鑑注》：梁敬帝時置。 義興郡 吳興郡 山陽郡 廣陵郡 按：梁之廣陵有二。《隋書·志》「梁置南兖州」者，此廣陵郡也。《梁本紀》云：魏東豫刺史元慶和以渦陽内屬。《夏侯夔傳》云：湛僧智圍元慶和於廣陵，慶和請降，詔以僧智爲東豫州，鎮廣陵。胡三省云：此别一廣陵，非南兖州之廣陵也。今以《宋》《梁》《魏》《隋》諸書參考之，《梁書》東豫州之廣陵，即爲渦陽之地。《魏志》云，廣陵郡分東豫州置，所謂别一廣陵也。《宋志》云，泰始復於淮東分立兩豫，以淮東爲境。《隋志》云，後魏渦陽縣，後齊置蒙縣，推尋淮東、渦北，蓋在今蒙城、懷遠二縣界。

續表

郡國	州部	
廣業郡　《隋書·志》：江都郡高郵縣，梁置廣業郡。尋以有嘉禾，爲神農郡。開皇初，郡省。 陽平郡　《隋書·志》：江都郡安宜縣，梁置陽平郡及東莞郡，開皇初郡省。按：安宜，今揚州府寶應縣。 海陵郡　《通鑑注》：海陵縣，漢屬臨淮，後漢、晉屬廣陵，梁置海陵郡，今爲泰州。《九域志》：東至海一百七里。按：海陵郡，晉、宋之間所置，而宋、齊二《志》，海陵縣竝屬廣陵郡，梁始移海陵縣，爲海陵郡治也。 下邳郡　《隋書·志》：下邳縣，梁置武州下邳郡。 晉熙郡　《隋書·志》：梁置晉州。 樅陽郡　《隋書·志》：同安縣，舊曰樅陽，置樅陽郡。前《明一統志》：樅陽，漢縣，梁置樅陽郡。 高塘郡　《舊唐書·志》：漢皖縣地，梁置高塘郡。《隋書·志》：同安郡宿松縣，梁置高塘郡。《通鑑注》：宿松，漢皖縣地也。		

郡國	州部	
新安郡 宣城郡 南陵郡 《隋書·志》：宣城郡南陵縣，梁置南陵郡。《通鑑注》：南陵在宣城郡界，梁置南陵郡，陳置北江州於其地。蓋臨江渚，江州東界盡於南陵，古之南陵戍也。 廬江郡 《通鑑注》：《地形志》云：梁置廬江郡，治灊縣，今屬無爲軍界。按《隋志》，梁置南豫州，又改爲合州，又於廬江縣置相州。後齊省相州。 汝陰郡 《隋書·志》：廬江郡合肥縣，梁曰汝陰，置汝陰郡。按《魏志》：合州，梁置合肥城。又云：汝陰郡，合州治。是汝陰郡爲合肥城，州、郡皆治於此。《三國志》魏作合肥、新城，蓋即此城也。今在廬州府西四十里，俗猶謂之新城是也。 岳安郡 《隋書·志》：廬江郡霍山縣，梁置霍州及岳安郡。		

續表

郡國	州部	
臨濠郡　《隋書・志》：鍾離郡定遠縣，梁置臨濠郡。又有梁置安州。 臨淮郡　《通鑑注》：梁置仁州，治赤坎城，帶臨淮郡。 江都郡　《通典》：梁江都郡，以故東城縣地置。按《隋志》：烏江縣，梁置江都郡。蓋以宋、齊之臨江郡爲江都，《通典》誤以《漢書》之東城縣爲烏江也。 安豐郡　《隋書・志》：淮南郡霍(邱)〔丘〕縣，梁置安豐郡。按：即《隋志》安豐縣《注》「梁置陳留、安豐二郡」者也。安豐郡，治當在安豐、霍(邱)〔丘〕二縣界，故《水經注》云：安豐縣，安豐郡之屬縣也。又按《晉志》，安豐郡，魏置，治安風，今霍(邱)〔丘〕縣有安風城是也。《隋志》梁置郡於此，似誤。 陳留郡　《隋書・志》：淮南郡安豐縣，梁置陳留、安豐二郡，有芍陂。按：陂今屬青州，有安豐故縣，是其地也，又非宋、齊之陳留郡矣。又按《隋志》，宣城郡綏安縣，舊曰石封，梁立大梁郡，又改		

	州部	郡國
		爲陳留。平陳，郡省。今廣德州有石封故縣，是也。 蘄郡　《隋書·志》：彭城郡蘄縣，梁置蘄郡。按：今宿州蘄城是也。 東海郡 潼陽郡　《隋書·志》：東海郡沭陽縣，梁置潼陽郡。 臨沭郡　《魏書·志》：梁置。 新昌郡　《魏書·志》：梁置譙州，治新昌城。《續通典》：梁割北徐州之新昌、南譙州之北譙，立爲譙州，居桑根山西。今滁州城是也。 北譙郡　《隋書·志》：江都郡全椒縣，梁曰北譙，置北譙郡。 南梁郡　《通鑑注》：南梁郡，自《宋志》有之，不知其實土所在。梁天監二年，馮道根以南梁太守戍阜陵，蓋自是爲實土。按《通典》：阜陵，漢縣，在滁州全椒縣南。

郡國	州部	
歷陽郡 北沛郡《隋書·志》：廬江郡淠水縣，梁置北沛郡。開皇初，郡省。按：今六安州霍山縣有淠水故縣，是也。 潁川郡《隋書·志》：汝陰郡清(邱)〔丘〕縣，梁曰許昌，置潁川郡。開皇初省。按：今潁州有清(邱)〔丘〕城也。 下蔡郡《隋書·志》：汝陰郡潁上縣，梁置下蔡郡。 譙郡　按：梁之譙郡，可見於《隋志》者：山桑縣，後魏置渦州，又置譙郡，梁改渦州曰西徐。是梁以齊之南譙爲譙郡，與後魏同也。以齊治蘄之北譙，改置蘄郡，而別置北譙郡。全椒縣，梁曰北譙，置北譙郡，是也。山桑，今亳州蒙城縣。全椒，今滁州縣。 北新安郡《隋書·志》：山桑縣，梁置北新安郡。 高平郡《通鑑注》：梁於漢徐縣地置高平郡，隋		

	州部	郡國
		省，屬泗州下邳郡。按《隋志》，梁東平、陽平、清河、歸義、朱沛、循義、安豐、安遠八郡，皆在徐縣地，今泗州也。 淮陽郡 《隋書·志》：下邳郡淮陽縣，梁置淮陽郡。按：今泗州淮陽城是。 東陽郡 《隋書·志》：江都郡永福縣，舊曰沛，梁置涇城、東陽二郡。按：此後周之石梁郡，今泗州天長縣，非漢改臨淮之東陽郡矣。
陳	《隋書·志》：江都郡，陳復曰南兖州；淮南郡，陳復曰豫州。	丹陽郡 廣陵郡 吴郡 《吴地記》：吴郡，至陳朝貞明元年，改爲吴州。按《隋志》，陳置吴州，非改也。平陳，始省吴郡，後復置也。 信義郡 晋陵郡 東海郡 《隋書·志》：南東海郡，梁改曰蘭陵郡，

	州部	郡國
		陳又改爲東海郡。按：今鎮江府治，非漢、晉、宋時之東海郡也。 江陰郡 義興郡 鹽城郡 《隋書·志》：江都郡鹽城縣，後齊置射陽郡，陳改曰鹽城，開皇初郡省。 宿豫郡 《隋書·志》：梁置東徐州，陳改曰安州。詳後魏。 晉熙郡 樅陽郡 大雷郡 《隋書·志》：同安郡望江縣，陳置大雷郡。 新安郡
後魏	《通鑑》：魏以彭城王勰領揚州刺史，治壽陽。胡三省《注》：壽陽自後漢以來爲揚州治所，宋始爲豫州治所，今復其	彭城郡 南陽平郡 《魏書·志》：治沛南界。 沛郡 《魏書·志》：沛郡，治蕭，復治黃楊城。

州部	舊。又：魏徐州，治彭城。又：晉安帝立宿豫縣，屬淮陽郡，魏高帝以爲南徐州治所。又：魏置南兗州，治譙城，領譙郡、沛郡、馬頭郡。又：魏太和十九年，置東豫州於新息廣陵城。
郡國	北濟陰郡　按《魏志》，郡領豐縣。 碭郡　《魏書·志》：孝昌二年置，治下邑城。已上五郡，《魏志》屬徐州。 陳留郡　《隋書·志》：譙郡譙縣，舊曰小黄，置陳留郡。按《魏志》，南兗州陳留郡治小黄，今亳州。 下蔡郡　《通鑑注》：魏太和十九年，置下蔡郡。又：東魏武定七年，以梁黄城戍爲下蔡郡。 譙郡　按《魏志》，領蒙、蘄、寧陵三縣，與齊北譙郡同。 馬頭郡　《水經注》：淮水自莫邪山東北逕馬頭城，北魏馬頭郡治也，故當塗縣之故城也。已上四郡，《魏志》屬南兗州。 義塘郡　《魏書·志》：武定七年置。《通鑑注》：漢贛榆縣，梁於此置黄郭戍，後魏置義塘郡，理黄郭城。按：《魏志》屬南青州。 宿豫郡　《魏書·志》：司馬德宗置宿豫郡，高祖初立東徐州，世宗改爲鎮。武定七年，復改爲宿豫

續表

郡國	郡。按《水經注》云：宿豫城，故下邳之宿留縣也，晋元皇之爲安東也，督運軍儲而爲邸閣也。魏太和中南徐州治，後省爲戍。今以《魏志》參覈之，當是晋安帝置宿豫縣，魏初置南徐州，後改爲鎮，東魏復改爲郡。《魏志》：晋置宿豫郡，「郡」爲「縣」字之訛矣。若本置郡，《魏》不當言改也。《晋》《宋》書俱無宿豫郡。 臨沭郡 淮陽郡　按《魏志》，宿豫、臨沭、淮陽三郡，屬東楚州。又按《魏志》，東楚州之淮陽郡，領角城縣，今邳州宿遷縣有角城是也。又有睢州之淮陽郡，東魏武定六年置，領淮陽、睢陵二縣，今泗州盱眙縣有睢陵、淮陽二城是也。 下邳郡　按《魏志》，屬東徐州。 東彭城郡　《魏書·志》：梁置，魏因之。 東海郡　《隋書·志》：梁置南北二青州，東魏改爲海州。又：漣水縣，舊置東海郡，東魏改曰海安。	
州部		

	州部	郡國
		《續通典》：魏武定七年，置海州。 海西郡　《魏書・志》：梁置東海郡，武定七年改置。 沭陽郡　《隋書・志》：梁置潼陽郡，東魏改曰沭陽郡。 琅邪郡　按《魏志》：琅邪郡治朐縣，漢屬東海郡，晋曰臨朐，有朐山，今海州也。梁改南琅邪爲琅邪郡，非此郡矣。 已上五郡，《魏志》屬海州。 臨渙郡　《隋書・志》：譙州臨渙縣，後魏置臨渙郡，後齊省。 蒙郡 已上二郡，《魏志》屬譙州。 北譙郡　《魏書・志》：治陰陵城。按：屬楚州，今鳳陽府定遠縣有陰陵城。 廬江郡 南梁郡

續表

郡國	州部	
汝陰郡　按：盧江、南梁、汝陰三郡，《魏志》屬合州。又按：《魏志》合州之汝陰郡，梁郡也，治合肥。合州併治於此，今爲盧州府治。又有北揚州之汝陰郡，三國魏郡也，領汝陰、宋二縣。汝陰，舊爲郡治，宋即漢新鄭，今竝爲亳州地。 安豐郡 邊城郡　《水經注》：決水自雩婁縣北，逕安豐縣故城，今邊城郡治也。晋立安豐郡。按：即晋安豐郡治之安風縣矣，在雩婁之北。又按《魏志》：霍州邊城郡，治麻步山。《水經注》云：泄水於麻步川西北，自濡谿口安豐縣北流注於淠。當與宋置邊城郡，竝在今壽州西界。 岳安郡 已上三郡，《魏志》屬霍州。 臨潼郡　《魏書・志》：治臨潼城，武定六年置。《隋書・志》：下邳郡夏(邱)〔丘〕縣，東魏置臨潼郡。按，《魏志》屬睢州。		

續表

	州部	郡國
		新昌郡《魏書・志》：譙州治。《隋書・志》：清流縣，舊曰頓(邱)〔丘〕，置新昌郡及南譙州。 淮南郡《魏書・志》：揚州淮南郡，領壽春，故楚。按：此魏揚州治所，今壽州。 盱眙郡《隋書・志》：盱眙縣，魏置盱眙郡。 山陽郡《魏書・志》：治山陽城。 淮陰郡《隋書・志》：後魏淮陰郡，東魏改爲淮州。 已上三郡，《魏志》竝屬淮州。 臨淮郡《魏書・志》：仁州，領臨淮郡。 平梁郡《隋書・志》：盧江郡慎縣，東魏置平梁郡。按《魏志》南梁郡領慎縣，合州、譙州俱有此郡。《隋志》平梁，即南梁也。
後齊		廣陵郡《通典》：宋置南兗州，治此。北齊曰東廣州，復曰南兗州。 江陽郡《隋書・志》：江都郡江陽縣，後齊置廣

續表

郡國	州部	
陵、江陽二郡。 山陽郡　《隋書・志》：山陽縣，舊置山陽郡，後齊又僑立東平郡。 射陽郡　《隋書・志》：鹽城縣，後齊置射陽郡。 彭城郡 龍亢郡　《隋書・志》：蘄縣，梁置蘄郡，後齊置仁州，又析置龍亢郡。 沛郡 睢南郡　《隋書・志》：符離縣，後齊置睢南郡。按《魏志》：睢南郡，梁置沛郡。武定六年改名，領斛城縣。有扶離城，則睢南非後齊置也。又按：扶離，即符離。 下邳郡 夏(邱)〔丘〕郡　《隋書・志》：下邳郡夏(邱)〔丘〕縣，後齊置夏(邱)〔丘〕郡，尋立潼州。 潼郡　《隋書・志》：夏(邱)〔丘〕縣，東魏置臨潼郡，後齊改爲潼郡。又梁置潼州，後齊改曰睢州，		

續表

郡國	州部	
尋省入潼郡。 新昌郡 《通鑑注》：漢全椒縣地，梁置南譙州，北齊自南譙故城徙治於新昌郡城。 臨滁郡 《隋書・志》：全椒縣，梁置北譙郡，後齊改郡曰臨滁。 秦郡 《隋書・志》：六合縣，舊置秦郡，後齊置秦州。按《南齊志》，秦郡已併入齊郡，當是北齊復立秦郡並置秦州也。 廣安郡 《隋書・志》：定遠縣，梁置臨濠郡，後齊改曰廣安。 荆山郡 《隋書・志》：鍾離郡塗山縣，舊曰當塗，後齊改曰馬頭，置郡曰荆山。 汝陰郡 北陳郡 《隋書・志》：合肥縣，梁置汝陰郡，後齊分置北陳郡。 廬江郡 《隋書・志》：齊置廬江郡，梁置相州，後齊州省。		

續表

郡國	州部	
岳安郡《隋書・志》：梁置霍州及岳安郡，後齊州省。 晋熙郡《隋書・志》：梁置晋州，後齊改曰江州。 歷陽郡《通鑑注》：歷陽縣，晋置歷陽郡，至高齊與梁通和，置和州，往來之津要也。 齊江郡《隋書・志》：烏江縣，梁置江都郡，後齊改爲齊江郡。按：《通典》作密江郡。		
廣陵郡《地理通釋》：梁置南兖州，後周曰吴州。 六合郡《隋書・志》：六合縣，舊置秦郡，後齊置秦州，後周改州曰方州，改郡曰六合。 彭城郡《隋書・志》：後周併沛及南陽平二郡入。 朐山郡《隋書・志》：朐山縣，舊置琅邪郡，後周改郡曰朐山。 沭陽郡 下邳郡《隋書・志》：梁置武州下邳郡，後周改州曰邳州。 宿豫郡《隋書・志》：後魏置南徐州，東魏改爲東		後周

郡國	州部	
楚州，後周改爲泗州。按《通鑑注》，唐長安四年置臨淮縣，開元移泗州，治臨淮。今泗州有臨淮，舊縣是也。宿豫郡，治宿豫縣。後周置泗州，今邳州宿遷縣也。 夏(邱)〔丘〕郡　《隋書・志》：後齊置，尋立潼州，後周改州曰宋州。 淮南郡　《隋書・志》：壽春縣，舊有淮南郡。又：淮南郡，陳曰豫州，後周曰揚州。 北譙郡　《隋書・志》：全椒縣，梁置北譙郡，後齊改爲臨滁，後周又改爲北譙。 同江郡　《隋書・志》：烏江縣，陳爲臨江郡，後周改爲同江郡。 譙郡　《隋書・志》：後魏置南兗州，後周置總管府，後改曰亳州。《續通典》：亳州，春秋爲東國之焦邑，漢爲譙縣，魏爲譙郡。後周武帝置亳州，遥取古南亳之名以名州。 石梁郡　《隋書・志》：永福縣，陳爲沛郡，後周改沛郡爲石梁郡。		

	州部	郡國
隋 按：隋文帝省諸郡，析置州縣。煬帝併省，諸州尋即改州爲郡。然史臣所書，仍以《禹貢》、周《職方》九州統諸郡縣，今仍其舊。	揚州	丹陽郡　《隋書·志》：丹陽郡，平陳省，大業初置。又：平陳置蔣州。 吴郡　《隋書·志》：陳置吴州，平陳改曰蘇州，大業初復曰吴州。《吴地記》：隋開皇十三年，爲蘇州。《吴郡志》：以姑蘇山爲名。 毗陵郡　《隋書·志》：平陳置常州。 江都郡　《隋書·志》：梁置南兖州，開皇九年改爲揚州，置總管府。大業初，府省。又：江陽縣，舊曰廣陵，置廣陵郡。又：延陵縣，舊置南徐州、南東海郡。開皇十五年，置潤州。大業初，州省。 同安郡　《隋書·志》：梁置晋州，開皇初曰熙州。又：懷寧縣，舊置晋熙郡，大業初置同安郡。 新安郡　《隋書·志》：平陳置歙州。又：新安郡休寧縣，大業初置郡。 宣城郡　《隋書·志》：舊置南豫州，平陳改爲宣州。 廬江郡　《隋書·志》：梁置南豫州，改爲合州，開

	州部	郡國
		皇初爲廬州。《通鑑注》：梁之南豫、合州，皆治合肥。合州，因合肥而名也。廬江在合肥東五十里，隋徙治廬江，故以廬名州。 鍾離郡　《隋書·志》：後齊西楚州，開皇二年曰豪州。 淮南郡　《隋書·志》：開皇九年曰壽州，置總管府。大業元年，府省。 歷陽郡
	徐州	彭城郡 東海郡 下邳郡
	豫州	汝陰郡 譙郡 梁郡　《隋書·志》：開皇十六年，置宋州。

續表

	州部	郡國
唐 太宗分天下爲十道，明皇又分江南爲東西道。	江南東道《唐書·志》：東道採訪使治蘇州。按《舊唐書·志》，肅宗以後，浙江西道節度使治潤州，或爲觀察使。	昇州江寧郡《唐書·志》：至德二載，以潤州之江寧縣置。按《晉志》，丹陽郡江寧縣，《唐志》江寧隸潤州。蓋唐初合丹陽、南徐舊地，併爲潤州，而丹陽郡移治潤州，江寧仍爲屬縣。肅宗以江寧置郡，而江寧、丹陽始判分爲二矣。 潤州丹陽郡《唐書·志》：武德三年，以江都郡之延陵縣地置。《通鑑注》：潤州，古朱方之地，吴爲京口，置京督以鎮。又爲徐陵督。《爾雅》：「絶高曰京。」其城因山爲壘，緣江爲境，因謂之京口。晉爲南徐州，隋置潤州，取州東潤浦爲名。又：洪适曰：西漢丹陽郡，則治宛陵；丹陽縣，則今之建康也。西晋移郡於建業，元帝改太守爲尹。至唐天寶年，始以京口爲丹陽郡，改曲阿爲丹陽縣。皆非漢舊壤也。 常州晉陵郡 蘇州吴郡

續表

郡國	州部	
宣州宣城郡 歙州新安郡 池州　《唐書·志》：武德四年，以宣州之秋浦、南陵二縣置。貞觀元年省。永泰元年，復析宣州之秋浦、青陽，饒州之至德置。《通典》：池州秋浦郡，理秋浦縣。按：《唐志》無秋浦郡也。	江南西道　《舊唐書·志》：肅宗以後，觀察使治宣州。	
揚州廣陵郡 楚州淮陰郡　《唐書·志》：本江都郡之山陽、安宜縣地，臧君相據之，號東楚州。武德八年更名。按：《隋書·志》云：後魏淮陰郡，後周僑立東平郡。開皇元年，改郡爲淮陰，併立楚州，尋省郡。大業初州省。唐皆因隋之舊，但省而復置耳。 滁州永陽郡　《唐書·志》：武德三年，析揚州置。按《隋志》，清流縣舊曰頓(邱)〔丘〕，置新昌郡及南譙州，開皇初改爲滁州，省新昌郡。唐復置郡改名，而州沿隋舊，即今滁州也。《通典》：隋滁州，	淮南道　《唐書·志》：淮南道採訪使治揚州。按：《舊唐書·志》云：肅宗以後，淮南節度使亦治揚州。又按：《通鑑注》云：《舊唐志》：淮南道督揚、滁、常、潤、和、宣、歙七州。此貞觀中之制也。肅宗以後，當統揚、楚、滁、和、濠、廬、壽、舒等州。	

州部		河南道《舊唐書・志》：肅宗以後，武寧軍節度使治徐州。
郡國	煬帝併入江都郡，唐復置。 和州歷陽郡 壽州壽春郡《唐書・志》：本淮南郡，天寶元年更名。 廬州廬江郡 舒州同安郡《續通典》：舒州，漢皖縣，屬廬江郡。唐爲舒州，以其地古舒子之國也。《文獻通考》：古皖國，亦舒國之地。	潁州汝陰郡 宋州睢陽郡《唐書・志》：本梁郡，天寶元年更名。 亳州譙郡　李吉甫《十道志》：亳州，譙郡置，在譙縣。《通典》：開元中，定天下州府有十望，亳州其一也。 徐州彭城郡 泗州臨淮郡《唐書・志》：本下邳郡，治宿豫。開元二十三年，徙治臨淮。天寶元年，更郡名。

續表

	州部	郡國
		宿州《唐書・志》：元和四年，析徐州之符離、蘄，泗州之虹置。 濠州鍾離郡《唐書・志》：「濠」字初作「豪」，元和三年改從「濠」。 海州東海郡
五代　梁唐晉漢周	《通鑑》：唐乾寧元年，鄆、齊、曹、棣、兗、沂、密、徐、宿、陳、許、鄭、滑、濮，皆入於朱全忠。按：此五鎮之地，徐、宿爲感化軍，今江南地也。	徐州 宿州 亳州 單州《唐書・志》：宋州碭山縣。注：光化二年，朱全忠以碭山、虞城、單父，曹州之城武，表置輝州。薛居正《五代史》：唐莊宗同光二年，改輝州爲單州。 潁州 已上五州，據《五代史》：梁、唐、晉、漢、周所竝有之地。

州部	郡國	
《地理通釋》：周顯德五年，克淮南十四州，以江爲界。按：十四州，今江南之地，則揚、楚、泗、滁、和、舒、廬、壽、海、泰、濠是也。	揚州 楚州 泗州 滁州 和州 舒州 廬州　薛居正《五代史》：唐長興二年，升廬州爲昭順軍。 壽州　《五代會要》：唐天成二年，升壽州爲中正節度。《通鑑注》：楊氏以壽州爲忠正軍，後改清淮軍，後周復爲忠正軍。 海州 泰州　《南唐書·烈祖紀》：昇元元年，陞東都海陵縣爲泰州。《通鑑注》：吴立制置院，南唐爲泰州。 濠州　《通鑑注》：唐置定遠軍於濠州。 通州　《五代·職方考》：通州本海陵東境，世宗置。《通鑑注》：《唐志》通州屬山南東道，宋之達	

	州部	郡國
		州是也。周世宗以南唐静海軍置通州，今淮東之通州是也。其地在唐爲揚州海陵縣之東境。已上十二州，皆爲吳、南唐所有，入於後周之地。
吳 南唐	《職方考》：梁初十一國，至周之季在者七國。自江以南，二十一州爲南唐；自浙東西，十三州爲吳越。	昇州　《五代史·吳世家》：楊溥改爲金陵府。《元史·志》：南唐李氏改爲江寧府。 潤州 常州 暨州　《通鑑注》：晉暨陽縣，唐置暨州，南唐始置江陰軍。 宣州 歙州 池州
吳越		蘇州　薛居正《五代史》：唐莊宗三年，升蘇州爲中吳軍。《通鑑注》：吳越於蘇州置中吳節度。《吳郡志》：蘇州，乾寧之後屬錢氏吳越國。 秀州　《五代·職方考》：吳越王錢元瓘置。

續表

宋	太宗分天下爲十五路，仁宗分爲十八，神宗又分爲二十三。有京東東西路、京西南北路，江南、淮南竝分東西路。《地理通釋》云：五代之軍，皆寄治於縣，隸於州，宋始自置屬縣，與州府竝列。
州部	江南東路 《宋史·志》：建康軍節度領江南東路，建炎元年爲帥府。 兩浙路
郡國	江寧府 《宋史·志》：江寧府，開寶八年爲昇州，建炎三年爲建康府。 寧國府 《宋史·志》：本宣州宣城郡寧國軍，孝宗升爲府。 徽州 《宋史·志》：徽州新安郡，宣和三年改歙州爲徽州。 池州 太平州 《文獻通考》：本宣州地，南唐於江寧當塗置新和州，宋開寶八年爲平南軍。太平興國二年，升爲太平州。 廣德軍 《宋史·志》：太平興國四年，以宣州廣德縣爲軍。 平江府 《吴郡志》：開寶八年，改中吴軍爲平江軍。政和三年，升蘇州爲平江府。 鎮江府 《文獻通考》：唐潤州，或爲丹陽郡。宋開

	州部	郡國
		寶八年，改鎮江軍。政和三年，升爲府。 常州 江陰軍 《宋史·志》：熙寧省，建炎復置。 嘉興府 《文獻通考》：晋時以嘉興、海鹽、華亭三縣置秀州，政和三年升府。
	淮南東路 《宋史·志》：揚州大都督府，領淮南東路。	揚州 亳州 宿州 楚州 海州 泰州 泗州 滁州 真州 《宋史·志》：乾德三年爲建安軍，祥符六年爲真州。 寶應州 《宋史·志》：寶慶三年，升爲寶應州，而縣如故。

州部	淮南西路 《宋史·志》：盧州保信軍節度領淮南西路，建炎兼本路安撫使。
郡國	通州 高郵軍 《文獻通考》：本唐揚州高郵縣，開寶四年建爲軍。 安東州 《宋史·志》：太平興國四年，以泗州漣水縣置軍，景定初升州。 招信軍 《地理通釋》：晋盱眙郡，唐改西楚州，尋省。宋屬楚州，復隸泗州，建炎三年爲盱眙軍。紹興六年，依山築城，今招信軍。 淮安軍 《宋史·志》：本泗州五河口，咸淳七年升軍。 清河軍 《宋史·志》：咸淳九年置。 壽春府 《宋史·志》：本壽州，政和六年升爲府。《地理通釋》：蔡昭侯徙州來，即下蔡縣，今壽州府治。按：今壽州下蔡城是。 六安軍 《文獻通考》：政和八年，以壽春府之六安縣爲軍。中興後，以安豐縣爲軍。《地理通釋》：今安豐軍，古壽春也。

郡國	州部	
廬州 和州 安慶府《宋史·志》：本舒州同安郡德慶軍節度，紹興改安慶軍，慶元元年升府。《地理通釋》：舒州，今安慶府，春秋時皖國，咎繇之後。宋錢紳《同安志》：城居皖水之北，遂號皖城。 濠州 無爲軍《文獻通考》：太宗以廬州巢縣無爲鎮建軍。		
淮陽軍《宋史·志》：太平興國七年，以徐州下邳縣建軍。《輿地廣記》：淮陽縣在漢陵縣、泗陽之間。有淮陽城，梁置淮陽郡，唐貞觀元年省入下邳。《水經注》：淮陽城，北臨泗水，今淮陽軍。	京東東路	
徐州 單州	京東西路	

	州部	郡國
金	京西北路	順昌府 《宋史·志》：汝陰郡，元豐二年升順昌軍節度，舊潁州，政和六年改爲府。《地理通釋》：新鄀，《地理志》：汝南之縣，今潁州汝陰縣西北鄀(邱)〔丘〕城是也。又：潁州，今順昌府。
	南京路	單州 壽州 亳州 潁州 宿州 泗州
	山東東路	海州
	山東西路	徐州
		邳州 滕州 《金史·志》：本宋滕陽軍。按：今徐州府沛縣隸此。

續表

	州部	郡國
元 元置行省，以統各路及府，而州與縣屬焉。亦有州不屬路而直隸於省者。按：宋之路，猶唐之道。元之路，則猶宋之府與州耳。	江浙行中書省 江南諸道行御史臺　治集慶路。 江東建康道廉訪司　治寧國路。 江南浙西道廉訪司	集慶路《元史·志》：宋昇州建康府，元至元十四年升建康路。天(歷)〔曆〕二年，改爲集慶路。 太平路 池州路 廣德路 寧國路 徽州路 平江路 常州路 鎮江路 松江府《元史·志》：本華亭縣，唐爲蘇州屬邑，宋爲秀州屬邑。至元十四年，升爲華亭府。十五年，改松江府。 江陰州

	州部	郡國
	河南江北行中書省　河南江北道廉訪司	汝寧府　按：今潁州入隸。 歸德府　按：今徐州府宿、邳、亳三州俱入隸。
	淮西江北道廉訪司　治廬州路。	廬州路 安豐路 安慶路
	江北淮東道廉訪司　治揚州路。	揚州路 淮安路　《元史·志》：唐楚州又改臨淮郡，宋爲淮安州。至元二十年，升爲淮安路。按《宋史》，紹定升山陽縣爲淮安軍，端平改軍爲州也。 高郵府　《元史·志》：唐爲縣，宋升爲軍。至元十四年，升爲高郵路。二十年，改路爲府。
	中書省　燕南河北道廉訪司	濟寧路　按：今徐州之沛縣隸此。
明	南直隸	應天府　《府志》：明太祖定鼎於此，爲京師，改元集慶路爲應天府。成祖建北京，正統中以北京爲

續表

郡國	州部	
京師，遂以此爲南京。 鳳陽府《府志》：元濠州，太祖吴元年改臨濠府。洪武三年，改中立府，定爲中都。七年，改鳳陽府，直隸南京。 蘇州府《府志》：宋平江府，元改爲路，明太祖吴元年改爲蘇州府。 松江府 常州府 鎮江府 揚州府《續文獻通考》：太祖庚子年，置淮海府。壬寅年，改維揚府。丙午年，復爲揚州府。 淮安府 廬州府 安慶府《府志》：明初爲寧江府，後改。 太平府 寧國府 池州府		

續表

	州部	郡國
		徽州府《府志》：明初爲興安府，後改。 廣德州 和州 滁州 徐州
國朝	江南承宣布政使司　順治二年置。 江蘇承宣布政使司　康熙六年分置。	江寧府 蘇州府 松江府 常州府 鎮江府 淮安府 揚州府 徐州府　雍正十一年，升徐州爲徐州府，以二年改直隸之邳州來屬。 太倉州　雍正二年，自蘇州府改直隸。 海州　雍正二年，自淮安府改直隸。 通州　雍正二年，自揚州府改直隸。

續表

州部	安徽承宣布政使司　康熙六年分置。
郡國	安慶府 徽州府 寧國府 池州府 太平府 廬州府 鳳陽府 潁州府　雍正十三年，升直隸潁州爲潁州府，以二年改直隸之亳州，並亳屬二縣來屬。 六安州　雍正二年，自廬州府改直隸。 泗州　雍正二年，自鳳陽府改直隸。 和州 滁州 廣德州

江南通志卷之五

輿地志

沿革表　一

江、蘇、松、常四府

江寧府

《禹貢》揚州之域，春秋時吴地，戰國屬越，後屬楚。秦屬鄣郡。漢初屬荆國，後屬吴，又屬江都國，元封初屬丹陽郡。後漢因之。孫吴自京口徙都建業，號曰吴都。晋平吴，移置丹陽郡，兼置揚州，治焉。元帝渡江，因吴之舊，建都於此，改丹楊太守爲尹。宋、齊、梁、陳因之。

隋平陳，置蔣州。大業初，復曰丹陽郡。唐武德三年，置揚州。七年，改爲蔣州。八年，復爲揚州，置大都督府。九年，揚州移治江都，以金陵諸邑分屬宣、潤二州。至德二載，置江寧郡。乾元元年，改爲昇州，又置浙西節度使，治焉。上元初，州省。大順元年，復置。光啓四年，復置江寧郡。唐季，楊氏於昇州建大都督府。五代梁徐①温徙鎮海軍治昇州，改爲金陵府。石晉天福二年，南唐李氏改爲江寧府，謂之西都，而以江都爲東都。宋復爲昇州。天禧二年，升爲江寧府建康軍節度。建炎三年，改爲建康府，置行都。元爲建康路。至元二十三年，自杭州移江南諸道行御史臺治此。天(歷)〔曆〕二年，改曰集慶路。明初定都，府治曰應天府，後改南京，府如故，領縣八。

國朝爲江南省城，置江寧府，隸江南布政使司。康熙六年，隸江南江蘇布政使司。雍正八年，以隸府之溧陽縣移屬鎮江府，領縣七。

	江寧府	上元縣	江寧縣	句容縣	溧水縣	江浦縣	六合縣	高淳縣
虞夏商 揚州								
周 吴越楚		金陵邑 楚置，在越城西					棠邑 《左傳·襄十四年》:	

① 「徐」，《四庫》本作「朱」。

續表

	揚州	秦
江寧府		鄣郡 九江郡
上元縣	北。《圖經》：越城在秦淮水南。范蠡佐越取吴，因立城以威楚。亦名范蠡城，人呼爲越壘。《金陵志》：周元王四年，越城長千里。顯王三十八年，楚城石頭，曰金陵邑。	秣陵縣 《江表傳》：張紘謂孫權曰：秣陵，楚武王所
江寧縣		
句容縣		
溧水縣		
江浦縣		
六合縣	楚子囊師於棠以伐吴。《寰宇記》：六合，古棠邑。《元豐九域志》：真州六合縣，楚之棠邑也。按：《左傳》楚棠君尚，是棠爲楚邑。	棠邑縣 《續通典》：春秋楚棠邑，秦以棠邑爲
高淳縣		

續表

	江寧府	上元縣	江寧縣	句容縣	溧水縣	江浦縣	六合縣	高淳縣
		置，名爲金陵，秦改名秣陵。《續通典》：秣陵，秦屬鄣郡。又《通鑑注》：江乘縣，秦屬鄣郡。					縣，屬九江郡。	
漢 揚州 徐州	丹陽郡 臨淮郡	秣陵縣 《漢書·志》：丹陽郡秣陵縣。又江乘、丹陽、湖熟。		句容縣 《漢書·志》：丹陽郡句容縣。《續通典》：因界内茅山，本名句曲山立名。	溧陽縣 《漢書·志》：丹陽郡溧陽縣，應劭曰：溧水所出也。		堂邑縣 《漢書·志》：臨淮郡堂邑縣。《通典》：楚棠邑，漢爲堂邑。	

續表

	江寧府	上元縣	江寧縣	句容縣	溧水縣	江浦縣	六合縣	高淳縣
後漢 揚州 徐州	丹陽郡 廣陵郡	秣陵縣 《後漢書·志》：丹陽郡秣陵縣。又：丹陽湖熟、江乘。		句容縣 按《後漢書·志》，與前漢同。	溧陽縣 《後漢書·志》：丹陽郡溧陽縣。		堂邑縣 《後漢書·志》：廣陵郡堂邑縣，春秋時曰「堂」。	
三國吳	丹陽郡 廣陵郡	建鄴縣 《三國·吳志》：建安十六年，權徙治秣陵。明年，城石頭，改石頭，改秣陵爲建業。黃龍元年，遷都建業。按《宋書·志》：江乘、湖熟二縣，吳		句容縣 《吳志》：赤烏八年，遣校尉陳勳將屯田及作士三萬人鑿句容中道，自小其至雲陽西城，通會市，作邸閣。按吳從漢，	溧陽縣 《宋書·志》：吳分溧陽爲永平縣。又溧陽令，吳省爲屯田。		堂邑縣 按《通鑑注》：堂邑，魏、吳在兩界之間，爲棄地。今考《吳志》，赤烏十三年，遣軍十萬作堂邑塗塘。又太元元年，太傅恪率軍過巢湖，城東興，蓋其地	

續表

		晉 揚州 徐州
江寧府		丹陽郡 東晉、宋、齊、梁、陳，並都於此。
上元縣	並省爲典農都尉，丹陽縣如故，屬丹陽郡。	建鄴縣 《晉書・志》：丹楊郡建鄴縣，本秣陵，孫氏改
江寧縣		
句容縣	舊屬丹陽郡。	句容縣 《晉書・志》：丹楊郡句容縣。
溧水縣		溧陽縣 《晉書・志》：丹楊郡溧陽縣。《宋書・
江浦縣		
六合縣	謂之塗中。楊正衡曰：塗中，今滁州全椒縣、真州六合縣是也，實爲吴鎮戍之地。又考《吴志》，太元三年，拜將軍吴穰爲廣陵太守。堂邑屬廣陵，當從漢舊也。	堂邑縣 屬臨淮郡，後改爲郡。《晉書・志》：元康
高淳縣		

江寧府	南琅邪郡 堂邑郡
上元縣	爲建業。武帝平吳，以爲秣陵。太康二年，分秣陵北爲建業，改「業」爲「鄴」。又：江寧，太康二年分建鄴置。又：丹楊江乘、湖熟、秣陵。《宋書・志》：江寧令，晉太康元年分秣陵立臨江縣，二年更名。又：湖熟令，吴省，太康元年復立。又：南琅邪太
江寧縣	
句容縣	
溧水縣	志》：晉武帝太康元年，復立。
江浦縣	
六合縣	七年，分臨淮置淮陵郡，以堂邑置堂邑郡。《宋書・志》：堂邑縣，晉屬臨淮，永興元年立郡，安帝改堂邑。爲秦郡。
高淳縣	

續表

江寧府	
上元縣	守江乘令，吴省，晋復立。又：晋成帝分江乘地立臨沂縣。《續通典》：晋分秣陵、建鄴爲二縣，自淮水南爲秣陵，北爲建鄴。《通鑑注》：晋咸和之後，江外無事，置江寧縣，縣臨江渚。按：當以《晋》《宋書》太康二年爲正也。又按：《晋書》：江寧縣，分建鄴置。《宋書》：分
江寧縣	
句容縣	
溧水縣	
江浦縣	
六合縣	
高淳縣	

	江寧府	上元縣	江寧縣	句容縣	溧水縣	江浦縣	六合縣	高淳縣
		秣陵置。今考《通鑑注》：晉丹楊太守治秣陵，即今太平州，入建康之路，俗謂之小丹陽。又云：晉江寧縣故城，今爲江寧鎮。吕氏祉曰：太平入建康水陸之衝。《府志》：秣陵城在府東南五十里，江寧故城在府西南六十里，建鄴在淮水北，不得卻在南。《晉書》誤也。						

續表

南北朝	江寧府	上元縣	江寧縣	句容縣	溧水縣	江浦縣	六合縣	高淳縣
揚州 南兗州 青州	丹陽郡 南琅邪郡 秦郡 齊改齊郡	建康縣 《宋書・志》：丹楊尹建康令，晋建業改爲建康。又：秣陵令，本治去京邑六十里，今故治村是也。晋義熙九年，移治京邑，在鬭場。元熙元年省，揚州禁防參軍移治其處。又：丹楊、江寧、湖熟。又：南琅邪太守，臨		句容縣 《宋書・志》：丹楊尹句容令，漢舊縣。按：《南齊書・志》同，梁、陳因之。	溧陽縣 《宋書・志》：丹楊尹溧陽令。《南齊書・志》：丹陽郡溧陽。按：梁、陳並仍舊。		秦縣 《宋書・志》：秦郡太守。秦郡本屬秦國，流寓立。元嘉八年，以臨塗併秦。又：尉氏令，元嘉八年以平(邱)〔丘〕併尉氏。按：《晋志》以堂邑置堂邑郡。《宋志》：晋安帝改安①邑爲秦郡，治秦縣。是秦郡、	

① 「安」，《四庫》本作「堂」。

	江寧府	上元縣	江寧縣	句容縣	溧水縣	江浦縣	六合縣	高淳縣
		沂、江乘令。《南齊書·志》：丹陽郡建康、秣陵、丹陽、湖熟、江寧，南琅邪郡臨沂、江乘。《建康實録》：梁武帝生於同夏里，大同中置縣，陳因之。按：《通鑑注》：湖熟，侯國，晋、宋爲縣，淳化中爲鎮。今考《齊志》，有湖熟；是梁、陳所省。又按：丹陽「陽」字，漢從					秦縣皆故堂邑縣無疑。《地理通釋》云：東西瓦梁城，晋置秦郡而治六合。晋無六合，王應麟據當時地名書之。然六合是秦縣之實證。又：王象之《輿地紀勝》云：瓦梁堰即塗塘也，堰上有瓦梁城，亦曰吴王城。《通鑑注》：張舜民曰：自瓦梁下船，直至滁	

續表

續表

江寧府	
上元縣	「阜」，晋、宋二《書》並從「木」。《晋志》云：以丹楊山多赤柳爲名也。
江寧縣	
句容縣	
溧水縣	
江浦縣	
六合縣	河口，便入大江，皆漢堂邑縣之地。《宋志》以臨涂併秦。「涂」即「滁」古字，當是晋、宋之間以堂邑析置臨涂，復併合爲秦縣矣。又考《南齊書·志》：齊郡，永明元年以秦郡併之，治瓜步，秦、尉氏二縣屬焉。瓜步，即今六合瓜步城也。據此當又是梁、
高淳縣	

續表

		隋 揚州
江寧府		丹陽郡 江都郡
上元縣		江寧縣 《隋書・志》：丹陽郡江寧縣，以秣陵、建康、同夏三縣入焉。又：溧水，以丹陽郡入焉。按《通鑑注》：晋丹楊太守治秣
江寧縣		
句容縣		句容縣 按《隋書・志》：屬丹陽郡。
溧水縣		溧水縣 《隋書・志》：丹陽郡溧水縣，舊曰溧陽，開皇十八年改焉。
江浦縣		
六合縣	陳之間緣。郡既改名，併秦縣爲尉氏，故隋置六合縣，獨云改尉氏也。地志紛紜，據史爲近是。	六合縣 《隋書・志》：江都郡六合縣，舊曰尉氏，開皇初改尉氏曰六合，省堂邑、方山二縣入焉。按：地志有顯與史異者，如云
高淳縣		

續表

江寧府	
上元縣	陵，隋秣陵既省入江寧，則入溧水之丹陽當是丹陽縣，《隋書》傳寫誤也。又《府志》：江乘、臨沂，並隋省。
江寧縣	
句容縣	
溧水縣	
江浦縣	
六合縣	梁置六合縣，以《梁書·陳伯之傳》云「江北義勇十萬，已次六合」爲證。今考《通鑑》：隋開皇八年伐陳，晋王廣帥大軍屯六合，鎮桃葉山，伯之所云爲六合鎮也。蓋其地爲江北門户，對江即是建康。六朝控阨要地，不必是縣也。亦有似因史文臆撰者，如
高淳縣	

	江寧府	上元縣	江寧縣	句容縣	溧水縣	江浦縣	六合縣	高淳縣
							云梁仍置堂邑，東魏增置横山縣，後周改横山爲方山。今考《魏志》無横山，後周省横山入石梁，不言改方山也。	
唐 江南東道 淮南道	昇州江寧郡 揚州廣陵郡	上元縣 《唐書·志》：昇州江寧郡上元縣，本江寧。武德三年，析置丹陽、溧陽、安業三縣，更江寧		句容縣 《唐書·志》：昇州句容縣，武德三年以句容、延陵二縣置茅州。七年，州省，	溧水縣 《唐書·志》：昇州溧水縣，乾元元年隸昇州。州省，還隸宣州。按《唐志》：		六合縣 《唐書·志》：揚州六合縣，武德七年析置石梁縣，以石梁、六合置方州。貞觀元年，州省，	

續表

江寧府	
上元縣	曰歸化。八年，省安業入歸化，更歸化曰金陵。九年，更名金陵曰白下，隸潤州。貞觀九年，更白下曰江寧。肅宗上元二年，又更名。《通鑑》：天順元年，置昇州於上元縣。按：白下舊有城。《晉書·陶侃傳》：侃討蘇
江寧縣	
句容縣	隸蔣州。九年，隸潤州。乾元元年來屬。
溧水縣	光啓四①年，復以上元、句容、溧水、溧陽四縣置昇州也。
江浦縣	
六合縣	並省石梁，以六合來屬。
高淳縣	

①「四」，《四庫》本作「三」。

		五代
江寧府		昇州 雄州
上元縣	峻，從部將李根之議，以爲白石險固峻極，一宿而壘成。《元和郡國志》：東晉以後，江津要地或言白石，或言白下，實一處也。《通鑑注》：白下城，今白石壘。唐武德九年，移江寧縣於此，名白下縣。	上元縣 《南唐書音釋》：金陵府領上元、
江寧縣		江寧縣 按《舊志》：南唐始析上
句容縣		句容縣 《南唐書音釋》：金陵府
溧水縣		溧水縣 《南唐書音釋》：金陵
江浦縣		
六合縣		六合縣 《南唐書音釋》：雄州，割揚之六
高淳縣		

續表

續表

高淳縣	
六合縣	合、天長置，周廢雄州，復屬揚州。
江浦縣	
溧水縣	府領溧水縣。
句容縣	領句容縣。
江寧縣	元置江寧縣。宋白《續通典》云：晉置江寧縣，在今縣南七十里。隋開皇十年，移於冶城。《通鑑注》：宋白所謂今縣，楊吴所置縣也。今考《南唐書·烈祖紀》，天祐十一年城昇州，十四年城成，明年即南唐昇元元年。
上元縣	江寧。詳見《江寧縣》。
江寧府	

續表

	江寧府	上元縣	江寧縣	句容縣	溧水縣	江浦縣	六合縣	高淳縣
			是分置上元、江寧二縣，在李氏城昇州之時。按：其時則楊吴耳。					
宋 江南東路 淮南東路	江寧府 真州	上元縣 《宋史・志》：建炎三年，即江寧府治建行都①。上元縣，次赤。	江寧縣 《宋史・志》：江寧府江寧縣，次赤。	句容縣 《宋史・志》：江寧府句容縣，次畿。天禧四年，改名常寧，尋復舊。	溧水縣 《宋史・志》：江寧府溧水縣，次畿。《元豐九域志》：在昇州東八十五里。		六合縣 《宋史・志》：真州六合縣。	

① 「行都」，《宋史・地理志》四作「行宫」。

續表

	江寧府	上元縣	江寧縣	句容縣	溧水縣	江浦縣	六合縣	高淳縣
元 江浙行省 河南江北行省	集慶路 揚州路真州	上元縣 《元史·志》：集慶路倚郭。	江寧縣 《元史·志》：集慶路倚郭。	句容縣 《元史·志》：集慶路句容縣。	溧水州 《元史·志》：集慶路溧水州，唐以來皆爲縣，元貞元年升州。		六合縣 按《元史·志》：屬揚州路真州。	
明 南直隸	應天府	上元縣 倚郭。	江寧縣 倚郭。	句容縣	溧水縣 《續文獻通考》：洪武二年，改州爲縣。	江浦縣 《府志》：明洪武九年，始分六合縣及滁、和二州地置縣於浦子口。二十四年，又割江寧一鄉隸之，移治曠	六合縣 《府志》：明洪武三年，改屬揚州府，後改屬應天府。	高淳縣 《續文獻通考》：本溧水縣地，弘治四年割立信等七鄉建爲

續表

	江寧府	上元縣	江寧縣	句容縣	溧水縣	江浦縣	六合縣	高淳縣
						口山之陽，即今縣也。		縣，開治高淳鎮，故名。
國朝江南江蘇布政使司	江寧府舊轄八縣。雍正八年，以溧陽縣改屬鎮江府，轄縣七。	上元縣	江寧縣	句容縣	溧水縣	江浦縣	六合縣	高淳縣

蘇州府

《禹貢》揚州之域，周泰伯、仲雍始居之地。武王封仲雍曾孫周章於此，爲吴國。戰國屬越，後屬楚。秦爲會稽郡治。漢初荆國都此，後屬吴、江都國，武帝時復爲會稽郡。後漢永建中，始分浙江以西置吳郡。三國屬孫吳，晉、宋、齊因之。梁分置信義郡，陳置吳州。

隋開皇中，廢郡，改吳州曰蘇州，因境内姑蘇山爲名也。大業初，復曰吳州，尋爲吳郡。唐武德四年，復爲蘇州，置都督府，屬江南東道。天寶初，又爲吳郡。乾元初，復爲蘇州，尋分置長洲軍。大(歷)〔曆〕中，軍廢。後唐同光二年，吳越表建中吳軍。宋仍曰蘇州、吳郡。太平興國三年，改中吳軍爲平江軍，屬浙西路。政和中，升爲平江府。元至元中，改平江路，隸江南浙西道。明改蘇州府，直隸南京，領州一、縣七。國朝因之，隸江南布政使司。康熙六年，隸江南江蘇布政使司，仍爲治所。雍正二年，升府屬之太倉州直隸，以嘉定、崇明二縣屬之。復析長洲、吳江、常熟、昆山四縣爲八，共領縣九。

	蘇州府	長洲縣	元和縣	吳縣	吳江縣	震澤縣	常熟縣	昭文縣	昆山縣	新陽縣
虞夏商 揚州										
周 吳越 楚 揚州		吳國 《漢書・志》：吳縣，本國。吳太伯所邑。								

續表

蘇州府	
長洲縣	董覽《吴地記》：太伯築城於梅里平墟。《皇覽》：吴縣北梅里聚，去城十里。《吴越春秋》：太伯起城在西北隅，名曰故城。闔閭元年造大城。《寰宇記》：太伯初適吴，築城在平門外。《城邑考》：吴闔閭所築
元和縣	
吴縣	
吴江縣	
震澤縣	
常熟縣	
昭文縣	
昆山縣	
新陽縣	

續表

蘇州府	
長洲縣	城，水門八，北曰平，今府城北有平門塘。按：此自太伯始號勾吳，至王僚二十三世，所都皆在吴縣地，不自闔閭城吴都始。《後漢郡國志補注》乃云：無錫縣東皇山，太伯舊宅、井猶存。臣昭以爲，即宅爲置廟，不如《皇
元和縣	
吴縣	
吴江縣	
震澤縣	
常熟縣	
昭文縣	
昆山縣	
新陽縣	

蘇州府	
長洲縣	覽》所説夫勾吴之號創自太伯，周章肇封，實始武王。無錫吴地，非吴國也，吴則今吴縣是已。劉昭以一時聞見，駁繆卜等參撰之書，易班氏不刊之注。且三讓遺蹤，吴民所共修敬；傳聞異辭，隱、桓之世爲
元和縣	
吴縣	
吴江縣	
震澤縣	
常熟縣	
昭文縣	
昆山縣	
新陽縣	

續表

		秦
蘇州府		會稽郡
長洲縣	遠。吳郡敕山，累代褒崇。常熟梅里亦有傳疑，何必無錫便爲確證？《通典》諸書，悉祖劉説，今斷從班志。互見《常州府·無錫縣》。	吳縣 《吳地記》：吳縣，秦始皇二十六年置。《寰宇記》：
元和縣		
吳縣		
吳江縣		
震澤縣		
常熟縣		
昭文縣		
昆山縣		
新陽縣		

		漢 揚州
蘇州府		會稽郡
長洲縣	故吴都，秦置吴縣，爲會稽郡治。按《史記》之文，皆以會稽爲吴中。又：吴中有下縣，即是吴已置縣，其旁縣謂之下矣。又：秦會稽守在吴中，則郡治吴縣甚明。	吴縣 《漢書·志》：會稽郡吴縣。
元和縣		
吴縣		
吴江縣		
震澤縣		
常熟縣		
昭文縣		
崑山縣		婁縣 《漢書·志》：會稽郡婁
新陽縣		

續表

續表

	蘇州府	長洲縣	元和縣	吳縣	吳江縣	震澤縣	常熟縣	昭文縣	昆山縣	新陽縣
		《地理通釋》：漢九國，荆都吳，今平江府吳縣。							縣。《吳郡志》：婁縣，今謂之昆山縣。縣東北三里有村落名婁縣，蓋古婁縣治所也。	
後漢 揚州	吳郡	吳縣 《後漢志》：吳郡吳縣。《寰宇記》：自漢永建中爲吳郡治，自是州郡皆治此。					《續通典》：常熟縣，後漢至吳爲司鹽都尉。		婁縣 《後漢書·志》：吳郡婁縣。	

續表

	蘇州府	長洲縣	元和縣	吴縣	吴江縣	震澤縣	常熟縣	昭文縣	昆山縣	新陽縣
三國 吴 揚州	吴郡	吴縣 《吴志·孫權傳》：封桓王子紹爲吴侯。					《宋書·志》：吴縣，司鹽都尉署，吴時名沙中。《通鑑注》：今平江府常熟縣地。		婁縣 《通鑑》：漢建安二十四年，陸遜進封婁侯。胡三省《通鑑辨誤》：婁縣，漢屬會稽郡，後漢屬吴郡，今蘇州昆山縣即其地。	
晋 揚州	吴郡 晋陵郡	吴縣 按：《晋書·志》與《後漢					海虞縣 《晋書·志》：吴郡		婁縣 《晋書·志》：吴郡	

續表

蘇州府	
長洲縣	志》同。
元和縣	
吴縣	
吴江縣	
震澤縣	
常熟縣	海虞縣。又：元帝渡江，僑立郡縣，割吴郡之海虞北境立郯、朐、利城、祝其、厚(邱)〔丘〕、西隰、襄賁七縣，置南東海郡。《宋書·志》：海虞令，晋武帝太康四年分吴
昭文縣	
昆山縣	婁縣。
新陽縣	

續表

蘇州府	
長洲縣	
元和縣	
吴縣	
吴江縣	
震澤縣	
常熟縣	縣之虞鄉立。又：晉陵太守南沙令，本吴縣司鹽都尉署，晉成帝咸康七年罷鹽署，立以爲南沙縣。按《晉書·志》無南沙，東晉縣也。虞鄉以虞山得名，周虞仲所居，北爲揚子江
昭文縣	
昆山縣	
新陽縣	

續表

	蘇州府	長洲縣	元和縣	吳縣	吳江縣	震澤縣	常熟縣	昭文縣	昆山縣	新陽縣
							入海處，縣蓋兼山海受稱矣。			
南北朝 揚州 南徐州	吳郡 晉陵郡 信義郡	吳縣《宋書·志》：吳郡太守吳令。《南齊書·志》：吳郡吳。按：梁、陳因之。					海虞縣《宋書·志》：吳郡太守海虞令。又：晉陵太守南沙令。《南齊書·志》：吳郡海虞。又：晉陵郡南沙、海陽。		婁縣《宋書·志》：吳郡太守婁令，漢舊縣。《南齊書·志》：吳郡婁。《舊唐書·志》：梁分信義縣置昆山縣，取縣界	

		隋 揚州
蘇州府		吳郡
長洲縣		吳縣 《隋書·志》：吳郡吳縣，舊置吳郡。《續圖經》：隋平陳，移郡邑於橫山下。今山東麓有新郭鎮，東北去
元和縣		
吳縣		
吳江縣		
震澤縣		
常熟縣	《隋書·志》：梁置信義郡，領海陽、海虞、南沙。按：陳因之。	常熟縣 《隋書·志》：吳郡常熟縣，舊曰南沙，梁置信義郡。平陳，郡省，並所領海陽、前
昭文縣		
昆山縣	山名。《寰宇記》：梁天監六年，分婁縣置信義縣，大同初分置昆山縣。	昆山縣 《隋書·志》：吳郡昆山縣，梁置，平陳開皇十八年復。省。按：「崑」「昆」通用，《隋書》作
新陽縣		

續表

續表

蘇州府	
長洲縣	府城十五里，亦曰新城。
元和縣	
吴縣	
吴江縣	
震澤縣	
常熟縣	京、信義、海虞、興國、南沙入焉。《舊唐書·志》：梁置常熟縣，今昆山縣東一百三十里常熟故城是也。隋治南沙城。按：《通鑑注》云，今常熟縣福山鎮之地，即東晋之南沙。
昭文縣	
昆山縣	「昆」。
新陽縣	

續表

蘇州府	
長洲縣	
元和縣	
吴縣	
吴江縣	
震澤縣	
常熟縣	今其地在縣北四十里。有福山，東瀕海口，西北與京口相望。晋僑置東海郡，屬南徐州，蓋其地矣。元帝之世，謂之海虞北境者。是時南沙爲都尉治，隸於海虞，故云然矣。《通
昭文縣	
昆山縣	
新陽縣	

續表

		唐 江南東道
蘇州府		蘇州吴郡
長洲縣		長洲縣《唐書・志》：蘇州吴郡長洲縣，萬歲通天元年析吴置。又：長洲軍，乾元二年置，大（歷）〔曆〕十二年省。
元和縣		
吴縣		吴縣《唐書・志》：蘇州吴郡吴縣。《吴地記》：隋開皇九年，越國公楊
吴江縣		
震澤縣		
常熟縣	鑑》：晉成帝咸和五年，趙將劉徵浮海抵南沙，是其證也。	常熟縣《唐書・志》：蘇州吴郡常熟縣。《琴川志》：東晉分海虞縣置南沙。梁大同六年，分置常熟
昭文縣		
昆山縣		昆山縣《唐書・志》：蘇州吴郡昆山縣。
新陽縣		

蘇州府	
長洲縣	《吴地記》：長洲縣，以苑爲名，地名茂苑。按：《吴都賦》所謂「佩長洲之茂苑」者也。又按：吴爲古縣，長洲居次，明始以長洲糧額爲多，改倚郭首縣，國朝因之。兹從分縣以後，並遵今圖籍爲序。
元和縣	
吴縣	素移郡及縣於横山東五里，今復移城内。按《縣志》：大(歷)〔曆〕七年復舊。
吴江縣	
震澤縣	
常熟縣	縣，隋徙常熟縣治南沙。唐武德七年，又移治於故海虞城。按《九域志》，常熟縣在蘇州北七十五里，是移治故海虞地矣。
昭文縣	
昆山縣	
新陽縣	

續表

	蘇州府	長洲縣	元和縣	吴縣	吴江縣	震澤縣	常熟縣	昭文縣	昆山縣	新陽縣
五代 吴越	蘇州	長洲縣 爲蘇州治,屬吴越錢氏。《城邑考》:今府城,唐乾符三年刺史張搏重築。朱梁隆德二年,吴越始以磚甃之。		吴縣 爲蘇州治。	吴江縣 《文獻通考》:梁時吴越王錢鏐奏置吴江縣。《縣志》:梁開平三年,錢鏐析吴縣地置吴江縣。		常熟縣 屬蘇州,爲吴越錢氏地。		昆山縣 《通鑑》:唐光化元年,淮南將秦裴以兵拔昆山而戍之。兩浙將顧全武克蘇州,獨秦裴守昆山不下。全武益兵攻之,乃降,錢鏐設千人饌以待之。按:蘇州自此至	

續表

	蘇州府	長洲縣	元和縣	吳縣	吳江縣	震澤縣	常熟縣	昭文縣	昆山縣	新陽縣
									宋開寶屬吳越。	
宋 兩浙路	平江府	長洲縣 《宋史·志》：平江府長洲縣。《文獻通考》：宋平江府治吳、長洲。		吳縣 《宋史·志》：平江府吳縣。	吳江縣 《宋史·志》：平江府吳江縣。《縣志》：吳越置縣時，築城於江南北，兩岸有南津、北津之名，宋併爲一城。		常熟縣 《宋史·志》：平江府常熟縣。又：平江軍節度，紹興初節制許浦軍。《縣志》：許浦在縣東北七十里。			

續表

	蘇州府	長洲縣	元和縣	吳縣	吳江縣	震澤縣	常熟縣	昭文縣	昆山縣	新陽縣
元 江南浙西道	平江路	長洲縣 《元史·志》：平江路長洲縣，與吳縣並爲倚郭。		吳縣 《元史·志》：平江路吳縣。	吳江州 《元史·志》：平江路吳江州，唐以來爲縣，元貞元年升州。		常熟州 《元史·志》：平江路常熟州，唐元貞元年升州。		昆山州 《元史·志》：平江路昆山州，（唐）〔元〕①元貞元年升州。按：《元史》作「昆」，同《隋書》。	
明 南直隸	蘇州府	長洲縣 爲蘇州府治。		吳縣 附郭。	吳江縣 洪武二年，改州爲縣。		常熟縣 洪武二年，改州爲縣。		昆山縣 洪武二年，復爲昆山縣。	

① 按：元貞是元朝年號。檢《元史》，「唐」原作「元」。

	蘇州府	長洲縣	元和縣	吴縣	吴江縣	震澤縣	常熟縣	昭文縣	昆山縣	新陽縣
國朝江南江蘇布政使司	蘇州府　舊轄一州七縣。今升太倉州爲直隸，以嘉定、崇明二縣屬之。長洲、吴江、常熟、昆山各析爲二，共轄縣九。	長洲縣　倚郭。	元和縣　倚郭，雍正二年析長洲地置。	吴縣　倚郭。	吴江縣	震澤縣　雍正二年析吴江縣地置。	常熟縣	昭文縣　雍正二年析常熟縣地置。	昆山縣	新陽縣　雍正二年析昆山縣地置。

松江府

《禹貢》揚州之域，春秋時吴地，戰國屬越，後屬楚。秦、漢爲會稽郡婁縣地，後漢至隋屬吴郡。唐屬蘇州。天寶十載，始置華亭縣，屬吴郡。乾元初，復屬蘇州。五代吴越錢氏改屬秀州，宋因之。

慶元初，屬嘉興府。元至元十四年，升華亭縣爲華亭府，十五年改松江府，仍置華亭縣爲屬。至元二十七年，分置上海縣，隸江南浙西道，領縣二。明直隸南京。嘉靖二十一年，析華亭、上海二縣地置青浦縣，領縣三。

國朝因之，隸江南布政使司。順治十三年，又分華亭縣地置婁縣，領縣四。康熙六年，隸江南江蘇布政使司。雍正二年，增置金山縣，分華亭、上海、青浦三縣各爲二，共領縣八。

	松江府	華亭縣	奉賢縣	婁縣	金山縣	上海縣	南匯縣	青浦縣	福泉縣
虞夏商 揚州									
周 吳越楚 揚州		《漢書·志》：會稽郡婁縣，有南武城，闔閭所起以候越。《雲間通志》：今華亭縣東南六十五里夾江二城是也。又《吳越春秋》：							

續表

	松江府	華亭縣	奉賢縣	婁縣	金山縣	上海縣	南匯縣	青浦縣	福泉縣
		吴子壽夢立華亭於國之東。							
秦	會稽郡	《府志》：婁縣，秦屬會稽郡。							
漢 揚州	會稽郡	《府志》：婁縣，漢屬會稽郡。							
後漢 揚州	吴郡	《府志》：婁縣，後漢屬吴郡。							

續表

	松江府	華亭縣	奉賢縣	婁縣	金山縣	上海縣	南匯縣	青浦縣	福泉縣
三國 吴	吴郡	《吴志·陸遜傳》：權以遜爲宜都太守，封華亭侯，進封婁侯。顧清《府志》：遜蓋自亭侯進縣侯，於時郡城猶以一亭，隸於婁矣。							
晋 揚州	吴郡	《府志》：婁縣，晋屬吴郡。				《吴都記》：松江東瀉海，爲滬海，亦曰滬瀆。晋永和中，虞潭爲吴國			

續表

		南北朝
松江府		吳郡
華亭縣		《吳郡志》：蕭梁時分婁縣置
奉賢縣		
婁縣		
金山縣		
上海縣	內史，修滬瀆壘。《通鑑》：晉隆安四年，吳國內史袁崧築滬瀆壘，以備孫恩。胡三省注：袁崧，當作袁山松。按：顧清《志》云：上海縣北十里滬瀆城是也。	
南匯縣		
青浦縣		
福泉縣		

續表

松江府	
華亭縣	信義縣，大同初復分信義屬昆山縣。按：晋陸機詩云：「翩翩遊宦子，辛苦難爲心。髣髴谷水陽，婉孌昆山陰。」《吴地記》云：華亭縣地名雲間，水名谷水。顧清《志》云：昆山在華亭縣西北二十里，蕭梁置昆山縣於山北。唐置華亭縣，始移
奉賢縣	
婁縣	
金山縣	
上海縣	
南匯縣	
青浦縣	
福泉縣	

	松江府	華亭縣	奉賢縣	婁縣	金山縣	上海縣	南匯縣	青浦縣	福泉縣
		昆山縣於馬鞍山下。又《隋書·志》：梁置信義郡，領前京縣。按顧清《志》云：華亭縣東八十五里前京城是也。							
隋	吴郡	按《隋書·志》：吴郡領昆山縣，而信義郡領前京縣，並省入常熟。							

續表

續表

	唐 江南東道
松江府	蘇州吳郡
華亭縣	華亭縣《唐書・志》：蘇州吳郡華亭縣，天寶十載析嘉興置。《吳地記》：華亭縣在郡東一百六十里，天寶五年置。按《通典》，華亭縣以華亭谷名。《圖經》：吳王獵所有五茸，茸各有名，在華亭谷東。劉孝標《世説注》：華亭，由拳縣郊
奉賢縣	
婁縣	
金山縣	
上海縣	
南匯縣	
青浦縣	《圖經》：青龍江，孫權造青龍戰艦於此。在唐宋時，其上爲巨鎮。按：明嘉靖中置青浦縣於此。
福泉縣	

松江府	
華亭縣	外墅。今考浙江嘉興府嘉興縣，秦漢之由拳也。《唐志》：華亭縣，析嘉興置。蓋還故華亭地矣。《名勝志》又云：唐割昆山、嘉興、海鹽三縣地置。今考顧清《志》云：唐天寶十載，吴郡太守趙居貞奏割昆山南境、嘉興東境、海鹽北境立華
奉賢縣	
婁縣	
金山縣	
上海縣	
南匯縣	
青浦縣	
福泉縣	

續表

續表

	松江府	華亭縣	奉賢縣	婁縣	金山縣	上海縣	南匯縣	青浦縣	福泉縣
		亭縣是也。又按顧清《志》：唐析前京地入海鹽，後割置華亭。唐時前京已省入常熟，當是析常熟之東南境入海鹽，又入華亭也。							
五代	秀州	華亭縣《府志》：石晋天福二年，吴越王錢璙奏置秀州，割吴郡之華亭縣隸焉。			《雲間通志》：五代時，吴越錢氏築金山城爲戍守處，以南對金山而名。俗傳周康王				

續表

	松江府	華亭縣	奉賢縣	婁縣	金山縣	上海縣	南匯縣	青浦縣	福泉縣
					所築。按《文獻通考》，華亭縣有金山，海中山也。				
宋 兩浙路	嘉興府	華亭縣 《宋史·志》：嘉興府華亭縣。							
元 江南浙西道	松江府	華亭縣 《元史·志》：至元十四年，升華亭府。十五年，改松江府，仍置華亭				上海縣 《元史·志》：本華亭縣地。至元二十七年，以户口繁多，置上海			

續表

		明 南直隸
松江府		松江府
華亭縣	縣以隸之。縣，倚郭。	華亭縣 爲松江府治。
奉賢縣		
婁縣		
金山縣		金山衛 《府志》：明洪武二十年置，領千户所六。衛城
上海縣	縣，屬松江府。顧清《府志》：居海之上洋，曰華亭海。宋時海舶輻湊，立市舶提舉司及榷貨場，爲上海鎮。元始割華亭五鄉置縣。	上海縣
南匯縣		
青浦縣		青浦縣 陳繼儒《府志》：嘉靖二十一年，割華亭、上
福泉縣		

		國朝 江南江蘇布政使司
松江府		松江府 舊轄四縣。今合分縣，共轄縣八。
華亭縣		華亭縣 倚郭。
奉賢縣		奉賢縣 雍正二年，析華亭縣置。
婁縣		婁縣 順治十三年，析華亭縣置，倚郭。
金山縣	南瀕海，與金山對峙。按：即吴越錢氏金山城之地。	金山縣 雍正二年，析婁縣、金山衛地置。
上海縣		上海縣
南匯縣		南匯縣 雍正二年，析上海縣置。
青浦縣	海地建青浦縣于青龍鎮。三十二年省，萬曆元年復置，移治唐行鎮。	青浦縣
福泉縣		福泉縣 雍正二年，析青浦縣置。

續表

常州府

《禹貢》揚州之域，春秋時爲吴公子札采邑，後屬越。戰國屬楚，秦屬會稽郡。漢初屬荆、吴、江都國，尋屬會稽郡。後漢屬吴郡，三國吴分無錫以西置毘陵屯田典農校尉。晋太康二年，省校尉，置毘陵郡。永嘉五年，改晋陵郡，徙治丹徒。永興元年，析置義興郡。東晋太興初，又徙治京口。義熙九年，還治晋陵。宋、南齊因之。梁又析江陰郡，陳因之。隋開皇中，廢郡，置常州。大業初，改毘陵郡。唐武德四年，復爲常州。天寶初，又改晋陵郡。乾元初，又曰常州。五代時屬吴，南唐、宋仍曰常州，晋陵郡，屬浙西路。元爲常州路，隸江南浙西道。明爲常州府，直隸南京，領縣四。成化七年，以江陰之馬䭾沙置靖江縣，領縣五。

國朝因之，隸江南布政使司。康熙六年，隸江南江蘇布政使司。雍正二年，武進、無錫、宜興三縣各分爲二，領縣八。

	常州府	武進縣	陽湖縣	無錫縣	金匱縣	江陰縣	宜興縣	荆溪縣	靖江縣
虞夏商 揚州									

	常州府	武進縣	陽湖縣	無錫縣	金匱縣	江陰縣	宜興縣	荆溪縣	靖江縣
周 吴越 楚揚 州		延陵邑 《史記·吴世家》：季札封於延陵，故號曰延陵季子。注：《太康地理志》曰：故延陵邑，季札所居，粟頭有季札祠。《公羊傳》曰：季子去之延陵。此云封於延陵，謂國而賜之采邑。又《越絶書》：吴有淹君城。按				《寰宇記》：利城，戰國時所築，一名若溪。《府志》：蕭梁置縣。今江陰縣西五十里利城，故縣是也。			

續表

	常州府	武進縣	陽湖縣	無錫縣	金匱縣	江陰縣	宜興縣	荊溪縣	靖江縣
		地志，武進縣東南十里淹城是也。或曰吳王留越，質子於此。或曰即漢毗陵縣治。今考劉昭《補志》云：漢毗陵縣南古淹地。則二說皆非也。							
秦	會稽郡	按《漢書·志》：毗陵縣。師古曰：舊延陵，漢改之。或秦或楚漢之際嘗置縣也。				《後漢書·志》：毗陵縣。《註》：延陵墟。《皇覽》曰：暨陽鄉。《通			

	常州府	武進縣	陽湖縣	無錫縣	金匱縣	江陰縣	宜興縣	荊溪縣	靖江縣
						鑑註》：暨陽，今江陰軍城，秦、漢爲暨陽鄉。			
漢 揚州	會稽郡	毗陵縣 《漢書·志》：會稽郡毗陵縣，季札所居。江在北，東入海。《宋書·志》：本名延陵，漢改曰毗陵。		無錫縣 《漢書·志》：會稽郡無錫縣。按《通典》：無錫，太伯始居此。梁劉昭補《後漢·郡國志》始有無錫爲勾吴之説。張			陽羡縣 《漢書·志》：會稽郡陽羡縣。又：丹陽郡蕪湖縣。中江出西南，東至陽羡入海。《太康地志》：陽羡		

續表

常州府	
武進縣	
陽湖縣	
無錫縣	守節《史記正義》又以《(系)〔世〕本》諸樊徙吴之文，遂云：太伯居梅里，在無錫。諸樊南徙吴，今蘇州也。自周章至壽夢，十七世君吴矣，乃云「諸樊徙吴」，即無錫，又非吴，此可據乎？張
金匱縣	
江陰縣	
宜興縣	縣，本名荆溪。
荆溪縣	
靖江縣	

常州府	
武進縣	
陽湖縣	
無錫縣	氏復遷就其說，以無錫爲勾吴，蘇州爲吴。顔師古曰：吴言「勾」者，夷之發聲，猶言「於越」耳。司馬貞《史記索隱》曰：《（系）〔世〕本》云：孰姑徙勾吴。貞實吴人，不聞別有城邑，
金匱縣	
江陰縣	
宜興縣	
荆溪縣	
靖江縣	

續表

續表

常州府	
武進縣	
陽湖縣	
無錫縣	謂①名勾吴,《(系)〔世〕本》或難依信。杜氏未經詳考,竟沿訛至今。又按《吴越春秋》云:太伯築城,周三里二百步,外郭三百餘里。樂史《寰宇記》曰:
金匱縣	
江陰縣	
宜興縣	
荆溪縣	
靖江縣	

① 「謂」,《史記·吴太伯世家》司馬貞《索隱》作「曾」。

常州府	
武進縣	
陽湖縣	
無錫縣	太伯築城在平門外，今無錫縣東南四十里太伯城是也。平門，吴大城之北水門，此謂吴太伯外城，西北界在無錫可矣。又張氏云：梅里在無錫東南六十里。今《縣志》云三十里，古今遼隔，蓋傅會
金匱縣	
江陰縣	
宜興縣	
荆溪縣	
靖江縣	

續表

續表

	常州府	武進縣	陽湖縣	無錫縣	金匱縣	江陰縣	宜興縣	荊溪縣	靖江縣
				多矣。					
後漢 揚州	吳郡	毗陵縣 《後漢書·志》：吳郡毗陵縣。		無錫縣 《後漢書·志》：吳郡無錫，侯國。按：兩漢置侯國。縣，侯也，仍爲縣。			陽羨邑 《後漢書·志》：吳郡陽羨邑。按：後漢蓋縣、邑並稱，或是功臣食邑也。		
三國 吳	吳郡 吳興郡	毗陵縣 按《宋書·志》，吳分吳郡無錫以西爲毗陵典農校尉。晋太康二年，省校		《晋書·志》：吳分會稽無錫以西爲屯田，置典農校尉。《宋書·志》：			陽羨縣 《通鑑註》：陽羨縣，自吳以來屬吳興郡。按晋、宋		《廣陵志》：馬馱沙，吳赤烏年間，有白馬負土

續表

常州府	
武進縣	尉，立以爲毗陵郡。是吴置校尉於毗陵縣，故晋省校尉，即縣置爲郡矣。又按《吴志·孫權傳》：嘉禾三年，復丹徒爲武進。《通鑑註》：吴改丹徒曰武進，晋復曰丹徒，仍分丹徒、曲阿立武進縣，屬毗陵郡。是吴之武進，有今
陽湖縣	
無錫縣	無錫令，漢舊縣，吴省。按：會稽無錫，《宋書》作吴郡無錫。後漢無錫縣已屬吴郡，《晋書》誤也。
金匱縣	
江陰縣	
宜興縣	《志》皆云吴興之陽羨是也。
荊溪縣	
靖江縣	入江，而成此洲。《縣志》云：恐未可信。嘉靖三年，知縣易幹循行至西沙焦山港，得斷碑，云：此沙爲吴大帝牧馬大沙，隔江一洲爲

續表

常州府	
武進縣	武進縣之地矣。又:武進之名,《宋志》云孫權改,《吴志》云復。是武進爲吴、楚間舊邑名也。
陽湖縣	
無錫縣	
金匱縣	
江陰縣	
宜興縣	
荆溪縣	
靖江縣	牧馬小沙。則此土之來久矣。方言呼「大」爲「馱」,訛「牧」爲「白」,遂相傳號馬馱沙。其地唐以前屬泰州海陵、吴陵縣,宋隸泰興,明

續表

	常州府	武進縣	陽湖縣	無錫縣	金匱縣	江陰縣	宜興縣	荆溪縣	靖江縣
									初隸江陰。
晉 揚州	毗陵郡 後改晉陵。 吳興郡 義興郡	毗陵縣 《晉書·志》：毗陵郡統縣毗陵、武進。《宋書·志》：晉立毗陵郡，治丹徒，後還毗陵。永嘉五年改爲晉陵。又：晉陵令，本毗陵，後與郡俱改。又：武進令，晉太康二年分丹		無錫縣 《晉書·志》：毗陵郡無錫縣。		既陽縣 《晉書·志》：毗陵郡既陽縣。《宋書·志》：暨陽令，晉太康二年分無錫、毗陵立。按：暨陽，《晉書》作「既」。又按《通鑑註》：晉立暨陽縣，其地在	陽羨縣 《晉書·志》：永興元年，割吳興之陽羨，并長城縣之北鄉，置義鄉、國山、臨津，並陽羨四縣。按《宋書·志》：臨津、義鄉、國山，皆舊		

續表

	常州府	武進縣	陽湖縣	無錫縣	金匱縣	江陰縣	宜興縣	荊溪縣	靖江縣
		徒、曲阿立毘陵。按：晋太康二年置武進縣，立毘陵。三年，復改爲丹徒。是毘陵郡徙治丹徒也。本置郡於毘陵縣，故曰後還毘陵也。又按：晋分立之武進，今武進縣西北七十里有武進故城是也。				今平江府常熟縣界，今常熟舊南沙之地。《宋志》云：晋平吴後，嘗割屬暨陽也。	屬陽羡，立郡分立。又按《晋志》之例，江左置縣不書諸郡之下。陽羡，漢縣，不著於吴興郡。又云，割吴興之陽羡並置陽羡縣，是省而復置矣。		

續表

	南北朝 南徐州
常州府	晉陵郡 南東海郡 義興郡 蘭陵郡 江陰郡
武進縣	晉陵縣 《宋書・志》：晉陵太守晉陵令。又：晉陵太守，永嘉五年徙治丹徒，義熙九年復還晉陵。又：南東海太守武進令。《南齊書・志》：晉陵郡晉陵，南東海郡武進。《通鑑註》：晉置武進縣，梁改爲蘭陵。又：毘陵郡
陽湖縣	
無錫縣	無錫縣 《宋書・志》：晉陵太守無錫令。《南齊書・志》：晉陵郡無錫。按：陳因之。
金匱縣	
江陰縣	暨陽縣 《宋書・志》：晉陵太守暨陽令。《南齊書・志》：晉陵郡暨陽。《通鑑註》：晉暨陽縣，梁敬帝時置江陰郡及江陰縣。按：陳因之。
宜興縣	陽羡縣 《宋書・志》：義興太守陽羡令。又：臨津、義鄉、國山。《南齊書・志》：義興郡陽羡、臨津、義鄉、國山。按：陳並因之。
荊溪縣	
靖江縣	

續表

	常州府	武進縣	陽湖縣	無錫縣	金匱縣	江陰縣	宜興縣	荆溪縣	靖江縣
		暨陽縣，江左分置蘭陵縣。按：陳並因之。							
隋 揚州	毘陵郡	晋陵縣 《隋書·志》：毘陵郡晋陵縣，舊置晋陵郡，平陳郡省，大業初復置郡。		無錫縣 《隋書·志》：毘陵郡無錫縣。		江陰縣 《隋書·志》：梁置，及置江陰郡。平陳，省郡及利城、梁豐二縣入焉。《府志》：梁析暨陽置利城、梁豐二縣，屬江陰郡，隋省。	義興縣 《隋書·志》：舊曰陽羨，置義興郡。平陳，郡省，改縣名焉。又省義鄉、國山、臨澤三縣入焉。		

	常州府	武進縣	陽湖縣	無錫縣	金匱縣	江陰縣	宜興縣	荆溪縣	靖江縣
唐 江南東道	常州晉陵郡	晉陵縣《唐書·志》：晉陵郡晉陵縣，望。又：武進縣，望。武德三年，以故蘭陵縣地置。貞觀八年，省入晉陵。垂拱二年復置。		無錫縣《唐書·志》：晉陵郡無錫縣，望。		江陰縣《唐書·志》：晉陵郡江陰縣，望。武德三年，以縣置暨州，並析置暨陽、利城二縣。九年，州廢，省暨陽、利城，以江陰來屬。	義興縣《唐書·志》：晉陵郡義興縣，望。武德七年，以縣置南興州，並析置臨津、陽羨二縣。八年，州廢，省陽羨、臨津，以義興來屬。《南畿志》：唐初改鵞州，尋改南興		

續表

	常州府	武進縣	陽湖縣	無錫縣	金匱縣	江陰縣	宜興縣	荊溪縣	靖江縣
							州，後仍爲義興，屬常州。		
五代 吴 南唐	常州	晋陵縣 《續文獻通考》：常州晋陵縣，楊吴時徙治郡城爲附郭。又：武進縣，楊吴時，與晋陵俱爲附郭。		無錫縣 楊吴屬常州，南唐因之。		江陰縣 《南畿志》：五代南唐置江陰軍，領江陰縣。	義興縣 楊吴屬常州，南唐因之。		
宋 浙西路	常州毘陵郡	晋陵縣 《宋史·志》：毘陵郡晋陵縣，望。又：武進縣，望。		無錫縣 《宋史·志》：毘陵郡無錫縣，望。		江陰軍 《宋史·志》：江陰軍，同下州。熙寧四年，廢江	宜興縣 《宋史·志》：毘陵郡宜興縣，望。唐義興		

	（續）	元 江南浙西道
常州府		常州路
武進縣		晉陵縣《元史·志》：常州路晉陵縣，中，倚郭。又：武進縣，中，倚郭。
陽湖縣		
無錫縣		無錫州《元史·志》：常州路無錫州，中。唐無錫縣，元元貞元年升州。
金匱縣		
江陰縣	陰爲縣，隸常州。建炎初，以江陰縣復置軍。紹興二十七年廢。三十一年復置，縣一：江陰。	江陰州《元史·志》：江陰州，上。唐初爲暨州，後爲江陰縣，隸常州。宋爲軍，元至元十四
宜興縣	縣，太平興國初改。	宜興州《元史·志》：常州路宜興州，中。唐義興縣，宋改「義」爲「宜」。至
荊溪縣		
靖江縣		

續表

續表

		明 南直隸
常州府		常州府
武進縣		武進縣《續文獻通考》：常州府治武進縣，洪武
陽湖縣		
無錫縣		無錫縣《南畿志》：元升爲州，洪武初復爲
金匱縣		
江陰縣	年升爲江陰路，今降爲江陰州。	江陰縣《續文獻通考》：元江陰州，洪武
宜興縣	元十五年，升宜興府。二十年，仍爲縣。二十一年，復升爲府，仍置宜興縣以隸之。元元貞元年，府、縣俱廢，止立宜興州。	宜興縣《南畿志》：元立宜興州，洪武初
荆溪縣		
靖江縣		靖江縣《續文獻通考》：靖江縣，

續表

	常州府	武進縣	陽湖縣	無錫縣	金匱縣	江陰縣	宜興縣	荆溪縣	靖江縣
		三年以晉陵縣省入。		縣。		初改連洋州，尋復江陰州，後復爲縣。屬常州。	復爲縣。		府城東北一百三①十里。本江陰縣地，成化七年析置爲縣。
國朝江南江蘇布政使司	常州府舊轄五縣，今合分縣，轄縣八。	武進縣倚郭。	陽湖縣雍正二年，析武進縣置，倚郭。	無錫縣	金匱縣雍正二年，析無錫縣置。	江陰縣	宜興縣	荆溪縣雍正二年，析宜興縣置。	靖江縣

① 「三」，《四庫》本作「二」。

江南通志卷之六

輿地志

沿革表　二

鎮、淮、揚、徐四府　太、海、通三州

鎮江府

《禹貢》揚州之域，春秋時爲吴之朱方，後屬越，戰國屬楚。秦改朱方爲丹徒，屬會稽郡。漢初屬荆國，後屬江都國，元封初屬會稽郡。後漢屬吴郡。建安十三年，孫氏自吴徙治於此，謂之京城。尋遷建業，設京口鎮。晋屬毘陵郡。元帝初，割海虞之北境立東海郡，永和中寄治京口。宋元嘉八年，立南徐州，治南東海郡，以丹徒屬焉，始爲實土。梁改曰蘭陵郡，陳又改東海郡。隋開皇九年，郡廢。

十五年，置潤州，以州東潤浦爲名也。大業初，州廢，屬江都郡。唐武德三年，復置潤州。天寶元年，始以京口爲丹陽郡，乾元復曰潤州。五代入於吴、南唐。宋政和三年，升爲鎮江府，屬浙西路。元爲鎮江路，隸江南浙西道。明初，改江淮府，尋改鎮江府，直隸南京，領縣三。

國朝因之，隸江南布政使司。康熙六年，隸江南江蘇布政使司。雍正八年，改江寧府之溧陽縣來屬，領縣四。

附 明林魁《金陵辯》

杜牧之詩：「金陵津渡小山樓，一宿行人祇自愁。潮落夜江斜月裏，兩三星火是瓜洲。」蓋唐人指京口曰金陵。按張氏《行役記》：甘露寺在金陵山上。李約初至金陵，於李錡坐屢贊招隱寺標致。杜審權自潤州刺史除尚書左僕射，制曰：「頃罷機務，鎮於金陵。」駱賓王《送閻五還潤州詩序》云：「言返維桑，修途指金陵之地。」元微之《寄浙西大夫李德裕》詩云：「金陵太守曾相伴。」如此者不可枚舉。蓋當時江寧、句容俱隸潤州故也。

	鎮江府	丹徒縣	丹陽縣	溧陽縣	金壇縣
虞夏商 揚州					
周 吴越楚 揚州		朱方邑 《通典》：丹徒縣，古朱方，後名谷陽。春秋齊慶封奔吴，與之朱方即此。	雲陽邑 《通典》：丹陽縣，古雲陽地，秦始皇改曰曲阿。		
秦	會稽郡	丹徒縣 《吴地記》：朱方，秦改爲丹徒。《南徐州記》：秦使赭衣鑿其處，因謂之丹徒。鑿處今在故縣西北六里，丹徒峴東南。《括地志》：丹徒故城，在潤州丹徒縣東南十八里。	曲阿縣 《通鑑》胡三省《註》：今相傳秦時鑿坑，截直道使曲，故謂之曲阿。《通典》：曲阿，今丹陽郡丹陽縣界。		
漢 揚州	會稽郡	丹徒縣 《漢書·志》：會稽郡丹徒縣。註：師古曰：即春秋之朱方也。	曲阿縣 《漢書·志》：會稽郡曲阿縣。		

續表

	鎮江府	丹徒縣	丹陽縣	溧陽縣	金壇縣
後漢 揚州	吴郡	丹徒縣 《後漢書·志》：吴郡丹徒縣。《通典》：漢建安十三年，吴鎮丹徒，築城，南面、西面各開一門。因京峴號爲京鎮，因門爲京口。《南徐州記》：京口，先爲徐陵。《通鑑註》：華覈封徐陵亭侯。則徐陵蓋亭名也。《文獻通考》：吴主孫權初鎮丹徒，謂之京城。《爾雅》曰：絶高爲京。其城因山爲壘，緣江爲境，似河内郡，内鎮優重。自宋至陳，京口常爲重鎮。	曲阿縣 《後漢書·志》：吴郡曲阿縣。		
三國 吴 揚州	吴郡	武進縣 《吴志》：嘉禾三年，詔復丹徒爲武進。	雲陽縣 《吴志》：嘉禾三年，詔復曲阿爲雲陽。		

續表

	鎮江府	丹徒縣	丹陽縣	溧陽縣	金壇縣
晉 揚州	毗陵郡	丹徒縣　《晉書·志》：毗陵郡丹徒縣。註：故朱方。《宋書·志》：吴時分吴郡無錫以西爲典農校尉。晉武帝太康二年，省校尉，立以爲毗陵郡，治丹徒。後復還毗陵。永嘉五年，改爲晉陵，始自毗陵徙治丹徒。太興初，郡及丹徒縣悉治京，郗鑒復徙還丹徒。安帝義熙九年，復還晉陵。	曲阿縣　《晉書·志》：毗陵郡曲阿縣，註：故雲陽。又：延陵縣。《通鑑註》：宋白曰：延陵縣，本漢曲阿地，晉太康中分曲阿之延陵鄉置。師古曰：毗陵，舊延陵，漢改之。《通鑑註》：毗陵縣，漢屬會稽郡，後漢分屬吴郡，晉分屬毗陵郡。按：晉改毗陵、延陵爲兩縣，毗陵則今常州晉陵縣地，延陵則今潤州丹徒、金壇之地。		
南北朝 揚州 南徐州	南東海郡 蘭陵郡 東海郡 晉陵郡	丹徒縣　《宋書·志》：南東海太守丹徒令，本屬晉陵，古名朱方，後名谷陽，秦改曰丹徒。孫權嘉禾三年，改曰武進。晉武	曲阿縣　《宋書·志》：晉陵太守曲阿令，本名雲陽，秦始皇改曰曲阿，吴嘉禾三年復曰雲陽，晉武帝太康二年復曰曲		

續表

	鎮江府	丹徒縣	丹陽縣	溧陽縣	金壇縣
		帝太康二①年，復曰丹徒。又：晋元帝初，割海虞之北境爲東海郡，立郯、朐、利城三縣，而祝其、襄賁等寄治曲阿。穆帝永和中，郡移出京口，而郯等三縣亦寄治於京。文帝元嘉八年，立南徐，以東海爲治，下郡以丹徒屬焉，郯、利城竝爲實土。按：丹徒縣，宋、齊竝屬南東海郡，梁屬蘭陵郡，陳屬東海郡。	阿。又：延陵令，晋武帝太康二年分曲阿之延陵鄉立。《南齊書・志》同，梁、陳因之。		
隋 揚州	江都郡	《隋書・志》：開皇九年，廢丹徒縣入延陵縣。	曲阿縣 《隋書・志》：江都郡曲阿縣，有武進縣，梁改爲蘭陵，開皇九年併入。又：延陵縣，舊置南徐州南東海		

① 「二」，《四庫》本作「三」。

	鎮江府	丹徒縣	丹陽縣	溧陽縣	金壇縣
			郡，梁改曰蘭陵郡，陳又改爲東海。開皇九年，州、郡竝廢，又廢丹徒縣入焉。十五年，置潤州。大業初，州廢。		
唐 江南東道	潤州丹陽郡 昇州江寧郡	丹徒縣 《唐書·志》：丹陽郡丹徒縣，本延陵縣地，武德三年置，望。	丹陽縣 《唐書·志》：丹陽郡丹陽縣，本曲阿。武德三年，以縣置雲州。五年，曰簡州，以縣南有簡瀆取名。八年，州廢，來屬。天寶元年更名，望。又：延陵縣，故治丹徒。武德三年別置，隸茅州，後隸蔣州。	溧陽縣 《唐書·志》：江寧郡溧陽縣，武德三年析置，隸揚州。九年，州廢，隸宣州。上元元年，隸昇州。州廢，還隸宣州，緊。按《通典》，溧陽本秦縣，今溧水、溧陽二	金壇縣 《唐書·志》：丹陽郡金壇縣，本曲阿縣地，隋末土人保聚，因爲金山縣，沈法興又置琅琊縣。李子通以琅琊置茅州，以金山隸之。唐初因之，後

續表

	鎮江府	丹徒縣	丹陽縣	溧陽縣	金壇縣
				縣之地。秦屬鄣郡，漢屬丹陽郡，江左因之。隋屬宣州，開皇十八年更名溧水縣。唐武德三年，析溧水縣地復置溧陽縣，則今縣也。	隸蔣州。武德八年，省入延陵縣。垂拱四年，復置來屬，更名，緊。
五代 吴 南唐 揚州	潤州 昇州	丹徒縣 潤州治。	丹陽縣 屬潤州。又：延陵縣，屬昇州。	溧陽縣 吴屬金陵府，南唐屬江寧府。	金壇縣 屬潤州。
宋 浙西路 江南東路	潤州鎮江府 昇州江寧府	丹徒縣 《宋史·志》：鎮江府丹徒縣，緊。	丹陽縣 《宋史·志》：鎮江府丹陽縣，緊。熙寧五年，省延陵縣爲鎮入焉。	溧陽縣 《宋史·志》：江寧府溧陽縣，次畿。	金壇縣 《宋史·志》：鎮江府金壇縣，緊。

續表

	鎮江府	丹徒縣	丹陽縣	溧陽縣	金壇縣
元 江南浙西道	鎮江路 集慶路	丹徒縣 《元史·志》：鎮江路丹徒縣，中，倚郭。	丹陽縣 《元史·志》：鎮江路丹陽縣，中。	溧陽州 《元史·志》：集慶路溧陽州，中。唐以來竝爲縣，元至元十六年升爲溧陽路，二十七年復降爲縣，後復升爲州。	金壇縣 《元史·志》：鎮江路領金壇縣，中。
明 南直隸	鎮江府 應天府	丹徒縣 鎮江府治。	丹陽縣	溧陽縣 《南畿志》：明洪武二年，改爲縣，屬應天府。	金壇縣

續表

	國朝 江南江蘇布政使司
鎮江府	鎮江府 舊轄三縣，今益溧陽縣，轄縣四。
丹徒縣	丹徒縣 倚郭。
丹陽縣	丹陽縣
溧陽縣	溧陽縣 舊屬江寧府，雍正八年來屬。
金壇縣	金壇縣

淮安府

《禹貢》揚州之域，春秋時屬吴，戰國屬越，後屬楚，秦屬九江郡。漢屬臨淮郡，後漢屬廣陵郡。三國屬魏，晋亦屬廣陵郡。東晋義熙中，置山陽郡，兼立南兖州。宋、南齊因之。梁又立北兖州，置淮陰郡。北魏亦爲山陽郡。東魏改淮陰郡爲淮州，北齊又置射陽郡，陳改爲鹽城郡。隋開皇初，郡廢。十二年，置楚州。大業初，州廢，改屬江都郡。唐武德四年，置東楚州。八年，改曰楚州，屬淮南道。天寶初，爲淮陰郡。乾元初，復曰楚州。五代後唐長興三年，升順化軍節度。南唐亦置順化軍。宋爲楚州山陽郡，屬淮南東路。建炎間，入於金，尋復。紹定元年，置淮安軍。端平元年，改爲淮安州。元爲淮安路，隸江北淮東道。明爲淮安府，直隸南京，領州二、縣九。

國朝因之，隸江南布政使司。康熙六年，隸江南江蘇布政使司。雍正二年，升海州、邳州直隸，以贛榆、沭陽二縣屬海州，宿遷、睢寧二縣屬邳州。九年，分山陽縣及鹽城縣之草偃口等處置阜寧縣；領縣六。

	淮安府	山陽縣	阜寧縣	鹽城縣	清河縣	安東縣	桃源縣
虞夏商 揚州 徐州							
周 吳越楚 揚州 青州		《文獻通考》：楚州，春秋時屬吳。吳將伐齊，自廣陵掘江通淮，即此也。《通志》：吳於故廣陵城東西築邗城，城下掘深溝，東北至射陽湖，西北至末口。末口在楚					

續表

	淮安府	山陽縣	阜寧縣	鹽城縣	清河縣	安東縣	桃源縣
		州山陽，而射陽湖亦在楚州。					
秦 徐州	九江郡	淮陰縣《史記》：韓信，淮陰人。註：《正義》曰：楚州，淮陰縣也。					
漢 徐州	臨淮郡 東海郡	射陽縣《漢書·志》：臨淮郡射陽縣。註：應劭曰：在射水之陽。又：淮陰縣。		鹽瀆縣《漢書·志》：臨淮郡鹽瀆縣。註：有鐵官。		襄賁縣《漢書·志》：東海郡襄賁縣。註：應劭曰：「賁」音「肥」。	
後漢 徐州	廣陵郡 東海郡 下邳國	射陽縣《後漢書·志》：廣陵郡射陽縣，故		鹽瀆縣《後漢書·志》：廣陵郡鹽瀆		襄賁縣《後漢書·志》：東海郡襄賁	

	淮安府	山陽縣	阜寧縣	鹽城縣	清河縣	安東縣	桃源縣
		屬臨淮。註：有梁湖。《地道記》曰：有博支湖。又：下邳國淮陰縣。註：下鄉有南昌亭，韓信寄食處。		縣，故屬臨淮。		縣。	
三國 魏 徐州	東海郡	《宋書·志》：射陽縣，三國時廢。		《宋書·志》：鹽瀆縣，三國時廢。		襄賁縣 屬東海郡。	
晉 徐州	廣陵郡	射陽縣 《晉書·志》：廣陵郡射陽縣。又：淮陰縣。《宋書·志》：射陽縣，前漢屬臨淮，後漢屬廣		鹽瀆縣 《晉書·志》：廣陵郡鹽瀆縣。《宋書·志》：鹽瀆縣，前漢屬臨淮，後漢		襄賁縣 《晉書·志》：東海郡襄賁縣。	

續表

	淮安府	山陽縣	阜寧縣	鹽城縣	清河縣	安東縣	桃源縣
		陵，三國時廢，晋武帝太康二年復立。又：廣陵郡，晋武帝太康三年治淮陰故城，後又治射陽，江左治廣陵。		屬廣陵，三國時廢，晋武帝太康二年復立。			
南北朝	山陽郡 東海郡	山陽縣　《宋書·志》：山陽太守，晋安帝義熙中土斷，分廣陵立山陽令。射陽縣境地名山陽，與郡俱立。《南齊志》同。又《宋書·志》：臨淮郡射		鹽城縣　《宋書·志》：山陽太守鹽城令，舊曰鹽瀆，晋安帝更名。《南齊志》同。北齊以縣置射陽郡，陳改爲鹽城郡。		襄賁縣　《宋書·志》：東海太守襄賁令。《南齊書·志》：北東海郡襄賁縣。又宋、南齊《志》：南東海郡襄賁縣，晋元帝時	

桃源縣	安東縣	清河縣	鹽城縣	阜寧縣	山陽縣	淮安府	
	寄治曲阿。此係僑縣。《魏書·志》：海西郡襄賁縣。				陽令、淮陰令，屬南徐州。此係江左僑立。《南齊志》云：郡無實土。《魏書·志》：山陽郡山陽縣。註：山陽郡治。又：淮陰郡領縣三：富陵、懷恩、魯。《續通典》：宋白曰：楚州山陽縣，本射陽縣地，晋義熙置山陽郡及山陽縣，以境内有地名山陽，因以爲名。戴延之《西征記》：山陽，津名。按：《宋		

續表

	淮安府	山陽縣	阜寧縣	鹽城縣	清河縣	安東縣	桃源縣
		書·志》：射陽縣，晉元帝時僑置江南。至安帝義熙中，復以其地置山陽縣。					
隋 揚州 徐州	楚州 江都郡 海州 東海郡	山陽縣 《隋書·志》：江都郡山陽縣，舊置山陽郡，開皇初郡廢，十二年置楚州。大業初，州廢。有後魏淮陰郡，東魏改爲		鹽城縣 《隋書·志》：江都郡鹽城縣，後齊置射〔陽〕①郡，陳改曰鹽城，開皇初郡廢。		漣水縣 《隋書·志》：東海郡漣水縣，舊曰襄賁，置東海郡。東魏改曰海安，開皇初郡廢，縣又改焉。按	

① 據《隋書》卷三十一《地理》下補。

續表

桃源縣	安東縣	清河縣	鹽城縣	阜寧縣	山陽縣	淮安府	
	《魏書·志》，襄賁縣爲海西郡治。註：武定七年，改東海郡置。則海安即「西」字之譌也。《九域志》：漣水，西南至楚州六十里。				淮州。後齊併魯、富陵入懷恩縣，後周改曰壽張，又僑立東平郡。開皇元年，改郡爲淮陰，並立楚州。尋廢，郡更改縣，曰淮陰。大業初，州廢，縣併入焉。按：淮陰縣，東晉後僑置江南。其地北魏爲淮陰郡。隋廢郡，復爲淮陰縣也。		

續表

	淮安府	山陽縣	阜寧縣	鹽城縣	清河縣	安東縣	桃源縣
唐 淮南道 河南道	楚州淮陰郡 泗州臨淮郡	山陽縣 《唐書·志》：淮陰郡山陽縣，上。又：淮陰縣，中。武德七年省。乾封二年，析山陽復置。		鹽城縣 《唐書·志》：淮陰郡鹽城縣，上。本故漢鹽瀆縣地，隋末韋徹以其地置射州及射陽、安樂、新安三縣。武德七年，州廢，省射陽、安樂、新安，置鹽城縣。有鹽亭百二十三。		漣水縣 《唐書·志》：泗州漣水縣，上。武德四年，以縣置漣州，並置金城縣。貞觀元年，州廢，省金城，以縣來屬。總章元年，隸楚州。咸亨五年，復故。	
五代 吳 南唐	楚州	山陽縣 楚州治。《文獻通考》：楊吳置順化軍。		鹽城縣 《文獻通考》：南唐以鹽城屬泰州。		漣水縣 《通鑑》：周顯德三年，獲南唐漣州刺史秦	

續表

	淮安府	山陽縣	阜寧縣	鹽城縣	清河縣	安東縣	桃源縣
						進崇。註：唐蓋置漣州於漣水。按《唐志》：漣州，貞觀初廢。蓋唐省而南唐復置也。	
宋 淮南東路	楚州 山陽郡	山陽縣 《宋史·志》：山陽郡山陽縣，望。建炎間入於金，紹興元年收復。紹定元年，升淮安軍，改縣爲淮安。端平元年，改軍爲淮安州。又：淮		鹽城縣 《宋史·志》：山陽郡鹽城縣，上。有九鹽場。建炎間入於金，紹興元年隸漣水。三年，又來屬。按：南唐以鹽城屬泰	清河縣 《宋史·志》：清河軍，咸淳九年置，縣一：清河。按：清河縣，本漢曲陽縣，屬東海郡。應劭曰：在淮曲之陽。後漢	安東州 《宋史·志》：安東州，本漣水軍。太平興國三年，以泗州漣水縣置軍。熙寧五年，廢爲縣，隸楚州。元祐二年，復	

		元 江北淮東道
淮安府		淮安路
山陽縣	陰縣，紹興五年廢爲鎮，六年復。嘉定七年，徙治八里莊。	山陽縣 《元史・志》：淮安路山陽縣，上。至元十二年，安東州歸附，以本縣馬羅軍寨
阜寧縣		
鹽城縣	州，故楚州山陽郡下云：開寶七年，以鹽城還隸。	鹽城縣 《元史・志》：淮安路鹽城縣，上。
清河縣	屬下邳國，後廢。自晋至唐，爲泗州清河口地。宋紹興中，屯重兵於此。度宗時，軍與縣竝置。《通鑑註》：淮陰縣，距淮五十步，北對清河口十里。	清河縣 《元史・志》：淮安路清河縣，下。本泗州之清河口，宋立
安東縣	爲軍。紹興五年，廢爲縣。三十二年，復爲軍。紹定元年，屬寶應州。端平元年，復爲軍。景定初，升安東州，領縣一：漣水，望。	安東州 《元史・志》：淮安路安東州，下。《續文獻通考》：宋安
桃源縣		桃園縣 《元史・志》：淮安路桃園縣，下。《續文獻通考》：桃源

續表

續表

淮安府		
山陽縣	作山陽縣。十三年，淮安路歸附，仍存淮安縣。二十年，省淮安新城入焉。	
阜寧縣		
鹽城縣		
清河縣	清河軍，至元十五年爲縣。	
安東縣	東州治漣水縣，元省縣，以州屬淮安路。	
桃源縣	縣本宿遷之桃園鎮，元初置縣，後譌「園」爲「源」。按《金史·志》：泗州又有淮濱縣，興定二年四月以宿遷之桃園置，元光二年四月廢。據此，桃園縣即舊淮濱縣，金廢縣爲鎮，而元以其地復置桃園縣也。	

	淮安府	山陽縣	阜寧縣	鹽城縣	清河縣	安東縣	桃源縣
明 南直隸	淮安府	山陽縣 淮安府治。		鹽城縣	清河縣	安東縣 《續文獻通考》：明初改安東州爲縣。	桃源縣
國朝 江南江蘇布政使司	淮安府 舊轄二州七縣。雍正二年，升海州、邳州直隸，以贛榆、沭陽、宿遷、睢寧隸州。今合分縣，轄縣六。	山陽縣 倚郭。	阜寧縣 雍正九年，析山陽縣及鹽城縣地置。	鹽城縣	清河縣	安東縣	桃源縣

揚州府

《禹貢》揚州之域，春秋時屬吴。戰國屬越，後屬楚。秦屬九江郡。漢初爲淮南國，後爲江都廣陵國，屬徐州。後漢爲廣陵郡。三國時屬魏，後屬吴。晋移廣陵郡治淮陰，以所領諸縣屬焉。東晋分置海陵、山陽二郡。南北朝宋置南兗州，北齊改爲東廣州，陳復爲南兗州，後周改爲吴州。隋開皇初，爲揚州，置總管府。大業初，府廢，置江都郡。唐武德三年，復爲南兗州。六年，又改邗州。尋復爲揚州，屬淮南道。天寶元年，改揚州爲廣陵郡。乾元初，復曰揚州，置淮南節度。五代楊吴改江都府，南唐以爲東都。宋爲揚州廣陵郡，屬淮南東路。建炎初，升帥府。元至元中，建大都督府，置江淮等處行中書省。尋改爲揚州路，隸江北淮東道。明初置淮海府，改維揚府，尋復爲揚州府，直隸南京，領州三、縣七。

國朝因之，隸江南布政使司。康熙六年，隸江南江蘇布政使司。十一年，省海門縣。雍正二年，升府屬之通州直隸，以泰興縣及泰州所領之如皋縣改屬。九年，分江都縣置甘泉縣。今領州二、縣五。

	揚州府	江都縣	甘泉縣	泰州	高郵州	儀徵縣	興化縣	寶應縣
虞夏商 揚州								

	揚州府	江都縣	甘泉縣	泰州	高郵州	儀徵縣	興化縣	寶應縣
周 吴越楚 揚州		廣陵邑 《通志》：吴於故廣陵城南東築邗城。《通典》：今之揚州，春秋時屬吴，故《左傳》云「吴城邗溝以通江淮」是也。《史記·六國表》：楚懷王九年，城廣陵。						
秦 揚州	九江郡	廣陵縣 《史記》：廣陵人召平。註：《正義》曰：揚			高郵亭 《南畿志》：春秋時吴邗溝地，秦築			

續表

續表

	揚州府	江都縣	甘泉縣	泰州	高郵州	儀徵縣	興化縣	寶應縣
		州。《通典》：江都，秦廣陵縣。			郵亭於此，故曰秦郵。漢爲縣。			
漢 徐州	廣陵國 臨淮郡	廣陵縣 《漢書》：廣陵國廣陵縣。註：江都易王非、廣陵厲王胥皆都此。又：江都縣註：有江水祠，渠水首受江，北至射陽入湖。		海陵縣 《漢書》：臨淮郡海陵縣。註：有江海會祠。《通鑑註》：海陵縣，漢屬臨淮，後漢、晋屬廣陵，梁置海陵郡。隋廢爲縣，屬江都郡。唐屬揚州，今爲泰州。	高郵縣 《漢書》：廣陵國高郵縣。《九域志》：高郵東南至揚州一百里。			

	揚州府	江都縣	甘泉縣	泰州	高郵州	儀徵縣	興化縣	寶應縣
後漢 徐州	廣陵郡	廣陵縣 《後漢書》：廣陵郡廣陵縣。註：吴王濞所都城，周十四里半。又：江都縣計有江水祠。《地理通釋》：漢九國，吴都廣陵，今揚州江都縣。		海陵縣 《南畿志》：海陵縣，後漢省入東陽縣。按《漢書·傳》，吴王濞積粟於海陵之倉；而《後漢書·志》，廣陵郡東陽縣有長洲澤，吴王濞太倉在此，是也。	高郵縣 《後漢書·志》：廣陵郡高郵縣。			
三國 魏 吴	廣陵郡	廣陵縣 《通典》：魏爲重鎮。註：文帝黄		《宋書·志》：海陵縣，三國時廢。	《宋書·志》：高郵縣，三國時廢。			

續表

		晉 徐州
揚州府		廣陵郡 臨淮郡
江都縣	初六年幸廣陵故城，臨江觀兵，見江濤，嘆曰：「天所以限南北也。」後屬吳。註：孫亮建興三年，使衛尉馮翊城廣陵。又：江都縣，《宋書・志》：三國時廢。	廣陵縣 《晉書・志》：廣陵郡廣陵縣。又：江都縣。《宋書・志》：晉武帝太康六年復立。
甘泉縣		
泰州		海陽縣 《晉書・志》：廣陵郡海陽縣。註：有江海會祠。《宋書・志》：海陵令，晉武帝
高郵州		高郵縣 《晉書・志》：臨淮郡高郵縣。《宋書・志》：晉武帝太康元年復立。
儀徵縣		
興化縣		
寶應縣		

揚州府	
江都縣	
甘泉縣	
泰州	太康元年復立。按《晋書·志》無海陵縣，有海陽縣，《註》云：有江海會祠。與《前漢書·註》海陵縣同。則晋海陽，即漢海陵故地也。《宋志》云晋武帝立者，亦指海陽而言。安帝時分廣陵立海陵郡，又立建陵縣，爲郡治。
高郵州	
儀徵縣	
興化縣	
寶應縣	

續表

	揚州府	江都縣	甘泉縣	泰州	高郵州	儀徵縣	興化縣	寶應縣
南北朝 徐州 南兗州	廣陵郡 海陵郡	廣陵縣 《宋書·志》：廣陵太守廣陵令，漢舊縣。又：江都令，漢舊縣，江左又省併輿縣，元嘉十三年復立，以併江都。《南齊志》同。梁、陳因之。《隋書·志》：後齊置廣陵、江陽二郡。		海陵縣 《宋書·志》：廣陵太守海陵令。《南齊志》同，梁、陳因之。	高郵縣 《宋書·志》：廣陵太守高郵令。《南齊志》同。《隋書·志》：梁析置竹塘、三歸二縣。及置廣業郡，尋以有嘉禾，爲神農郡。			
隋 徐州	揚州江都郡	江陽縣 《隋書·志》：江都郡江陽縣，		海陵縣 《隋書·志》：江都郡海陵	高郵縣 《隋書·志》：江都郡高郵			安宜縣 《隋書·志》：江都郡安宜

揚州府	
江都縣	舊曰廣陵。後齊廣陵、江陽二郡，開皇初廢。十八年，改縣爲邗江。大業初，更名江陽，有江都宫、揚子宫。《通典》：江陽，高齊曰廣陵，隋改之。《續通典》：宋武帝分江都縣置廣陵縣，隋初改爲江陽縣。以處江之正北，故曰江陽。又：江都縣，自梁及隋，或廢或置。
甘泉縣	
泰州	縣，梁置海陵郡，開皇初郡廢。又併建陵縣入，尋析置江浦縣，大業初省入。
高郵州	縣，開皇初神農郡廢，又併竹塘、三歸、臨澤三縣入焉。
儀徵縣	
興化縣	
寶應縣	縣，梁置陽平郡及東莞郡，開皇初郡廢，又廢石鼇縣入焉。《通典》：石鼇在楚州安宜縣西，鄧艾築城於此。按《通典》《舊唐·志》竝云安宜縣本漢平安縣地。考二《漢志》，俱有平安縣，屬廣陵郡。晉、宋《志》無之。《隋志》安宜

續表

寶應縣	興化縣	儀徵縣	高郵州	泰州	甘泉縣	江都縣	揚州府	
縣亦不言何時立。《輿地志》云：漢平安縣，後漢改爲安宜縣。漢、晋《志》亦無此縣也。《宋志》有陽平郡，而無安宜縣。《南齊·志》陽平郡有安宜縣，而《魏書·志》又無之。廢置不常，故所言自隋始。又《通典》云，鄧艾築石鼇								

		唐
		淮南道
揚州府		揚州廣陵郡 楚州淮陰郡
江都縣		江都縣 《唐書・志》：廣陵郡江都縣，望。又：江陽縣，望，貞觀十八年析江都置。按《隋志》，江陽縣爲江都郡治，而《唐志》云太宗析置，當是隋末曾省江陽縣也。
甘泉縣		
泰州		海陵縣 《唐書・志》：廣陵郡海陵縣，望。武德三年，更名吴陵，以縣置吴州。七年，州廢，復故名來屬。景龍二年，析置海安縣。開元十年省。
高郵州		高郵縣 《唐書・志》：廣陵郡高郵縣，上。
儀徵縣		揚子縣 《唐書・志》：廣陵郡揚子縣，望，永淳元年析江都置。《通鑑註》：揚子津在今真州揚子縣。又：揚州揚子縣，自大歷〔曆〕以來鹽鐵轉
興化縣		
寶應縣	城，今縣西八十里。而歷代志亦無此縣，當從闕。	寶應縣 《唐書・志》：淮陰郡寶應縣，望，本安宜。武德四年，以縣置倉州。七年，州廢來屬。上元三年更名。《通鑑》：秦兵圍田洛於三阿，去廣陵百里。

續表

續表

	揚州府	江都縣	甘泉縣	泰州	高郵州	儀徵縣	興化縣	寶應縣
						運使置巡院於此。		註：晉僑置幽、冀、青、並於江北三阿，今寶應軍即其地。
五代 吳 南唐	揚州 江都府	江都縣 《南畿志》：吳江都、江陽二縣，南唐改江陽爲廣陵縣，竝爲江都府治。周爲揚州治。		海陵縣 《南唐書・紀》：昇元元年，升東都海陵縣爲泰州，割鹽城、泰興、如皋、興化隸焉。《文獻通考》：南唐以海陵、興化二縣屬泰州。	高郵縣 《南畿志》：高郵縣，吳、南唐竝屬江都府，周屬揚州。	揚子縣 《南畿志》：吳揚子縣，南唐改爲永正縣，竝屬江都府。周屬揚州。《宋史・志》揚子縣註：本揚州永正縣之白沙鎮，南唐改爲迎鑾鎮。	興化縣 《南畿志》：本海陵縣地，楊吳始置興化縣，屬江都府。南唐改屬泰州。《文獻通考》：吳改江都府，置興化縣。	寶應縣 《南畿志》：寶應縣，吳、南唐竝屬楚州，周因之。

	揚州府	江都縣	甘泉縣	泰州	高郵州	儀徵縣	興化縣	寶應縣
宋 淮南東路	揚州廣陵郡	江都縣《宋史·志》：廣陵郡江都縣，緊，熙寧五年省廣陵縣入焉。南渡後，增廣陵。《南畿志》：竝爲揚州治。按《宋志》南渡後增廣陵縣，《元志》無之。當是宋末仍省入江都也。		泰州《宋史·志》：泰州，上，乾德五年降爲軍。建炎二年入於金，尋復。紹興十年，移治泰興沙上。時泰興隸海陵，復舊治，元領四縣。紹興十五年，割泰興隸揚州。建炎四年，又以興化隸高郵軍，領縣二：	高郵軍《宋史·志》：開寶四年，以揚州高郵縣爲軍。熙寧五年，廢爲縣，隸揚州。元祐元年，復爲軍。建炎四年，升承州，割泰州興化縣來屬。紹興五年，廢爲縣，復隸揚州。三十一年，復爲軍，仍以興化來	真州《宋史·志》：真州，望，乾德二年升爲建安軍。至道二年，以揚州之六合來屬。大中祥符六年，爲真州。大觀元年，升爲望。政和七年，賜郡名曰儀真。建炎三年入於金，尋復。縣二：揚子，中，建炎元年	興化縣《宋史·志》：高郵軍興化縣，緊，舊隸揚州，改隸泰州，建炎四年來隸。紹興五年，廢爲鎮。十九年，復縣，隸泰州。乾道二年還隸，尋又隸泰州，淳熙四年復舊。	寶應縣《宋史·志》：山陽郡寶應縣，緊，寶慶三年升爲寶應州，而縣如故。《南畿志》：寶應縣，宋寶慶中升爲州，後又升爲軍，元初爲寶應軍路。

續表

	揚州府	江都縣	甘泉縣	泰州	高郵州	儀徵縣	興化縣	寶應縣
				海陵，望；如皋，中。	屬。今縣二：高郵，望；興化，緊。《文獻通考》：高郵軍，本唐揚州高郵縣，宋開寶四年建爲軍，屬淮東路。地形四隅皆低，爲沮洳蒲葦之澤，城基特高，狀如覆盂。建炎三年，升爲承州。	升軍，四年廢爲縣，紹興十一年復升軍，十二年復爲縣。六合，望。《文獻通考》：真州領縣二，治永正。註：唐揚子縣，僞唐改，後復爲揚子。		

	元
	江北淮東道
揚州府	揚州路
江都縣	江都縣 《元史・志》：揚州路江都縣，上，倚郭。
甘泉縣	
泰州	泰州 《元史•志》：揚州路泰州，上，唐更海陵縣曰吴陵，置吴州。尋廢。南唐升泰州。元至元十四年，立泰州路。二十一年，改爲州，隸揚州路，領二縣：海陵，上，倚郭；如皋，上。
高郵州	高郵府 《元史・志》：高郵府，唐爲縣，宋升爲軍，元至元十四年升爲高郵路，領高郵、興化二縣。二十年，廢安宜府爲寶應縣來屬，改高郵路爲府，屬揚州路，領縣三：高郵，上；興化，中；寶應，上。
儀徵縣	真州 《元史・志》：揚州路真州，中。五代以前地屬揚州，宋以迎鑾鎮置建安軍，又升爲真州。元至元十四年，改真州路。二十一年，復爲州，隸揚州路，領二縣：揚子，上，倚郭；六合，下。
興化縣	興化縣 《元史・志》：高郵府興化縣，中。
寶應縣	寶應縣 《元史・志》：高郵府寶應縣，上。舊爲寶應軍，至元十六年改爲安宜府，二十年廢府爲縣，來屬本府。

續表

	揚州府	江都縣	甘泉縣	泰州	高郵州	儀徵縣	興化縣	寶應縣
明 南直隸	揚州府	江都縣 《南畿志》：揚州府江都縣，附郭。		泰州 《府志》：明省海陵縣入泰州，屬揚州府，領縣一：如皋。	高郵州 《府志》：明初革府存縣，洪武元年改縣爲高郵州，領縣二，屬揚州府如故。	儀真縣 《府志》：明洪武二年，改真州爲儀真縣，以揚子縣省入，屬揚州府。	興化縣 《府志》：明初改高郵府爲州，仍以興化隸焉。	寶應縣 《府志》：明初改高郵府爲州，縣隸如故。
國朝 江南江蘇布政使司	揚州府 舊轄三州七縣。康熙十一年，省海門縣。雍正二年，以府屬之通州濱江沿海地最	江都縣 倚郭。	甘泉縣 倚郭。雍正九年，析江都縣置。	泰州 雍正二年，以所領之如皋縣改屬直隸通州。	高郵州	儀徵縣 雍正元年，改名儀徵。	興化縣	寶應縣

揚州府	險要，升爲直隸州，割府屬之泰興縣，及泰州所領附近通州之如皋縣去隸通州，轄州二、縣四。雍正九年，析江都縣地立甘泉縣。共轄州二、縣五。
江都縣	
甘泉縣	
泰州	
高郵州	
儀徵縣	
興化縣	
寶應縣	

續表

徐州府

《禹貢》徐州之域，古大彭氏國，春秋時爲宋之彭城邑。戰國屬楚，亦謂之西楚。秦置彭城縣，屬泗水郡。漢屬楚國。地節元年，改爲彭城郡。黄龍初，復爲楚國。後漢爲彭城國，三國時屬魏。晋亦爲彭城國，爲徐州治。東晋元帝初，僑立徐州於淮南。太元九年，復置徐州於此。義熙七年，改爲北徐州。宋亦爲徐州，及彭城、沛二郡。泰始中屬北魏，亦置徐州及彭城郡。北齊置東南道行臺，北周立總管府。隋開皇中，行臺廢。大業初，府廢，復爲彭城郡。唐武德中曰徐州，隸河南道。天寶初曰彭城郡，乾元初復爲徐州。貞元十六年，建武寧軍節度。咸通十二年，改感化軍。五代石晋時，復曰武寧軍。宋仍爲徐州彭城郡，屬京東路。紹興後入於金，省郡曰徐州，屬山東西路。元屬歸德府，以州治之彭城縣省入。明初以徐州屬鳳陽府，尋直隸南京，領縣四。

國朝因之，隸江南布政使司。康熙六年，隸江南江蘇布政使司。雍正十一年，升徐州府，省州置銅山縣，爲府治。又以二年改直隸之邳州及所領宿遷、睢寧二縣來屬。領州一、縣七。

	徐州府	銅山縣	蕭縣	碭山縣	豐縣	沛縣	邳州	宿遷縣	睢寧縣
虞夏商		大彭國《輿地志》：					邳國《左傳》：		

續表

	徐州府	銅山縣	蕭縣	碭山縣	豐縣	沛縣	邳州	宿遷縣	睢寧縣
徐州		大彭，即彭祖，所謂商有大彭者也。事帝堯，歷虞夏至商，年八百歲，封於彭城。					商有姺、邳。杜註：二國，商諸侯。邳，今下邳國。《文獻通考》：下邳，夏時爲邳國。		
周 青州		彭城邑 《左傳》：成十八年，宋魚石入於彭城。杜註：彭城，宋邑，今彭城縣。《通典》：彭城	蕭國 《左傳》：僖三十年，介人侵蕭。林註：蕭，宋附庸國。《輿地志》：			留邑 《左傳》：襄元年，楚侵宋呂、留。杜註：呂、留二縣，今屬彭城郡。	郯國 《地理通釋》：春秋時郯子國，今徐州下邳縣。 薛國	鍾吾國 《左傳》：昭二十七年，吳公子奔鍾吾。杜註：鍾吾，小國。	

續表

徐州府	
銅山縣	縣，古大彭之國，春秋爲宋地。《春秋經》曰，圍宋彭城，即宋本邑。
蕭縣	蕭子國城在蕭縣治北，城臨古汴，本宋邑。春秋時封子姓別爲附庸，《左傳》謂「群公子奔蕭」是也。又按《左傳》杜註，蕭，宋邑，今沛國蕭縣。
碭山縣	
豐縣	
沛縣	
邳州	《通志》：薛，本在魯地，奚仲遷於邳。魯莊公三十一年，築臺於薛，即薛舊都也。以遷於邳，又以邳爲薛，今徐州滕縣東南五十里薛城是。
宿遷縣	《文獻通考》：宿遷縣，春秋時鍾吾子國。
睢寧縣	

續表

	秦
	徐州
徐州府	碭郡 泗水郡
銅山縣	彭城縣 《史記·秦紀》：始皇至琅琊，還過彭城。註：《正義》曰：彭城，徐州所理縣也，州東外城，古之彭國也。後項羽爲西楚霸王，都此。
蕭縣	蕭縣 《史記註》：《正義》曰：蕭縣，秦屬泗水郡，唐徐州蕭縣是也。韋昭曰：蕭，沛之縣名。
碭山縣	碭縣 《漢書·志》：秦碭郡，高帝五年爲梁國，治碭縣。《史記》註：徐廣曰：碭縣在梁。蘇林曰：「碭」音「唐」，又音「宕」。應劭曰：碭山在東。師古曰：碭，文石也，其山出焉，故以名縣。
豐縣	豐邑 《史記》：高祖，沛豐邑中陽里人。
沛縣	沛縣 《史記注》：《正義》曰：沛，今徐州縣也。又：留縣。《史記》：張良起下邳，與上會留。《九域志》：沛在徐州西北一百四十里。
邳州	下邳縣 《史記註》：《正義》曰：下邳，泗水縣也。應劭曰：邳在薛，徙此。按：有上邳，故曰下邳。《九域志》：在徐州東一百八十里。又：郯縣。《水經注》：郯，故國也，
宿遷縣	下相縣 《史記》：項羽，下相人。註：《地理志》：臨淮有下相縣。
睢寧縣	

續表

	徐州府	銅山縣	蕭縣	碭山縣	豐縣	沛縣	邳州	宿遷縣	睢寧縣
							秦以爲郯郡。		
漢 徐州 豫州	楚國 梁國 沛郡 東海郡 臨淮郡	彭城縣 《漢書·志》：楚國彭城縣，古彭祖國。《通鑑註》：彭城縣，秦屬泗水郡。漢屬沛郡，復分立楚國。後置徐州，自是之後，徐州專治彭城矣。	蕭縣 《漢書·志》：沛郡蕭縣，故蕭叔國，宋別附庸也。又：梁國杼秋縣。	碭縣 《漢書·志》：梁國碭縣。	豐縣 《漢書·志》：沛郡豐縣。《通典》：漢舊縣，有始皇厭氣臺。	沛縣 《漢書·志》：沛郡沛縣。《通鑑註》：沛郡治相縣，而沛自爲縣，屬沛郡。漢時人謂沛縣爲小沛，劉備領豫州刺史，屯小沛是也。《通典》：沛，漢舊縣，	下邳縣 《漢書·志》：東海郡下邳縣。註：萬嶧山在西，古文以爲嶧陽。又郯縣。註：故國，少昊後，盈姓。應劭曰：音「談」。又良成縣。	下相縣 《漢書·志》：臨淮郡下相縣。註：應劭曰：相水出沛國，故加「下」。又東海郡司吾縣。註：應劭曰：《左傳》吳執鍾吾子。又泗水國	

續表

		後漢
		徐州 豫州
徐州府		彭城國 沛國 梁國 下邳國
銅山縣		彭城縣 《後漢書•志》：彭城國彭城縣。註：古大彭邑。
蕭縣		蕭縣 《後漢書•志》：沛國蕭縣，本國。註：《北征記》：城周十四里，南臨汚水。又杼秋縣，故屬梁國，有
碭山縣		碭山縣 《後漢書•志》：梁國碭山縣。《括地志》：碭山縣，本漢碭縣。
豐縣		豐縣 《後漢書•志》：沛國豐縣。西有大澤，高祖斬白蛇於此。註：戴延之《西征記》曰：縣西北有漢祖
沛縣	有沛宮，高祖置酒之所。又廣戚縣。又楚國留縣。	沛縣 《後漢書•志》：沛國沛縣。有泗水亭。又彭城國留縣。註：《西征記》曰：城中有張良廟。又廣戚
邳州	註：侯國。師古曰：《左氏傳》謂晉侯會吴子於良，即此，是。	下邳縣 《後漢書•志》：下邳國下邳縣，本屬東海。註：戴延之《西征記》曰：有沂水自城西西南注
宿遷縣	淩縣。註：應劭曰：淩所出，南入淮。	下相縣 《後漢書•志》：下邳國下相縣。《水經註》：泗水流注於淮，謂之泗口。《通典》：泗口在今
睢寧縣		

睢寧縣	
宿遷縣	臨淮郡宿遷縣界。又司吾縣，侯國，故屬東海。又廣陵郡淩縣，故屬泗水。
邳州	泗，別下回城南，亦注泗。舊有橋處，張良與黃石公會此橋。又：良成縣，故屬東海，春秋時曰良。註：《左傳》：昭十三年，晉會吴于良。又東海郡郯縣，本國，刺史治。
沛縣	縣，故屬沛國。
豐縣	廟，爲亭長所處。
碭山縣	
蕭縣	澶淵聚。註：《左傳》：襄二十年，盟於澶淵。
銅山縣	
徐州府	

續表

	徐州府	銅山縣	蕭縣	碭山縣	豐縣	沛縣	邳州	宿遷縣	睢寧縣
三國 魏 徐州 豫州	彭城國 沛國 梁國 下邳國 汝陰郡	彭城縣 彭城國治。	蕭縣 屬沛國。《通鑑註》：魏明帝改屬汝陰郡。又杼秋縣。	碭山縣 屬梁國。	豐縣 屬沛國。	沛縣 屬沛國。又彭城國留縣。又廣戚縣。	下邳縣 下邳國治。又良城縣，屬下邳國。又郯縣，屬東海郡。	下相縣 屬下邳國。又司吾縣，又淩縣。	
晋 徐州 豫州	彭城國 沛國 梁國 下邳國 臨淮郡 東海郡	彭城縣 《晋書·志》：彭城國彭城縣。註：故殷伯大彭國。	蕭縣 《晋書·志》：沛國蕭縣。又杼秋縣。	按《晋書·志》無碭山縣。《南畿志》云：晋省入下邑。考《晋志》下邑縣註，云有碭山、時山，屬下邑也。又按	豐縣 《晋書·志》：沛國豐縣。	沛縣 《晋書·志》：沛國沛縣。註：漢高祖所起處。又彭城國留縣。註：張良所封。又廣戚縣。	下邳縣 《晋書·志》：下邳國下邳縣。註：韓信爲楚王，都之。又良城縣。註：侯相。又東海郡郯縣。	下相縣 《晋書·志》：臨淮郡下相縣。又司吾縣。又下邳國淩縣。《南畿志》：東晋省下相，置宿預縣，	

續表

睢寧縣	宿遷縣	邳州	沛縣	豐縣	碭山縣	蕭縣	銅山縣	徐州府	
	又置角城縣。《輿地考》：晋元帝宿軍儲於此，故曰宿預。後置縣。《通典》：秦下相城在縣西北。晋太寧中，兖州刺史劉遐自壽春退屯泗口，即此。安帝義熙中置城，自後	註：故郯子國。			《魏書·志》碭縣註，二漢屬沛國，晋罷，後復。是晋省而復置，仍改碭山曰碭縣耳。				

續表

		南北朝 徐州 豫州
徐州府		彭城郡 沛郡 梁郡 下邳郡 淮陽郡
銅山縣		彭城縣《宋書・志》：彭城太守彭城令，漢縣。按《南齊志》屬南彭城郡，《魏書・志》亦屬彭城郡。
蕭縣		蕭縣《宋書・志》：沛郡太守蕭令，漢舊縣。《南齊志》同。《魏書・志》沛郡蕭縣，註：二漢、晋屬，有蕭城、漢高祖廟。又《宋書・
碭山縣		碭縣《宋書・志》：梁郡太守碭令，漢舊縣。按《南齊志》無碭縣。《魏書・志》碭郡碭縣《註》：碭郡，孝昌二年置，治下邑城，領
豐縣		豐縣《宋書・志》：北濟陰太守豐令，漢舊名，孝武大明元年復立。按《南齊志》無豐縣，《魏書・志》亦屬北濟陰郡。註：有豐城，
沛縣		沛縣《宋書・志》：沛郡太守沛令，漢舊縣。又彭城太守留令，漢舊縣。《南齊書・志》：沛郡沛縣。按《南齊志》無留縣。《魏
邳州		下邳縣《宋書・志》：下邳太守下邳令，前漢屬東海，《後漢》、《晋太康地志》屬下邳。又良成縣同。《南齊書・
宿遷縣	常爲重鎮。《通志》：泗口、角城，俱在宿遷縣界。	宿豫縣《宋書・志》：淮陽太守宿豫令，晋安帝立。又：甬城令，晋安帝義熙土斷立。又：淮陵太守司吾令，元
睢寧縣		

續表

徐州府	
銅山縣	
蕭縣	志》：南彭城太守杼秋令，漢舊名。《南齊志》同，註：建武四年省。按南齊後無杼秋縣，蓋省入蕭縣也。《南畿志》云：杼秋城，在蕭縣西七十里。
碭山縣	安陽縣。註：治麻城。碭縣註：治魯城。按《魏志》無下邑縣，時蓋省入碭郡。《南畿志》：碭山有麻城。又《魏志》魯郡有碭縣，註：蕭衍置，魏因之。此係僑縣。
豐縣	漢高祖舊宅。
沛縣	書·志》沛郡沛縣。註：有漢高祖廟、沛城。又彭城郡留縣註：有留城、廣戚城。按：南宋後無廣戚縣，蓋時省入留縣，隋又省留入沛縣也。《漢志》章懷註：廣戚城在今徐州沛縣東。
邳州	志》：北東海郡下邳縣。又良成縣。《魏書·志》：下邳郡下邳縣。又良成縣。按《宋書·志》：南東海郡郯令，寄治丹徒，此係僑縣。《魏書·志》：郯郡郯縣，漢屬東海郡，後漢爲國，
宿遷縣	徽五年改名桐梧，昇明元年復舊。《南齊書·志》：齊郡宿豫縣。又：淮陵郡司吾縣。按《南齊志》無甬城縣。《魏書·志》：宿豫郡宿豫縣，武定七年置。又：淮陽郡角城縣，武
睢寧縣	

續表

		隋 徐州 豫州
徐州府		徐州彭城郡 宋州梁郡
銅山縣		彭城縣 《隋書·志》：舊置郡，後周併沛及南陽平
蕭縣		蕭縣 《隋書·志》：彭城郡蕭縣，舊置沛
碭山縣		碭山縣 《隋書·志》：梁郡碭山縣，後魏置，
豐縣		豐縣 《隋書·志》：彭城郡豐縣。
沛縣		沛留縣 《隋書·志》：彭城郡沛留縣，後齊廢，
邳州	晋復，有建陵山。	下邳縣 《隋書·志》：下邳郡下邳縣，
宿遷縣	定七年改蕭衍臨清、天水、浮陽三縣置。按宋、南齊《志》無淩縣。《南畿志》云：淩城在宿遷東南五十里，漢置縣，晋省。	宿豫縣 《隋書·志》：下邳郡宿豫縣，
睢寧縣		

續表

徐州府	泗州下邳郡
銅山縣	二郡入。開皇初郡廢，大業初復置郡。
蕭縣	郡，後齊廢爲承高縣，開皇六年改爲龍城。十八年，改爲臨沛。大業初，改爲蕭。
碭山縣	曰安陽，開皇十八年改名焉。《括地志》：碭山縣，本漢碭縣，在宋州東一百五十里。按：魏以碭縣置碭郡，並析置安陽縣。隋改安陽爲碭山，而無碭縣，當仍合兩縣爲一也。
豐縣	
沛縣	開皇十六年復，大業中又廢。按《漢書·志》陳留縣註：臣瓚曰：宋亦有留，彭城留是也。留屬陳者，稱陳留。
邳州	梁曰歸政，置武州下邳郡，魏改縣爲下邳，置郡不改，改州曰東徐。後周改州爲邳州。開皇初郡廢，大業初，州廢。又：良城縣，梁置武安郡，開皇初郡廢，十一年更名曰良城。有
宿遷縣	舊置宿豫郡，開皇初郡廢，大業初置下邳郡。又梁置朝陽、臨沭二郡，後齊置晉寧郡，竝廢。《南畿志》：角城廢縣，在宿遷東南百餘里。晉置，隋省。按《隋志》云，省入下邳，蓋
睢寧縣	

續表

睢寧縣	
宿遷縣	在兩縣之界。又《隋志》無司吾縣，蓋東魏後省。《輿地考》：司吾城在宿遷北七十里。
邳州	徐里。又：郯縣，舊置郡，開皇初郡廢。又：淮陽縣，梁置淮陽郡，東魏併綏化、吕梁二郡置綏化縣，後周改縣爲淮陽，開皇初郡廢。又有梁臨清、天水、浮陽三郡，東魏併爲甬城縣，
沛縣	
豐縣	
碭山縣	
蕭縣	
銅山縣	
徐州府	

續表

	徐州府	銅山縣	蕭縣	碭山縣	豐縣	沛縣	邳州	宿遷縣	睢寧縣
							後齊改曰文城縣，後周又改爲臨清，開皇三年省入焉。		
唐 河南道	徐州彭城郡 宋州睢陽郡	彭城縣 《唐書·志》：彭城郡彭城縣，望。	蕭縣 《唐書·志》：彭城郡蕭縣，上。	碭山縣 《唐書·志》：睢陽郡碭山縣，上。光化二年，朱全忠以碭山、單父、虞城，曹州之成武，表置輝州。三年，置崇德軍。	豐縣 《唐書·志》：彭城郡豐縣，上。	沛縣 《唐書·志》：彭城郡沛縣，上，武德五年置。胡三省《註》：《班志》沛郡有廣戚縣。章懷註：在今徐州沛縣東。	下邳縣 《唐書·志》：彭城郡下邳縣，上。武德四年，以下邳、郯良城置邳州。貞觀元年，州廢，省郯良城，以下邳	宿遷縣 《唐書·志》：彭城郡宿遷縣，上。本宿豫，隸泗州，寶應元年更名來屬。	

續表

	徐州府	銅山縣	蕭縣	碭山縣	豐縣	沛縣	邳州	宿遷縣	睢寧縣
							隸泗州。又省泗州之淮陽入焉。元和四年來屬。		
五代	徐州	彭城縣 徐州治。	蕭縣 屬徐州。	碭山縣 梁屬輝州，後唐屬單州。	豐縣 屬徐州。	沛縣 屬徐州。	下邳縣 屬徐州。	宿遷縣 屬徐州。	
宋 京東路	徐州彭城郡 單州碭郡	彭城縣 《宋史·志》：彭城郡彭城縣，望。	蕭縣 《宋史·志》：彭城郡蕭縣，望。	碭山縣 《宋史·志》：單州碭山縣，望。	豐縣 《宋史·志》：彭城郡豐縣，緊。	沛縣 《宋史·志》：彭城郡沛縣，望。	淮陽軍 《宋史·志》：淮陽軍，太平興國七年，以徐州下邳	宿遷縣 《宋史·志》：淮陽軍宿遷縣，中。	

續表

		金 山東西路 河南路
徐州府		徐州 邳州 單州 滕州
銅山縣		彭城縣 《金史・志》：徐州彭城縣，倚郭。
蕭縣		蕭縣 《金史・志》：徐州蕭縣。註：古汴渠。
碭山縣		碭山縣 《金史・志》：單州碭山縣，興定元年以限河不便，改隸歸德府。註：有芒碭山、古汴渠。
豐縣		豐縣 《金史・志》：徐州豐縣。
沛縣		沛縣 《金史・志》：滕州沛縣。
邳州	縣建爲軍，並以宿遷來屬。領縣二，下邳，望。	邳州 《金史・志》：邳州，中，宋淮陽軍。貞祐三年九月，改隸河南路。領縣三，下邳。
宿遷縣		宿遷縣 《金史・志》：邳州宿遷縣，元光二年四月廢。
睢寧縣		睢寧縣 《金史・志》：泗州睢寧縣，興定二年四月，以宿遷縣之古城置。

	徐州府	銅山縣	蕭縣	碭山縣	豐縣	沛縣	邳州	宿遷縣	睢寧縣
元 河南江北道 燕南河北道	歸德府 濟寧路	《元史·志》：歸德府徐州，下。唐初爲徐州，又改彭城郡，又升武寧軍。宋因之，金屬山東西路。元至元二年，降爲下州。舊領彭城、蕭、永固三縣，至是永固併入蕭縣，彭城併入州。	蕭縣 《元史·志》：徐州蕭縣，下。至元二年併入徐州，十二年復立。	碭山縣 《元史·志》：濟寧路碭山縣，金爲水蕩没。元憲宗七年，始復置縣，隸東平路。至元二年，併入單父縣。三年，復置，屬濟州。八年，屬濟寧路。	豐縣 《元史·志》：濟寧路豐縣，唐屬徐州，元憲宗二年屬濟州。至元二年，以沛縣併入豐縣。三年，復立沛縣。八年，以豐縣直隸濟寧路。	沛縣 《元史·志》：濟寧路濟州沛縣，太宗七年移滕州治此。憲宗二年，州廢，復爲縣。至元二年，省入豐縣。三年，復置。八年，隸濟寧路。十三年來屬。	邳州 《元史·志》：歸德府邳州，下。唐初爲邳州，後廢，屬泗州，又屬徐州。宋置淮陽軍，金復爲邳州。元初併三縣入州。至元八年，以州屬歸德府。十二年復置，睢寧、	宿遷縣 《元史·志》：邳州宿遷縣，下。《續文獻通考》：元省，後復置。	睢寧縣 《元史·志》：邳州睢寧縣，下。《續文獻通考》：舊爲睢陵縣，隋廢。金復置，改睢寧縣，屬邳州。後廢，元復置。

續表

續表

		明 南直隸
徐州府		徐州
銅山縣		《南畿志》：徐州，明初改隸鳳陽府，後直隸南京，領縣四。
蕭縣		蕭縣 屬徐州。
碭山縣		碭山縣 改屬徐州。
豐縣		豐縣 改屬徐州。
沛縣		沛縣 改屬徐州。
邳州	宿遷兩縣屬淮安。十五年，還來屬，領縣三。下邳縣，下，州治所。	邳州 《續文獻通考》：明初以下邳縣省入邳州，改屬淮安府，領縣二。
宿遷縣		宿遷縣 屬淮安府邳州。
睢寧縣		睢寧縣 屬淮安府邳州。

	徐州府	銅山縣	蕭縣	碭山縣	豐縣	沛縣	邳州	宿遷縣	睢寧縣
國朝 江南江蘇布政使司	徐州府 舊爲直隸州。雍正十一年升府，以雍正二年改直隸之邳州及屬縣二來屬，轄州一、縣七。	銅山縣 雍正十一年，即州境設縣，府治在焉。	蕭縣 舊屬本州。	碭山縣 舊屬本州。	豐縣 舊屬本州。	沛縣 舊屬本州。	邳州 舊屬淮安府。雍正二年升直隸，十一年改屬徐州府。	宿遷縣 舊屬淮安府。雍正二年屬邳州，十一年隨州來屬。	睢寧縣 舊屬淮安府。雍正二年屬邳州，十一年隨州來屬。

太倉州

《禹貢》三江之婁江在其地，西接昆山，至劉河口入海。元以前地名太倉，而未置州縣。二漢、吴、晉、宋、南齊屬婁縣，梁、隋、唐、五代屬昆山縣，元屬昆山州。明吴元年，始立太倉衛。弘治十年，建爲太倉州，屬蘇州府，以崇明縣爲屬，領縣一。

國朝因之。雍正二年，升直隸州，分置鎮洋縣。又分嘉定縣置寶山縣，俱來屬。隸江南江蘇布政使司，領縣四。

附　明朱瑄《請立州治疏》

臣惟事有便於民者，不嫌於創改；政有益於治者，不憚於更張。如太倉設州，誠於軍、民便利有六。如昆山管轄唐茜涇等處，常熟管轄直唐、雙鳳、塗松等處，嘉定管轄劉家港等處，各離縣遠若干里，到太倉各近若干里。若將附近鄉都分割，則納糧當差，不致遠涉。一也。太、鎮二衛，本備倭寇而設。近年官軍俸糧，俱往別縣關支，猶爲不便。萬一寇發城閉，何恃以守？若立州，則糧積充足，有備無患。二也。衛所内外，軍民雜處，大率軍多刁横，欺凌民户，興訟委官，不得約會，致監禁日久。若立州，則民有宗主，不致受欺。軍知畏懼，不敢縱惡。設有獄詞，可以旦夕聽成。三也。附近人民，每將貨物入城變易，有等光棍，用彊攙買，尋鬧搶奪，以致鄉民別處市集，路遠費多。若立州，庶免前弊。四也。崇明離蘇州甚遠，其民到府，必經太倉。而守禦千户所，又屬鎮海衛轄。若立州，統領崇明，則遠近相制。五也。衛學軍生，例有歲貢。三縣民生，附近衛學肄業，既無廩資，又無歲貢。故科第以下，白首窮經，遂絶生路。若立州，軍、民生徒廩貢，得視別學，勸掖後進。六也。

以臣愚見，灼知有益，用敢備陳，伏乞睿鑒施行。

	太倉州		鎮洋縣	崇明縣	嘉定縣	寶山縣
虞夏商 揚州						
周 吳越楚 揚州		董覽《吴地記》：南武城，吴王闔廬築，在海渚。又：復城，故越王餘復君所治，在婁門外八十里。又：鴻城，故越王城，婁門外百五十里。《太倉州志》：春秋				

	太倉州		鎮洋縣	崇明縣	嘉定縣	寶山縣
		時吴王即其地置倉，名太倉。則太倉縣名乃在春秋間。又：楚考烈王十五年，徙封春申君於吴，其地屬春申。相傳春申君造東倉，周一里八步，即東倉縣春申名。又《越絶書》紀有西倉、東倉。				
秦 揚州	會稽郡					
漢 揚州	會稽郡	《太倉州志》：漢置婁縣，屬會稽郡。太倉州地爲縣惠安鄉，則地之名「婁」縣此。今共稱爲				

	太倉州		鎮洋縣	崇明縣	嘉定縣	寶山縣
		「婁東」。「婁東」者，婁縣之東文之爾。				
後漢 揚州	吴郡	《南畿志》：婁縣，後漢屬吴郡。				
三國 吴 揚州	吴郡	《太倉州志》：三國時公孫淵據遼東，孫權交好於淵，置倉今武陵橋西，名東倉。張受先云：太倉始春秋吴王，楊譓辨其非是春秋吴王與春申君之説，抑徵之三國爲信也。				
晉 揚州	吴郡	《南畿志》：婁縣，三國、晉、宋、齊俱屬吴郡。				

續表

續表

	太倉州		鎮洋縣	崇明縣	嘉定縣	寶山縣
南北朝 揚州 南徐州	吳郡 信義郡	《寰宇記》：梁天監六年，分婁縣置信義縣。大同初，又分信義置昆山縣。《太倉州志》：梁以後，州又爲昆山之域。				
隋 揚州	蘇州吳郡	昆山縣，屬吳郡。				
唐 江南東道	蘇州吳郡			《舊志》：唐武德中，海中湧二沙，即今崇明縣東、西二沙。		
五代 吳越	蘇州中吳府	昆山縣，屬蘇州中吳府。				

	宋 浙西路
太倉州	平江府 吴郡
	昆山縣，屬平江府。郟亶《水利書》：地名太倉，俗號岡身。《中吴紀聞》：岡身亦名東岡，瀕海之地特高他處，謂之岡身。今有上、下岡身及歸吴岡身等路。《太倉州志》：宋置節制司酒庫，在今州城内。
鎮洋縣	
崇明縣	《舊志》：宋初復漲姚劉沙，與東沙接壤，即崇明舊治。建中靖國間，復漲一沙於西北，即今之三沙。嘉定中置鹽場於此，名曰天賜，屬通州海門縣。
嘉定縣	嘉定縣 《宋史·志》：平江府嘉定縣，上。嘉定十五年析昆山縣置，以年爲名。《南畿志》：宋嘉定中，割昆山安亭等五鄉，於練祁市置嘉定縣，以年號爲名，屬平江府。《輿地考》：嘉定縣，宋以前爲昆山縣，地名疁城鄉。又：練祁塘一名練川，界縣市中，東西長七十二里，西承江水，清澈如練，故名。
寶山縣	

續表

	太倉州		鎮洋縣	崇明縣	嘉定縣	寶山縣
元 江南浙西道 江北淮南道	平江路 揚州路	昆山州，屬平江路。《太倉州志》：元至元十九年，始行海運，建海運倉於太倉。先是，劉家港勢日深廣，因通海外番舶，高麗、琉球諸國往來市易，謂之六國馬頭。延祐元年，徙昆山州治太倉。至元十七年，復徙昆山州治馬鞍山之陽。		崇明州　《元史·志》：揚州路崇明州，下。本通州海濱之沙洲。宋建炎間，有昇州、句容姚、劉姓者，因避兵於沙上，其後稍有人居焉，遂稱姚劉沙。嘉定間，置鹽場，屬淮東制置司。元至元十四年，升爲崇明州。	嘉定州　《元史·志》：平江路嘉定州，中。本昆山縣地，宋置縣。元元(真)〔貞〕元年升州。	
明 南直隸	太倉州	《南畿志》：吴元年，立太倉衛。洪武十二年，		崇明縣 《南畿志》：元崇	嘉定縣 《南畿志》：元嘉定	

		國朝	江南江蘇布政使司
太倉州	又立鎮海衛。弘治十年，始析昆山之新安、惠安、湖川三鄉，常熟之雙鳳鄉，嘉定之樂智、循理二鄉置爲州，屬蘇州府，領縣一：崇明。《太倉州志》：太倉在城南婁江北岸，亦名海運倉。明洪武十九年，即元舊倉廒貯浙江、南直隸各處糧數百萬石，俗又呼百萬倉。	太倉州	屬蘇州府，領縣一：崇明。雍正二年，升直隸州，析置鎮洋縣。又改蘇州府之嘉定縣，並析
鎮洋縣		鎮洋縣	雍正二年，州升直隸，即州境爲縣，州治在焉。
崇明縣	明州，洪武初降爲縣，改屬蘇州府。弘治間置太倉州，因隸焉。	崇明縣	舊屬蘇州府，雍正二年隸本州。
嘉定縣	州，洪武初降爲縣，屬蘇州府。	嘉定縣	舊屬蘇州府，雍正二年隸本州。
寶山縣		寶山縣	雍正二年，析嘉定縣置，隸本州。

續表

續表

寶山縣	嘉定縣	崇明縣	鎮洋縣		太倉州	
				置寶山縣來屬。領縣四。		

海　州

《禹貢》徐州之域。春秋爲魯之東境，後屬楚。秦置朐縣，屬郯郡。漢屬東海郡，亦分屬琅琊郡。後漢屬東海郡，魏、晉因之。宋泰始中，僑立青、冀二州，於此置北海郡。南齊亦立青州。梁立南、北二青州。東魏改爲海州，兼置琅琊、義塘二郡。後周改琅琊爲朐山郡。隋開皇初，郡廢，仍曰海州。大業初，改東海郡。唐復爲海州，屬河南道。天寶初，又爲東海郡。乾元初，復曰海州。五代屬吴，南唐後入周。宋仍曰海州東海郡，屬淮南東路。建炎間入於金，曰海州，隸山東東路。後復歸宋。景定二年，析置西海州，尋省。元至元十五年，升海州路，隸江北淮東道。後改爲海寧府，尋爲海寧州，屬淮安路，領縣三。明仍爲海州，屬淮安府，以州治之朐山縣省入，改沭陽縣屬淮安府。領縣一：贛榆。

國朝因之。雍正二年，升直隸州，仍以淮安府之沭陽縣來屬。隸江南江蘇布政使司，領縣二。

	海州		贛榆縣	沭陽縣
虞夏商 徐州				
周 魯 楚 青州			紀鄣邑　《左傳》：昭十九年，齊伐莒，莒子奔紀鄣。杜注：紀鄣，莒邑也。東海贛榆縣東北有紀城。又祝其縣，《左傳》杜注：祝其，實夾谷。《輿地記》：夾谷在贛榆西四十里，即孔子相魯會齊侯處，今有祠。	中城邑　《左傳》：成九年，城中城。杜注：魯邑也，在東海廩(邱)〔丘〕縣西南。按：東海郡無廩(邱)〔丘〕縣。考《後漢書·志》當作厚(邱)〔丘〕。廩(邱)〔丘〕，齊邑。《左傳》：襄二十四年，齊烏餘以廩(邱)〔丘〕奔晋。杜注云：今東郡廩(邱)〔丘〕縣故城。是此誤也。
秦 徐州	郯郡	朐縣　《水經註》：朐山西山側有朐縣故城。秦始皇三十五年，於朐縣立石海上，以爲秦之東門。《後漢書》注：朐，音「劬」。		

續表

	海州		贛榆縣	沭陽縣
漢 徐州	東海郡 琅琊郡	朐縣 《漢書・志》：東海郡朐縣。注：秦始皇立石海上，以爲東門闕，有鐵官。《續通典》：宋白曰：朐故城在朐山縣西九十里。	贛榆縣 《漢書・志》：琅琊郡贛榆縣。注：師古曰：贛音「紺」，榆音「踰」。又東海郡祝其縣。注：《禹貢》：羽山在南。又利成縣。	厚(邱)〔丘〕縣 《漢書・志》：東海郡厚(邱)〔丘〕縣。又：建陵縣。注：侯國。《南畿志》曰：建陵山在沭陽縣西北一百里，漢立建陵縣於此。
後漢 徐州	東海郡	朐縣 《後漢書・志》：東海郡朐縣有鐵，有伊盧鄉。注：《山海經》曰：鬱洲在海中，一曰郁洲。郭璞曰：在縣界。世俗傳此山自蒼梧徙來，上皆有南方樹木。《博物記》：縣東北海邊植石，秦所立之東門。	贛榆縣 《後漢書・志》：東海郡贛榆縣，本屬琅琊，建初五年復。注：《左傳》：莒子奔紀鄣。杜預曰：縣東北有紀城。《地道記》曰：海中去岸百九十步有始皇碑，長一丈八尺，廣五尺，厚八尺三寸，一行十三字。潮水至加其上三丈，去則三尺見也。又：祝其縣，春秋時曰祝其，夾谷地，有羽山。杜預曰：在縣西南。《博物記》曰：東北獨居山西南有淵水，即羽泉也。又利城縣。按：利成，	厚(邱)〔丘〕縣 《後漢書・志》：東海郡厚(邱)〔丘〕縣。注：《左傳》城中城。杜預曰：在縣西南，有中鄉城。按：建陵縣後漢後省入厚(邱)〔丘〕。北魏復置建陵縣，屬郯郡，尋省。又：宋、南齊《志》：海陵郡治建陵縣，晉安帝時與郡俱立。非漢舊縣也。

續表

	海州		贛榆縣	沭陽縣
			《後漢志》作「利城」。	
三國 徐州 魏	東海郡	朐縣 屬東海郡。	《宋書·志》：贛榆縣，魏省，晉武帝太康元年復立。	厚(邱)〔丘〕縣 屬東海郡。
晉 徐州	東海郡	朐縣 《晉書·志》：東海郡朐縣。	贛榆縣 《晉書·志》：東海郡贛榆縣。又：祝其縣。注：羽山在縣之西。又：利城縣。	厚(邱)〔丘〕縣 《晉書·志》：東海郡厚(邱)〔丘〕縣。
南北朝 徐州 青州	東海郡 北海郡	朐山縣 《宋書·志》：明帝僑立徐州，泰豫元年移治東海朐山。《南齊書·志》：青州建元四年移鎮朐山。又東莞、琅琊二郡，治朐山也。按宋、南齊《志》，東海郡無朐縣，朐山亦未立縣。蓋時以其地置僑	贛榆縣 《宋書·志》：東海太守贛榆縣，明帝僑立青州於贛榆縣，泰始七年又立東海縣，屬東海郡。又割贛榆置鬱縣，立西海郡，竝僑隸青州。《南齊書·志》：北海郡贛榆縣。又都昌縣。注：宋鬱縣，建元，故用漢名也。又廣饒縣。按《宋志》西海郡當作北海。宋北海郡治都昌縣，即鬱縣也，故南齊因曰都昌。又廣饒縣，即宋東海縣，亦南齊改名焉。	厚(邱)〔丘〕縣 《南齊書·志》：北東海郡厚(邱)〔丘〕縣。按《宋書·志》，東海郡無厚(邱)〔丘〕縣。《南畿志》云：沭陽，本漢厚(邱)〔丘〕縣地，後魏置沭陽郡，宋改爲僮縣，梁置僮陽郡，東魏改沭陽郡。又析置懷文縣，後周改爲沭陽縣。《輿地志》云：厚(邱)〔丘〕廢縣在沭陽縣北六十里，漢置。宋省，以其地置僮縣，屬南彭城郡。考僮縣，漢屬臨淮郡，後漢、晉、宋

續表

沭陽縣	俱屬下邳郡。宋南彭城郡之僮縣，係江左僑立，非舊縣也。《南齊志》又有僮縣，與厚(邱)〔丘〕竝屬北東海郡。梁置僮陽郡，當即其地。又考《宋志》，南東海郡有厚(邱)〔丘〕縣，後併入襄賁。此亦僑縣。《魏書・志》沭陽郡注：蕭衍置僮陽郡，武定七年改。領四縣：下城、臨渣、懷文、服武，俱武定七年置。
贛榆縣	又考宋、南齊《志》，南東海郡有祝其、利城二縣，寄治於京，非本縣也。《南畿志》云：祝其城在贛榆縣西五里，即春秋時夾谷，漢爲縣，宋省。又：利城在贛榆縣西六十里，劉宋省。《魏書・志》：東海郡贛榆縣。注：前漢屬琅琊，後漢、晉屬。又安流縣注：蕭衍置都昌縣，武定七年改。又廣饒縣注：蕭賾置，魏因之。又義塘郡注：武定七年置，治黄郭城，領義塘、歸義、懷仁三縣。《續通典》：海州懷仁縣，漢贛餘縣地。按：漢贛餘，今縣東北三十里贛餘古城是也。梁置黄郭戍，後魏置義塘郡，理黄郭城。
	郡也。宋、南齊《志》南東海郡有朐縣，寄治丹徒，此係僑縣。《魏書・志》：琅琊郡朐縣。注：二漢屬東海，晉曰臨朐，屬。蕭衍改爲招遠。武定七年，復有朐城，朐山郡治。按：漢臨朐縣有二，一屬齊郡，一屬東萊郡。後漢屬齊國，晉屬東莞郡，與朐縣兩地。晉東海郡仍有朐縣，未嘗改爲臨朐也。《通鑑注》云：朐縣，晉曰臨朐，屬東莞郡。魏復曰朐，屬琅琊郡。亦承《魏志》之譌。又：考《魏志》
海州	

續表

		隋 徐州
海州		海州東海郡
	無朐山郡，至北周始改朐縣曰朐山，琅琊郡曰朐山郡。《隋書・志》：梁置南、北二青州，東魏改爲海州。按：海州之名始此。	朐山縣　《隋書・志》：海州朐山縣，舊曰朐，置琅琊郡。後周改縣曰朐山，郡曰朐山。開皇初郡廢，大業初復，帶郡。有朐山、羽山。又：東海縣，舊置廣饒縣及東海郡，後齊分廣饒置東海縣。開皇初廢郡及東海縣，仁壽元年，改廣饒
贛榆縣		懷仁縣　《隋書・志》：海州懷仁縣，梁置南、北二青州。東魏廢州，立義塘郡及懷仁縣，開皇初郡廢。《南畿志》：懷仁山在贛榆縣七十里，魏立懷仁縣取此。按：東晋至梁，青州俱僑立於贛榆縣，則義塘郡即贛榆地也，魏贛榆縣本屬東海郡，武定中又改置義塘郡耳。其義塘、歸義二縣，隋初亦省入懷仁。《輿地志》云：歸義縣，魏置，隋省。廢縣在贛榆縣北二十里。
沭陽縣		沭陽縣　《隋書・志》：海州沭陽縣，梁置僮陽郡。東魏改曰沭陽郡，置縣，曰懷文。後周改縣，曰沭陽。開皇初郡廢。《舊唐書・志》：沭陽，漢廩（邱）〔丘〕縣，後魏改曰沭陽，以其地在沭水之陽也。唐屬海州。按：厚（邱）〔丘〕，《舊唐志》作「廩（邱）〔丘〕」，亦誤。《南畿志》：沭河在縣東南。《周禮・職方》：青州其浸沂、沭。縣得名以此。《九域志》：在州西南一百八十里。按：魏沭陽郡下城、臨潼、

		唐 河南道
海州		海州東海 郡
	曰東海。有謝禄山、鬱林山。《通鑑注》：海州治朐山，本漢朐縣，後人加「山」字。	朐山縣　《唐書·志》：海州，上。縣四：朐山縣，上。武德四年，析州境置龍沮、曲陽、利城、厚(邱)〔丘〕、新樂五縣。六年，改新樂曰祝其。八年，省龍沮、曲陽入朐山，利城、祝其入懷仁，厚(邱)〔丘〕入沭陽。又：東海縣，上。武德四年，以縣置環州，併置青山、石城、贛榆三縣。
贛榆縣		懷仁縣　《唐書·志》：海州懷仁縣，中。按：漢祝其、利城二縣，南宋時省入贛榆，故唐初復置而後省。
沭陽縣	服武三縣，陳太建中省入懷文，周又改沭陽。《輿地志》云：下城廢縣在沭陽縣南三里，後魏置，尋省。	沭陽縣　《唐書·志》：海州沭陽縣，中。總章元年隸泗州，咸亨五年復故。按：厚(邱)〔丘〕縣亦唐復置，後省。

	海州		贛榆縣	沭陽縣
		八年州廢，省青山、石城、贛榆，以東海來屬。按：魏東彭城郡有龍沮縣。注：蕭衍置，魏因之。有即(邱)〔丘〕城，蓋亦僑縣。又東海縣，本析贛榆地置，故唐置贛榆等三縣，仍省入東海。		
五代 吴 南唐	海州	朐山縣　海州治。又：東海縣，屬海州。	懷仁縣　屬海州。	沭陽縣　屬海州。
宋 淮南東路	海州東海郡	朐山縣　《宋史·志》：海州，上。建炎間入於金，紹興七年復。隆興初割以畀金，嘉定十二年復。端平二年，徙治	懷仁縣　《宋史·志》：海州懷仁縣，中。	沭陽縣　《宋史·志》：海州沭陽縣，中。

續表

	海州		贛榆縣	沭陽縣
		東海縣。景定二年，置西海州。縣四：朐山縣，緊。又：東海縣，中。又：懷仁、沭陽，見下。		
金 山東東路	海州	朐山縣　《金史・志》：海州，中。縣五：朐山縣。又：東海縣。又贛榆、沭陽，見下。漣水，今别屬。	贛榆縣　《金史・志》：海州贛榆縣，本懷仁，大定七年更。	沭陽縣　《金史・志》：海州沭陽縣。
元 江北淮東道	海寧州	朐山縣　《元史・志》：淮安路海寧州，下。唐海州，宋隸淮東路。元至元十五年升爲海州路，後改爲海寧府，未幾	贛榆縣　《元史・志》：海寧州贛榆縣，下。《續文獻通考》：唐懷仁縣，金復置贛榆縣。後入宋，以縣寓治東海軍，李璮併縣入焉。元仍置縣。	沭陽縣　《元史・志》：海寧州沭陽縣，下。

	海州		贛榆縣	沭陽縣
		降爲州，隸淮安路。二十年，以東海縣併入朐山，領三縣：朐山縣，中；又沭陽、贛榆，見下。		
明 南直隸	海州	《續文獻通考》：元海寧州，明初仍爲海州，以朐山縣省入，屬淮安府，領一縣：贛榆，見下。	贛榆縣　屬淮安府海州。	沭陽縣　改屬淮安府。
國朝 江南江蘇布政使司	海州	舊屬淮安府。雍正二年升直隸，又以沭陽縣來屬。轄縣二。	贛榆縣　舊屬淮安府海州，雍正二年隸本州。	沭陽縣　舊屬淮安府，雍正二年改隸本州。

通州

通州本廣陵郡海陵縣之東境，大江至此入海。東晋義熙中，置蒲濤縣，屬海陵郡。隋開皇初，海陵郡廢，仍省入海陵縣。後以其地置狼山鎮，舊爲淮東之鹽亭場。五代南唐立静海都鎮制置院。後周顯德中，建静海軍，尋升爲通州，分其地置静海、海門二縣，而治静海。宋初，改崇州。尋復爲通州，屬淮南東路。政和中，置静海郡。建炎四年入於金，尋復。元至元十五年，改通州路，隸江北淮東道。二十六年，復爲州，屬揚州路。領縣二：静海、海門。明屬揚州府。洪武初，以州治之静海縣省入，領縣二：海門、崇明。後崇明改屬蘇州府，領縣一。

國朝因之。康熙十一年，以海門縣省入。雍正二年，升直隸州，以揚州府之泰興縣、泰州之如臯縣來屬。隸江南江蘇布政使司，領縣二。

	通州	如臯縣	泰興縣
虞夏商 揚州			

	通州		如皋縣	泰興縣
周 揚州		《南畿志》：通州軍山，在狼山東，越王常軍於此。		
秦 揚州	九江郡	《南畿志》、《新志》云：通州軍山，秦始皇二十二年南巡至此屯軍。		
漢 徐州	臨淮郡	《漢書・志》：臨淮郡海陵縣。		
後漢	廣陵郡	《後漢書・志》：廣陵郡東陽縣。註：扶海洲上有草，名蒒，其實食之如大麥。從七月稔熟，民歛穫，至冬乃訖，名曰自然穀，或曰禹餘糧。按：扶海洲，通州地。《南畿志》云：漢海陵縣，後漢省入東陽。		
三國 吳 徐州	廣陵郡	按《宋書・志》云：海陵縣，三國時廢。《揚州府志》云：吳復置海陵縣。		

續表

續表

	通州		如皋縣	泰興縣
晉 徐州	海陵郡	《宋書·志》：海陵太守，晉安帝分廣陵立蒲濤令，亦晉安帝立。《揚州府志》：蒲濤廢縣在通州境。	如皋縣 《宋書·志》：海陵郡如皋縣，晉安帝立。又寧海縣，亦晉安帝立。《南畿志》：如皋縣本廣陵地，東晉始置縣，宋、齊因之，屬海陵郡。	
南北朝 南兗州	海陵郡	《宋書·志》：海陵太守蒲濤令。《南齊志》同。梁、陳因之。	如皋縣 《宋書·志》：海陵郡如皋令。又寧海令。《南齊志》同。梁、陳因之。	
隋 揚州	揚州江都郡	《隋書·志》：開皇初，廢海陵郡。按《隋志》無蒲濤縣，蓋仍省入海陵縣。	寧海縣 《隋書·志》：江都郡寧海縣，開皇初併如皋縣入。	
唐 淮南道	揚州廣陵郡	《唐書·志》：廣陵郡海陵縣，景龍二年析置海安縣，開元十年省，有鹽官。按《南齊志》，海陵郡有海安縣，即唐析置之海安也。今如皋縣有海安鎮。	按《唐書·志》無寧海縣，蓋仍省入海陵也。景龍中析置海安縣，當即其地。《輿地志》云：廢寧海縣在如皋縣境。《南畿志》：唐析海陵縣置如皋鎮。	

	通州	如臯縣	泰興縣
五代 吴 南唐 周	通州静海軍	《五代史·職方考》：通州本海陵之東境，南唐（制）〔置〕①静海制置院。後周世宗克淮南，升爲静海軍。後置通州，分其地置静海、海門二縣爲屬，而治静海。《通鑑註》：先是，南唐於海陵之東境置静海都鎮制置院，西至海陵二百七十五里。宋白曰：静海軍本揚州狼山鎮地，南唐於狼山北立静海制置院。周得之，建静海軍，尋升爲通州。自静海軍東南至江口，於狼山之西度江，登陸抵福山鎮，則蘇州常熟縣界。又：静海縣，通州治。又海門縣。《續文獻通考》：本海陵縣東境之東州鎮，五代周置海門縣，屬通州。以僻在海隅，故名。《九域志》：	如臯縣　《續文獻通考》：本唐如臯鎮，南唐升爲如臯縣，屬泰州。	泰興縣　《南畿志》：本海陵縣地濟川鎮，南唐始置縣，升鎮爲泰興縣，屬泰州。

① 據《四庫》本改。

續表

		宋 淮南東路
通州	在州東一百里。《通鑑注》：東㳍①州在泰州東南大江中，元是海嶼沙島之地。宋白曰：東㳍洲在泰州東南，通州海門縣界。㳍音「布」，「州」當作「洲」。《輿地記》：通州有東、南二布洲。	通州静海郡 《宋史・志》：通州，中，軍事。政和七年置郡，名曰静海。建炎四年入於金，尋復。縣二：静海縣，望。周屬揚州，析其地爲縣，與海門同來隸。又海門縣，望。又利豐監，掌（前）〔煎〕②鹽。太平興國八年，移治於州
如皋縣		如皋縣 《宋史・志》：泰州如皋縣，中下。開寶七年，以海陵監移治。
泰興縣		泰興縣 《宋史・志》：廣陵郡泰興縣，中。舊隸泰州，紹興五年來屬。十年，又屬泰州。十二年，又來隸，以柴墟鎮延令村隸海陵。二十九年，盡仍舊。

① 「㳍」，《四庫》本作「沛」。下一「㳍」字同。
② 據《四庫》本改。

	通州		如皋縣	泰興縣
		西南四里。《南畿志》：宋初改爲崇州，尋復爲通州。按《續文獻通考》云：静海縣，宋置静海郡，時竝置縣。據《五代史・職方考》，静海縣，周世宗時與海門竝置，非宋始置也。		
元 江北淮東道	通州	《元史・志》：揚州路通州，中。唐屬揚州，南唐於海陵東境置静海鎮，周改爲通州，宋改静海郡。元至元十五年，改通州路。二十一年，復爲州，隸揚州路。領二縣：静海縣，上，倚郭；海門縣，中。	如皋縣 《元史・志》：泰州如皋縣，上。	泰興縣 《元史・志》：揚州路泰興縣，上。
明 南直隸	通州	《南畿志》：通州，明屬揚州府。洪武初，以静海縣省入，領縣二：海門、崇明。後改崇明屬蘇州府，領縣一。	如皋縣 《南畿志》：如皋縣，屬揚州府泰州。	泰興縣 《南畿志》：泰興縣，屬揚州府。

續表

	國朝江南江蘇布政使司
通州	通州　舊屬揚州府。康熙十一年，海門縣改爲海門鄉，省入州。雍正二年，升直隸州，以揚州府之泰興縣、泰州之如皋縣來屬。領縣(三)〔二〕①。
如皋縣	如皋縣　舊屬揚州府，雍正二年隸本州。
泰興縣	泰興縣　舊屬揚州府，雍正二年隸本州。

① 據《四庫》本改。

江南通志卷之七

輿地志

沿革表　三

安、徽、寧、池、太、廬六府

安慶府

《禹貢》揚州之域，古皖伯國，春秋時桐子國，亦舒國之地。後入於楚。秦屬九江郡。漢初屬淮南國，後屬廬江郡。三國初屬魏，後屬吴。晋亦屬廬江郡。東晋義熙中，置晋熙郡，宋、南齊因之。梁初爲豫州治，後改西豫州，大寶初又改晋州。北齊曰江州，陳復曰晋州。隋開皇初郡廢，改晋州曰熙州，大業初改同安郡。唐武德四年，改舒州，屬淮南道。天寶初，復曰同安郡。至德初，改盛唐郡。

乾元初，復曰舒州。五代屬吴，南唐、宋仍曰舒州、同安郡，屬淮南西路。政和五年，置德慶軍。紹興十七年，改安慶軍。慶元初，升爲安慶府。元爲安慶路，隸淮西江北道。明初改寧江府，尋復爲安慶府，直隸南京，領縣六。

國朝因之，隸江南布政使司。康熙六年，隸江南安徽布政使司，領縣六。

	安慶府	懷寧縣	桐城縣	潛山縣	太湖縣	宿松縣	望江縣
虞夏商 揚州							
周 揚州		皖國 《通典》：舒州，古皖國也。註：春秋時有皖國。《史記》：皖，夏姓，皐陶之後。 舒國 《通典》：亦舒國之地。註：說見廬州。	桐國 《南畿志》：桐城，本春秋時楚附庸桐國。說見《廬州》。	潛邑 《左傳》昭二十七年，吴師圍潛。杜註：潛，楚邑，在廬江六縣西南。			

	安慶府	懷寧縣	桐城縣	潛山縣	太湖縣	宿松縣	望江縣
秦 揚州	九江郡						
漢 揚州	廬江郡	皖縣 《漢書·志》：廬江郡皖縣。註：師古曰：音胡管翻。又灊縣註：天柱山在南，有祠。沘山，沘水所出，北至壽春入芍陂。晉灼曰：音「潛」。《史記》：漢武帝元封五年，登禮潛之天柱山，號曰南嶽。應劭曰：潛縣，屬廬江，南嶽霍山也。	樅陽縣 《漢書·志》：廬江郡樅陽縣。註：師古曰：音七容翻。按《漢紀》：武帝巡南郡，至江陵而東浮江，自尋陽出樅陽，親射蛟江中，作《樅陽盛唐之歌》。即此。			松滋縣 《漢書·志》：廬江郡松滋縣，侯國。	

續表

	安慶府	懷寧縣	桐城縣	潛山縣	太湖縣	宿松縣	望江縣
後漢 揚州	廬江郡	皖縣 《後漢書·志》：廬江郡皖縣。又：潛縣。註：《左傳》昭三十一年，吴人侵潛，楚沈尹戌帥師救潛。是也。潛有天柱山。					
三國 魏 吴 揚州	廬江郡 安豐郡	皖縣 《文獻通考》：漢獻帝時，吴克皖城，遂爲重鎮。赤烏四年，諸葛恪屯之。				松滋縣 《晋書·志》：魏置安豐郡，領縣五。松滋侯相。按《後漢·志》無松滋縣，亦是魏置也。	

	安慶府	懷寧縣	桐城縣	潛山縣	太湖縣	宿松縣	望江縣
晉 揚州	廬江郡 安豐郡	皖縣 《晉書・志》：廬江郡皖縣。又：灊縣。註：天柱山在南，有祠。				松滋縣 《晉書・志》：安豐郡松滋縣。	
南北朝 南豫州	晉熙郡 廬江郡 安豐郡	懷寧縣 《宋書・志》：晉安帝分廬江立晉熙郡，領縣五。懷寧令，晉安帝立。《南齊志》同。梁、陳因之。《通典》：懷寧，漢皖縣有灊山，一名天柱山，有皖水。《通鑑註》：晉立晉熙郡，併立懷寧縣，	呂亭縣 《南齊志》：廬江郡呂亭左縣，建元二年割晉熙屬。按《宋志》，呂亭本宋元嘉中立，而晉熙郡屬縣不列呂亭，蓋宋省而齊復置也。梁改樅陽縣，陳因之。《南畿志》：漢龍舒縣，宋省入		太湖縣 《宋書・志》：晉熙太守太湖左縣長，文帝元嘉二十五年，以豫部蠻民立太湖、呂亭二縣，晉熙後省，明帝大始二年復立。《南齊志》同。	松滋縣 《宋書・志》：安豐郡松滋令。《南齊志》同。按《宋書・志》：尋陽郡松滋伯相，東晉江左流民寓尋陽，僑立松滋郡。晉安帝省爲松滋	新治縣 《宋書・志》：晉熙太守新治令，晉安帝立。《南齊志》：晉熙郡治新治縣。《南畿志》：望江縣，本漢皖縣地，晉立大雷戍，東晉置新治縣，陳於此置大

續表

	安慶府	懷寧縣	桐城縣	灊山縣	太湖縣	宿松縣	望江縣
		爲郡治。蓋以懷寧蠻左名縣也。又《宋書·志》：廬江郡灊令，漢舊縣。《南齊志》同。又《魏書·志》：廬江郡灊縣。	舒縣，齊析置呂亭左縣，梁改置樅陽郡。又：晉熙郡有陰安縣，亦江左僑立，後省。《輿地志》：桐城縣有陰安城。		梁、陳因之。《通典》：太湖，漢皖縣地。《南畿志》云：因其地有太湖，故名。南齊置龍安郡。	縣，遥隸揚州。此係僑縣。	雷郡，隋改義鄉縣，又改望江縣。
隋 揚州	熙州同安郡	懷寧縣 《隋書·志》：同安郡懷寧縣，舊置晉熙郡，開皇初郡廢，大業三年置同安郡。	同安縣 《隋書·志》：同安郡同安縣，舊曰樅陽，並置樅陽郡。開皇初，郡廢。十八年，縣改名焉。《南畿志》：樅陽舊城在桐城縣南一百二十里，		太湖縣 《隋書·志》：同安郡太湖縣，開皇初改爲晉熙，十八年復改名焉。	宿松縣 《隋書·志》：同安郡宿松縣，梁置高唐郡，開皇初郡廢，十八年又改名焉。《通典》：宿松縣，漢皖	望江縣 《隋書·志》同安郡望江縣，陳置大雷郡，開皇十一年改曰義鄉，十八年改名焉。

續表

安慶府	
懷寧縣	
桐城縣	今爲樅陽鎮。按《南畿志》：桐城，齊析龍舒縣地置。而《通典》云，廬江，漢龍舒縣。蓋龍舒本群舒之地，見於《春秋》者五、六國。其地分屬安慶、廬江二府，故龍舒之名互見。又：樅陽，本漢舊縣，後漢時省，晉、宋、南齊《志》皆無之。蓋梁改呂亭左縣爲
潛山縣	
太湖縣	
宿松縣	縣地，梁置高唐，有雷水江，水自鄂陵分爲九派，會於此。縣界州上三百餘里，合流謂之九江口。東得武林州①，即桑落州之尾。《九域志》：在州西南一百四十里。按《續通
望江縣	

① 「州」，《四庫》本作「洲」。下一「州」字同。

續表

		唐 淮南道
安慶府		舒州同 安郡
懷寧縣		懷寧縣《唐書·志》：同安郡懷寧縣，上。武德五年析置皖城、安樂、
桐城縣	樅陽縣，與樅陽郡並置也。又考《晋書·傳》，陶侃爲樅陽令，是東晋時仍有樅陽縣，或志失之。	桐城縣《唐書·志》：同安郡桐城縣，緊。本同安，至德二年更名。開
潛山縣		
太湖縣		太湖縣《唐書·志》：同安郡太湖縣，上。武德四
宿松縣	典》云：宿松縣，漢元始中爲松滋縣，屬廬江郡。晋武帝以荆州有松滋縣，遂改爲宿松。考《晋志》不言改名，宋、齊《志》仍曰松滋縣，則隋始改名也。	宿松縣《唐書·志》：同安郡宿松縣，上。武德四
望江縣		望江縣《唐書·志》：同安郡望江縣，中。武德四年以縣

續表

	安慶府	懷寧縣	桐城縣	潛山縣	太湖縣	宿松縣	望江縣
		梅城、皖陽四縣，是年省安樂，七年省皖城、梅城、皖陽。有皖山。	元中徙治山城。		年析置青城、荆陽二縣，七年省青城入荆陽，八年省荆陽入太湖。	年以縣置嚴州，七年以望江隸之，八年州廢，縣皆來屬。有嚴恭山。	置高州，尋更名智州，七年州廢，以望江隸嚴州。
五代 吳 南唐	舒州	懷寧縣　舒州治。	桐城縣　屬舒州。		太湖縣　屬舒州。	宿松縣　屬舒州。	望江縣　屬舒州。
宋 淮南西路	安慶府	懷寧縣　《宋史·志》：安慶府懷寧縣，上。端平三年，府移治羅刹洲，又移楊槎洲。景定元年，改築宜城。舊屬沿江制置使	桐城縣　《宋史·志》：安慶府桐城縣，上。		太湖縣　《宋史·志》：安慶府太湖縣，上。	宿松縣　《宋史·志》：安慶府宿松縣，上。	望江縣　《宋史·志》：安慶府望江縣，上。

續表

		元 淮西江北道
安慶府		安慶路
懷寧縣	司。《南畿志》：縣隨府遷於宜城，即今治。《輿地志》：府移治宜城渡，去皖口十五里。	懷寧縣 《元史·志》：安慶路懷寧縣，中，倚郭。
桐城縣		桐城縣 《元史·志》：安慶路桐城縣，中。
潛山縣		灊山縣 《元史·志》：安慶路灊山縣，至治三年初立。《續文獻通考》：灊山縣，本懷寧縣之清朝、玉照二鄉地，宋爲四寨。元至元中立野人原寨，至治三年始立縣。《南畿志》：灊山縣，本漢皖、灊二縣
太湖縣		太湖縣 《元史·志》：安慶路太湖縣，中。
宿松縣		宿松縣 《元史·志》：安慶路宿松縣，中。
望江縣		望江縣 《元史·志》：安慶路望江縣，下。

續表

	安慶府	懷寧縣	桐城縣	潛山縣	太湖縣	宿松縣	望江縣
				地，元始置縣。			
明 南直隸	安慶府	懷寧縣 安慶府治。	桐城縣	潛山縣	太湖縣	宿松縣	望江縣
國朝 江南安徽布政使司。	安慶府 上江首府，治懷寧，轄縣六。	懷寧縣 倚郭。	桐城縣	潛山縣	太湖縣	宿松縣	望江縣

徽州府

《禹貢》揚州之域，春秋時屬吴。戰國屬越，後屬楚。秦屬鄣郡。漢屬丹陽郡，後漢末屬吴。建安十三年，始分丹陽郡置新都郡。晋太康元年，改新安郡，宋、齊因之。梁承聖中，析置新寧郡。陳天嘉三年，仍省入新安郡。隋開皇九年，郡廢，置歙州。大業三年，復爲新安郡。唐武德三年，復爲歙州。天寶元年，又爲新安郡。乾元元年，復爲歙州。五代入於吴、南唐。宋太平興國元年，隸江南東路。宣和三年，改歙州爲徽州。元爲徽州路，隸江東建康道。明初改興安府，尋爲徽州府。洪武二年，降婺源州爲縣。直隸南京，領縣六。

國朝因之，隸江南布政使司。康熙六年，隸江南安徽布政使司，領縣六。

	徽州府	歙縣	休寧縣	婺源縣	祁門縣	黟縣	績溪縣
虞夏商 揚州							
周 吴越 楚 揚州							
秦 揚州	鄣郡	歙縣《南畿志》：歙縣，秦置，屬鄣郡。以縣南有歙浦，故名。				黟縣《南畿志》：本秦舊縣，屬鄣郡。以縣有黟山，故名。劉煦曰：	

續表

	徽州府	歙縣	休寧縣	婺源縣	祁門縣	黟縣	績溪縣
						黟音同「醫」，縣南石墨嶺出石墨故也。《圖經》：新安貢柿心黑木，故以名縣。《九域志》：在歙州西一百五十三里。	
漢 揚州	丹陽郡	歙縣 《漢書·志》：丹陽郡歙縣。註：都尉治。師古曰：音「攝」。				黝縣 《漢書·志》：丹陽郡黝縣。註：成帝鴻嘉二年，爲廣德王國。師	

續表

	徽州府	歙縣	休寧縣	婺源縣	祁門縣	黟縣	績溪縣
						古曰：黝音「無」，字本作「黟」，其音同。	
後漢 揚州	丹陽郡	歙縣 《後漢書·志》：丹陽郡歙縣。註：《山海經》曰：三天子鄣山，在閩西海北。郭璞曰：在縣東。今謂之玉山。				黟縣 《後漢書·志》：丹陽郡黟縣。	
三國 吴 揚州	新都郡	歙縣 《三國·吴志》：建安十三年，分歙爲始新、新定、犂陽、休陽縣，以六縣爲新都郡。《宋	休陽縣 分歙縣置，屬新都郡。			黟縣 屬新都郡。	

續表

	徽州府	歙縣	休寧縣	婺源縣	祁門縣	黟縣	績溪縣
		書·志》：分歙置諸縣之始。					
晋 揚州	新安郡	歙縣　《晋書·志》：新安郡歙縣。又：始新縣、新定縣。	海寧縣　《晋書·志》：新安郡海寧縣。又：黎陽縣。按《吴志》作「犂」。			黟縣　《晋書·志》：新安郡黟縣。	
南北朝 東揚州	新安郡	歙縣　《宋書·志》：新安太守歙令，漢舊縣。又：始新令，孫權分歙立。又：遂安令，孫權分歙爲新定縣，晋武帝太康元年更名。	海寧縣　《宋書·志》：新安太守海寧令，孫權分歙爲休陽縣。晋武帝太康元年更名。又分置黎陽縣，大明八年省併海寧。			黟縣　《宋書·志》：新安太守黟令，漢舊縣。	

	徽州府	歙縣	休寧縣	婺源縣	祁門縣	黟縣	績溪縣
隋 揚州	歙州新安郡	歙縣 《隋志》：新安郡歙縣，平陳廢，開皇十一年復。又：舊置新安郡，平陳廢爲新安縣，大業初改名雉山，置遂安郡。按《新安志》：隋開皇九年改新安郡爲歙州，治海寧，省歙、黟併入海寧。又改始新爲新安縣，隸婺州。是《隋志》遂安郡之雉山縣，即舊新安郡治之始新縣也。雉山，今浙江嚴州府淳	休寧縣 《隋志》：新安郡休寧縣，舊曰海寧，開皇十八年改名焉，大業初置郡。《九域志》：在州西六十六里。《南畿志》：隋改海寧縣名休寧，屬婺州，尋屬歙州。大業初，以新安郡治此。			黟縣 《隋書・志》：新安郡黟縣，平陳廢，開皇十一年復。	

	徽州府	歙縣	休寧縣	婺源縣	祁門縣	黟縣	績溪縣
		安縣。自後始新、遂安二縣改隸浙江，不屬新安郡矣。					
唐 江南西道	歙州新安郡	歙縣 《唐書・志》：新安郡歙縣，緊。《新安志》：三國吴置新都郡，晉改新安郡，治始新縣。隋初治黟縣，大業初遷治休寧縣，義熙中遷治歙縣，自後常爲郡治。	休寧縣 《唐書・志》：新安郡休寧縣，上。永泰二年析置歸德縣，大(歷)〔曆〕四年省。	婺源縣 《唐書・志》：新安郡婺源縣，上，開元二十八年析休寧置。《九域志》：在州西南二百里。《寰宇志》：以婺水繞城三面，故名。《續文獻通考》：以縣境水流如婺州，故名。	祁門縣 《唐書・志》：新安郡祁門縣，中下，永泰二年析黟及饒州之浮梁置。《九域志》：在州西一百八十里。《續文獻通考》：唐永泰初，方清僞置閶門縣，後因其壘	黟縣 《唐書・志》：新安郡黟縣，上。《南畿志》：隋初置歙州，治此。	績溪縣 《唐書・志》：新安郡績溪縣，中下。本北野，永徽五年析歙置，後更名。《九域志》：在州東北六十里。《續文獻通考》：以界内乳溪與徽溪相去一里，離而復合，有如績焉，故名。按《新

續表

續表

	徽州府	歙縣	休寧縣	婺源縣	祁門縣	黟縣	績溪縣
					置縣，以縣東北有祁山，西南有閶門，乃合名祁門。		安志》：唐永徽五年析歙置北野縣，大(歷)〔曆〕元年又析歙置績溪縣。時北野與績溪並隸歙州，至五年始省北野入歙。《隋志》所云後更名者，以北野、績溪俱析歙置，而後省北野入歙，兼以其地入績溪也。
五代 吳 南唐	歙州	歙縣 歙州治。	休寧縣 屬歙州。	婺源縣 屬歙州。	祁門縣 屬歙州。	黟縣 屬歙州。	績溪縣 屬歙州。

續表

	徽州府	歙縣	休寧縣	婺源縣	祁門縣	黟縣	績溪縣
宋　江南東路	徽州　新安郡	歙縣　《宋史·志》：新安郡歙縣，望。	休寧縣　《宋史·志》：新安郡休寧縣，望。	婺源縣　《宋史·志》：新安郡婺源縣，望。	祁門縣　《宋史·志》：新安郡祁門縣，望。	黟縣　《宋史·志》：新安郡黟縣，緊。	績溪縣　《宋史·志》：新安郡績溪縣，望。
元　江東建康道	徽州路	歙縣　《元史·志》：徽州路歙縣，上，倚郭。	休寧縣　《元史·志》：徽州路休寧縣，中。	婺源州　《元史·志》：徽州路婺源州，中。本休寧縣之回玉鄉，唐析之置婺源縣，元元貞元年升州。	祁門縣　《元史·志》：徽州路祁門縣，下。	黟縣　《元史·志》：徽州路黟縣，下。	績溪縣　《元史·志》：徽州路績溪縣，中。
明　南直隸	徽州府	歙縣　徽州府治。	休寧縣	婺源縣　《續文獻通考》：元升爲婺源州，洪武二年復改爲縣。	祁門縣	黟縣	績溪縣

續表

	徽州府	歙縣	休寧縣	婺源縣	祁門縣	黟縣	績溪縣
國朝 江南安徽布政使司	徽州府 治歙縣，轄縣六。	歙縣 倚郭。	休寧縣	婺源縣	祁門縣	黟縣	績溪縣

寧國府

《禹貢》揚州之域，春秋時屬吴，戰國屬越，後屬楚。秦屬鄣郡，漢屬丹陽郡，三國時屬吴。晋平吴，置宣城郡。東晋成帝時，僑置淮南郡。宋仍爲宣城郡。昇明初，以淮南郡併入宣城，尋復故。梁析置南陵郡，兼置南豫州。陳又置北江州。隋開皇中，郡廢爲州，曰宣州。大業初，復爲宣城郡。唐武德初曰宣州，屬江南西道。天寶初，又爲宣城郡。乾元初，復曰宣州。大順初，升寧國軍節度。五代楊吴亦置寧國軍，南唐因之。宋仍曰宣州宣城郡，屬江南東路。乾道二年，升寧國府。元爲寧國路，隸江東建康道。明吴元年，改吴安府。尋改寧國府，直隸南京，領縣六。

國朝因之，隸江南布政使司。康熙六年，隸江南安徽布政使司，領縣六。

	寧國府	宣城縣	南陵縣	涇縣	寧國縣	旌德縣	太平縣
虞夏商 揚州							
周 吴越 楚 揚州							
秦 揚州	鄣郡						
漢 揚州	丹陽郡	宛陵縣 《漢書·志》：丹陽郡宛陵縣。註：彭澤聚在西南，清水西北至蕪湖入江。又：宣城縣。按《南畿志》：宛陵縣，兩漢、三國吴爲丹陽郡治，晋、宋、齊、梁、陳爲宣城郡治。	春穀縣 《漢書·志》：丹陽郡春穀縣。	涇縣 《漢書·志》：丹陽郡涇縣。註：韋昭曰：涇水出蕪湖。			

	寧國府	宣城縣	南陵縣	涇縣	寧國縣	旌德縣	太平縣
後漢 揚州	丹陽郡	宛陵縣 《後漢書·志》：丹陽郡宛陵縣。按《後漢·志》無宣城縣。《南畿志》云：東漢順帝時置宣城縣。然《前漢志》已有之，非順帝始置，當是省而復置也。又《後漢書》章懷註：宣城縣，屬丹陽郡，故城在今宣州南陵縣東。	春穀縣 《後漢書·志》：丹陽郡春穀縣。	涇縣 《後漢書·志》：丹陽郡涇縣。			
三國 吴 揚州	丹陽郡	宛陵縣 丹陽郡治。按《晋志》：	春穀縣 屬丹陽郡。《文獻通考》：	涇縣 屬丹陽郡。	寧國縣 《宋書·志》：寧		

續表

	寧國府	宣城縣	南陵縣	涇縣	寧國縣	旌德縣	太平縣
		武帝平吳，分丹陽之宣城等十一縣立宣城郡，是吳復有宣城縣也。	吳孫策初渡江，即以周瑜、周泰爲春穀長，自後常爲重鎮。		國縣，吳立。《南畿志》：吳分宛陵縣地置寧國縣，屬丹陽郡。		
晉 揚州	宣城郡	宛陵縣　《晉書・志》：宣城郡宛陵縣。又：宣城縣。《通鑑註》：宣城郡，治宛陵縣，宣城别爲縣。	春穀縣　《晉書・志》：宣城郡春穀縣。註：孝武改「春」爲「陽」。按《晉書・傳》：安帝召桓温入朝，至赭圻築城居之。即此。	涇縣　《晉書・志》：宣城郡涇縣。又：桓彝自廣德進屯涇縣，遣俞縱守蘭石。註：蘭石在涇縣東北。	寧國縣　《晉書・志》：宣城郡寧國縣。		
南北朝 南豫州	宣城郡 南陵郡	宛陵縣　《宋書・志》：宣城太守宛	南陵縣　《南畿志》：晉安帝時，	涇縣　《宋書・志》：宣城太守涇	寧國縣　《宋書・志》：宣		

續表

	寧國府	宣城縣	南陵縣	涇縣	寧國縣	旌德縣	太平縣
		陵令，漢舊縣。又：宣城令，漢舊縣。《南齊書·志》同。梁、陳因之。後省宣城縣入宛陵。	陽穀縣併入蕪湖。梁武帝末，復於其地置南陵縣。《續通典》：宋白曰：南陵，本漢春穀縣地，後併于湖縣，尋又屬繁昌。梁武帝始置南陵縣，屬南陵郡。臨江有城基，見存，去今縣一百三十里。	令，漢舊縣。《南齊志》同，梁、陳因之。	城太守寧國令，吴立。《南齊志》同，梁、陳因之。		
隋 揚州	宣州宣城郡	宣城縣　《隋書·志》：宣城郡宣城縣，舊曰宛陵，置宣城郡。平陳，郡廢，仍併懷安、寧國、當	南陵縣　《隋書·志》：宣城郡南陵縣，梁置，併置南陵郡。陳置北江州。平陳，州郡並廢，並	涇縣　《隋書·志》：宣城郡涇縣，平陳省安吴、南陽二縣入焉。《南畿志》：安吴	寧國縣　隋開皇九年省入宣城縣。		

		唐 江南西道
寧國府		宣州宣城郡
宣城縣	塗、逡遒四縣入焉。大業初置郡。按宋、南齊《志》，宣城郡有宛陵、宣城二縣。《隋志》宣城縣註：舊曰宛陵。蓋梁、陳間併宣城入宛陵，隋又改宛陵爲宣城也。《南畿志》：逡遒城，在宣城縣東北六十里，懷安城在寧國縣東南四十里。	宣城縣 《唐書·志》：宣城郡宣城縣，望。武德三年，
南陵縣	所管石城、臨城、定陵、古治、南陵五縣入焉。《九域志》：在宣州西一百五里。《輿地考》：南陵在宣城郡界，梁置南陵郡，陳置北江州於其地。蓋臨江渚，江州東境盡於南陵。今宣州南陵縣，非古之南陵戍也。	南陵縣 《唐書·志》：宣城郡南陵縣，望。武德四年，
涇縣	城在旌德縣三溪鎮。又：旌德有南陽廢縣，蓋旌德本析涇地置也。	涇縣 《唐書·志》：宣城郡涇縣，緊。武德三年，
寧國縣		寧國縣 《唐書·志》：宣城郡寧國縣，
旌德縣		旌德縣 《唐書·志》：宣城郡旌德縣，
太平縣		太平縣 《唐書·志》：宣城郡太平縣，上。

續表

續表

	寧國府	宣城縣	南陵縣	涇縣	寧國縣	旌德縣	太平縣
		析置懷安縣，六年省。	隸池州，州廢來屬。後析置義安縣，後又廢義安爲銅官治。《舊唐書·志》：池州南陵縣，漢春穀縣地。梁置南陵縣，治赭圻城，唐長安四年，移青陽域。《縣志》：青陽域，今縣治。按：銅官治，南唐復置銅陵縣，屬池州。	以縣置南徐州。尋更名猷州，並置南陽、安吴二縣。八年，州廢，省南陽、安吴，以涇來屬。	緊。武德三年，析宣城置。六年省。天寶三載，析宣城、當塗復置。	上。寶應三年析太平置。	天寶十一載，析當塗、涇置。大(歷)〔曆〕中省，永泰中復置。
五代 吴 南唐	宣州寧國軍	宣城縣　宣州治。《南畿志》：唐大順中，升宣州爲寧國軍，吴、南唐因之。	南陵縣　屬宣州。	涇縣　屬宣州。	寧國縣　屬宣州。	旌德縣　屬宣州。	太平縣　屬宣州。

續表

	寧國府	宣城縣	南陵縣	涇縣	寧國縣	旌德縣	太平縣
宋 江南東路	宣州宣城郡寧國府	宣城縣 《宋史・志》：寧國府宣城縣，望。	南陵縣 《宋史・志》：寧國府南陵縣，望。	涇縣 《宋史・志》：寧國府涇縣，緊。	寧國縣 《宋史・志》：寧國府寧國縣，緊。	旌德縣 《宋史・志》：寧國府旌德縣，緊。	太平縣 《宋史・志》：寧國府太平縣，中。
元 江東建康道	寧國路	宣城縣 《元史・志》：寧國路宣城縣，上，倚郭。	南陵縣 《元史・志》：寧國路南陵縣，中。	涇縣 《元史・志》：寧國路涇縣，中。	寧國縣 《元史・志》：寧國路寧國縣，中。	旌德縣 《元史・志》：寧國路旌德縣，中。	太平縣 《元史・志》：寧國路太平縣，中。
明 南直隸	寧國府	宣城縣 寧國府治。	南陵縣	涇縣	寧國縣	旌德縣	太平縣
國朝 江南安徽布政使司	寧國府 治宣城，轄縣六。	宣城縣 倚郭。	南陵縣	涇縣	寧國縣	旌德縣	太平縣

池州府

《禹貢》揚州之域，春秋時屬吴。戰國屬越，後屬楚。秦屬鄣郡，漢屬丹陽郡，三國時屬吴。晉屬宣城郡，宋、南齊因之。梁屬南陵郡，陳因之。隋屬宣州。大業初，屬宣城郡。唐武德四年，以宣州之秋浦、南陵二縣置池州，屬江南道。貞觀初，州廢，仍屬宣州。永泰元年，析宣州之秋浦、青陽二縣，饒州之至德縣，復置池州。又置秋浦郡，尋廢。五代南唐，升爲康化軍。宋仍曰池州，屬江南東路。元改爲池州路，隸江東建康道。明爲池州府，直隸南京，領縣六。

國朝因之，隸江南布政使司。康熙六年，隸江南安徽布政使司，領縣六。

	池州府	貴池縣	青陽縣	銅陵縣	石埭縣	建德縣	東流縣
虞夏商 揚州							
周 吴越楚 揚州							

續表

	池州府	貴池縣	青陽縣	銅陵縣	石埭縣	建德縣	東流縣
秦 揚州	鄣郡						
漢 揚州	丹陽郡	石城縣 《漢書·志》：丹陽郡石城縣。註：分江水首受江，東至餘姚入海。			陵陽縣 《漢書·志》：丹陽郡陵陽縣。又：盧江郡，故淮南盧江，水出陵陽南，東北入江。《通鑑註》：文帝初，分淮南爲盧江國，在江南。《班志》之盧江郡，其地盡在江北矣。		

續表

	池州府	貴池縣	青陽縣	銅陵縣	石埭縣	建德縣	東流縣
後漢 揚州	丹陽郡	石城縣 《後漢書·志》：丹陽郡石城縣。			陵陽縣 《後漢書·志》：丹陽郡陵陽縣。註：陵陽子明得仙於此，縣、山故以爲名。		
三國 吴 揚州	丹陽郡	石城縣 《吴志》：孫策以程普爲丹陽尉，居石城。又：黄武三年，封韓當爲石城侯。又：太元二年，權立子休爲琅邪王，居虎林。《輿地記》：虎林在貴池東二十五里。	臨城縣 《續通典》：吴臨城縣，赤烏中置。《南畿志》：吴赤烏中，析石城、陵陽地置臨城縣。		陵陽縣 吴屬丹陽郡。		

續表

	池州府	貴池縣	青陽縣	銅陵縣	石埭縣	建德縣	東流縣
晉 揚州	宣城郡	石城縣 《晉書・志》：宣城郡石城縣。	臨城縣 《晉書・志》：宣城郡臨城縣。		陵陽縣 《晉書・志》：宣城郡陵陽縣。註：淮水出東北，仙人陵陽子明所居。		
南北朝 南豫州	宣城郡 南陵郡	石城縣 《宋書・志》：宣城太守石城令，漢舊縣。《南齊志》同，梁、陳屬南陵郡。	臨城縣 《宋書・志》：宣城太守臨城令，吴立。《南齊志》同，梁、陳屬南陵郡。		廣陽縣 《宋書・志》：宣城太守廣陽令，漢舊縣，晉成帝咸康四年更名。《南齊志》同，梁、陳屬南陵郡。		

續表

	池州府	貴池縣	青陽縣	銅陵縣	石埭縣	建德縣	東流縣
隋 揚州	宣州宣城郡	秋浦縣《隋書・志》：宣城郡秋浦縣，舊曰石城。平陳廢，開皇十九年置，改名焉。《南畿志》：秋浦在貴池縣西南，長三十餘里。隋置縣，以此名。	按《隋志》：平陳，廢南陵郡，並省石城、臨城等縣入南陵縣。		按《隋志》，平陳，省廣陽入涇縣。		
唐 江南西道	池州	秋浦縣《唐書・志》：池州秋浦縣，緊。	青陽縣《唐書・志》：池州青陽縣，上。天寶元年，析涇、南陵、秋浦置。《舊唐書・志》：天寶元年，分涇縣、南陵、秋浦地置，治古		石埭縣《唐書・志》：池州石埭縣，中。永泰三年，析青陽、秋浦置。《舊唐書・志》：	至德縣《唐書・志》：池州至德縣，中。至德二載，析鄱陽、秋浦置，隸尋陽郡。乾元	

池州府	
貴池縣	
青陽縣	臨城。《續通典》：吴臨城縣，隋省入南陵縣。唐天寶初，分涇、南陵、秋浦置青陽縣，以其地在青山之陽也。《輿地紀勝》：青山在青陽縣北五里，縣以此得名。《九域志》：在池州東南一百里。
銅陵縣	
石埭縣	永泰二年，割秋浦、浮梁、黟三縣地置，治古石埭城。《寰宇記》：以溪源有兩石，横亘如埭，故名。《南畿志》：本漢陵陽、石城、涇三縣地，三國吴置石埭場，梁因置石埭縣，隋省入南陵，唐復置。按《隋志》：省入南
建德縣	元年，隸饒州。永泰元年，復置池州，以至德來屬。《輿地志》：至德縣，以年號爲名。
東流縣	

續表

東流縣	建德縣	石埭縣	銅陵縣	青陽縣	貴池縣	池州府	
		陵，無石埭縣。《池州府志》云：石埭，即漢陵陽，在陵陽山之前，子明得仙於此，故名。沿至隋，始省入涇縣。《隋志》曰：涇有蓋山、陵陽山。是也。梁時廣陽縣未廢，不應更立石埭，前志誤也。					

	池州府	貴池縣	青陽縣	銅陵縣	石埭縣	建德縣	東流縣
五代 吴 南唐	池州康化軍	貴池縣 《文獻通考》：貴池，隋秋浦縣，吴改名。有秀山、貴池、萬花谷，梁昭明太子於此食魚而美，故名。《五代會要》：南唐升池州爲康化軍，轄貴池、建德、石埭三縣。	青陽縣 《南畿志》：青陽縣，唐光化元年改屬昇州。《舊府志》：楊吴升青陽爲勝遠軍，南唐復。	銅陵縣 《續文獻通考》：唐末析南陵之五鄉置義安縣，屬宣州，尋廢爲銅官冶。懿宗咸通五年，置鵲頭鎮。南唐保大九年，復以義安舊縣置銅陵縣，而移治於銅官鎮，屬昇州。互見南陵縣。《通鑑註》：鵲洲在宣城郡南陵縣，《左傳》之鵲岸也。杜預曰：鵲岸謂廬江舒縣鵲尾渚。審是則鵲頭在宣城界，	石埭縣 屬池州。	建德縣 《文獻通考》：唐析鄱陽、秋浦置至德縣，吴改今名。	東流縣 《續文獻通考》：本漢豫章郡彭澤縣地，唐置東流場。南唐保大十三年，因置東流縣，屬江州。《寰宇記》：以大江從湓城東下，故名。

宋江南東路		
池州池陽郡		池州府
貴池縣《宋史・地理志》：池州貴池縣，望。		貴池縣
青陽縣《宋史・地理志》：池州青陽縣，上。開寶末，自昇州與銅陵並來隸。		青陽縣
銅陵縣《宋史・地理志》：池州銅陵縣，上。	鵲尾在廬江界，鵲洲則江中之洲也。按：鵲尾今在桐城縣，鵲頭在銅陵縣。蓋桐城有舒地，銅陵有南陵地也。又：銅陵有定陵城。定陵縣，南宋僑置蕪湖，隋省入南陵。唐析置義安縣，當即其地。	銅陵縣
石埭縣《宋史・地理志》：池州石埭縣，上。		石埭縣
建德縣《宋史・地理志》：池州建德縣，上。唐至德縣，吳改。		建德縣
東流縣《宋史・地理志》：池州東流縣，中下。太平興國三年，自江州來隸。		東流縣

續表

	池州府	貴池縣	青陽縣	銅陵縣	石埭縣	建德縣	東流縣
							《南畿志》：東流縣，宋改屬池州，割貴池之晋陽鄉屬焉。
元 江東建康道	池州路	貴池縣 《元史·志》：池州路貴池縣，下，倚郭。即秋浦縣，吴改爲貴池。	青陽縣 《元史·志》：池州路青陽縣，下。	銅陵縣 《元史·志》：池州路銅陵縣，下。	石埭縣 《元史·志》：池州路石埭縣，中。	建德縣 《元史·志》：池州路建德縣，下。	東流縣 《元史·志》：池州路東流縣，下。
明 南直隸	池州府	貴池縣 池州府治。	青陽縣	銅陵縣	石埭縣	建德縣	東流縣
國朝 江南安徽布政使司	池州府 治貴池，轄縣六。	貴池縣 倚郭。	青陽縣	銅陵縣	石埭縣	建德縣	東流縣

太平府

《禹貢》揚州之域，春秋時屬吴。戰國屬越，後屬楚。秦屬鄣郡，漢屬丹陽郡，三國時屬吴，晋分屬丹陽、宣城二郡。東晋咸和中，僑立淮南郡，後又僑立豫州治此。宋亦爲淮南郡。元嘉中，分立南豫州，南齊、梁、陳因之。隋平陳，廢南豫州及淮南郡，改屬蔣州。唐武德四年，復置南豫州。八年，州廢，改屬宣州。南唐置新和州，尋改爲建平軍，後周改雄遠軍。宋開寶九年，改平南軍。太平興國二年，改爲太平州，屬江南東路。元爲太平路，隸江東建康道。明爲太平府，直隸南京，領縣三。

國朝因之，隸江南布政使司。康熙六年，隸江南安徽布政使司，領縣三。

	太平府	當塗縣	蕪湖縣	繁昌縣
虞夏商 揚州				
周 吴越楚 揚州			鳩兹邑　《左傳》：吴子壽夢十六年，楚子重伐吴，克鳩兹，至於衡山。杜註：鳩兹，吴邑，在丹陽蕪湖縣東，今皋夷也。衡山，在吴興烏程縣	

	太平府	當塗縣	蕪湖縣	繁昌縣
			南。《輿地通考》：今蕪湖縣德政鄉有勾慈社，即鳩兹之訛也。衡山即横望山，在太平府城東北六十里。「衡」「横」通用。杜註云「在烏程縣南」，太遠，非是。	
秦 揚州	鄣郡			
漢 揚州	丹陽郡		蕪湖縣 《漢書·志》：丹陽郡蕪湖縣。註：中江出西南，東至陽羡入海，揚州川。胡三省《通鑑註》：蕪湖縣，屬丹陽郡，春秋吴鳩兹之地。宋白曰：以其地卑，蓄水非深而生蕪藻，故曰蕪湖。	

續表

續表

	太平府	當塗縣	蕪湖縣	繁昌縣
後漢 揚州	丹陽郡		蕪湖縣　《後漢書·志》：丹陽郡蕪湖縣，中江(左)〔在〕①西。註：《左傳》襄三年，楚子伐吴，克鳩兹。杜預曰：在縣之東。又《後漢書》註：蕪湖，縣名，屬丹陽郡，其故城在今宣州當塗縣東南。	
三國 吴 揚州	丹陽郡		蕪湖縣　屬丹陽郡。	
晉 揚州南 豫州	丹陽郡 淮南郡	于湖縣　《晉書·志》：丹陽郡于湖縣。又：成帝僑立豫州於江淮之間，居蕪湖。時淮南入北，乃分丹陽僑立淮南郡，居于湖。又以舊當塗縣流人渡江，僑立爲縣。	蕪湖縣　《晉書·志》：丹陽郡蕪湖縣。按《晉紀》：東晉時爲鎮戍重地。成帝咸和四年，僑立豫州，庾亮爲刺史，鎮蕪湖。咸康八年，庾懌爲刺史，又鎮蕪湖。穆帝永和二年，刺史謝	繁昌縣　《晉書·志》：元帝渡江，以春穀縣僑立襄城郡及繁昌縣。《通鑑註》：晉氏南渡，置襄城郡於江南，仍領繁昌等縣。孝武罷襄城郡，以繁昌縣屬淮南僑郡，今太平

① 據《後漢書》卷二二《郡國志》四改。

	太平府	當塗縣	蕪湖縣	繁昌縣
		《通鑑》胡三省註：按《兩漢志》：當塗縣屬九江郡。《續志》曰：縣有馬(邱)〔丘〕聚。又有塗山，禹會諸侯處也。又有芍陂，陂在壽州安豐縣東。山在濠州鍾離縣西九十五里。以此證之，漢當塗縣地當在唐濠、壽二州界。晋氏南渡，淮民從渡江，成帝乃僑立當塗縣於于湖。於唐屬宣州，今當塗縣非漢舊當塗縣也。王應麟所云「當塗在濠而寓姑孰」者是也。	尚鎮蕪湖。簡文咸安元年，刺史桓沖戍姑孰。安帝義熙二年，刺史劉毅鎮姑孰。按《通典》：姑孰，漢蕪湖縣，故城在今縣東南。	州繁昌縣即其地。繁昌，本漢潁川郡屬縣，因僑立，而是縣之名遂移於江南。
南北朝 南豫州	淮南郡	于湖縣　《宋書・志》：淮南太守于湖令，晋武帝太康二年分丹楊縣立，本吴督農都尉治。又：當塗令，晋成帝世與逡道俱立，爲僑縣。晋末分于湖爲境。《南齊書・	襄垣縣　《宋書・志》：淮南太守襄垣令，其地本蕪湖。蕪湖縣，漢舊縣。至於晋末，立襄垣縣，屬上黨。上黨民南過江，立僑郡縣，寄治蕪湖。後省上黨爲縣，屬淮南。文帝元嘉九	繁昌縣　《宋書・志》：淮南太守繁昌令，漢舊名，本屬潁川。魏分潁川爲襄城，又屬焉。晋罷襄城郡，以此縣屬淮南，割于湖爲境。《南齊志》同，梁、陳因之。

續表

續表

	太平府	當塗縣	蕪湖縣	繁昌縣
		志》：永明八年，省甬城、高平、下邳三縣，併入于湖。梁、陳因之。	年，省上黨縣，併襄垣。又：定陵令，漢舊名，本屬襄城，後割蕪湖爲境。又：逡道令，漢作「逡道」，晋作「逡道」，後分蕪湖爲境。《續通典》：晋安帝義熙九年，省陽穀入蕪湖，而春穀遂廢。又省蕪湖入襄垣縣。《通鑑註》：蕪湖，漢古縣。晋氏南渡，以上黨襄垣遺民僑立郡縣於蕪湖江左，遂爲襄垣縣。隋廢襄垣，入當塗。按：逡道縣，江左改置慎縣。蕪湖之逡道，本僑縣也。隋初，省入宣城縣。定陵縣，亦省入南陵。	
隋 揚州	蔣州丹陽郡	當塗縣　《隋書・志》：丹陽郡當塗縣，舊置淮南郡。平陳，廢郡，併襄垣、于湖、樊昌、西鄉入焉。《通典》：當塗縣有蕪湖、牛渚磯，		

	太平府	當塗縣	蕪湖縣	繁昌縣
		亦謂之采石，險固可中處，有姑孰城。今縣城即晋姑孰城也。于湖城在縣南。陸游《入蜀記》：姑孰城在(南)〔當〕①塗北。《南畿志》：隋開皇九年，廢淮南郡，並襄垣、于湖、繁昌及西鄉四縣，更置當塗，徙治姑孰。按《隋志》又有當塗縣，併入宣城，蓋隋初併襄垣等四縣更置當塗爲實土，而省晋成帝僑立之當塗併入宣城也。又：繁昌，《隋志》作樊昌。		

續表

① 據《四庫》本改。

續表

	太平府	當塗縣	蕪湖縣	繁昌縣
唐 江南西道	宣州宣城郡	當塗縣　《唐書·志》：宣城郡當塗縣，緊。武德三年，以縣置南豫州。八年，州廢來屬。貞觀元年，省丹陽縣入焉。乾元元年，隸昇州。上元二年，復來屬。		
五代 吴 南唐	宣州 昇州金陵府	當塗縣　《續文獻通考》：當塗縣，楊吴屬宣州，南唐昇明中改爲建平軍。保大初，僑置和州於當塗，謂之新和州，尋又改爲雄遠軍。《府志》：南唐時皆不隸宣州。	蕪湖縣　《續文獻通考》：唐以蕪湖爲當塗屬鎮，南唐復置蕪湖縣。《府志》：唐元祐①四年，楊吴割當塗五鄉、宣城二鄉，復立蕪湖縣，隸宣州。自晋安帝省蕪湖入襄垣，縣廢爲鎮，今自鎮復升爲縣焉。南唐昇明中，改隸金陵府。	繁昌縣　《府志》：唐開元中，於南陵仁義鄉置石碌場采石碌。南唐昇明中，割南陵五鄉，因石碌場復置繁昌縣，隸金陵府。按：繁昌隋初併入當塗，而《府志》云割南陵地置，則南唐復置之，繁昌亦非舊繁昌地矣。

① 「元祐」爲北宋哲宗年號，唐代無「元祐」。「元祐」疑爲「天祐」之誤。天祐四年，當公元九〇七年，其時楊吴由楊渥嗣位。

續表

	太平府	當塗縣	蕪湖縣	繁昌縣
宋 江南東路	太平州	當塗縣 《宋史・志》：開寶八年，改雄遠軍爲南平軍。太平興國二年，升爲州，領縣三：當塗，上。	蕪湖縣 《宋史・志》：太平州蕪湖縣，中。開寶末，自建康軍與繁昌同隸宣州。太平興國三年，與繁昌復來隸。	繁昌縣 《宋史・志》：太平州繁昌縣，中。
元 江東建康道	太平路	當塗縣 《元史・志》：太平路當塗縣，中，倚郭。	蕪湖縣 《元史・志》：太平路蕪湖縣，中。	繁昌縣 《元史・志》：太平路繁昌縣，下。
明 南直隸	太平府	當塗縣 太平府治。	蕪湖縣	繁昌縣
國朝 江南安徽布政使司	太平府 治當塗，轄縣三。	當塗縣 倚郭。	蕪湖縣	繁昌縣

廬州府

《禹貢》揚州之域，古廬子國，又巢伯國。春秋時舒國，及群舒諸國，後屬楚。秦屬九江郡。漢初爲淮南國，後分立廬江郡。東漢爲合肥、居巢、臨湖、龍舒侯國。三國時，合肥以北屬魏，餘屬吴。晋亦爲廬江郡，又分屬淮南郡。宋兼置南汝陰郡，南齊因之。梁天監五年置豫州，尋改爲南豫州。太清元年，又改爲合州。北齊兼置北陳郡。隋開皇初，郡廢，改合州爲廬州。大業初，復爲廬江郡。唐武德初，曰廬州，屬淮南道。天寶初曰廬江郡，乾元初復曰廬州。五代楊吴置昭順軍，南唐改保信軍，後周因之。宋仍曰廬州保信軍，屬淮南西路。建炎初，爲安撫司治所。元初置淮西總管府，尋改爲廬州路，隸淮西江北道。明初爲廬州府，領州一、縣四。洪武十五年，以鳳陽府之六安州英山縣來屬，直隸南京。弘治中，又析置霍山縣，領州二、縣六。

國朝因之，隸江南布政使司。康熙六年，隸江南安徽布政使司。雍正二年，升六安州直隸，仍以英山、霍山二縣屬之。今領州一、縣四。

附　明王萬年《廬江地理辯》

廬江，漢應劭以爲古廬子國。蓋先王所建萬國之一，非所謂中廬，亦非所謂匡廬也。馬氏《輿地考》直以廬州當之，但知今之廬，而不知古之廬也。郡人高誨氏，辯其當在廬江，而曰或無爲，言亦未決。蓋見今之無爲，而亦未求諸古也。今無爲地，曰臨湖，曰襄安，曰居巢，在漢、晋時竝列爲廬江屬縣，隋始併省。至宋太平興國二年，方即巢縣城口鎮置無爲軍。古之廬在此乎？

然廬江於漢、晋郡縣中何在？按《郡國志》云：凡縣名先書者，郡所治也。當在舒。及考《三國志》孫堅、策、權列傳，皆如《玉海》在皖之言，則非舒也。又按蜀建興十年，吴人擊魏，廬江都督滿寵曰：「權舍船二百里懸軍深入，恐其走不及耳。」皖城去江不數里，而寵云爾者，又似不在皖矣。蓋先此曹操遣廬江太守朱光屯皖，大開稻田，吕蒙勸權破之，遂以蒙爲廬江太守。豈濱江自皖以南皆屬之，而魏之廬江固自若歟？皆不可考也。

然以意義逆之，前漢在舒，後漢之末在皖，南朝之治在灊或龍舒，至隋大業間始還郡治於合肥。乃併省灊、龍舒地置今縣，而乃以廬江爲名。

景泰庚午，修學築牆，得宋建隆二年修縣志碑於土中，祝況記曰：「廬江，春秋廬子之國也。晋、宋以還，庸爲列郡。隋大業中，改爲縣。」況邑人，其言未必無據也。《輿地考》並《唐書》皆謂：廬江，漢龍舒縣，隋改今名。

固矣，而並灊云何？蓋考歷志，吾郡者皆列屬縣名，至隋以後，止有廬江，而無灊與龍舒，亦猶止有襄安而無臨湖、居巢者。其併省爲一，可想也。《一統志》以灊城古跡在廬江南二里。

《左傳註》：廬江，六縣西南。而六城皆舒城東南六十里。且①灊川又爲邑名，則灊之併爲廬江益明矣。况今大城金牛城，濠隍儼然，形勢亦壯，安知其非廢址歟？但班固《漢志》註：灊，天柱山在南，有祠。范蔚宗《後漢志》亦曰：有天柱山。似皆指灊之在安慶者言。固雖掌圖書，長史學，然館閣編摩之下，豈皆一一經歷者耶？神禹治水，跡遍天下，而紀九河水道，尚有與今不合，而况於固乎？

蔚宗以後，皆蹈襲不足言也。抑廬江之灊，名自春秋、戰國。其在六安者，梁時始改。而安慶，本漢皖城，後爲懷寧縣清朝、玉照二鄉。宋人於此立四寨，元人立野人原寨。及至治三年，始析置縣，名曰灊山。安得以元人所置所名者而紊之耶？且二縣俱以山名，又非止曰灊也。不然，則灊江之灊、於灊之灊，皆可言灊矣。

噫，世遠跡荒，漫無稽考，吾惟會其理而已矣，烏敢盡信書哉！

虞夏商 揚州	廬州府	合肥縣	廬江縣	舒城縣	無爲州	巢縣

① 「且」，《四庫》本作「有」。

續表

	廬州府	合肥縣	廬江縣	舒城縣	無爲州	巢縣
周 楚吴越 揚州		廬子國　應劭曰：廬州，古廬子國也。按《通典》云：《左傳》「自廬以往」即此地。考《左傳》杜註：廬，今襄陽中廬縣，漢屬南郡，與此地遠。	舒國　《左傳》僖三年：徐人取舒。杜註：舒國，今廬江舒縣。又文十二年：群舒叛楚。註：群舒，偃〔姓〕①，舒庸、舒鳩之屬。今廬江南有舒城，舒城西南有龍舒。又：宗、巢二國，群舒之屬。又：宣八年，楚伐舒、蓼。註：舒、蓼二國，即群舒。			巢國　《尚書·序》：巢伯來朝，芮伯旅命巢。《史記索隱》曰：其國蓋遠，因處之淮南楚地。杜預曰：春秋時吴、楚間小國。廬江六縣東有居巢城，後爲吴、楚之邊邑。詳見《鍾離縣》。
秦 揚州	九江郡		舒縣　《史記·項羽本紀》：大司馬周殷以舒屠六。			居巢縣　《史記》：居鄛人范增。《索隱》曰：居鄛縣，在

① 據《四庫》本補。

續表

	廬州府	合肥縣	廬江縣	舒城縣	無爲州	巢縣
						廬江郡。是故巢國。
漢 揚州	九江郡 廬江郡	合肥縣　《漢書・志》：九江郡合肥縣。註：應劭曰：夏水出父城東南，至此與淮合，故曰合肥。《水經注》曰：非也，夏水暴長，施合於肥，故曰合肥。又：浚遒縣。註：師古曰：浚音「峻」，遒音才由翻。又：橐皋縣。註：孟康曰：音「拓姑」。	舒縣　《漢書・志》：廬江郡舒縣。註：故國。又：龍舒縣。注：應劭曰：群舒之邑。《括地志》：舒，今廬江之故舒城是也。《通鑑注》：舒縣故城，在今廬州廬江縣西。			居巢縣　《漢書・志》：廬江郡居巢縣。註：應劭曰：《春秋》：楚人圍巢。巢，國也。《通鑑注》：秦、漢爲居巢，春秋但名巢，詞有詳略耳。又：襄安縣。
後漢 揚州	九江郡 廬江郡	合肥縣　《後漢書・志》：九江郡合肥縣，侯國。又：浚遒縣。註：	舒縣　《後漢書・志》：廬江郡舒縣，有桐鄉。注：古桐國。《左傳》昭			居巢縣　《後漢書・志》：廬江郡居巢縣，侯國。註：

續表

	廬州府	合肥縣	廬江縣	舒城縣	無爲州	巢縣
		《左傳》哀十二年：會吳於槖皋。杜預曰：在縣東南。按《後漢志》，九江郡無槖皋縣，蓋已省入浚遒。	五年：吳敗鵲岸。杜預曰：縣有鵲尾渚。又：龍舒縣，侯國。按：古桐國，今桐城縣也，入安慶府。			范增冢在郭東。又：庭中有亞父井。《廣志》曰：有大、二湖。又：襄安縣。
三國 魏 吳	淮南郡 廬江郡	合肥縣 《晉書·志》：江西廬江、九江之地，自合肥之北至壽春，悉屬魏。《通典》：魏明帝時，以滿寵都督揚州諸軍，鎮於此。寵上表言：合肥縣西北三十里，有奇險可依，更立城，名新城。《宋書·志》：逡遒	舒縣 《通鑑註》：魏得漢之九江、廬江二郡，而江津要害之處，多爲吳所據。《名勝志》：舒、居巢、襄安等縣，皆在邊江，吳盡有之。			居巢縣 《通鑑註》：濡須水，源出巢湖，東流經亞父山，又東北注於江。孫權夾水立塢，狀如偃月，名濡須塢，在巢〔縣東南四十里。按《吳志》：朱桓、駱統俱爲濡

續表

	廬州府	合肥縣	廬江縣	舒城縣	無爲州	巢縣
		縣，三國時廢。				須督。」①
晉 揚州	淮南郡 廬江郡	合肥縣 《晉書·志》：淮南郡合肥縣。《宋書·志》：後省。又：浚道縣。《宋書·志》：晉太康元年復立。	舒縣 《晉書·志》：廬江郡舒縣。注：故國，有桐鄉。又：龍舒縣。			居巢縣 《晉書·志》：廬江郡居巢縣。又：襄安縣。《南畿志》：秦爲居巢縣，漢、晉因之，梁爲蕲縣，隋省入襄安縣。唐置巢州，尋改巢縣。
南北朝 南豫州	南汝陰郡 廬江郡 南譙郡	汝陰縣 《宋書·志》：南汝陰太守汝陰令，所治即二漢、晉合肥縣。又：慎令。註：漢屬汝	舒縣 《宋書·志》：廬江太守舒令，漢舊縣。《南齊志》：建元二年，爲郡治。按：廬江郡，			蕲縣 《宋書·志》：南譙太守蕲令，晉孝武太元中於淮南僑立南譙郡，並立

① 據《四庫》本補。

續表

	廬州府	合肥縣	廬江縣	舒城縣	無爲州	巢縣
		南。《太康地志》：屬汝陰。《南齊志》同。《魏書・志》：合州汝陰郡汝陰縣。注：蕭衍置，魏因之，治合肥城。又：南梁郡慎縣。按：江左以合肥改置汝陰縣，以浚道改置慎縣，而浚道轉别置于湖。此二縣皆隨郡僑立，非漢舊縣也。漢汝陰縣，隋屬潁州慎縣，隋改潁上縣。互見《潁州沿革》。	二漢治舒縣，晋治陽泉縣，宋治灊縣，南齊復移治舒縣。又按宋、齊《志》俱無龍舒縣。《名勝志》云：梁武帝以龍舒故地置廬江縣。按《魏書・志》，廬江郡無舒縣，蓋梁又以其地置湘州也。			縣。《南齊志》、《魏書・志》同。按宋、南齊《志》無〔居〕①巢、襄安二縣，蓋東晋後以其地僑置南譙郡也，故隋仍改縣曰襄安。又《宋志》譙郡蘄縣，是二漢舊縣屬沛郡者。《魏書・志》同，與此又别。又按：魏汝陰、南梁、南譙、廬江四郡，皆屬合州。

① 據《四庫》本補。

	廬州府	合肥縣	廬江縣	舒城縣	無爲州	巢縣
隋 揚州	廬州廬江郡	合肥縣 《隋書·志》：廬江郡合肥縣，梁曰汝陰，置汝陰郡，後齊分置北陳郡。開皇初，郡廢，縣改名焉。又：慎縣，梁東魏置平梁郡，陳曰梁郡，開皇初郡廢。	廬江縣 《隋書·志》：廬江郡廬江縣，齊置廬江郡，梁置湘州，後齊州廢。開皇初，郡廢。按《通典》云：廬江縣，梁置湘州。漢龍舒故城在西，故漢廬江郡亦在此。《文獻通考》云：廬江，漢龍舒縣，隋改今名。考二漢廬江郡治舒縣，南齊亦治舒縣，故曰齊置郡，則廬江本舒縣也。蓋東晋後省龍舒入舒縣，梁於其地置湘州，因			〔襄安縣 《隋書·志》：梁曰蘄，開皇初改焉。〕①

① 據《四庫》本補。

		唐 淮南道
廬州府		廬州廬江郡
合肥縣		合肥縣 《唐書·志》：廬江郡合肥縣，緊。又：慎縣，緊。《通鑑註》：慎縣，漢屬汝南郡，晋分屬汝陰郡。唐廬州之慎縣，則梁魏之間南梁郡之慎縣、漢九江郡浚遒縣之地。
廬江縣	改舒縣曰廬江，即以故郡名縣，非隋始改名也。自隋以後，廬江郡俱治合肥。	廬江縣 《唐書·志》：廬江郡廬江縣，緊。
舒城縣		舒城縣 《唐書·志》：廬江郡舒城縣，開元二十三年析合肥、廬江置。《通典》：古舒國也。《文獻通考》：古舒國，唐縣，有龍舒水。按：漢舒縣，即古舒國，隋已併入廬江
無爲州		
巢縣		巢縣 《唐書·志》：廬江郡巢縣，上。本襄安。武德三年，置巢州，並析置開成、扶陽二縣。七年，州廢，省開成、扶陽以來屬。

續表

	廬州府	合肥縣	廬江縣	舒城縣	無爲州	巢縣
				縣。唐析廬江置舒城，當復得漢舒縣地也。《九域志》：在州西南一百一十里。		
五代 吴 南唐	廬州	合肥縣　廬州治。《通鑑註》：吴置德勝軍于廬州。又：南唐昭順軍，周克淮南，改爲保信軍。	廬江縣　屬廬州。	舒城縣　屬廬州。		巢縣　屬廬州。
宋 淮南西路	廬州	合肥縣　《宋史·志》：廬州合肥縣，上。又：梁縣，中。本慎縣，紹興三十二年改今名。按：慎縣，魏置郡曰南梁，東	廬江縣　《宋史·志》：無爲軍廬江縣，望。有昆山礬場。	舒城縣　《宋史·志》：廬州舒城縣，下。	無爲軍　《宋史·志》：無爲軍，同下州。太平興國三年，以廬州巢縣無爲	巢縣　《宋史·志》：無爲軍巢縣，望。至道二年，移治郭下。紹興五年廢，六年復，十一年隸

續表

廬州府	
合肥縣	魏曰平梁，陳曰梁。宋改慎爲梁，亦以故郡名縣也。《南畿志》云：慎城在合肥東北梁縣鄉。
廬江縣	
舒城縣	
無爲州	鎮建爲軍，以巢、廬江二縣來屬。建炎二年，入於金，尋復。領縣三：無爲，望。熙寧三年，析巢、廬江二縣地置縣。又：廬江、巢縣。《元史・志》：唐初隸光州，宋始以城口鎮置無爲軍，思與天下安於無事，取無爲而治之意以名之。胡三省《通鑑註》：宋白曰：今無爲
巢縣	廬州，十二年復來屬。景定三年，昇爲鎮巢軍。

續表

		元 淮西江北道
廬州府		廬州路
合肥縣		合肥縣 《元史·志》：廬州路合肥縣，上，倚郭。又：梁縣，中。
廬江縣		廬江縣 《元史·志》：無爲州廬江縣，中。
舒城縣		舒城縣 《元史·志》：廬州路舒城縣，中。
無爲州	軍，本巢縣之無爲鎮，曹操攻吴，築城於此，號無爲城，臨濡須水上壖地。	無爲州 《元史·志》：廬州路無爲州，中。元至元十四年升爲路，二十八年降爲州，罷鎮巢州爲縣以屬焉。領三縣：無爲，上，倚郭。
巢縣		巢縣 《元史·志》：無爲州巢縣，下。《續文獻通考》：巢縣，宋置鎮巢軍，元升爲州，後復爲縣。

	廬州府	合肥縣	廬江縣	舒城縣	無爲州	巢縣
明　南直隸	廬州府	合肥縣　《南畿志》：合肥縣，明爲廬州府治。又併梁縣地入焉。	廬江縣　《南畿志》：廬江縣，宋割屬無爲州，元因之，明改屬廬州府。	舒城縣	無爲州　《南畿志》：洪武初，以無爲縣省入，屬廬州府。	巢縣
國朝　江南安徽布政使司	廬州府　舊轄二州、六縣。雍正二年，升六安州直隸，以英山、霍山二縣屬之。轄州一，縣四，治合肥。	合肥縣　倚郭。	廬江縣	舒城縣	無爲州	巢縣

江南通志卷之八

輿地志

沿革表　四

鳳、潁二府　滁、和、廣、六、泗五州

鳳陽府

《禹貢》徐、揚二州之域，古塗山氏國。春秋時鍾離子國，後爲吴、楚之邊邑。秦屬九江郡。漢初爲淮南國，武帝時復屬九江郡，後漢爲鍾離侯國。晋屬淮南郡，東晋安帝時置鍾離郡，屬南徐州。宋明帝時，僑置徐州於此。泰始末，改屬南兖州。元徽初，復置徐州。南齊爲北徐州，梁因之。東魏改置楚州，北齊爲西楚州，隋改曰豪州。大業初，復爲鍾離郡，唐改曰濠州。天寶初，又爲鍾離郡。乾元初，又曰濠州。五代南唐保大初，置定遠軍。宋仍曰濠州鍾離郡，屬淮南西路。元至元十三年，置淮南安撫司，升爲濠州路。十五年，改臨濠府。二十八年，復爲濠州，屬安豐路。

明吴元年，復爲臨濠府。洪武三年，改中立府，定爲中都。七年，改鳳陽府，直隸南京。領州五、縣十三。

國朝因之，隸江南布政使司。康熙六年，隸江南安徽布政使司。雍正二年，升府屬之潁州、亳州、泗州爲直隸，以潁上、霍（邱）〔丘〕二縣屬潁州，太和、蒙城二縣屬亳州，盱眙、天長、五河三縣屬泗州。後潁州旋升府，并以亳州及州屬二縣俱爲潁州府屬。十一年，分壽州置鳳臺縣。領州二、縣七。

	鳳陽府	鳳陽縣	臨淮縣	懷遠縣	定遠縣	虹縣	壽州	鳳臺縣	宿州	靈璧縣
虞夏商 揚州 徐州			塗山國 《通典》：《太康地記》云：塗山，古當塗國。應劭曰：禹所聚會塗山侯國即此			夏邑 《輿地志》：宿州虹縣，本夏（邱）〔丘〕縣，堯封禹爲夏伯邑於此。				

續表

		周 揚州 青州
鳳陽府		
鳳陽縣		
臨淮縣	也。《史記索隱》：杜預云：塗山，在壽春東北。皇甫謐云：在江南。	鍾離國 《史記索隱》曰：鍾離，在六安，古鍾離子之國。《世本》謂之終犂，後爲楚邑。《左傳》成十五年：會吴（千）
懷遠縣		
定遠縣		
虹縣		
壽州		州來國 《史記註》：《正義》曰：下蔡，今潁川縣，即州來國，後爲楚邑。《左傳》成七年：吴入州來。杜註：
鳳臺縣		
宿州		宿國 《左傳》隱元年杜注：宿，小國，今東平無鹽縣也。
靈璧縣		

續表

	鳳陽府	鳳陽縣	臨淮縣	懷遠縣	定遠縣	虹縣	壽州	鳳臺縣	宿州	靈璧縣
			〔于〕①鍾離。杜註：鍾離，楚邑，淮南縣。《通典》云：楚平王時，吴邊邑卑梁與楚邊邑鍾離争桑相攻，楚滅卑梁。吴公子光攻楚，遂滅鍾離、居巢。則鍾離互爲吴、楚之邊邑。				州來，楚邑，淮南下蔡縣是也。後吴以封季札。杜註：季子本封延陵，後復封州來，故曰延州來。後蔡遷於此。《左傳》哀二年：蔡遷於州來。			

① 據《四庫》本改。

續表

鳳陽府	
鳳陽縣	
臨淮縣	向國 《左傳》隱二年：莒人入向。杜註：向，小國也，譙國龍亢縣東南有向城。
懷遠縣	
定遠縣	
虹縣	
壽州	《通志》：蔡仲始封汝南，故以汝南爲蔡。及遷州來，則州來爲下蔡，汝南爲上蔡。又壽春邑。《史記·六國表》：楚考烈王三十二年，東徙壽春，命曰郢。
鳳臺縣	
宿州	
靈璧縣	

	秦 揚州 徐州
鳳陽府	九江郡
鳳陽縣	
臨淮縣	鍾離縣 《通典》：鍾離縣，秦屬九江郡。
懷遠縣	
定遠縣	東城縣 《漢書音義》曰：東城，縣名，屬臨淮。又：陰陵縣。《史記注》：徐廣曰：在淮南。《通典》：秦東城縣在今定遠縣西南，逐項羽之處，有古陰陵城。
虹縣	
壽州	壽春邑 《通鑑》：秦置九江郡，治壽春。又下蔡縣。《史記》：甘茂，下蔡人。註：《索隱》曰：下蔡縣，屬汝南也。
鳳臺縣	
宿州	符離縣 《史記·陳涉世家》：符離人葛嬰徇蘄以東，攻銍、酇、苦、柘、譙，下之。註：符離，屬沛郡。徐廣曰：苦、柘屬陳，餘皆在沛也。
靈璧縣	

續表

續表

	漢 揚州 徐州
鳳陽府	九江郡 沛郡 六安國
鳳陽縣	
臨淮縣	鍾離縣《漢書·志》：九江郡鍾離縣。注：應劭曰：鍾離，子國。又當塗縣。注：侯國。應劭曰：禹所娶塗山，侯國也，有禹虚。《水經注》淮水注：當塗縣北，又北，沙水注之。又沛郡龍亢縣註：晋灼曰：亢
懷遠縣	
定遠縣	東城縣《漢書·志》：九江郡東城縣。又陰陵縣。又曲陽縣。注：侯國。應劭曰：在淮曲之陽。《續通典》：濠州定遠縣，漢東城縣地。《括地志》：東城故城在濠州定遠縣東南
虹縣	夏（邱）〔丘〕縣《漢書·志》：沛郡夏（邱）〔丘〕縣。又虹縣。注：師古曰：虹音「貢」。又臨淮郡取慮縣。註：師古曰：取音「趨」，慮音「盧」。又僮縣。
壽州	壽春邑《漢書注》：九江郡壽春邑。注：楚考烈王自陳徙此。又六安國安豐縣。注：《禹貢》大別在西南。又沛郡下蔡縣。
鳳臺縣	
宿州	符離縣《漢書·志》：沛郡符離縣。又竹縣。注：李奇曰：今竹邑。又銍縣。又蘄縣。註：都尉治。又穀陽縣。註：應劭曰：在穀水之陽。《地理通釋》：
靈璧縣	

續表

		後漢 揚州 徐州
鳳陽府		九江郡 下邳國 沛國
鳳陽縣		
臨淮縣	音「剛」。又平阿縣註：侯國。	鍾離縣 《後漢書·志》：九江郡鍾離侯國。又當塗縣有馬(邱)〔丘〕
懷遠縣		
定遠縣	五十里。又陰陵故城，在濠州定遠縣西北六十里。	東城縣 《後漢書·志》：下邳國東城縣。又九江郡陰陵縣。又
虹縣		夏（邱）〔丘〕縣 《後漢書·志》：下邳國夏(邱)〔丘〕縣，故
壽州		壽春縣 《後漢書·志》：九江郡壽春縣。注：《漢官》云：刺
鳳臺縣		
宿州	宿州符離縣，漢屬沛郡。《戰國策》楚有符離之塞是也。《續通典》：莞，符離。此地尤多此草，故名。	符離縣 《後漢書·志》：沛國符離縣。又竹邑，侯國，故竹。
靈璧縣		

續表

靈璧縣	
宿州	又銍縣。又蘄縣，有大澤鄉，陳涉起此。又穀陽縣。
鳳臺縣	
壽州	史治，與志不同。按《宋書・志》：九江郡，漢治壽春縣，後漢徙治陰陵縣。又下蔡縣。注：故屬沛。又廬江郡安豐縣。注：《左傳》昭二十三年：吳敗諸侯之師于雞
虹縣	屬沛。又取慮縣，有蒲姑陂。註：《左傳》：昭十六年，齊師至蒲隧。杜預曰：在縣東。又僮縣，侯國。又沛郡虹縣。註《左傳》昭八年：大蒐于虹。按《春秋》作
定遠縣	西曲陽縣。《水經註》：淮水納洛川於西曲陽縣北。下邳有曲陽，故是加西也。
懷遠縣	
臨淮縣	聚。注：《帝王世紀》曰：禹會諸侯塗山。《皇覽》曰：楚大夫子思造芍陂。又平阿縣，故屬沛，有塗山。註：應劭云：山在當塗。《左傳》：穆有塗山之會。又沛國龍亢縣。註：《地道記》曰：《左傳》隱二
鳳陽縣	
鳳陽府	

	鳳陽府	鳳陽縣	臨淮縣	懷遠縣	定遠縣	虹縣	壽州	鳳臺縣	宿州	靈璧縣
			年：入向城。在縣東南。			「紅」。杜註：紅，魯地。沛國蕭縣西有紅亭，疑遠。	父。杜預云：雞父，楚地，安豐縣南有雞人亭。			
三國 魏 揚州 徐州	淮南郡 汝陰郡 下邳國		《南畿志》：鍾離縣，三國時廢，晋復置。按《宋書·志》：晋武帝太康元年，復立歷陽、當塗、逡道諸縣。二年，復立鍾離縣。				壽春縣 《宋書·志》：漢九江郡，魏復曰淮南，徙治壽春。胡三省《通鑑注》：壽春，故楚都。魏爲淮南重		蘄縣 《晋書·志》：魏置譙郡，領蘄、銍、龍亢等七縣。	

續表

		晉 揚州 徐州 豫州
鳳陽府		淮南郡 下邳國 沛國
鳳陽縣		
臨淮縣	並二漢舊縣也。三國時，江淮爲戰爭之地，其間不居者各數百里。此諸縣並在江北淮南，虚其地。吴平，民各還本鄉，故復立焉。	鍾離縣 《晉書·志》：淮南郡鍾離縣。又當塗縣。又平阿縣。
懷遠縣		
定遠縣		東城縣 《晉書·志》：淮南郡東城縣。又陰陵縣。
虹縣		夏(邱)〔丘〕縣 《晉書·志》：下邳國夏(邱)
壽州	鎮，以南備吴，勁兵聚焉。《晉書·志》：魏置安豐郡，統縣五，曰安豐。	壽春縣 《晉書·志》：淮南郡壽春縣。又下蔡縣。
鳳臺縣		
宿州		符離縣 《晉書·志》：沛國符離縣。又竺邑縣。按
靈璧縣		

續表

鳳陽府	
鳳陽縣	
臨淮縣	縣。又：明帝時，於漢故九江郡界置鍾離郡，屬南徐州。又《宋書·志》：馬頭太守，屬南豫州，故淮南當塗縣地，晉安帝立，因山形立名。《水經註》：淮水逕馬頭城北，魏馬頭郡治也，故當塗縣之故城也。又譙郡龍亢縣。
懷遠縣	
定遠縣	又西曲陽縣。
虹縣	〔丘〕縣。又取慮縣。又僮縣。又沛國虹縣。
壽州	又安豐郡安豐縣。注：侯國。《通鑑注》：壽春縣，明帝時入後趙，義熙中復，孝武帝改爲壽陽縣。《通典》：壽春，漢舊縣，東晉以鄭后諱，改壽春爲壽陽，宜春曰宜陽，
鳳臺縣	
宿州	《晉志》，竹邑作「竺」。又譙郡銍縣。又蘄縣。按《晉志》無穀陽縣。
靈璧縣	

續表

		南北朝 南豫州 徐州
鳳陽府		鍾離郡 山陽郡 臨潼郡 南梁郡 淮南郡 睢南郡
鳳陽縣		
臨淮縣		鍾離郡 《宋書・志》：鍾離郡，晋安帝分立。晋淮南郡有鍾離縣，即此地也。又：馬頭郡，故淮南當塗縣地。《南齊書・志》同。《魏書・志》：楚州，
懷遠縣		
定遠縣		東城縣 《宋書・志》：山陽太守東城令，晋安帝立。《南齊書・志》：山陽郡，治東城縣。按：宋、齊《志》無西曲陽、陰陵
虹縣		僮縣 《宋書・志》：下邳郡僮縣。《魏書・志》：睢州，改蕭衍潼州置，治取慮城，領臨潼郡取慮縣。註：州治夏(邱)
壽州	富春曰富陽，凡名「春」悉改之。	壽春縣 《宋書・志》：南梁太守睢陽令，漢舊名。孝武大明六年，改名壽春。八年，復舊。前永光中，有義寧、寧昌二縣，併
鳳臺縣		
宿州		蘄縣 《宋書・志》：譙郡太守蘄令，漢舊縣，屬沛。《魏書・志》：睢州睢南郡，改蕭衍沛郡置，有扶離城。又：南濟陰郡，治
靈璧縣		

鳳陽府	
鳳陽縣	
臨淮縣	治鍾離城，領馬頭郡。又：鍾離、陳留二郡。按：鍾離、當塗二縣，東晋以其地置郡，南北朝俱因之。宋、齊《志》淮南郡之當塗，皆僑縣也。龍亢、平阿二縣，東晋後省。宋、齊《志》：歷陽郡之龍亢縣，江左流寓立。《魏志》：
懷遠縣	
定遠縣	二縣。《通鑑注》云：梁北譙郡治陰陵城。考《魏書·志》同。
虹縣	〔丘〕縣。註：有夏(邱)〔丘〕城。按：《宋志》下邳郡無夏(邱)〔丘〕、取慮二縣，沛郡無虹縣。《南畿志》云：東晋省。又：南彭城郡僮縣，係江左僑立。又：《魏書·志》：梁置
壽州	睢陽所治，即二漢、晋壽春縣，後省。又：弋陽郡安豐令，舊郡，晋安帝併爲縣。按：宋、齊《志》俱無下蔡縣。《魏書·志》：淮南郡壽春縣。注：故楚有倉陵城。又：安豐郡安豐縣。
鳳臺縣	
宿州	竹邑城。又：穀陽郡，治穀陽城。又：譙州蘄城郡。又：臨渙郡。二郡俱梁置，魏因之。按《宋志》沛郡無符離、竹邑及穀陽三縣，譙郡無銍縣。南沛郡之符離、竹邑，南譙郡之銍，俱
靈璧縣	

續表

續表

		隋 徐州 揚州
鳳陽府		豪州鍾離郡 泗州下
鳳陽縣		
臨淮縣	龍亢郡之龍亢縣，義塘郡之平阿縣。註：蕭衍置，魏因之。皆非漢、晋舊縣也。《南畿志》：當塗城、馬頭郡城、龍亢城、平阿城，皆在懷遠縣界。	鍾離縣《隋書·志》：鍾離郡鍾離
懷遠縣		
定遠縣		定遠縣《隋書·志》：鍾離
虹縣	仁州，治赤坎城。《通鑑註》云：今赤坎城在虹縣。又：《通鑑》：陳太建五年，淮北絳城降。註云：絳城，蓋虹城，音同而字異耳。	夏(邱)〔丘〕縣《隋書·
壽州	注：治洛步城。又：南兖州下蔡郡下蔡縣。	壽州《隋書·志》：舊曰
鳳臺縣		
宿州	係僑縣，時濟陰、淮南等郡即其地也。又：《魏志》：蘄城郡，即蘄縣。臨渙郡，即銍縣。	符離縣《隋書·志》：彭城
靈壁縣		

續表

鳳陽府	邳郡 壽州淮南郡 徐州彭城郡
鳳陽縣	
臨淮縣	縣，舊置郡。開皇初，郡廢。大業初，復置郡。又：塗山縣，舊曰當塗，後齊改曰馬頭，置郡曰荆山。開皇初改縣，曰塗山，廢郡。按《水經註》：《郡國志》曰：平阿縣有當塗山，淮出於荆山之左，當塗之右，奔流二山之間。以
懷遠縣	
定遠縣	郡定遠縣，舊曰東城，梁改曰定遠，置臨濠郡，後齊改曰廣安。開皇初，郡廢。又有舊九江郡，後齊廢爲曲陽縣，縣尋廢。又有梁置安州，後廢。《通典》：漢曲陽故城在定遠縣西。《通
虹縣	志》：下邳郡夏（邱）〔丘〕縣，後齊置。并置夏（邱）〔丘〕郡。尋立潼州，後周改州爲宋州，縣曰晋陵。開皇初，郡廢。十八年州廢，縣復曰夏（邱）〔丘〕。又：東魏置臨潼郡睢陵
壽州	豫州，後魏曰揚州，梁曰南豫州，東魏曰揚州，陳又曰豫州，後周曰揚州。開皇九年，曰壽州，統縣四。壽春縣：舊有淮南、梁郡、北譙、汝陰等郡，開皇初并廢，并廢蒙縣入焉。
鳳臺縣	
宿州	郡符離縣，後齊置睢南郡。開皇初，郡廢。有竹邑縣，梁置睢州。開皇三年，州廢，又廢竹邑入焉。又：蘄縣，梁置蘄郡，後齊置仁州，又析置龍亢郡。開皇初，郡廢。大業初，州廢。
靈璧縣	

續表

靈璧縣	
宿州	又：穀陽縣，後齊置穀陽郡。開皇初，郡廢。又有巳吾、義城二縣，後齊以爲臨淮縣。大業初併入焉。又：譙郡臨渙縣，後魏置臨渙郡，後齊郡廢。開皇後，併省丹城、白撣二縣入
鳳臺縣	
壽州	大業初，置南郡。又：安豐縣，梁置陳留、安豐二郡，開皇初並廢。註：有芍陂。又：汝陰郡下蔡縣，梁置汴郡，後齊郡廢，大業初改名焉。又：梁置淮陽郡，後齊改曰潁川郡，開皇
虹縣	縣，後齊改郡爲潼郡。又：梁置潼州，後齊改曰睢州，亦入潼郡。開皇中，郡、縣俱廢。按《隋志》潼郡即僮縣也，與取慮縣俱省入夏(邱)〔丘〕。《輿地志》云：虹縣有取慮城、
定遠縣	鑑注》：定遠，漢曲陽縣地，梁改名。按：後漢九江郡，治陰陵縣，齊廢郡爲曲陽縣，蓋省陰陵入曲陽，隋又省曲陽入定遠也。
懷遠縣	
臨淮縣	其只隔一淮，故縣或曰塗山，或曰荊山也。
鳳陽縣	
鳳陽府	

續表

	鳳陽府	鳳陽縣	臨淮縣	懷遠縣	定遠縣	虹縣	壽州	鳳臺縣	宿州	靈璧縣
						僮城、赤坎城。又：隋省入穀陽之臨淮縣，即梁治赤坎城之仁州也。穀陽後省入宿州，虹當兼有其地。	初郡廢。《通典》：壽州，南齊兼置荊河州，爲重鎮，後入魏。梁普通七年，復改爲南荊河州。		焉。《通鑑註》：竹邑縣，後魏蓋於故地置戍也。《通典》：宿州臨涣縣，漢銍縣地。	
唐 河南道 淮南道	濠州鍾離郡 壽州壽春郡 宿州		鍾離縣 《唐書·志》：鍾離郡鍾離縣，緊，武德七年省塗山縣入焉。有		定遠縣 《唐書·志》：鍾離郡定遠縣，緊，本臨豪，武德三	虹縣 《唐書·志》：宿州虹縣，中，本夏(邱)〔丘〕。武	壽州 《唐書·志》：壽州壽春郡，中，本淮南郡。天寶		宿州 《唐書·志》：宿州，上，元和四年析徐州之符離、蘄、	

續表

鳳陽府	
鳳陽縣	
臨淮縣	塗山。
懷遠縣	
定遠縣	年更名。按《隋志》：臨豪，梁郡名，無臨豪縣。蓋隋末以舊郡名加縣，而唐復曰定遠也。《輿地志》云：東城縣，梁改曰豐城，置定遠郡。尋改郡曰廣安，縣曰定遠。北齊改廣安曰大
虹縣	德四年，以夏(邱)〔丘〕、穀陽置仁州。又析夏(邱)〔丘〕置虹及龍亢二縣。六年，省夏(邱)〔丘〕。貞觀八年，州廢，省龍亢，以虹隸泗州，穀陽隸北譙州。
壽州	元年更名，領縣五。壽春，上。又：安豐縣，緊，武德七年省小黄、肥陵二縣入焉。又：汝陰郡下蔡縣，上。武德四年，置渦州。八年，州廢。
鳳臺縣	
宿州	泗州之虹置。太和三年，州廢。七年，復置。初治虹，後徙治符離，統縣四。符離，武德四年置，貞觀元年省徐州之諸陽入焉。虹，自泗州來隸。蘄，上，顯慶元年省穀陽入焉。
靈璧縣	

鳳陽府	
鳳陽縣	
臨淮縣	
懷遠縣	
定遠縣	安郡。隋罷郡，改縣曰臨濠。郡縣名俱與《隋志》異。
虹縣	
壽州	
鳳臺縣	
宿州	臨涣，緊，武德四年以臨涣、永城、山桑、蘄置北譙州，貞觀八年增領穀陽。十七年，州廢，以臨涣、永城、山桑隸亳州，穀陽、蘄隸徐州。元和後來屬。《續通典》：宿州，取古宿
靈璧縣	

續表

	五代　吴　南唐	
鳳陽府	濠州　壽州　宿州	
鳳陽縣		
臨淮縣	鍾離縣　《南畿志》：鍾離縣，吴、	
懷遠縣	鎮淮軍　《通鑑注》：濠州濱淮	
定遠縣	定遠縣　《續文獻通考》：南唐	
虹縣	虹縣　五代屬宿州。	
壽州	壽州　《文獻通考》：壽州，	
鳳臺縣		
宿州	宿州　《南畿志》：宿州，五代	國爲名。《通鑑注》：唐憲宗元和四年，置宿州，治埇橋，在徐州南界汴水上，當舟車之會。《九域志》：宿州，北至徐州百二十里。
靈璧縣		

續表

鳳陽府	
鳳陽縣	
臨淮縣	南唐爲濠州治。
懷遠縣	有漢當塗縣故城，南北朝爲馬頭郡城，淮水逕城北而東流，渦水自西北來注於淮，謂之渦口。南岸正對馬頭城，周置鎮淮軍於此。《南畿志》：渦口，唐常夾岸立城。五代時爲控
定遠縣	置安遠軍，改定遠縣屬焉。
虹縣	
壽州	吴置忠正軍節度，周以潁州下蔡來屬，徙州治焉。《通鑑注》：東魏武定七年，以梁黄城戍爲下蔡郡。隋爲縣，屬汝陰郡。五代時，周世宗徙壽春治下蔡，即其地。《五代史·職方
鳳臺縣	
宿州	屬梁，後屬唐、晉、漢、周。
靈璧縣	

續表

	鳳陽府	鳳陽縣	臨淮縣	懷遠縣	定遠縣	虹縣	壽州	鳳臺縣	宿州	靈壁縣
				扼之地，周世宗置鎮淮軍。			縣考》：壽州，唐故曰忠正，南唐改曰清淮。周世宗平淮南，復曰忠正。			
宋 淮南路	濠州鍾離郡 壽春府 宿州符離郡		鍾離縣 《宋史·志》：鍾離郡鍾離縣，望。	懷遠軍 《宋史·志》：懷遠軍，寶祐五年五月置。縣一：荆山。《府志》：本周鎮淮軍，宋	定遠縣 《宋史·志》：鍾離郡定遠縣，望。濠州，團練。乾道初，移戍藕塘。嘉定四年，始城定	虹縣 本屬宿州，後屬楚州。	壽春府 《宋史·志》：壽春府，緊，本壽州。開寶中，廢霍(邱)〔丘〕、盛唐二縣。政和六年，		宿州 《宋史·志》：宿州，望，建隆元年升防禦。開寶元年，建爲保靜軍節度。元領五	靈壁縣 《宋史·志》：元祐元年，以虹之零壁鎮爲縣。

續表

靈璧縣	七月，復爲鎮。七年二月，復爲縣。政和七年，改零壁爲靈璧。按：《漢書注》：孟康曰：靈壁
宿州	縣，紹興中割虹縣隸楚州，後入於金。縣四：符離，望。蘄，望。臨渙，緊，祥符七年劃隸楚州，天禧七年來隸靈璧。
鳳臺縣	
壽州	升爲府。八年，以府之六安縣爲六安軍。紹興十二年，升安豐爲軍，以六安、霍(邱)〔丘〕、壽春三縣來隸。三十二年，升壽春爲府，以安豐軍隸焉。乾道三年，罷壽春復爲安豐軍。縣
虹縣	
定遠縣	遠縣，復舊。
懷遠縣	改懷遠軍。寶祐五年，築荊山爲軍治，領荊山縣，始析地跨淮東西，則兼古揚州之域矣。
臨淮縣	
鳳陽縣	
鳳陽府	

續表

靈壁縣	故小縣在彭城南。《史記正義》曰：靈壁在符離縣西北九十里。則靈壁本漢以前舊縣，
宿州	
鳳臺縣	
壽州	四：下蔡，緊。安豐，望。霍(邱)〔丘〕，望。壽春，緊。乾道三年，爲倚郭。
虹縣	
定遠縣	
懷遠縣	
臨淮縣	
鳳陽縣	
鳳陽府	

續表

靈璧縣	久廢而復置也。又：沛郡洨縣有垓下聚，漢置縣，東晋後省。《南畿志》云：靈璧縣有洨城。
宿州	
鳳臺縣	
壽州	
虹縣	
定遠縣	
懷遠縣	
臨淮縣	
鳳陽縣	
鳳陽府	

續表

	金 南京路	元 河南江北道
鳳陽府		安豐路 濠州 歸德府
鳳陽縣		
臨淮縣		鍾離縣《元史・志》：濠州鍾離縣，
懷遠縣		懷遠縣《元史・志》：濠州
定遠縣		定遠縣《元史・志》：濠州
虹縣	虹縣《金史・志》：泗州虹縣。	虹遠《元史・志》：泗州
壽州	壽州《金史・志》：壽州，下，宋隸壽春府，貞元元年來屬。泰和六年，升爲防禦。縣二：下蔡、蒙城。	安豐路《元史・志》：安豐
鳳臺縣		
宿州	宿州《金史・志》：宿州，中，宋符離郡保静軍節度，隸揚州。初隸山東西路，大定六年來屬。縣四：符離、臨涣、靈壁、蕲。	宿州《元史・志》：歸德
靈璧縣	靈璧縣 金屬宿州。	靈壁縣《元史・

	江北淮東道
鳳陽府	淮安路 泗州
鳳陽縣	
臨淮縣	下，倚郭。
懷遠縣	懷遠縣，下。宋爲懷遠軍，領荆山一縣。至元二十八年，以軍爲縣，隸濠州，省荆山入焉。
定遠縣	定遠縣，下。
虹縣	虹縣，下。
壽州	路，下。唐初爲壽州，宋爲壽春府，又以安豐縣爲安豐軍。元至元十四年，改安豐路。十五年，定爲散府，領壽春、安豐、霍（邱）〔丘〕三縣。二十八年，復升爲路，以臨濠府爲濠州，與
鳳臺縣	
宿州	府宿州，中，唐置，宋升保静軍，金置防禦使。元初隸歸德府，領臨涣、蘄、靈璧、符離四縣。至元二年，以四縣併入州。四年，以靈璧入泗州。十七年，復來屬。按：臨涣、蘄、符
靈璧縣	志》：宿州靈璧縣，下。

續表

續表

鳳陽府	
鳳陽縣	
臨淮縣	
懷遠縣	
定遠縣	
虹縣	
壽州	下蔡、蒙城俱來屬。領州一、縣五：壽春，中，倚郭。安豐，下。霍(邱)〔丘〕下。下蔡，下。至元十三年，隸壽春府。二十八年，罷府，與蒙城皆來屬。蒙城，下。
鳳臺縣	
宿州	離三縣，元省入宿州。又有相縣，漢爲沛郡治，後漢、晋爲沛國治，宋、南齊、後魏屬沛郡，隋省。《輿地志》：宿州有符離廢縣、銍城、臨涣城、竹邑城、蘄城、相城。
靈璧縣	

	明 南直隸
鳳陽府	鳳陽府
鳳陽縣	鳳陽縣 《府志》：明洪武三年，築新城於臨淮西二十里，改中立府爲鳳陽府，徙治新城。析臨淮縣太平、清洛、廣德、永豐四鄉置鳳陽縣，
臨淮縣	臨淮縣 《南畿志》：舊鍾離縣，洪武三年改中立縣，尋改臨淮縣，仍治舊城。《府志》：明初，與鳳陽縣同爲附郭，萬曆時始改外屬。
懷遠縣	懷遠縣 《府志》：元隸安豐路濠州，明改隸鳳陽府。
定遠縣	定遠縣 《府志》：元隸安豐路濠州，明改隸鳳陽府。
虹縣	虹縣 《續文獻通考》：虹縣，宋屬泗州，金因之，後廢，元復置。洪武初，改屬鳳陽府。
壽州	壽州 《續文獻通考》：元安豐路，洪武初仍改爲壽州，以壽春縣省入，領霍（邱）〔丘〕、蒙城二縣。按：《輿地志》：壽州南六十里有安豐廢縣，蓋明初改安豐路爲壽州，并省縣
鳳臺縣	
宿州	宿州 《續文獻通考》：宿州，元屬歸德府，洪武初改屬鳳陽府，領縣同。
靈璧縣	靈璧縣 《府志》：明隸鳳陽府宿州。

續表

續表

	鳳陽府	鳳陽縣	臨淮縣	懷遠縣	定遠縣	虹縣	壽州	鳳臺縣	宿州	靈璧縣
		又割虹縣南八都益之，爲附郭縣。《南畿志》：以在鳳凰山之陽，故名。					入州也。			
國朝 江南安徽布政使司	鳳陽府 舊轄五州十三縣。雍正二年，升潁州、亳州、泗州直隸，分去五縣。今合分	鳳陽縣 倚郭。	臨淮縣	懷遠縣	定遠縣	虹縣	壽州 舊領霍(邱)〔丘〕、蒙城二縣。雍正二年，改霍(邱)〔丘〕隸潁州，蒙城隸亳州。	鳳臺縣 雍正十一年，析壽州地置。	宿州	靈璧縣

續表

鳳陽府	縣，轄州二、縣七，治鳳陽。	
鳳陽縣		
臨淮縣		
懷遠縣		
定遠縣		
虹縣		
壽州		
鳳臺縣		
宿州		
靈璧縣		

潁州府

《禹貢》豫州之域。春秋時胡子國，戰國屬楚，秦屬潁川郡，漢屬汝南郡。三國魏置汝陰郡，後廢。晉泰始二年，復置，宋、齊因之。梁置汝陰、弋陽二郡，北魏亦曰汝陰郡。孝昌四年，置潁州。北齊改置潁川郡。隋開皇初，郡廢，存州。大業初，復爲汝陰郡。唐武德四年，置信州。六年，改潁州。天寶初，又改汝陰郡。乾元初，復爲潁州。五代、宋因之，屬京西路。元豐二年，升順昌軍節度。政和六年，改爲順昌府。金復爲潁州，屬汝寧府，以州治之汝陰縣省入。元仍屬汝寧府。明改屬鳳陽府，領縣二：潁上、太和。

國朝因之。雍正二年，升直隸州，改太和縣屬直隸亳州，以壽州之霍(邱)〔丘〕縣來屬。十三年，升爲府，省州，置新縣一，爲府治。又以亳州及所領太和、蒙城二縣來屬，隸江南安徽布政使司。領州一、縣五。

	潁州府	阜陽縣	潁上縣	霍(邱)〔丘〕縣	亳州	太和縣	蒙城縣
虞夏商 豫州				蓼國 《通志》：蓼國，今壽州霍(邱)〔丘〕縣。六、蓼皆虞夏所以封皋陶。			
周 豫州		胡國 《左傳》昭四年：胡子從楚靈王會于申。杜註：胡國，汝陰縣西北有胡城。	潁上邑 《史記》：管仲，潁上人。註：《地理志》：潁水出陽城。漢有潁陽、臨潁二縣，今有潁上縣。又：慎邑，《左傳》哀十五年：吴人伐慎，白公敗之。杜註：汝陰慎縣	蓼國 《左傳》文五年：楚子燮滅蓼。杜註：蓼國，今安豐蓼縣。六與蓼，皆皋陶後也。後爲楚之蓼邑。又雩婁邑。《史記》：吴王餘祭十二年，楚伐吴至雩婁。註：服虔曰：雩婁，楚之東邑。師古曰：	焦夷邑 《左傳》僖二十三年：楚伐陳，取焦、夷。杜註：焦，今譙縣也。夷，一名城父，今譙郡城父縣。按：《通典》云：亳州，理譙縣，周武王封神農之後於焦，即其地也。考《史	《左傳》僖二十一年：宋人爲鹿上之盟。杜註：鹿上，宋地，汝陰有原鹿縣。《水經註》：谷水東逕原鹿縣故城北，城側水南，又東逕富陂縣故城北。按：原鹿縣，二漢屬汝南郡，	

	穎州府	阜陽縣	穎上縣	霍(邱)〔丘〕縣	亳州	太和縣	蒙城縣
			也。按：《文獻通考》云：慎縣，白公勝邑。考《史記》，楚封王孫勝白公。杜預曰：褒信縣有白亭。是褒信爲白公勝封邑，非慎縣也。	雩音許于翻，「婁」音力于翻。	記·周本紀》註：《地理志》：弘農陝縣有焦城，故焦國也。則非此地。	魏、晉屬汝陰郡，後省。富陂縣，二漢屬汝南郡，魏省。《輿地考》：太和縣有原鹿城，富陂城。	
秦 豫州	穎川郡	汝陰縣 《史記·陳涉世家》：鄧宗，汝陰人。又鄗(邱)〔丘〕縣。《漢書·志》：應劭曰：秦伐魏，取鄗(邱)〔丘〕。漢興，爲新鄗。			譙縣 《史記》：葛嬰攻譙，下之。註：徐廣曰：譙縣，在沛。又：城父縣。《史記》：秦李信引兵而西，與蒙恬會城父。		

續表

	潁州府	阜陽縣	潁上縣	霍(邱)〔丘〕縣	亳州	太和縣	蒙城縣
漢　豫州	汝南郡	汝陰縣　《漢書·志》：汝南郡汝陰縣。註：故胡國，都尉治。又：新郪縣。註：章帝封殷後，更名宋。師古曰：封於新郪，號爲宋國耳。《通典》：汝陰，漢舊縣，有寢(邱)〔丘〕。《史記》曰：蒙恬伐寢。徐廣又曰：固始，寢(邱)〔丘〕也。按：固始，今弋陽郡，縣亦漢寢(邱)〔丘〕地	慎縣　《漢書·志》：汝南郡慎縣。按慎陽縣註：應劭曰：慎水出，東北入淮。師古曰：「慎」字本作「滇」，音「真」，後誤爲「慎」耳。今猶有真(邱)〔丘〕、真陽縣，字並單作「真」，知其音不改也。闞駰云：永平五年，更刻印，遂誤以「水」爲「心」。	《漢書·志》。廬江郡雩婁縣。註：決水北，至蓼入淮。又有灌水，亦北，至蓼入決，過郡二行五百十一里。《水經註》：決水出廬江雩婁縣北，過安豐縣東，又北會陽泉水。水西有陽泉縣故城，故陽泉鄉也。又：六安國蓼縣。註：故國，皋陶後，爲楚所滅。又：安風縣。又：陽泉縣。又：沛郡義成縣。	譙縣　《漢書·志》：沛郡譙縣。《通典》：有渦水。魏黄初中，文帝自譙循渦入淮，有古焦城。又：城父縣。註：夏肥水東南至下蔡入淮，過郡二，行六百二十里。《通典》：春秋時陳國之夷邑，有肥水、包濮水。		山桑縣　《漢書·志》：沛郡山桑縣。

潁州府	
阜陽縣	也。又有漢細陽故城，在西北。胡三省《通鑑註》：《史記·滕公傳》：增食細陽千户。細陽縣，屬汝南郡，蓋與汝陰鄰境。按：細陽縣，二漢俱屬汝南郡，《晉書·志》無之，必三國時省入汝陰也。至宋初，又以其地置萬壽縣，後改曰泰和。
潁上縣	
霍(邱)〔丘〕縣	
亳州	
太和縣	
蒙城縣	

續表

	後漢 豫州
潁州府	汝南郡
阜陽縣	汝陰縣　《後漢書・志》：汝南郡汝陰縣，本胡國。註：杜預曰：縣西北有胡城。《地道記》有陶(邱)〔丘〕鄉，《詩》所謂「汝墳」。又：宋縣，宋公國，周名郪(邱)〔丘〕，漢改爲新郪。章帝建初四年，徙宋公於此。有繁陽亭。註：《左傳》襄四年：楚師繁昌。杜預曰：
潁上縣	慎縣　《後漢書・志》：汝南郡慎縣。
霍(邱)〔丘〕縣	《後漢書・志》：廬江郡雩婁縣，侯國。又：蓼縣，侯國。又：陽泉縣，侯國。註：《廣志》曰：有陽泉湖。又：安風縣，侯國。又：九江郡義城縣，故屬沛。按：義成，《後漢志》作「義城」。
亳州	譙縣　《後漢書・志》：沛國譙縣。註：平陽邑。《左傳》僖二十三年：楚所取，乾谿在南。又：汝南郡城父縣，故屬沛。春秋時曰夷，有章華臺。註：夷，屬陳。《左傳》僖二十三年：楚所取，有乾谿在縣南。
太和縣	
蒙城縣	山桑縣　《後漢書・志》：汝南郡山桑縣，侯國，故屬沛，有下城父聚、垂惠聚。《漢書註》：師古曰：下城父，地名，在沛郡城父縣東。賢曰：垂惠聚，在今亳州山桑縣西北，一名禮城。

續表

	潁州府	阜陽縣	潁上縣	霍(邱)〔丘〕縣	亳州	太和縣	蒙城縣
		鮦①陽南有繁陽亭。					
三國 魏 豫州	汝陰郡	汝陰縣 《晋書·志》：魏置汝陰郡，治汝陰縣。《通典》：魏置汝陰郡，司馬宣王使鄧艾屯田於此。郡後廢，晋泰始二年復置。	慎縣 《晋書·志》：慎縣，魏屬汝陰郡。《通典》：慎縣有關，吴、魏以來關防津濟之所。	《晋書·志》：安豐郡，魏置，統縣五：安風縣。又：雩婁縣。又：蓼縣。按：陽泉縣，魏時廢，《晋志》無之。	譙縣 《水經註》：魏黄初中，文帝以酇、城父、山桑、銍置譙郡。《魏略·志》：黄初二年，改長安、譙、許昌、鄴、洛陽爲五都。又：城父縣，屬譙郡。		山桑縣 屬譙郡。

① 「鮦」，《四庫》本作「銅」。

續表

	潁州府	阜陽縣	潁上縣	霍(邱)〔丘〕縣	亳州	太和縣	蒙城縣
晉 豫州	汝陰郡	汝陰縣 《晉書·志》：汝陰郡汝陰縣。註：故胡子國。又：宋縣。註：侯相。	慎縣 《晉書·志》：汝陰郡慎縣。註：故楚邑。	《晉書·志》：安豐郡安風縣。又：雩婁縣。又：蓼縣。又淮南郡義城縣。	譙縣 《晉書·志》：譙郡〔譙〕①縣。又：城父縣。		山桑縣 《晉書·志》：譙郡山桑縣。
南北朝 豫州	汝陰郡	汝陰縣 《宋書·志》：汝陰太守汝陰令，漢舊縣。又：宋令，漢舊縣。《南齊書·志》：西汝陰郡汝陰縣。又：宋縣。《魏	按：宋汝陰郡，南齊西汝陰郡，魏北揚州汝陰郡，俱無慎縣，蓋以其地改置僑縣也。至宋、南齊南汝陰郡之慎縣，及魏合州南	《宋書·志》：邊城左郡雩婁令，二漢屬廬江。《晉太康》云：屬安豐。《南齊書·志》：安豐郡雩婁縣。《魏書·志》：西邊城郡宇樓縣。按：《宋志》	小黄縣 《宋書·志》：陳留太守小黄令，漢舊名。又：浚儀令，漢舊名。《南齊·志》同。《魏書·志》：南兗州陳留郡小黄		渦陽縣 《魏書·志》：南譙郡渦陽縣。註：武定六年置，有北平城、曹操祠。按：宋、南齊《志》：

① 據《四庫》本補。

續表

蒙城縣	太和縣	亳州	霍(邱)〔丘〕縣	潁上縣	阜陽縣	潁州府	
南譙郡治山桑縣，此僑置淮南者。北魏改南譙郡，治渦陽縣，始復山桑舊地，故隋②仍改曰山桑。		縣。註：劉裕置，魏因之。有曹騰墓、曹嵩墓、鄧艾祠。又：浚①儀縣。註：有城父城。按：陳留郡之小黄、浚儀，本漢舊縣。東晉後，陳留寄治譙郡，遂以譙改置小黄，城父改置浚儀，而本縣轉僑置淮南	無安風、蓼二縣。孝建二年，復立蓼城左縣，後復省入邊城郡，南齊併邊城郡入安豐郡，東魏廢安豐郡，後其地皆入霍（邱）〔丘〕。《輿地考》：霍(邱)〔丘〕有雩婁城、安風城、蓼縣城、陽泉城。	梁郡之慎縣，此僑置廬州者。自隋以後，慎縣俱屬廬州，而縣名歷代相沿不改，與二漢、魏、晉之慎縣名同而地異矣。互見《廬州府》。	書・志》：北揚州汝陰郡汝陰縣。又：宋縣。註：前漢曰新郪，屬汝南，後漢改，晉屬，後罷，太和元年復屬。按：宋、南齊《志》：南汝陰郡又有汝陰縣，所治即合肥縣地，隋仍改爲合肥。又：魏合州汝陰		

① 「浚」，《四庫》本作「俊」。

② 「始復」句，《四庫》本缺「山桑」「地故隋」五字，並注「闕」。

續表

	穎州府	阜陽縣	穎上縣	霍(邱)〔丘〕縣	亳州	太和縣	蒙城縣
		郡汝陰縣。註：治合肥城，即宋、南齊南汝陰郡之汝陰縣也。此係僑縣。			南譙郡之譙、城父是也。至隋仍改小黃曰譙，浚儀曰城父縣，地與名始皆復舊。又：考《魏書·志》，梁州陳留郡小黃、浚儀二縣，即漢舊縣。揚州陳留郡浚儀縣，亦僑縣，與譙、城父改置之縣又別。		
隋 豫州 徐州	穎州汝陰郡 壽州淮南郡	汝陰縣　《隋書·志》：穎州汝陰縣，舊置汝	穎上縣　《隋書·志》：穎州穎上縣，梁置下	霍(邱)〔丘〕縣　《隋書·志》：壽州霍(邱)〔丘〕	譙縣　《隋書·志》：亳州譙縣，舊曰小黃，置陳		山桑縣　《隋書·志》：亳州山桑縣，

續表

潁州府	
阜陽縣	陰郡，開皇初郡廢，大業初復置。又：潁陽縣，梁曰陳留，并置陳留郡及陳州。東魏廢州。開皇初，廢郡。十八年，縣改名焉。有鄭縣，後齊廢。又：清（邱）〔丘〕縣，梁曰許昌，及置潁川郡。開皇初，郡廢。十八年，縣改名焉。
潁上縣	蔡郡，後齊廢郡，大業初縣改名焉。《寰宇志》：潁上縣，本漢慎縣地。《通典》：漢置慎縣，縣地故城在今縣西北。又有故甘城，梁置下蔡郡。按《隋志》，潁上縣未改之前名闕。考宋汝陰郡，領汝陰、宋、安城、樓煩四縣。
霍（邱）〔丘〕縣	縣，梁置安豐郡，東魏廢。開皇十九年，置縣，名焉。《水經註》：淮水東過安豐縣東北，又東爲安豐津，水南有城，故安豐都尉治，後立霍（邱）〔丘〕戍。杜佑曰：安風津在壽州霍（邱）〔丘〕縣北。《續通典》：霍（邱）〔丘〕，本春秋時蓼國，梁置霍（邱）
亳州	留郡。開皇初郡廢，十六年分置梅城縣，大業三年改小黄爲譙縣，併梅城入焉。又：城父縣，宋置曰浚儀，開皇十八年改焉。《續通典》：宋白曰：亳州，春秋爲陳國之焦邑，漢爲譙縣，魏爲譙郡。後周武帝置亳州，遥取古南亳
太和縣	
蒙城縣	後魏置渦州渦陽縣，又置譙郡，梁改渦州曰西徐州，東魏改曰譙州。開皇初郡廢。十六年，改渦陽①爲肥水。大業初州廢，改縣曰山桑。又：梁置北新安郡，東

① 「陽」，《四庫》本作「州」。

續表

潁州府	
阜陽縣	按《魏志》：潁州，孝昌四年置。《隋志》云：舊置潁州，即魏置也，潁州之名始此。又按：隋汝陰郡無宋縣，蓋已省入汝陰。《南畿志》云：鄎（邱）〔丘〕城，在潁州東五里。
潁上縣	汝陰、宋、安城，皆汝南郡舊縣。惟樓煩縣云，流寓配，屬魏。下蔡郡，領下蔡、樓煩二縣。而隋汝陰郡仍有下蔡縣，則慎縣故地，晉、宋時當改置樓煩也。胡三省《通鑑註》云：宋僑置樓煩縣於汝陰郡界，後魏以縣爲下蔡郡治所，齊廢郡，隋改爲潁上縣，唐屬
霍（邱）〔丘〕縣	〔丘〕戍，隋改戍爲縣。《通典》：梁置安豐郡，即今縣城。按《隋志》淮南郡無雩婁、義成二縣。《南畿志》云：廢雩婁縣，在霍（邱）〔丘〕縣西南八十里。廢義成縣，在縣北四十里。
亳州	之名以名州。《五代通録》：小黄爲高齊所廢，其故城在今陳留縣東北。
太和縣	
蒙城縣	魏改置蒙郡，後齊廢郡，置蒙縣。後又置郡，開皇初郡廢。又：梁置陽夏郡，東魏廢。按：廢蒙縣，隋併入壽春。

	潁州府	阜陽縣	潁上縣	霍（邱）〔丘〕縣	亳州	太和縣	蒙城縣
			潁州。可謂確證。又：魏譙州有下蔡郡，改梁潁川郡置，與此又別。				
唐 河南道 淮南道	潁州汝陰郡 壽州壽春郡	汝陰縣　《唐書・志》：潁州，上。本信州，武德四年置，六年更名。縣曰汝陰縣，緊。武德初，有永安、高唐、永樂、清（邱）	潁上縣　《唐書・志》：潁州潁上縣，上。《九域志》：在州東一百一十七里。《續通典》：宋白曰：潁上縣，漢慎縣也。南北畫	霍邱）〔丘〕縣　《唐書・志》：壽州霍（邱）〔丘〕縣，緊。武德四年，以松滋、霍（邱）〔丘〕二縣置蓼州。七年，州廢，省松滋，以霍（邱）〔丘〕來	譙縣　《唐書・志》：亳州，望，本譙州。貞觀八年更名。縣七：譙縣，緊。又：城父縣，上。王世充置成州，尋廢。武德三年，		蒙城縣　《唐書・志》：亳州蒙城縣，本山桑，天寶元①年更名。

① 《四庫》本無「元」字。

續表

蒙城縣	太和縣	亳州	霍（邱）〔丘〕縣	潁上縣	阜陽縣	潁州府	
		於魯（邱）〔丘〕堡置文州，并置藥城縣。四年，州廢爲文城縣。七年，省入城父。天祐二年，更名焦夷。餘四縣今屬河南。按《隋志》本曰亳州，或隋末暫改譙州，而唐復舊名也。又：焦、夷本二邑，唐合稱之。	屬。神功元年，曰武昌。景雲元年，復故名。按《通典》云：霍（邱）〔丘〕，漢松滋縣。而《續通典》云：漢松滋縣，晋改爲宿松，則又非霍（邱）〔丘〕矣。考《隋志》有宿松縣，無松滋縣，是唐以置蓼州之松滋，亦省而復置，非漢舊縣也。	淮爲守，關防莫謹於此。隋大業二年，於今縣南故鄭城置潁上縣，以地枕潁水上游爲名。	〔丘〕、潁陽等縣，六年省永安、高唐、永樂。貞觀元年，省清（邱）〔丘〕、潁陽，皆入汝陰。又：潁上縣，見下，餘二縣今別屬。按：永安、高唐、永樂三縣，《隋志》無之，當是隋末暫置，而唐初又省也。		

續表

	潁州府	阜陽縣	潁上縣	霍(邱)〔丘〕縣	亳州	太和縣	蒙城縣
五代	潁州 壽州	汝陰縣 潁州治。	潁上縣 屬潁州。	霍(邱)〔丘〕縣 屬壽州。	譙縣 亳州治。薛居正《五代史》：梁龍德元年，改亳州焦夷縣爲夷父。		蒙城縣 屬亳州。
宋 京西北路淮南西路	順昌府 壽春府	汝陰縣 《宋史·志》：本潁州。元豐二年，升順昌軍。政和六年，改爲府。縣四：汝陰縣，望，開寶六年移治於州城東南十里。又：潁上縣，見下，餘同前。	潁上縣 《宋史·志》：順昌府潁上縣，緊。	霍(邱)〔丘〕縣 《宋史·志》：壽春府霍(邱)〔丘〕縣，望。	譙縣 《宋史·志》：亳州，望。大中祥符七年，建爲集慶軍。南渡後入於金。縣七：譙縣，望。又：城父縣，望。餘四縣同前。按：《宋志》仍稱城父縣，《文獻通考》云：唐焦夷	泰和縣 《宋史·志》：順昌府泰和縣，望。《文獻通考》：宋升汝陰縣百尺鎮爲萬壽縣，宣和後改爲泰和縣。《通鑑註》：《水經注》：淮水東南過陳縣，又東南流注於潁，謂	蒙城縣 《宋史·志》：亳州蒙城縣。

續表

蒙城縣	
太和縣	之交口，水次有大堰，即古百尺堰。晋司馬宣王討王淩，大軍掩至百尺，即此。《南畿志》：泰和縣，漢細陽縣地，隋改爲潁陽縣，唐省入汝陰縣，廢其地爲百尺鎮，宋置萬壽縣，宣和中改曰太①和。
亳州	縣，後唐改。
霍(邱)〔丘〕縣	
潁上縣	
阜陽縣	
潁州府	

① 「太」，《四庫》本作「泰」。

續表

	潁州府	阜陽縣	潁上縣	霍(邱)〔丘〕縣	亳州	太和縣	蒙城縣
金	潁州	汝陰縣 《金史・志》：潁州，下，宋順昌府汝陰郡。縣四：汝陰縣，倚郭，有潁水、淮水、淝水、汝水。又：潁上縣，見下，餘別屬。	潁上縣 《金史・志》：潁州潁上縣，元光二年十一月，改屬壽州。有潁水、淮水。	按《金史・志》，壽州無霍(邱)〔丘〕縣，時仍屬宋也。	譙縣 《金史・志》：亳州，上，宋譙郡集慶軍，隸揚州。縣六：譙縣，倚郭，有渦水、泡水。又：城父縣，有渦水、肥水、父水。餘四縣同前。	泰和縣 《金史・志》：潁州泰和縣，有潁水。	蒙縣城 《金史・志》：壽州蒙城縣，宋隸亳州，國初來屬。有狼山、渦水。
元 河南江北道	潁州 安豐路	《元史・志》：汝寧府潁州，下。唐初爲信州，後改汝陰郡，又改	潁上縣 《元史・志》：潁州潁上縣，下。	霍(邱)〔丘〕縣 《元史・志》：安豐路霍(邱)〔丘〕縣，下。	譙縣 《元史・志》：歸德府亳州，下。唐初爲亳州，後改譙郡，	太和縣 《元史・志》：潁州太和縣，下。元至元二年省入州，	蒙城縣 《元史・志》：安豐路蒙城縣，下①。

① 《四庫》本無「下」字。

續表

	淮西江北道
潁州府	
阜陽縣	潁州，宋升順昌府，金復爲潁州。舊領汝陰、泰和、沈(邱)〔丘〕、潁上四縣。元至元二年，省四縣入州，後復領三縣：太和、沈(邱)〔丘〕今別屬，潁上見下。
潁上縣	
霍(邱)〔丘〕縣	
亳州	又仍爲亳州，宋升集慶軍，金復爲亳州。元初領縣六，後併城父入譙，衛真入鹿邑，穀熟入睢陽，酇入永城。其睢陽、永城去隸歸德，後復置城父。領三縣：譙縣，下；城父縣，下；又鹿邑縣，今別屬。
太和縣	後復置。按：泰和，《元志》作「太和」，後皆因之。
蒙城縣	

續表

	明 南直隸	國朝 江南安徽布政使司
潁州府	潁州	潁州府 舊爲鳳陽府屬州，雍正二年升直隸州，雍正十三年升府，以亳州及所領太和、蒙城
阜陽縣	《續文獻通考》：潁州，明初改屬鳳陽府，領縣二：潁上，見下；太和，今别屬。	阜陽縣 雍正十三年，以州境設縣，名阜陽，府治在焉。
潁上縣	潁上縣 屬鳳陽府潁州。	潁上縣 舊屬鳳陽府潁州，雍正二年屬直隸潁州，十三年隸府。
霍（邱）〔丘〕縣	霍（邱）〔丘〕縣 屬鳳陽府壽州。	霍（邱）〔丘〕縣 舊屬鳳陽府壽州，雍正二年改屬直隸潁州，十三年隸府。
亳州	亳州 《續文獻通考》：亳州，太祖時降爲亳縣，以譙縣省入，屬潁州。弘治八年，復升爲州，屬鳳陽府。	亳州 舊屬鳳陽府，雍正二年升爲直隸州，改潁州之太和縣、壽州之蒙城縣來屬。領縣二。雍正十三年，改隸潁州府，爲屬州，及所領二縣皆屬
太和縣	太和縣 屬鳳陽府潁州。	太和縣 舊屬鳳陽府潁州，雍正二年改屬直隸亳州，十三年改屬潁州府。
蒙城縣	蒙城縣 屬鳳陽府壽州。	蒙城縣 舊屬鳳陽府壽州，雍正二年改屬直隸亳州，十三年改屬潁州府。

續表

蒙城縣	太和縣	亳州	霍(邱)〔丘〕縣	潁上縣	阜陽縣	潁州府	
		潁州府轄。				來屬。又以州境設阜陽縣，轄州一、縣五。	

滁州

《禹貢》揚州之域。春秋時屬吴，後屬越。戰國屬楚，秦屬九江郡。漢初屬淮南國，後亦屬九江郡，後漢因之。三國時屬魏，晋屬淮南郡，東晋僑立南譙郡於此，宋因置南譙郡及平昌郡，南齊改平昌郡爲新昌郡，梁又置北譙郡，後魏因之。北齊徙南譙州於新昌郡，改北譙爲臨滁郡。北周仍曰北譙郡。隋開皇初，郡廢，改南譙州爲滁州。大業初，州廢，屬江都郡。唐武德三年，復置滁州。天寶初，改永陽郡。乾元初，復曰滁州。五代屬吴。南唐、宋亦曰滁州，屬淮南東路。元爲滁州路，隸江北淮東道。後復爲州，屬揚州路。明初，併清流、全椒、來安三縣入州，屬鳳陽府。後以州直隸南京，復置全椒、來安爲屬。領縣二。

國朝因之，隸江南布政使司。康熙六年，隸江南安徽布政使司。領縣二。

	滁州		全椒縣	來安縣
虞夏商 揚州				
周 揚州				
秦 揚州	九江郡			
漢 揚州	九江郡		全椒縣 《漢書·志》：九江郡全椒縣。又：建陽縣。又：阜陵縣。	

續表

	滁州		全椒縣	來安縣
			《通典》：漢阜陵縣，在滁州全椒縣南。	
後漢 揚州	九江郡		全椒縣 《後漢書·志》：九江郡全椒縣。又：阜陵縣。按《後漢·志》無建陽縣。《南畿志》云：建陽城在滁州東四十里，本秦縣，漢時省入全椒。按李吉甫《十道圖》，清流有建陽城，即此也。	
三國 吴 揚州	九江郡		全椒縣 《吴志》：赤烏十三年，遣軍十萬作堂邑涂塘。又：太元元年，太傅恪率軍遏巢湖東興，蓋其地謂之涂中。楊正衡曰：涂中，今滁州全椒縣、真州六合縣是也，實爲吴鎮戍之地。互見《江寧府》。	

	滁州		全椒縣	來安縣
晉 揚州	頓(邱)〔丘〕郡 秦郡	頓(邱)〔丘〕縣　《宋書·志》：頓(邱)〔丘〕縣，漢屬東郡，魏屬平陽。晉武帝泰始二年，分淮陽置頓(邱)〔丘〕郡，頓(邱)〔丘〕縣又屬焉。江左流寓立，屬秦郡。《通典》：漢全椒縣地。《名勝志》：漢全椒、阜陵、建陽三縣地，孫吳於此築涂塘，以限魏兵。按：頓(邱)〔丘〕縣，二漢屬東郡，晉屬頓(邱)〔丘〕郡，東晉秦郡之頓(邱)〔丘〕乃寄治淮南者也。至隋改名曰清流，適得滁州本境，而復置頓(邱)〔丘〕縣，屬武陽郡，乃還治故地焉。	全椒縣　《晉書·志》：淮南郡全椒縣。又：阜陵縣。注：漢明帝時，淪爲麻湖。湖在今和州歷陽縣西三十里。	
南北朝 南豫州	新昌郡 南譙郡	頓(邱)〔丘〕縣　《宋書·志》：新昌郡頓(邱)〔丘〕令，晉安帝時屬	嘉平縣　按《宋書·志》無全椒縣。舊志云：東晉於此置南譙	

續表

	滁州		全椒縣	來安縣
北徐州	北譙郡 臨滁郡	秦郡。元嘉八年，以沛併頓（邱）〔丘〕。元徽元年，割屬新昌。《南齊·志》《魏書·志》同。《續通典》：梁割北徐州之新昌、南譙州之北譙，立爲南譙州，居桑根山西。今滁州城是也。	郡。考《宋志》南譙太守，晉孝武太元中於淮南僑立郡縣，蓋以其地置僑郡，而省本縣也。《南齊書·志》：南譙郡嘉平縣。《南徽志》云：全椒縣，南齊改爲嘉平，屬南譙郡。北齊置臨滁郡，梁改縣爲北譙。《魏書·志》：北譙郡北譙縣。按：北譙郡，亦梁置，魏因之。	
隋 揚州	揚州江都郡	清流縣　《隋書·志》：江都郡清流縣，舊曰頓（邱）〔丘〕，置新昌郡及南譙州。開皇初，改爲滁州，郡廢。又廢樂鉅、高塘二縣入頓（邱）〔丘〕，改曰新昌。十八年，又改爲清流。大業初州廢。有白禪山、曲亭山。《輿地紀勝》：清流	全椒縣　《隋書·志》：江都郡全椒縣，梁曰北譙，置北譙郡。後齊改郡爲臨滁，後周又曰北譙。開皇初郡廢，改縣曰滁水。大業初改名焉。有銅官山、九鬭山。《通典》：全椒，漢舊縣，梁曰北譙，隋曰滁縣，大業初爲全椒。有漢阜	

續表

	滁州		全椒縣	來安縣
		河源出滁州西清流沛上，西南入滁河，縣得名以此。《文獻通考》：清流，隋縣，有清流水、滁水、琅琊山。《通鑑註》：今滁河自滁州至真州入江。	陵故城，在今縣之南也。	
唐 淮南東道	滁州永陽郡	清流縣　《唐書·志》：滁州永陽郡，上。武德三年，析揚州置。縣三：清流縣，上。	全椒縣　《唐書·志》：滁州全椒縣，緊。	永陽縣　《唐書·志》：滁州永陽縣，上，景龍三年析清流置。《南畿志》：本漢建陽縣地，宋置新昌縣，後改曰頓(邱)〔丘〕，隋改清流縣，唐景龍中析置。
五代 吳 南唐	滁州	清流縣　《南畿志》：清流山在滁州西南二十里，南唐置清流關，地極險要。周世宗時，宋太祖禽南唐將皇甫暉於此。	全椒縣　屬滁州。	來安縣　《續文獻通考》：唐永陽縣，南唐改爲來安縣，屬滁州。

續表

滁州			全椒縣	來安縣
宋 淮南東路	滁州永陽郡	清流縣　《宋史·志》：滁州，上。嘉熙中移治王家沙，景定五年置。舊縣三：清流縣，望；全椒、來安，見下。	全椒縣　《宋史·志》：滁州全椒縣，緊。	來安縣　《宋史·志》：滁州來安縣，望。唐永陽縣，南唐改。紹興五年廢入清流。十八年復。乾道九年，廢爲鎮。淳熙二年復。
元 江北淮東道	滁州①	清流縣　《元史·志》：滁州，下，唐初析揚州地置。又改永陽郡，又復爲滁州。元至元十五年，改爲滁州路。領三縣：清流縣，中。	全椒縣　《元史·志》：滁州全椒縣，中。	來安縣　《元史·志》：滁州來安縣，下。
明 南直隸	滁州	《續文獻通考》：明初，以清流、全椒、來安三縣併入滁州，屬鳳陽府。洪武十四年，改直隸州，復置全椒、來安爲屬縣。領縣二。	全椒縣	來安縣

① 《四庫》本「州」下有「路」字。

續表

	滁州	全椒縣	來安縣
國朝 江南安徽布政使司	滁州 直隸，轄縣二。	全椒縣	來安縣

和州

《禹貢》揚州之域，春秋時屬吴。戰國屬越，後屬楚。秦置歷陽縣，屬九江郡。漢屬淮南國，後屬九江郡。後漢爲歷陽侯國。三國屬吴，晋屬淮南郡。東晋永興初，置歷陽郡。宋永初二年，兼置南豫州。南齊又析置臨江郡。梁太清中，屬東魏。北齊天保六年，置和州。周因之。隋開皇初郡廢，仍曰和州。大業初，復爲歷陽郡。唐初曰和州，屬淮南道。天寶初，又爲歷陽郡。乾元初，復爲和州。五代屬吴，南唐、宋仍曰和州歷陽郡，屬淮南西路。元升爲和州路，尋復爲州，屬廬州路。明初，以州所領之歷陽、烏江、含山三縣省入。洪武三年，改州爲歷陽縣，屬廬州府。尋復爲和州，直隸南京。仍析置含山縣爲屬。領縣一。

國朝因之，隸江南布政使司。康熙六年，隸江南安徽布政使司。領縣一。

	和州		含山縣
虞夏商 揚州			
周 揚州			
秦 揚州	九江郡	歷陽縣　《南畿志》：歷陽，本秦縣，項羽封范增爲歷陽侯即此。《續通典》：縣南有歷水，故曰歷陽。	
漢 揚州	九江郡	歷陽縣　《漢書·志》：九江郡歷陽縣，都尉治。《文獻通考》：歷陽，漢縣，有濡須水、六合山、古梁山寨。	
後漢 揚州	九江郡	歷陽縣　《後漢書·志》：九江郡歷陽縣，侯國，刺史治。《通典》：歷陽，漢舊縣，後漢揚州刺史所理。	
三國 揚州　吴	九江郡	歷陽縣　《通典》：歷陽縣，後漢末兼置揚州，自壽春徙治於此。吴爲重鎮。建安十七年，築濡須塢。二十一年，曹公自來攻圍。吴黄武二年，魏軍又攻，不拔。	

	和州		含山縣
		《輿地志》：濡須山在歷陽縣西南，與無爲州七寶山對峙，爲控扼之地。吴據其北，築塢以拒魏；魏據其南，爲關以備吴、蜀。號東關。《江表傳》：歷陽縣有石印山，云石印封發，天下當太平。吴孫皓常遣使祭以太牢。	
晉 揚州	淮南郡 歷陽郡	歷陽縣　《晉書·志》：淮南郡歷陽縣。又：烏江縣。《續通典》：晉太康六年，於東城界置烏江縣。按註：烏江，漢東城縣之烏江亭也。《史記索隱》曰：按晉初屬臨淮。《括地志》：烏江亭，即和州烏江縣也。晉初爲縣。《水經》：江水又北，得黄律口，《漢書》所謂烏江亭長檥船待項王，即此地。《通鑑註》：烏江浦，在今和州烏江縣東五十里。按：東城縣，隋改爲定遠縣。東城故城在今定遠縣東南五十里，烏江縣當兼有其地也。《宋書·志》：歷陽郡，晉惠帝永興元年分淮南立，屬揚州。安帝割屬豫州。按《宋書·志》：晉咸和四年，僑立豫州，刺史治蕪湖，進鎮壽春，又鎮	

續表

	和州		含山縣
		歷陽，皆鎮(成)〔戍〕①重地。宋永初二年，分淮東爲南豫州，亦治歷陽。	
南北朝 南豫州	歷陽郡	歷陽縣 《宋書・志》：歷陽太守歷陽令，漢舊縣，屬九江。又：烏江令，二漢無，《晋書》有，《太康地志》屬淮南。又：龍亢令，漢舊名，屬沛郡，《晋太康地志》屬譙，江左流寓立。《南齊・志》：歷陽郡歷陽縣。又：龍亢縣。又：臨江郡烏江縣。按《宋志》：秦郡懷德令，孝武大明五年立。又以歷陽之烏江，并此爲二縣，立臨江郡。永光元年，省臨江郡。懷德即住郡治，烏江還本也。是臨江郡，宋省而南齊復置，仍以烏江屬臨江。又：《魏書・志》烏江縣屬臨滁郡，無歷陽縣。	
隋 揚州	和州歷陽郡 《隋書・志》：	歷陽縣 《隋書・志》：和州歷陽縣，舊置歷陽郡，開皇初郡廢，大業初復置郡。又：烏江縣，梁置江都郡，	

① 據《四庫》本改。

續表

	和州		含山縣
	後齊立和州。	齊改爲齊江郡，陳又改爲臨江郡，周改爲同江郡，開皇初郡廢，大業初置歷陽郡。有六合山。《文獻通考》：烏江，本烏江亭，漢東城縣地。梁置江都郡，北齊改爲密江郡，陳臨江郡，後周烏江郡，隋復爲縣。有項亭。按：和州之名始此。《通鑑註》：北齊與梁通和，置和州，往來之要津也。	
唐 淮南道	和州歷陽郡 《唐書·志》：和州，上。有府一，曰新川。	歷陽縣　《唐書·志》：和州歷陽縣，上。有禱應山，本白石山。有棲隱山，本梅山。皆天寶六載更名。又：烏江縣，上。東南二里有韋游溝，引江至郭十五里。	含山縣　《唐書·志》：和州含山縣，上，武德六年析歷陽之故龍亢縣地置，八年省。長安四年復置，更名武壽，神龍元年復故名。按：龍亢縣，本春秋時向國，漢屬沛郡，後漢屬沛國，魏、晋屬譙郡。東晋於歷陽郡僑置龍亢縣，非漢舊縣也。《魏書·志》：龍亢郡龍亢縣。註：蕭衍置，魏因之，即歷陽郡之龍亢縣。《隋志》無之。《輿地志》云：周大象初，併入歷陽縣。而唐以其地復置含山縣也。《寰宇記》：龍亢廢縣，今含山縣南四十里龍亢村是也。《南畿志》：含山縣，本歷陽縣地，東晋僑置

	和州		含山縣
			龍亢縣。唐改含山縣，取州境含山爲名。《文獻通考》：含山，唐縣，有大峴山。按《通鑑》齊裴叔業據壽陽，蕭懿據大峴拒之，即此。
五代 吳 南唐	和州	歷陽縣　和州治。又：烏江縣，屬和州。	含山縣　屬和州。
宋 淮南西路	和州歷陽郡	歷陽縣　《宋史・志》：和州，上。南渡後爲姑孰、金陵藩蔽也。縣三：歷陽縣，緊，有梁山、相江二砦。又：烏江縣，中。紹興五年廢爲鎮，七年復。含山縣，見下。	含山縣　《宋史・志》：和州含山縣，中。有東關砦。《南畿志》：即三國時魏東關，宋於此置寨。
元 淮西江北道	和州	歷陽縣　《元史・志》：和州，中，唐改歷陽郡，後仍爲和州，宋隸淮南西(道)〔路〕①。元至元十三年，置鎮守萬户府。明年，改立安撫司。又明年，改和州路。二十	含山縣　《元史・志》：和州含山縣，中。

① 據《四庫》本改。

	和州		含山縣
		八年，降爲州，隸廬州路。領三縣：歷陽縣，上，倚郭。又：烏江縣，中；含山縣，見下。	
明 南直隸	和州	《續文獻通考》：明初省歷陽、烏江二縣入州。洪武二年，又改爲歷陽縣，仍隸廬州。尋復爲和州，直隸，領含山縣一。《南畿志》：明初以三縣省入，洪武二年降爲歷陽縣，仍隸廬州，尋復爲和州。復析置含山縣，以州爲直隸，領縣一。	含山縣
國朝 江南安徽 布政使司	和州	〔直隸，轄縣一。〕①	含山縣

① 據《四庫》本補。

廣德州

《禹貢》揚州之域，春秋時吴桐汭地。戰國屬越，後屬楚。秦屬鄣郡。漢置故鄣縣，屬丹陽郡。三國吴析置廣德縣，屬宣城郡。晉因之。宋又析置綏安縣。梁改爲石封縣，置大梁郡，尋改曰陳留郡。隋開皇初郡廢，仍改石封爲綏安，以故鄣、廣德二縣省入，屬湖州。大業初，改屬宣城郡。唐武德初，置桃州，後廢。至德初，改綏安縣爲廣德，仍屬宣城郡。五代南唐改屬昇州。宋太平興國中，復屬宣州，尋建廣德軍，隸江南道東路。端拱初，置建平縣爲屬。元至元中，升廣德路，隸江南道。

明初爲廣德府，改廣德縣曰廣陽。洪武四年，爲廣德州，直隸南京。十三年，以州治之廣陽縣省入。領縣一。

國朝因之，隸江南布政使司。康熙六年，隸江南安徽布政使司，領縣一。

	廣德州		建平縣
虞夏商 揚州			

	廣德州		建平縣	
周 吴越楚 揚州		《左傳》哀十五年：楚伐吴，及桐汭。林註：宣城廣德縣西南有桐水，出白石山，西北入丹陽湖①。汭，水曲也。《南畿志》：古郡名，曰桐川，曰桐汭。按：唐置桐陳縣，亦取此爲名。		
秦 揚州	鄣郡			
漢 揚州	丹陽郡	故鄣縣　《漢書·志》：丹陽郡故鄣縣。註：師古曰：鄣，音「章」。《通鑑註》：故鄣縣，漢屬丹陽郡。其地本秦鄣郡所治，故曰故鄣。按《漢書·紀》：鴻嘉二年，立中山憲王孫雲客爲廣德王。《地理志》：丹陽郡黝縣，鴻嘉二年爲廣德王國。廣德之名始於此。		

① 「湖」，四庫本作「河」。

續表

	廣德州		建平縣
後漢 揚州	丹陽郡	故鄣縣 《後漢書·志》：丹陽郡故鄣縣。註：秦鄣郡所治。《吴興記》曰：中平元年，分縣南置安吉縣。中平二年，又分立原鄉縣。《桐川志》：後漢置廣德縣，晋併入宣城。今廣德軍是也。《名勝志》：漢成帝封中山靖王後雲客於廣德，中平中分置廣德縣。按《後漢·志》中平中無分置廣德之文，當從《宋志》作吴立。	
三國 吴 揚州	吴興郡 丹陽郡	故鄣縣 《通鑑註》：吴分吴郡丹陽置吴興郡，故鄣屬焉。今湖州安吉縣，故鄣之南鄉也。今廣德軍，是故鄣縣之地。又：廣德縣。按：《晋書·志》：晋平吴，分丹陽之廣德等縣立宣城郡。是廣德縣，吴立也。	
晋 揚州	宣城郡 吴興郡	廣德縣 《晋書·志》：宣城郡廣德縣。又：吴興郡故鄣縣。	
南北朝 揚州	宣城郡 吴興郡	廣德縣 《宋書·志》：宣城太守廣德令。何志云：漢舊縣，二漢《志》並無，疑是吴所立。《南齊·志》同，	

	廣德州		建平縣
	義興郡	梁、陳因之。又：吴興太守故鄣令。《南齊·志》同，梁、陳因之。又：義興太守綏安令。武帝永初三年，分宣城之廣德，吴興之故鄣、長城及陽羡、義鄉五縣立。《南齊·志》同。梁改爲石封縣，陳因之。	
隋 揚州	宣城郡	綏安縣 《隋書·志》：宣城郡綏安縣，舊曰石封，改名焉。梁末立大梁郡，又改爲陳留。平陳，郡廢，省大德、故鄣、安吉、原鄉四縣入焉。《南畿志》：漢故鄣縣，後漢分置廣德縣，屬丹陽郡。晋屬宣城郡，宋、齊因之，梁分置石封縣。隋改石封爲綏安縣，以廣德縣省入，屬湖州，後改屬宣城郡。按：綏安縣，本南宋置，蓋梁改綏安爲石封，隋復改石封爲綏安也。又：廣德縣，《隋志》曰大德，當從大業初改焉。	
唐 江南西道	宣州宣城郡	廣德縣 《唐書·志》：宣城郡廣德縣，緊。本綏安，武德三年以縣置桃州，并置桐陳、懷德二縣。七年，州廢，省桐陳、懷德，以綏安來屬。至德二載更名。有横山。	

續表

	廣德州		建平縣
五代 吴南唐	昇州	廣德縣《南畿志》：廣德縣，五代南唐改爲廣德制置司，屬昇州。《輿地記》：廣德縣，吴屬金陵府，南唐屬江寧府。	
宋 江南東路	廣德軍	廣德縣《宋史·志》：廣德軍，同下州。太平興國四年，以宣州廣德縣爲軍。縣二：廣德縣，望，開寶末自江寧府隸宣州。	建平縣《宋史·志》：廣德軍建平縣，望。端拱元年，以郎步鎮爲縣來隸。《桐川志》：建平縣前有郎溪，以居民郎姓得名，其地爲郎埠鎮。
元 江南道	廣德路	廣德縣《元史·志》：廣德路，下。唐初以綏安縣置桃州，後廢州，改綏安爲廣德縣。宋爲廣德軍。元至元十四年，升爲路。廣德縣，中，倚郭。	建平縣《元史·志》：廣德路建平縣，中。
明 南直隸	廣德州	《南畿志》：元廣德路，明初改廣德府，以廣德縣爲廣陽縣。洪武四年，改直隸州，以廣陽、建平屬之。十三年，省廣陽入州。領縣一。	建平縣
國朝 江南安徽布政使司	廣德州	直隸，領縣一。	建平縣

六安州

《禹貢》揚州之域，古六國。春秋時爲楚之六邑。秦六縣，屬廬江郡。漢屬六安國，後漢復屬廬江郡，晉因之。宋改置開化縣，屬邊城左郡。南齊屬安豐郡，梁又置霍州及岳安郡，後周州廢。隋開皇初郡廢，析置霍山、渒水二縣，屬廬州。唐武德中，復置霍州。貞觀中州廢，改霍山爲盛唐縣，省開化、渒水二縣入焉。後又析置霍山縣，屬壽春郡。五代屬吴，南唐後入周。宋開寶中，廢盛唐、霍山二縣，置六安縣。政和中，升六安軍，屬壽春府。咸淳初，置英山縣爲屬。元改爲六安州，屬廬州路。明初屬鳳陽府，以州治之六安縣省入。洪武十五年，改屬廬州府。弘治中，又析置霍山縣。領縣二。

國朝因之。雍正二年，升直隸州，隸江南安徽布政使司，領縣二。

	六安州		英山縣	霍山縣
虞夏商 揚州		六國　《史記·夏本紀》：封皋陶之後於英、六。註：《索隱》曰：《地理志》：六安國六縣，咎繇後，偃姓所封國。英地闕。《正義》曰：英即蓼		

續表

	六安州		英山縣	霍山縣
		也。《括地志》：故六城在壽州安豐 縣南一百三十二里。		
周 揚州		六國　《左傳》：文五年，楚人滅六。 杜註：六國，今廬江六縣。林註： 六，楚屬國。		
秦 揚州	九江郡	六縣　《史記》：黥布，六人。註： 《索隱》曰：《地理志》：廬江有六 縣。蘇林曰：今爲六安也。《正義》 曰：故六城在壽州安豐縣西南百 三十三里。按：布封淮南王，都六， 即此城。		
漢 徐州	六安國	六縣　《漢書・志》：六安國，故楚。 高帝元年，别爲衡山國。五年，屬淮 南。文帝十六年，復爲衡山。武帝		

	六安州	英山縣	霍山縣
		元狩二年，別爲六安國，治六縣。註：故國，皋陶後，偃姓，爲楚所滅。如谿水首受沘，東北至壽春入芍陂。沘音「匕」。	
後漢 揚州	廬江郡	六縣 《後漢書・志》：建武十年，省六安國，以其縣屬廬江郡。註：皋陶冢在縣。	
三國 吴 揚州	廬江郡	六縣 按《晋書・志》：三國廬江郡，屬吴，領六縣。	
晋 揚州	廬江郡	六縣 《晋書・志》：廬江郡六縣。註：故六國。	
南北朝 南豫州	邊城左郡 安豐郡	開化縣 《宋書・志》：邊城左郡開化令，文帝元嘉二十五年立。《南	

續表

續表

	霍州	隋 揚州
六安州		廬州廬江郡
	齊書·志》：安豐郡開化縣。《魏書·志》：霍州。註：蕭衍置，魏因之，北沛郡治新蔡縣。又：岳安郡。又：西邊城郡開化縣。按：上三郡《魏書·志》俱屬霍州。《南畿志》：六安州，春秋六蓼國地，漢置六安國，晋改六安縣，南北朝梁改開化縣，隋分置霍山縣，唐改爲盛唐縣，宋復爲六安縣，元爲六安州。按：開化縣，宋、南齊《志》已有之，非梁始置也。《隋志》凡東晋後置縣，多云「梁置」，不必拘。	開化縣 《隋書·志》：廬江郡開化縣，梁置。又：霍山縣，梁置霍州
英山縣		
霍山縣		

六安州	
	及岳安郡岳安縣。後齊州廢，開皇初郡廢，縣改名焉。又：淠水縣，梁置北沛郡及新蔡縣，開皇初郡廢，又廢新蔡入焉。《水經》：沘水出廬江灊縣西南霍山東北，東北過六縣，東北入於淮。註：灊者，山水名也。《開山圖》：灊山圍繞大山爲霍山。《爾雅》：大山宫小山曰霍。郭註云：宫謂圍繞之。郭景純曰：灊水出焉，縣即其稱矣。《左傳》昭二十七年「吴師圍潛」是也。《地理志》曰：沘水出沘山，不言霍山。「沘」字或作「淠」。按《通典》《舊唐·志》云：霍山，漢灊縣地。遂有謂漢之灊縣在六安而非潛山者，并有謂漢武帝登封南嶽是霍山而非潛山者。考《水經注》，灊、霍本一山而二名，
英山縣	
霍山縣	

續表

續表

六安州	
	今潛山縣在其南，霍山縣在其北，各取一名以名縣，非有二也。六安之淠水北流入淮，潛山之灊水南流入江，是其一證。又考《史記》，武帝登禮灊之天柱山，號曰「南嶽」。應劭曰：灊縣，屬廬江。南嶽，霍山也。《通典》梁置岳安郡，亦取義於此。《通典》以霍山爲灊縣，而懷寧縣註云：有灊山，一名天柱山，唐時懷寧縣治，在今潛山。是又一山兩屬矣。又《通典》、《舊唐·志》云：故六城在安豐縣南。遂有謂六縣地在今壽州，而非六安者。考《地理志》，故六城在壽州安豐縣南一百三十餘里，其地遠矣，非即安豐也。今六安州在壽州之南，正是其地。宋廢盛唐、霍山，復置縣，名曰六安，必有考也。
英山縣	
霍山縣	

	六安州		英山縣	霍山縣
		參考衆説，漢灊縣，今潛山、霍山兩有其地。六安州，即漢六安國之六縣耳。《左傳》杜註：潛在六縣西南。六與潛相去不遠，六有潛地，故六亦名潛，猶皖有舒地，故皖亦名舒也。		
唐 淮南道	壽州壽春郡	盛唐縣 《唐書・志》：壽春郡盛唐縣，上。本霍山。武德四年，以霍山、應城、灊城三縣置霍州。貞觀元年，州廢，省應城、灊城，以霍山來屬。神功元年曰武昌，神龍元年復故名，開元二十七年更名。有開化縣，武德四年置。有潛縣，五年置。貞觀中皆省。又：霍山縣，天寶初析盛唐别置，有大别山、霍山。《漢書註》：武帝元封五年南巡狩，至於		

續表

六安州	
	盛唐。文穎曰：按《地理志》不得，疑當在盧江左右。胡三省《通鑑註》據《唐·地理志》，壽州有盛唐縣，蓋以古地名名縣。宋白曰：壽州六安縣，楚之灊也，在漢爲盛唐縣，縣西十五里有盛唐山。按《輿地記》，盛唐山在今桐城縣。故唐同安郡又名盛唐郡，漢武帝作《盛唐樅陽之歌》，盛唐必與樅陽相近。其地皆在桐城也。考六安州無盛唐山，蓋唐以鄰近之地名縣耳。又：《唐志》無淠水縣，蓋亦唐初省入盛唐。《南畿志》云：淠河本沘水，一名白沙河。六安州東十里有白沙城，即舊淠水縣也。
英山縣	
霍山縣	

	六安州		英山縣	霍山縣
五代 吴 南唐	壽州	盛唐縣 又：霍山縣，俱屬壽州。按《續文獻通考》云：五代梁改霍山縣曰潛山，晋改盛唐縣曰來化。考五代時壽州屬楊吴，後屬南唐，梁、晋無由改置屬縣。		
宋 淮南西路	六安軍	六安縣 《宋史・志》：開寶中，廢霍山、盛唐二縣。政和八年，升壽春府之六安縣爲六安軍。紹興十三年，廢爲縣。景定五年，復爲軍。端平元年，又爲縣。後復爲軍，縣一：六安縣，中。按《文獻通考》云：唐盛唐縣，宋爲六安。蓋宋初廢霍山、盛唐二縣，後復以其地置六安縣也。	英山縣 《續文獻通考》：英山縣，今羅州羅田縣東鄉地，宋淳祐間立鷹山寨，咸淳初改名英山，因立爲縣，屬六安軍。按《宋史・志》，六安軍無英山縣。	
元	六安州	六安縣 《元史・志》：廬州路六安、即霍山。《南畿志》云：唐盛唐	英山縣 《元史・志》：六安州英	

	六安州		英山縣	霍山縣
淮西①江北道		安州，下。唐以霍山縣置霍州，後州廢，仍爲縣。梁改灊山縣，宋改六安軍。元至元二十八年，降爲縣，隸廬州路。後升爲州，領二縣：六安縣，中；英山，見下。	山縣，下。	
明 南直隸	六安州	《續文獻通考》：洪武中，割屬鳳陽府，以六安縣省入。後改屬廬州府，別置霍山縣爲屬。領二縣：霍山、英山，見下。	英山縣	霍山縣 《續文獻通考》：霍山縣，在州城西北二百七十里，本六安州之故埠鎮。弘治時，以六安、英山相距險遠，析其地立縣，賜名霍山。
國朝 江南安徽布政使司	六安州	舊屬廬州府。雍正二年，升直隸，領縣二。	英山縣 原隸六合軍，軍後改州，隨州并隸廬州府。雍正二年，州升直隸，與霍山同改隸本州。	霍山縣 舊屬廬州府。雍正二年，隸本州。

① 「淮西」，《四庫》本作「淮南」。

泗州

《禹貢》徐州之域，春秋時徐子國，後入於吳。戰國屬越，後屬楚。秦置徐縣，屬泗水郡。漢屬臨淮郡，後漢屬下邳國，三國時屬魏，晋屬臨淮郡，宋、南齊屬淮陵郡，梁置高平郡。北魏亦爲高平郡，又置南徐州，梁改爲東徐州。東魏改東楚州，陳改安州，後周曰泗州。

隋開皇初郡廢，仍曰泗州。大業初州廢，改屬下邳郡。唐復置泗州，屬河南道。天寶初，改爲臨淮郡，乾元初復曰泗州。五代時，楊吳置静淮軍，南唐因之。宋仍曰泗州臨淮郡，屬淮南東路。金省郡，以泗州隸南京路。元屬淮安路，隸江北淮東道。明初，改屬鳳陽府，以州治之臨淮縣省入。領縣二：盱眙、天長。

國朝因之。雍正二年，升直隸州，又以鳳陽府之五河縣來屬。隸江南安徽布政使司，領縣三。

	泗州		盱眙縣	天長縣	五河縣
虞夏商 徐州					
周 青州		徐國　《左傳》杜註：徐國，在下邳僮縣東南。	《左傳》襄五年：仲孫蔑會吳於善道。杜註：善		

續表

	泗州		盱眙縣	天長縣	五河縣
		又：婁林，杜註：徐地。	道，地闕。《南兖州記》：盱眙，爲春秋善道地。		
秦 揚州	泗水郡		盱眙縣 《史記正義》曰：盱眙，今楚州，縣臨淮水。又：東陽縣。《通典》：秦東陽縣城在盱眙縣南。陳嬰爲東陽(合)〔令〕①史，即此。		
漢 徐州	臨淮郡	徐縣 《漢書·志》：臨淮郡徐縣。註：故國。春秋時徐子章禹爲吴所滅。	盱眙縣 《漢書·志》：臨淮郡盱眙縣。註：都尉治。應劭曰：音「吁怡」。又睢陵縣。又東陽縣。		

① 據《史記·項羽本紀》改。

	泗州		盱眙縣	天長縣	五河縣
後漢 徐州	下邳國	徐縣 《後漢書・志》：下邳國徐縣，本國。有樓亭，或曰古蔞林。註：杜預曰：在僮縣東南。伏滔《北征記》曰：縣北有大冢，徐君墓，延陵解劍之處。	盱眙縣 《後漢書•志》：下邳國盱眙縣。又：睢陵縣。又：廣陵郡東陽縣。註：故屬臨淮。		
三國 魏 揚州	下邳國	徐縣 屬下邳國。	盱眙縣 屬下邳國。又：睢陵縣。又：廣陵郡東陽縣。		
晋 徐州	臨淮郡	徐縣 《晋書・志》：臨淮郡徐縣。	盱眙縣 《晋書•志》：臨淮郡盱眙縣。又：東陽縣。又：下邳國睢陵縣。		

續表

	泗州		盱眙縣	天長縣	五河縣
南北朝 南徐州 南兗州	淮陵郡 盱眙郡	徐縣　《宋書·志》：淮陵太守徐(合)〔令〕，①前漢屬臨淮，後漢屬下邳。《晉太康地志》屬臨淮。《南齊書·志》：淮陵郡徐縣，建武三年省。《通鑑註》：梁於漢下邳之徐縣地置高平郡。《魏書·志》：高平郡，治大徐城，領高平縣。註：武定七年，改蕭衍東平、陽平、清河、歸義四郡置。又：朱沛縣。註：武定七年，改蕭衍朱沛、修儀、安豐三	盱眙縣　《宋書·志》：盱眙太守。盱眙，本縣，前漢屬臨淮，後漢屬下邳，晉屬臨淮。晉安帝分立，領縣五：考城令、陽城令、直瀆令、信都令、睢陵令。前漢屬臨淮，後漢屬下邳。《晉太康地志》無，宋末立。《南齊書·志》：盱眙郡盱眙縣。按：《宋志》無盱眙縣，《南齊志》有之。蓋東晉省縣置郡，而南齊於郡復置縣也。又：《南齊志》盱眙		

① 據《宋書·州郡志》改。

續表

		隋 徐州
泗州		泗州下邳郡《隋書·
	郡置。有朱沛水、徐君墓，即延陵季子掛劍處。	徐城縣《隋書·志》：泗州徐城縣，梁置高平郡，東魏又併東平、陽平、
盱眙縣	郡，領考城、陽城、直瀆三縣，與宋同。又：濟陰郡睢陵縣。又《魏書·志》：盱眙郡盱眙縣。註：郡治。又：陽城、直瀆二縣。又：臨清郡睢陵縣。註：武定七年置，有睢水。又《宋書·志》：臨淮郡東陽縣。按《南齊志》《魏志》俱無東陽縣。考《隋志》永福縣，註：梁置東陽郡，蓋亦置郡而省縣也。	盱眙縣《隋書·志》：江都郡盱眙縣，舊魏置盱眙郡，陳置北譙州，尋省。
天長縣		永福縣《隋書·志》：江都郡永福縣，舊曰沛，梁置涇城、東陽二郡，陳
五河縣		

續表

		唐　河南道
泗州	志》：後魏置南徐州，梁改爲東徐州，東魏又改曰東楚州，陳改爲安州，後周改爲泗州。按：泗州之名始此。	泗州臨淮郡
	清河、歸義四郡爲高平縣，又併梁朱沛、循儀、安豐三郡置朱沛縣。又有安遠郡，後齊廢。後周又併朱沛入高平。開皇初，郡廢。十八年，更名徐城。	臨淮縣　《唐書・志》：泗州臨淮郡，上。本下邳
盱眙縣	開皇初郡廢，又併考城、直瀆、陽城三縣入。有都梁山。又：鍾離郡化明縣，故曰睢陵，置濟陰郡，後齊改縣曰池南，陳復曰睢陵，後周改爲招義。開皇初郡廢，大業初縣改名焉。按：考城、直瀆、陽城俱係僑縣，晋安帝時與盱眙郡並立，隋仍省入盱眙縣也。又按：睢陵縣，宋屬盱眙郡，南齊改屬濟陰郡。則濟陰郡，南齊置也。	盱眙縣　《唐書・志》：泗州盱眙縣，緊。武德四
天長縣	廢州，併二郡爲沛郡。後周改沛郡爲石梁郡，改沛縣曰石梁縣，省橫山縣入焉。開皇初郡廢，大業初改縣曰永福。有香山、永福山。《通典》：梁於石梁置涇州。《隋志》云：陳廢州，即涇州。按舊志：天長縣，漢廣陵縣地，北周置石梁縣，隋改爲永福縣，唐天寶中置天長縣。考《宋志》，南沛郡治廣陵，北周改沛縣曰石梁，即南沛郡之沛縣也。	天長縣　《唐書・志》：江都郡天長縣，望，本千
五河縣		

續表

	泗州	盱眙縣	天長縣	五河縣
淮南道	揚州江都郡	郡治宿預。開元二十三年，徙治臨淮。天寶元年，更郡名。縣四：臨淮縣，緊，長安四年析徐城置。又：徐城縣，中。盱眙縣，見下。漣水縣，今別屬。	年，以縣置西楚州。八年，州廢，隸楚州。光宅初曰建中，後復故名，建中二年來屬。有直河。太極元年，引淮水至黃土岡，以通揚州。又：鍾離郡招義縣，上，本化明。武德二年，析置睢陵縣。三年，更化明曰招義。四年，省睢陵。《通典》：招義，漢睢陵縣，宋僑置濟陰郡於是。	秋。天寶元年，析江都六合、高郵置，七載更名。按《通典》六合縣有石梁溪，《唐志》云，武德中析六合置石梁縣，貞觀初省。當是隋末省永福縣入六合，天寶初又以六合之石梁縣地置天長也。	
五代 吳 南唐	泗州	臨淮縣　泗州治。《南畿志》：楊吳於泗州立靜淮軍。又：徐城縣，屬泗州。	盱眙縣　屬楚州。又：招義縣，屬濠州。按：唐盱眙縣先隸楚州，後屬泗州。《宋志》云：楚州之	天長縣　屬揚州。《文獻通考》：天長，唐縣，南唐置建武軍，又改雄州，周改天長軍。	

續表

	泗州		盱眙縣	天長縣	五河縣
			盱眙。蓋唐末又改屬楚州也。		
宋 淮南東路	泗州臨淮郡	臨淮縣　《宋史・志》：泗州，上。建隆二年，廢徐城縣。乾德元年，以楚州之盱眙，濠州之招信來屬。建炎四年，復屬濠州。紹興十二年入金，後復。縣三：臨淮縣，上；虹縣，別見；淮平縣，上，紹興二十一年析臨淮地置。南渡後，有淮平無盱眙，蓋盱眙縣即招信軍也。《文獻通考》：招信，唐招義縣，太平興國初改。	招信軍　《宋史・志》：招信軍，本泗州盱眙縣，建炎三年升軍，四年爲縣，隸濠州。紹興二年，復隸泗州。十一年，隸天長軍。十二年，復升軍，以天長來屬。寶慶三年，入於金。紹定四年復，仍爲招信軍。縣二：天長縣，見下；招信縣，建炎四年隸濠州，紹興四年復，十一年隸天長軍，十二年復來隸。	天長縣　《宋史・志》：招信軍天長縣，望，舊天長軍。至道二年軍廢，復爲縣，隸揚州。建炎元年升軍，紹興元年爲縣，十一年復升軍，十三年復爲縣。	五河縣　《宋史・志》：淮安軍，本泗州五河口，端平元年置監使屯田，咸淳七年置軍。縣一：五河。註：咸淳七年置，有溼、澮、沱、漴、淮五河，故名。

	泗州		盱眙縣	天長縣	五河縣
金 南京路	泗州	臨淮縣 《金史·志》：泗州，中，宋臨淮郡。正隆四年，罷鳳翔府唐、鄧、潁、蔡、鞏、洮等州并膠西縣諸榷場，但置榷場於泗州。先隸山東西路，大定六年來屬。縣四：臨淮縣；淮平縣，見下；睢寧縣、淮濱縣，今别屬。	淮平縣 《金史·志》：泗州淮平縣，舊盱眙縣。明昌六年，以宋有盱眙軍，故更。		
元 江北淮東道	泗州	臨淮縣 《元史·志》：淮安路泗州，下。唐改臨淮郡，後復爲泗州，宋隸淮東路，元至元十三年降爲下州。舊領臨淮、淮平、虹、靈璧、睢寧五縣。十六年，割睢寧屬邳州。十	盱眙縣 《元史·志》：泗州盱眙縣，上，宋招信軍。至元十三年，行招信軍安撫司事，領盱眙、天長、招信、五河四縣。明年，升招信路。十五年，改爲臨淮府。十七年，以	天長縣 《元史·志》：泗州天長縣，中。	五河縣 《元史·志》：泗州五河縣，下。元隸臨淮府，十七年來屬。

續表

續表

	泗州		盱眙縣	天長縣	五河縣
		七年，割靈壁屬宿州，以五河縣來屬。二十一年，併淮平入臨淮。二十七年，廢臨淮府，以盱眙、天長二縣隸焉。領五縣：臨淮縣，下；虹縣，今別屬；五河、盱眙、天長三縣，見下。	五河縣在淮之北，改屬泗州。二十年，併招信入盱眙。二十七年，廢臨淮府爲盱眙縣。		
明 南直隸	泗州	《續文獻通考》：泗州，明初改屬鳳陽府，以附郭臨淮縣省入，領盱眙、天長二縣。	盱眙縣　屬鳳陽府泗州。	天長縣　屬鳳陽府泗州。	五河縣　改屬鳳陽府。
國朝 江南安徽布政使司	泗州	舊屬鳳陽府。雍正二年，升直隸，并以五河縣來屬。轄縣三。	盱眙縣　舊屬鳳陽府。雍正二年，屬直隸本州。	天長縣　舊屬鳳陽府。雍正二年，屬直隸本州。	五河縣　舊屬鳳陽府。雍正二年，屬直隸本州。